税种字典系列丛书

财产和行为税

实务政策全息解析和实操指南

Holographic Analysis and Practical Operation Guide of Property
Behavior Tax Practical and Policy

本书编写组　编

立信会计出版社
LIXIN ACCOUNTING PUBLISHING HOUSE

图书在版编目(CIP)数据

财产和行为税实务政策全息解析和实操指南 /《财产和行为税实务政策全息解析和实操指南》编写组编. ——上海:立信会计出版社,2022.7(2023.8 重印)
ISBN 978-7-5429-7094-7

Ⅰ.①财… Ⅱ.①财… Ⅲ.①企业管理－财产税－税收管理－中国－指南 ②企业管理－行为税－税收管理－中国－指南 Ⅳ.①F812.424-62

中国版本图书馆 CIP 数据核字(2022)第 114660 号

策划编辑　　张巧玲
责任编辑　　张巧玲

财产和行为税实务政策全息解析和实操指南

CAICHAN HE XINGWEISHUI SHIWU ZHENGCE QUANXI JIEXI HE SHICAO ZHINAN

出版发行	立信会计出版社		
地　　址	上海市中山西路 2230 号	邮政编码	200235
电　　话	(021)64411389	传　　真	(021)64411325
网　　址	www.lixinaph.com	电子邮箱	lixinaph2019@126.com
网上书店	http://lixin.jd.com		http://lxkjcbs.tmall.com
经　　销	各地新华书店		

印　　刷	固安华明印业有限公司		
开　　本	787 毫米×1092 毫米	1/16	
印　　张	28.25	插　　页	1
字　　数	476 千字		
版　　次	2022 年 7 月第 1 版		
印　　次	2023 年 8 月第 3 次		
书　　号	ISBN 978-7-5429-7094-7/F		
定　　价	98.00 元		

如有印订差错,请与本社联系调换

序　言

　　财产和行为税共有 11 个税种,即房产税、土地增值税、印花税、契税、城镇土地使用税、城市维护建设税、资源税、环境保护税、车船税、烟叶税、耕地占用税,但其常常会被忽视。一是因为各税种税收收入占比小,二是税收政策数量少。但是,随着经济的发展,特别是房地产行业的蓬勃发展,税收法定原则进一步落实,财产和行为税收入不断增长。如今,11 个税种中已经有 8 个税种立法,财产和行为税的执法环境和秩序不断优化,税收征管不断规范。

　　财产和行为税税种多,政策时间跨度长,最早的政策还是 20 世纪 80 年代制定的。在当前税收法律越来越规范的情形下,不论是纳税人、税务人员,还是涉税中介人员,均需系统地学习财产和行为税,对各税种法条及相关规范文件进行全面的理解和把握。但由于同类业务的规定分散在不同法律法规及规范性文件之中,且部分业务规定较为复杂,这给基层税务人员以及纳税人系统学习和查询带来困难,因而基层干部在实际执行时会遇到很多困惑。鉴于此,编者结合多年业务实践编写了这本《财产和行为税实务政策全息解析和实操指南》。

　　本书与《个人所得税实务政策全息解析和实操指南》为同系列丛书,定位是税务机关一线操作人员和纳税人财产和行为税政策查询的工具书,可以起到“税种字典”的作用,方便政策查询、操作指引、答疑解惑。因此,本书收集了财产和行为税各税种法条实施以来现行有效的各项政策规定、国家税务总局关于各税种政策的解读以及纳税人遇到的各税种重点难点问题、实务案例,并以纳税义务人、征税范围、计税依据、税率、应纳税额计算、税收优惠、征管制度等税制要素为主线,对各税种政策进行系统性的归类和编排,是一本集政策归集和实务于一体的业务学习工具书。为方便读者理解,每一章还配备练习自测题。

　　本书特点如下:

　　一是字典式布局,方便查询。本书按税种设置章节,每章以税制要素为主线设置专题,将每个专题切分成多个具体的知识点,将散落在各个文件间的规定按知识点归集,便于基层税务人员系统学习和快速查询。在具体布局上,本书将政策研读层层推进,即先对现行政策进行归集,继而对重点难点政策进行解读,再而对涉税政策相关的热点问题进行分析和解答,并用"解读""热点问题""案例""涉税风险提示"等进行标注。

二是政策归类,方便理解。本书按事项收集了最新的政策规定,具有很强的时效性。我们收集了从 1986 年以来至 2022 年 7 月 4 日 36 年间的有效政策,对政策原文部分均进行了标注,便于基层工作人员将其作为工具书。同时,本书对政策按事项进行归类,便于查询和理解。

三是内容齐全,便于实践。本书编者是多年从事企业所得税、个人所得税、财产和行为税政策管理工作的人员,曾参与了国家多项税制改革和重要税收政策制定,实践经验丰富,筛选的问题以及对问题的分析均体现了政策实际操作性和执行性;对重要行业或特殊事项相关问题提出了解析思路,对广大读者具有一定的参考价值。

本书在编写过程中,还参考了税屋网及相关网站部分专家意见,在此一并表示衷心的感谢!由于编者水平有限,可能会有疏漏和不足之处。政策解读和热点问题解答方面更多的是结合本地情况研究,仅为各地研究和解决问题时提供一些参考意见和思路。编者迫切希望广大读者能提出宝贵意见,以便后续修订时改进和提高。

编者

2022 年 7 月 4 日

目　　录

第一章 房 产 税

房产税是指在我国城市、县城、建制镇和工矿区范围内,以房屋为征税对象,以房屋的计税余值或租金收入为计税依据,向房屋产权所有人征收的一种财产税。

现行的《中华人民共和国房产税暂行条例》(简称《房产税暂行条例》)由国务院 1986 年 9 月 15 日发布,同年 10 月 1 日开始施行。

1.1 纳税义务人

房产税由产权所有人缴纳。产权属于全民所有的,由经营管理的单位缴纳。产权出典的,由承典人缴纳。产权所有人、承典人不在房产所在地的,或者产权未确定及租典纠纷未解决的,由房产代管人或者使用人缴纳。

产权所有人、经营管理单位、承典人、房产代管人或者使用人,统称为纳税义务人(简称"纳税人")。

《中华人民共和国房产税暂行条例》第二条

自 2009 年 1 月 1 日起,外商投资企业、外国企业和组织以及外籍个人(包括港澳台资企业和组织以及华侨、港澳台同胞,统称外资企业及外籍个人)依照《房产税暂行条例》缴纳房产税。

《财政部 国家税务总局关于对外资企业及外籍个人征收房产税有关问题的通知》(财税〔2009〕3 号)

1.1.1 未取得产权证书

房改过程中,只购买房屋开发公司商品房的使用权,或者欲买产权,却由于各种原因,得不到产权证,形成"空中"产权,对此如何确定房产税纳税义务人的问题,经研究批复如下:

房产税原则上应由房屋的产权所有人缴纳。对于房屋开发公司售出的房屋,不再在其会计账簿中记载及核算,而购买该房屋的单位未取得产权的,可暂按《房产税暂行条例》第二条"产权未确定的,由使用人缴纳房产税"的规定,确定房产税的纳税人。

《国家税务总局关于房屋产权未确定如何征收房产税问题的批复》(国税函〔1998〕426号)

凡以分期付款方式购买使用商品房,且购销双方均未取得房屋产权证书期间,应确定房屋的实际使用人为房产税的纳税义务人,缴纳房产税。

《国家税务总局关于未取得房屋产权证书期间如何确定房产税纳税人的批复》(国税函〔2002〕284号)

1.1.2 融资租赁房产

融资租赁的房产,由承租人依照房产余值缴纳房产税。

《财政部 国家税务总局关于房产税城镇土地使用税有关问题的通知》(财税〔2009〕128号)

1.1.3 自收自支事业单位

对1990年1月1日以后,经费来源实行自收自支的事业单位,应照章征收房产税。

《国家税务总局关于对实行自收自支的事业单位恢复征收房产税和车船使用税的通知》(国税函发〔1990〕434号)

1.1.4 使用人代为缴纳的情形

1.1.4.1 无租使用其他单位房产

无租使用其他单位房产的应税单位和个人,依照房产余值代缴房产税。

《财政部 国家税务总局关于房产税城镇土地使用税有关问题的通知》(财税〔2009〕128号)

1.1.4.2 军队无租出借

军队无租出借的房产,由使用人代缴房产税。

《财政部关于对军队房产征免房产税的通知》(财税字〔1987〕32号)

武警部队无租出借的房产,由使用人代缴。

《财政部 国家税务总局关于对武警部队房产征免房产税的通知》（财税地字〔1987〕12 号）

1.1.4.3 业主共有的经营性房产

对居民住宅区内业主共有的经营性房产，由实际经营（包括自营和出租）的代管人或使用人缴纳房产税。

《财政部 国家税务总局关于房产税、城镇土地使用税有关政策的通知》（财税〔2006〕186 号）

1.2 征税对象和征税范围

1.2.1 征税对象

"房产"是以房屋形态表现的财产。房屋是指有屋面和围护结构（有墙或两边有柱），能够遮风避雨，可供人们在其中生产、工作、学习、娱乐、居住或储藏物资的场所。

《财政部 国家税务总局关于房产税和车船使用税几个业务问题的解释与规定》（财税地字〔1987〕3 号）

1.2.1.1 地下建筑

自 2006 年 1 月 1 日起，凡在房产税征收范围内的具备房屋功能的地下建筑，包括与地上房屋相连的地下建筑以及完全建在地面以下的建筑、地下人防设施等，均应当依照有关规定征收房产税。

《财政部 国家税务总局关于具备房屋功能的地下建筑征收房产税的通知》（财税〔2005〕181 号）

1.2.1.2 免税单位非自用房产

免税单位出租的房产以及非本身业务用的生产、营业用房产不属于免税范围，应征收房产税。

《财政部 国家税务总局关于房产税若干具体问题的解释和暂行规定》（财税地字〔1986〕8 号）

1.2.1.3 个人出租房产

个人出租的房产，不分用途，均应征收房产税。

《财政部 国家税务总局关于房产税若干具体问题的解释和暂行规定》(财税地字〔1986〕8号)

1.2.1.4 房地产开发企业建造的商品房

鉴于房地产开发企业开发的商品房在出售前,对房地产开发企业而言是一种产品,因此,对房地产开发企业建造的商品房,在售出前,不征收房产税;但对售出前房地产开发企业已使用或出租、出借的商品房应按规定征收房产税。

《国家税务总局关于房产税、城镇土地使用税有关政策规定的通知》(国税发〔2003〕89号)

1.2.1.5 地下人防工程办理产权证

按照现行《房产税暂行条例》有关规定,房产税由产权所有人缴纳。地下人防工程已按商品房销售并办理产权证,购房人即是产权所有人,应按规定缴纳房产税。

《国家税务总局关于新疆地下人防工程征收房产税问题的批复》(税总函〔2013〕602号)

1.2.1.6 独立于房屋之外的建筑物

独立于房屋之外的建筑物,如围墙、烟囱、水塔、变电塔、油池油柜、酒窖菜窖、酒精池、糖蜜池、室外游泳池、玻璃暖房、砖瓦石灰窑以及各种油气罐等,不属于房产。

《财政部 国家税务总局关于房产税和车船使用税几个业务问题的解释与规定》(财税地字〔1987〕3号)

1.2.1.7 加油站罩棚

加油站罩棚不属于房产,不征收房产税。

《财政部 国家税务总局关于加油站罩棚房产税问题的通知》(财税〔2008〕123号)

1.2.2 征税范围

房产税在城市、县城、建制镇和工矿区征收。

《中华人民共和国房产税暂行条例》第一条

1.2.2.1 城市、县城、建制镇和工矿区

城市是指经国务院批准设立的市。

县城是指未设立建制镇的县人民政府所在地。

建制镇是指经省、自治区、直辖市人民政府批准设立的建制镇。

工矿区是指工商业比较发达,人口比较集中,符合国务院法规的建制镇标准,但尚未设立镇建制的大中型工矿企业所在地。开征房产税的工矿区须经省、自治区、直辖市人民政府批准。

城市的征税范围为市区、郊区和市辖县县城。不包括农村。

建制镇的征税范围为镇人民政府所在地。不包括所辖的行政村。

《财政部 国家税务总局关于房产税若干具体问题的解释和暂行规定》(财税地字〔1986〕8 号)

关于建制镇具体征税范围,由各省、自治区、直辖市税务局提出方案,经省、自治区、直辖市人民政府确定批准后执行,并报国家税务总局备案。

《国家税务总局关于调整房产税和土地使用税具体征税范围解释规定的通知》(国税发〔1999〕44 号,国家税务总局公告 2018 年第 31 号修改)

1.2.2.2 征税范围划定

根据《房产税暂行条例》规定,房产税的征税范围为城市、县城、建制镇、工矿区。房产税的具体征税范围根据条例规定和行政区划划定。房产税的征税范围应与土地使用税的征税范围一致。

《国家税务总局关于北京市房产税征税范围问题的批复》(国税函〔2000〕1003 号)

1.2.2.3 征收区域之外工厂仓库处理

根据《房产税暂行条例》的规定,不在开征地区范围之内的工厂、仓库,不应征收房产税。

《财政部 国家税务总局关于房产税若干具体问题的解释和暂行规定》(财税地字〔1986〕8 号)

1.3 计税依据

1.3.1 从价征收

房产税依照房产原值一次减除 10% 至 30% 后的余值计算缴纳。具体减除幅度,由省、自治区、直辖市人民政府规定。

没有房产原值作为依据的,由房产所在地税务机关参考同类房产核定。

《中华人民共和国房产税暂行条例》第三条

根据《房产税暂行条例》规定,具体减除幅度以及是否区别房屋新旧程度分别确定减除幅度,由省、自治区、直辖市人民政府规定:减除幅度只能在 10% 至 30%。

《财政部 国家税务总局关于房产税若干具体问题的解释和暂行规定》(财税地字〔1986〕8 号)

1.3.1.1 房产原值

对依照房产原值计税的房产,不论是否记载在会计账簿固定资产科目中,均应按照房屋原价计算缴纳房产税。房屋原价应根据国家有关会计制度规定进行核算。对纳税人未按国家会计制度规定核算并记载的,应按规定予以调整或重新评估。

《财政部 国家税务总局关于房产税、城镇土地使用税有关问题的通知》(财税〔2008〕152 号)

1.3.1.2 附属设备和配套设施

房产原值应包括与房屋不可分割的各种附属设备或一般不单独计算价值的配套设施,主要有暖气、卫生、通风、照明、煤气等设备;各种管线,如蒸气、压缩空气、石油、给水排水等管道及电力、电讯、电缆导线;电梯、升降机、过道、晒台等。

属于房屋附属设备的水管、下水道、暖气管、煤气管等从最近的探视井或三通管算起,电灯网、照明线从进线盒联接管算起。

《财政部 国家税务总局关于房产税和车船使用税几个业务问题的解释与规定》(财税地字〔1987〕3 号)

为了维持和增加房屋的使用功能或使房屋满足设计要求,凡以房屋为载体,不可随意移动的附属设备和配套设施,如给排水、采暖、消防、中央空调、电气及智能化楼宇设备等,无论在会计核算中是否单独记账与核算,都应计入房产原值,计征房产税。

对于更换房屋附属设备和配套设施的,在将其价值计入房产原值时,可扣减原来相应设备和设施的价值;对附属设备和配套设施中易损坏、需要经常更换的零配件,更新后不再计入房产原值。

《国家税务总局关于进一步明确房屋附属设备和配套设施计征房产税有关问题的通知》(国税发〔2005〕173 号)

1.3.1.3　土地价值计入房产原值

对按照房产原值计税的房产,无论会计上如何核算,房产原值均应包含地价,包括为取得土地使用权支付的价款、开发土地发生的成本费用等。宗地容积率低于 0.5 的,按房产建筑面积的 2 倍计算土地面积并据此确定计入房产原值的地价。

《财政部　国家税务总局关于安置残疾人就业单位城镇土地使用税等政策的通知》(财税〔2010〕121 号)

解读▶ 按现行房产税政策规定,房产税以房产原值为计税依据,房产原值按国家会计制度规定核算。20 世纪 90 年代,实行土地有偿使用后,会计制度明确要对土地进行价值核算:买地建房的,需要把有关地价结转到固定资产;直接购买房地产的,按买价计入固定资产。因此,一般而言,房屋原值中是包含地价的。2007 年开始实施的《企业会计准则》规定,企业可将土地单独进行会计核算,据此,地价就不再计入房产原值,这使得适用不同会计制度的企业,由于会计处理不同,有的要将地价计入房产原值,有的则不需计入,从而在纳税人之间产生了税负不公。更为严重的是,还出现了有的纳税人为少缴房产税将已计入房产原值的地价剥离出来的情形。

地随房走,房依地建,土地和房屋不可分割,按照《中华人民共和国民法典物权法》《中华人民共和国城市房地产管理法》等规定的"房地一致"原则,应将房产用地的价值计入房产原值征收房产税。这既在一定程度上提高了土地利用成本,有利于促进节约集约用地,同时,也符合下一步房地产税改革的方向。由于现行房产税计税依据为房产"原值",为保持房、地价值计量口径的一致,计入房产原值的土地也应是"原值",为此,规定计入房产原值的地价是指为取得土地使用权支付的价款、开发土地发生的成本费用等。

考虑到将地价计入房产原值后,部分单位如仓储、物流企业等由于生产经营的特殊性,占地面积大,可能税负增加较多,对这类"大地小房"的情况需给予一定照顾,允许其只将部分土地的地价计入房产原值征税。关于大地小房的界定标准问题,经过实地调研部分企业,并参考了《关于发布和实施〈工业项目建设用地控制指标〉的通知》(国土资发〔2008〕24 号),最终将宗地容积率 0.5(工业用地最低容积率)作为界定"大地小房"的标准。宗地容积率低于 0.5 的属于"大地小房",可仅将部分土地的地价计入房产原值,计入的土地面积按应税房产建筑面积的 2 倍计算。

这里有两个概念:宗地和容积率。宗地是土地权属界址线围成的地块,是土地登记和地籍调查的基本单位,一般情况下,一宗土地为一个权属单位。容积率是指一宗土地上建筑物(不含地下建筑物)总建筑面积与该宗土地面积之比,是反映土地使用强度的指标。

例如,某工厂有一宗土地,占地 20 000 平方米,每平方米平均地价 1 万元,该宗土地上房屋建筑面积 8 000 平方米,通过计算可知该宗地容积率为 0.4,因此,计入房产原值的地价=应税房产建筑面积×2×土地单价=8 000 平方米×2×1 万元/平方米=16 000(万元)。

再如,某企业以 8 000 万元购置了一宗建筑面积为 5 000 平方米的房地产,其中,该宗土地面积 1 000 平方米,地价 2 000 万元,通过计算可知宗地容积率为 5,因此,应将全部地价 2 000 万元计入房产原值计征房产税。

关于此项规定,还有几个需要说明的问题:

一是与财税〔2008〕152 号文件第一条规定的关系。152 号文件第一条规定,依照房产原值计税的房产,不论是否记载在会计账簿固定资产科目中,均应按照房屋原价计算缴纳房产税。但对地价应否计入房产原值以及如何计入问题,并未明确,为此,财税 121 号文件对此进行了明确,是 152 号文件第一条的补充规定。

二是划拨土地如何处理。当前有部分企业(主要是老的国有企业)的土地仍是无偿划拨的,企业为取得土地使用权支付的价款为零。此外,近年来随着国有企业改制,部分划拨土地虽以国家授权经营、作价入股等方式对土地进行了价值评估,这种评估价值不属于取得土地使用权支付的价款,不需要计入房产原值。

三是将地价计入房产原值与征收城镇土地使用税的关系问题。对此,国务院有关立法部门认为,房产税与城镇土地使用税在调节目的、税种属性等方面均不相同,将地价计入房产原值与征收城镇土地使用税并不矛盾。

1.3.1.4 无租使用其他单位房产

无租使用其他单位房产的应税单位和个人,依照房产余值代缴纳房产税。

《财政部 国家税务总局关于房产税城镇土地使用税有关问题的通知》（财税〔2009〕128 号）

解读 ▶《财政部 税务总局关于房产税若干具体问题的解释和暂行规定》（财税地字〔1986〕8 号）第七条（已废止）规定，无租使用其他单位房产的，房产税由实际使用人代缴。但对这种情形下房产税的计税依据是按租金还是房产余值并没有明确规定。各地在执行中，有的按房产余值征税，有的按评估租金征税，税负差别较大，不利于税收公平和税制规范。按照完善现行政策应和下一步房地产税制改革方向相衔接的原则，考虑到今后改革将取消按租金收入计税、统一实行从价计征，因此，对无租使用房产规定按房产余值缴纳房产税，以便和下一步改革相衔接。

1.3.1.5　产权出典

产权出典的房产，由承典人依照房产余值缴纳房产税。

《财政部 国家税务总局关于房产税城镇土地使用税有关问题的通知》（财税〔2009〕128 号）

解读 ▶ 房产出典，是指房产所有权人（出典人）将房产使用权在一定的期限内让渡给承典人，并获得一定的典金，到期后出典人偿还典金并收回房产使用权。出典不同于出租，两者的主要区别在于：房产出典中出典人必须返回典价才能赎回房产；承典人支付的典价不同于租金，两者的计算方法、支付方式等都不尽相同。

根据现行《房产税暂行条例》的规定，房产出典的，房产税由承典人缴纳，但对出典房产的计税依据并没有明确，各地的执行也不尽一致，需要加以规范。根据现行房产税政策，房产税有从租和从价两种计税依据。由于出典不同于出租，出典人收取的典价也不同于租金。因此，不应将其确定为出租行为从租计征，而应按房产余值计算缴纳。

1.3.1.6　融资租赁的房产

自 2009 年 12 月 1 日起，融资租赁的房产，由承租人依照房产余值缴纳房产税。

《财政部 国家税务总局关于房产税城镇土地使用税有关问题的通知》（财税〔2009〕128 号）

解读 ▶ 房产融资租赁，是指出租人购买房产提供给承租人使用，承租人向出租人定期支付租金,租赁期满后房产产权归承租人所有。房产融资租赁实际上是承租人分期付款购买房产的一种形式,出租人提供的只是金融信贷服务,因此,房产融资租赁期间的纳税人应为房产承租人。考虑到融资租赁期开始日是承租人有权行使其使用租赁房产权利的日期。因此,应以双方在融资租赁合同中约定租赁期开始日的次月为承租方纳税义务发生时间;对合同中没有约定的,则以双方签订融资租赁合同的次月为纳税义务发生时间。

1.3.1.7　广西大化水电厂发电厂房应税房产原值

根据《房产税暂行条例》及有关规定,广西大化水电厂坝内式发电厂应按规定缴纳房产税。考虑大化水电厂坝内式发电厂房的特殊性,简单按账面价值征收房产税不尽合理,对其价值可做一定的扣除后再计征房产税,具体扣除比例或价值额由广西税务局商广西电力工业局确定。

《国家税务总局关于广西大化水电厂发电厂房征收房产税问题的复函》(国税地函发〔1997〕2号)

1.3.1.8　青海省龙羊峡、李家峡水电站应税房产原值

根据《房产税暂行条例》及有关规定,青海省龙羊峡、李家峡水电站坝后式发电厂应按规定缴纳房产税。考虑水电站坝后式发电厂房与大坝连体建设的特殊性,简单按账面价值征收房产税不尽合理,对其价值可做一定的扣除后再计征房产税,具体扣除比例,由政府牵头召集当地州政府、税务局和水电管理部门共同协商确定。

《国家税务总局关于青海省龙羊峡、李家峡水电站征收房产税的复函》(国税函〔2001〕894号)

1.3.1.9　约定免收租金期处理

对出租房产,租赁双方签订的租赁合同约定有免收租金期限的,免收租金期间由产权所有人按照房产原值缴纳房产税。

《财政部　国家税务总局关于安置残疾人就业单位城镇土地使用税等政策的通知》(财税〔2010〕121号)

解读▶ 现行房产税政策规定,出租房产按租金收入征税。在实际的房产租赁中,一些出租人往往采取给予一定期限免收租金的优惠来招揽承租人。而房产免收租金期间如何征收房产税,各地做法也不尽一致。一些地方按实际租金收入征税,免收租金期间纳税人对其房产按零租金申报,据此计算的应纳税款为

零,造成了税收流失。还有一些地方采取了核定租金收入的办法,但按照征管法规定,核定收入的前提是申报收入偏低,而免租期间出租人又确无租金收入,核定征税的前提也不成立。尽管免收租金期间没有租金收入,但该房产用于出租,属营业用房,应缴纳房产税。

为堵塞出租房产免收租金期间房产税征收漏洞,规范执行,通知明确,出租房产免收租金期间计税依据为房产原值。

1.3.2 从租征收

房产出租的,以房产租金收入为房产税的计税依据。

《中华人民共和国房产税暂行条例》第三条

房产出租的,计征房产税的租金收入不含增值税。

免征增值税的,确定计税依据时,租金收入不扣减增值税额。

税务机关核定的计税价格或收入不含增值税。

《财政部 国家税务总局关于营改增后契税 房产税 土地增值税 个人所得税计税依据问题的通知》(财税〔2016〕43 号)

1.3.2.1 投资联营

对于投资联营的房产,应根据投资联营的具体情况,在计征房产税时予以区别对待。对于以房产投资联营,投资者参与投资利润分红,共担风险的情况,按房产原值作为计税依据计征房产税;对于以房产投资,收取固定收入,不承担联营风险的情况,实际上是以联营名义取得房产的租金,应根据《房产税暂行条例》的有关规定由出租方按租金收入计缴房产税。

《国家税务总局关于安徽省若干房产税业务问题的批复》(国税函发〔1993〕368 号)

案例1-1 2021 年 7 月,某市税务局风险应对科在对增值税一般纳税人 A 公司 2020 年房产税申报疑点进行应对时发现,A 企业拥有两处房产,房产原值合计 2 500 万元,自 2020 年 1 月 1 日起以房产对外投资联营。一是以原值 1 000 万元的酒店房产对外投资联营,产权未变更,合同约定,双方合作经营,共同承担经营风险,投资联营期限 20 年,每年按照酒店的实际经营利润进行分红;二是将原值 1 500 万元的办公楼用于对外投资,合同约定,该企业不承担经营风险,投资期限 5 年,每年取得固定利润分红 120 万元。企业认为酒店房产税应在投资联营公司缴纳,因此仅就原值 1 500 万元的办公楼按原值进行了房产税申报,缴纳税款

12.6 万元。

解析 A 公司以原值 1 000 万元的酒店房产对外投资联营,由于产权未变更,纳税主体仍然为 A 公司。A 公司按照酒店的实际经营利润进行分红,共担风险,应按照房产原值作为计税依据从价计征房产税,当地计税余值的扣除比例为 30%,年应纳房产税=1 000×(1-30%)×1.2%=8.4(万元)。而企业以原值为 1 500 万元的房产对外投资,不承担经营风险,每年收取固定分 120 万元,应视同取得租金收入,按照取得分红收入作为计税依据从租计征房产税。年应纳房产税=120×12%=14.4(万元)。因此,此次房产税疑点风险应对,A 公司应补缴 2020 年房产税=8.4+14.4-12.6=10.2(万元)。

1.3.2.2 居民住宅区内业主共有的经营性房

对居民住宅区内业主共有的经营性房产,由实际经营(包括自营和出租)的代管人或使用人缴纳房产税。其中自营的,依照房产原值减除 10% 至 30% 后的余值计征,没有房产原值或不能将业主共有房产与其他房产的原值准确划分开的,由房产所在地税务机关参照同类房产核定房产原值;出租的,依照租金收入计征。

《财政部 国家税务总局关于房产税、城镇土地使用税有关政策的通知》(财税〔2006〕186 号)

1.3.2.3 个人出租房产

根据《房产税暂行条例》规定,房产出租的,以房产租金收入为房产税的计税依据。因此,个人出租房屋,应按房屋租金收入征税。

《财政部 国家税务总局关于房产税若干具体问题的解释和暂行规定》(财税地字〔1986〕8 号)

1.3.2.4 修理费抵交租金处理

承租人使用房产,以支付修理费抵交房产租金,仍应由房产的产权所有人依照规定缴纳房产税。

《财政部 国家税务总局关于房产税若干具体问题的解释和暂行规定》(财税地字〔1986〕8 号)

1.3.3 外币资产折算

以人民币以外的货币为记账本位币的外资企业及外籍个人在缴纳房产税

时,均应将其根据记账本位币计算的税款按照缴款上月最后一日的人民币汇率中间价折合成人民币。

《财政部 国家税务总局关于对外资企业及外籍个人征收房产税有关问题的通知》(财税〔2009〕3 号)

1.4 税率和应纳税额计算

1.4.1 基本税率

依照房产余值计算缴纳的,税率为 1.2%;

依照房产租金收入计算缴纳的,税率为 12%。

《中华人民共和国房产税暂行条例》第四条

1.4.2 优惠税率

1.4.2.1 个人出租住房

自 2001 年 1 月 1 日起,对个人按市场价格出租的居民住房,房产税暂减按 4% 的税率征收。

《财政部 国家税务总局关于调整住房租赁市场税收政策的通知》(财税〔2000〕125 号)

自 2008 年 3 月 1 日起,对个人出租住房,不区分用途,按 4% 的税率征收房产税。

《财政部 国家税务总局关于廉租住房、经济适用住房和住房租赁有关税收政策的通知》(财税〔2008〕24 号)

1.4.2.2 单位向个人出租住房

自 2021 年 10 月 1 日起,企事业单位、社会团体以及其他组织向个人、专业化规模化住房租赁企业出租住房的,减按 4% 税率征收房产税。

《财政部 税务总局 住房城乡建设部关于完善住房租赁有关税收政策的公告》(财政部 税务总局 住房城乡建设部公告 2021 年第 24 号)

1.4.3 应纳税额计算

1.4.3.1 自用的地下建筑应纳税额

工业用途房产,以房屋原价的 50%~60% 作为应税房产原值。

应纳房产税的税额=应税房产原值×[1-(10%~30%)]×1.2%。

商业和其他用途房产,以房屋原价的 70%~80% 作为应税房产原值。

应纳房产税的税额=应税房产原值×[1-(10%~30%)]×1.2%。

房屋原价折算为应税房产原值的具体比例,由各省、自治区、直辖市和计划单列市财政和地方税务部门在上述幅度内自行确定。

对于与地上房屋相连的地下建筑,如房屋的地下室、地下停车场、商场的地下部分等,应将地下部分与地上房屋视为一个整体按照地上房屋建筑的有关规定计算征收房产税。

《财政部 国家税务总局关于具备房屋功能的地下建筑征收房产税的通知》(财税〔2005〕181 号)

1.4.3.2 出租的地下建筑

出租的地下建筑,按照出租地上房屋建筑的有关规定计算征收房产税。

《财政部 国家税务总局关于具备房屋功能的地下建筑征收房产税的通知》(财税〔2005〕181 号)

1.5 纳税义务发生时间

1.5.1 自建和委建房屋

纳税人自建的房屋,自建成之次月起征收房产税。

纳税人委托施工企业建设的房屋,从办理验收手续之次月起征收房产税。

纳税人在办理验收手续前已使用或出租、出借的新建房屋,应按规定征收房产税。

《财政部 国家税务总局关于房产税若干具体问题的解释和暂行规定》(财税地字〔1986〕8 号)

1.5.2 购置商品房

购置新建商品房,自房屋交付使用之次月起计征房产税。

购置存量房,自办理房屋权属转移、变更登记手续,房地产权属登记机关签发房屋权属证书之次月起计征房产税。

出租、出借房产,自交付出租、出借房产之次月起计征房产税。

《国家税务总局关于房产税、城镇土地使用税有关政策规定的通知》(国税发〔2003〕89 号)

1.5.3 融资租赁房产

自 2009 年 12 月 1 日起,融资租赁的房产,由承租人自融资租赁合同约定开始日的次月起依照房产余值缴纳房产税。合同未约定开始日的,由承租人自合同签订的次月起依照房产余值缴纳房产税。

《财政部 国家税务总局关于房产税城镇土地使用税有关问题的通知》(财税〔2009〕128 号)

1.5.4 纳税义务终止时间

自 2009 年 1 月 1 日起,纳税人因房产、土地的实物或权利状态发生变化而依法终止房产税、城镇土地使用税纳税义务的,其应纳税款的计算应截止到房产、土地的实物或权利状态发生变化的当月末。

《财政部 国家税务总局关于房产税、城镇土地使用税有关问题的通知》(财税〔2008〕152 号)

1.6 纳税地点

房产税由房产所在地的税务机关征收。
《中华人民共和国房产税暂行条例》第九条

1.6.1 房产不在一地处理

《房产税暂行条例》第九条规定,"房产税由房产所在地的税务机关征收"。房产不在一地的纳税人,应按房产的座落地点,分别向房产所在地的税务机关缴纳房产税。

《财政部 国家税务总局关于房产税若干具体问题的解释和暂行规定》(财税地字〔1986〕8号)

1.6.2　人保等投资控股有限公司各地房产

自2012年1月1日起,人保投资控股有限公司在全国各地拥有房产的,应当按照《税务登记管理办法》(国家税务总局令第7号)的规定,向其在全国各地的房产所在地主管税务机关申报办理税务登记。人保投资控股有限公司在同一省、自治区、直辖市和计划单列市内,可与一家商业银行签订缴税协议书,委托该银行完成其在本省、自治区、直辖市和计划单列市内所有税款的划缴。

《国家税务总局关于人保投资控股有限公司相关税收问题的公告》(国家税务总局公告2011年第70号)

国寿投资控股有限公司在全国各地(公司总部所在地除外)的财产所涉及的房产税、城镇土地使用税等地方税种,可由中国人寿保险(集团)公司控股的中国人寿保险股份有限公司代理向财产所在地主管税务机关申报缴纳。

《国家税务总局关于国寿投资控股有限公司相关税收问题的公告》(国家税务总局公告2013年第2号)

1.7　税收优惠

1.7.1　房产税税收优惠

1.7.1.1　个人所有非营业用的房产

个人所有非营业用的房产免纳房产税。

《中华人民共和国房产税暂行条例》第五条

根据《房产税暂行条例》的规定,个人所有的非营业用的房产免征房产税,因此,对个人所有的居住用房、不分面积多少,均免征房产税。

《财政部 国家税务总局关于房产税若干具体问题的解释和暂行规定》(财税地字〔1986〕8号)

1.7.1.2　毁损和危险房屋

经有关部门鉴定,对毁损不堪居住的房屋和危险房屋,在停止使用后,可免征房产税。

《财政部 国家税务总局关于房产税若干具体问题的解释和暂行规定》(财税地字〔1986〕8 号)

1.7.1.3 大修停用房屋

房屋大修停用在半年以上的,经纳税人申请,税务机关审核,在大修期间可免征房产税。

《财政部 国家税务总局关于房产税若干具体问题的解释和暂行规定》(财税地字〔1986〕8 号)

2004 年 7 月 1 日,财政部、国家税务总局对财税地字〔1986〕8 号文件中关于"房屋大修停用在半年以上的,经纳税人申请,税务机关审核,在大修期间可免征房产税"的规定作适当修改,取消经税务机关审核的内容。纳税人因房屋大修导致连续停用半年以上的,在房屋大修期间免征房产税,免征税额由纳税人在申报缴纳房产税时自行计算扣除,并在申报表附表或备注栏中作相应说明。纳税人房屋大修停用半年以上需要免征房产税的,应在房屋大修前向主管税务机关报送相关的证明材料,包括大修房屋的名称、坐落地点、产权证编号、房产原值、用途、房屋大修的原因、大修合同及大修的起止时间等信息和资料,以备税务机关查验。具体报送材料由各省、自治区、直辖市和计划单列市税务局确定。

《国家税务总局关于房产税部分行政审批项目取消后加强后续管理工作的通知》(国税函〔2004〕839 号,国家税务总局公告 2018 年第 31 号修改)

1.7.1.4 基建工地的临时性房屋

凡是在基建工地为基建工地服务的各种工棚、材料棚、休息棚和办公室、食堂、茶炉房、汽车房等临时性房屋,不论是施工企业自行建造还是由基建单位出资建造交施工企业使用的,在施工期间,一律免征房产税。但是,如果在基建工程结束以后,施工企业将这种临时性房屋交还或者估价转让给基建单位的,应当从基建单位接收的次月起,依照规定征收房产税。

《财政部 国家税务总局关于房产税若干具体问题的解释和暂行规定》(财税地字〔1986〕8 号)

1.7.1.5 高校学生公寓

高校学生公寓,是指为高校学生提供住宿服务,按照国家规定的收费标准收取住宿费的学生公寓。

自 2019 年 1 月 1 日至 2023 年 12 月 31 日,对高校学生公寓免征房产税。

企业享受上述规定的免税政策,应按规定进行免税申报,并将不动产权属证明、房产用途证明、租赁合同等资料留存备查。

《财政部 税务总局关于高校学生公寓房产税印花税政策的通知》(财税〔2019〕14 号)、《财政部 国家税务总局关于延长部分税收优惠政策执行期限的公告》(财政部 税务总局公告 2022 年第 4 号)

1.7.1.6 经营性文化事业单位转制

经营性文化事业单位,是指从事新闻出版、广播影视和文化艺术的事业单位。转制包括整体转制和剥离转制。其中,整体转制包括(图书、音像、电子)出版社、非时政类报刊出版单位、新华书店、艺术院团、电影制片厂、电影(发行放映)公司、影剧院、重点新闻网站等整体转制为企业;剥离转制包括新闻媒体中的广告、印刷、发行、传输网络等部分,以及影视剧等节目制作与销售机构,从事业体制中剥离出来转制为企业。

《财政部 税务总局 中央宣传部关于继续实施文化体制改革中经营性文化事业单位转制为企业若干税收政策的通知》(财税〔2019〕16 号)

(一)5 年税收优惠

自 2019 年 1 月 1 日至 2023 年 12 月 31 日,由财政部门拨付事业经费的文化单位转制为企业,自转制注册之日起 5 年内对其自用房产免征房产税。2018 年 12 月 31 日之前已完成转制的企业,自 2019 年 1 月 1 日起对其自用房产可继续免征 5 年房产税。企业在 2023 年 12 月 31 日享受上述税收政策不满 5 年的,可继续享受至 5 年期满为止。

转制注册之日,是指经营性文化事业单位转制为企业并进行企业法人登记之日。对于经营性文化事业单位转制前已进行企业法人登记,则按注销事业单位法人登记之日,或核销事业编制的批复之日(转制前未进行事业单位法人登记的)确定转制完成并享受规定的税收优惠政策。

2018 年 12 月 31 日之前已完成转制,是指经营性文化事业单位在 2018 年 12 月 31 日及以前已转制为企业、进行企业法人登记,并注销事业单位法人登记或批复核销事业编制(转制前未进行事业单位法人登记的)。

已经审核认定享受《财政部 国家税务总局 中宣部关于继续实施文化体制改革中经营性文化事业单位转制为企业若干税收政策的通知》(财税〔2014〕

84号,已废止)税收优惠政策的转制文化企业,可按上述规定享受税收优惠政策。

《财政部 税务总局 中央宣传部关于继续实施文化体制改革中经营性文化事业单位转制为企业若干税收政策的通知》(财税〔2019〕16号)

(二)优惠条件

享受税收优惠政策的转制文化企业应同时符合以下条件:

(1)根据相关部门的批复进行转制。

(2)转制文化企业已进行企业法人登记。

(3)整体转制前已进行事业单位法人登记的,转制后已核销事业编制、注销事业单位法人;整体转制前未进行事业单位法人登记的,转制后已核销事业编制。

(4)已同在职职工全部签订劳动合同,按企业办法参加社会保险。

(5)转制文化企业引入非公有资本和境外资本的,须符合国家法律法规和政策规定;变更资本结构依法应经批准的,需经行业主管部门和国有文化资产监管部门批准。

《财政部 税务总局 中央宣传部关于继续实施文化体制改革中经营性文化事业单位转制为企业若干税收政策的通知》(财税〔2019〕16号)

(三)按确定名单享受优惠

上述规定适用于所有转制文化单位。中央所属转制文化企业的认定,由中央宣传部会同财政部、国家税务总局确定并发布名单;地方所属转制文化企业的认定,按照登记管理权限,由地方各级宣传部门会同同级财政、税务部门确定和发布名单,并按程序抄送中央宣传部、财政部和税务总局。

已认定发布的转制文化企业名称发生变更的,如果主营业务未发生变化,可持同级文化体制改革和发展工作领导小组办公室出具的同意变更函,到主管税务机关履行变更手续;如果主营业务发生变化,依照规定的条件(详见"(二)优惠条件")重新认定。

《财政部 税务总局 中央宣传部关于继续实施文化体制改革中经营性文化事业单位转制为企业若干税收政策的通知》(财税〔2019〕16号)

(四)留存备查资料和后续管理

经认定的转制文化企业,应按有关税收优惠事项管理规定办理优惠手续,申报享受税收优惠政策。企业应将转制方案批复函,企业营业执照,同级机构编制管理机关核销事业编制、注销事业单位法人的证明,与在职职工签订劳动合同、按企业办法参加社会保险制度的有关材料,相关部门对引入非公有资本和境外资本、变更资本结构的批准文件等留存备查,税务部门依法加强后续管理。

未经认定的转制文化企业或转制文化企业不符合规定的,不得享受相关税收优惠政策。已享受优惠的,主管税务机关应追缴其已减免的税款。

《财政部 税务总局 中央宣传部关于继续实施文化体制改革中经营性文化事业单位转制为企业若干税收政策的通知》(财税〔2019〕16 号)

1.7.1.7　军需工厂军人服务社和招待所

军需工厂的房产,为照顾实际情况,凡生产军品的,免征房产税;生产经营民品的,依照规定征收房产税;既生产军品又生产经营民品的,可按各占比例划分征免房产税。

军人服务社的房产,专为军人和军人家属服务的免征房产税,对外营业的应按规定征收房产税。

军队实行企业经营的招待所(包括饭店、宾馆),根据财政部和中国人民解放军总后勤部财税〔1984〕79 号、财政部〔1984〕312 号文件的精神,区别为军内服务和对军外经营业务各占的比例征免房产税。

《财政部关于对军队房产征免房产税的通知》(财税〔1987〕32 号)

1.7.1.8　武警部队工厂、内部招待所和服务社

武警部队的工厂,专门为武警部门内部生产武器、弹药、军训器材、部队装备(指人员装备、军械装具、马装具)的,免征房产税。生产其他产品的,均按规定征收房产税。

武警部队所办服务社的房产,专为武警内部人员及其家属服务的,免征房产税,对外营业的应征收房产税。

武警部队的招待所,专门接待武警内部人员的免征房产税;对外营业的,应征收房产税;两者兼有的,按各占比例划分征免税。

《财政部 国家税务总局关于对武警部队房产征免房产税的通知》(财税地字〔1987〕12 号)

1.7.1.9　军队空余房出租

自 2004 年 8 月 1 日起,对军队空余房产租赁收入暂免征收增值税、房产税;此前已征税款不予退还,未征税款不再补征。暂免征收增值税、房产税的军队空余房产,在出租时必须悬挂《军队房地产租赁许可证》,以备查验。

《财政部 国家税务总局关于暂免征收军队空余房产租赁收入营业税房产税的通知》（财税〔2004〕123 号）

1.7.1.10 纳税有困难的企业房产

纳税人纳税确有困难的,可由省、自治区、直辖市人民政府确定,定期减征或者免征房产税。

《中华人民共和国房产税暂行条例》第六条

1.7.1.11 纳税单位与免税单位共同使用的房屋

纳税单位与免税单位共同使用的房屋,按各自使用的部分划分,分别征收或免征房产税。

《财政部 国家税务总局关于房产税若干具体问题的解释和暂行规定》（财税地字〔1986〕8 号）

1.7.2 房产税、土地使用税同时优惠

1.7.2.1 国家机关、人民团体、军队

国家机关、人民团体、军队自用的房产免纳房产税。

《中华人民共和国房产税暂行条例》第五条

人民团体是指经国务院授权的政府部门批准设立或登记备案并由国家拨付行政事业费的各种社会团体。

国家机关、人民团体、军队自用的房产,是指这些单位本身的办公用房和公务用房。

《财政部 国家税务总局关于房产税若干具体问题的解释和暂行规定》（财税地字〔1986〕8 号）

国家机关、人民团体、军队自用的土地免缴土地使用税。

《中华人民共和国城镇土地使用税暂行条例》第六条

国家机关、人民团体、军队自用的土地,是指这些单位本身的办公用地和公务用地。生产、营业用地和其他用地,不属于免税范围,应按规定缴纳土地使用税。

《国家税务局关于检发〈关于土地使用税若干具体问题的解释和暂行规定〉的通知》（国税地字〔1988〕15 号）

1.7.2.2 宗教寺庙、公园、名胜古迹

宗教寺庙、公园、名胜古迹自用的房产免纳房产税。

《中华人民共和国房产税暂行条例》第五条

宗教寺庙自用的房产,是指举行宗教仪式等的房屋和宗教人员使用的生活用房屋。公园、名胜古迹自用的房产,是指供公共参观游览的房屋及其管理单位的办公用房屋。上述免税单位出租的房产以及非本身业务用的生产、营业用房产不属于免税范围,应征收房产税。

公园、名胜古迹中附设的营业单位,如影剧院、饮食部、茶社、照相馆等所使用的房产及出租的房产,应征收房产税。

《财政部 国家税务总局关于房产税若干具体问题的解释和暂行规定》(财税地字〔1986〕8 号)

宗教寺庙、公园、名胜古迹自用的土地免缴土地使用税。

《中华人民共和国城镇土地使用税暂行条例》第六条

宗教寺庙自用的土地,是指举行宗教仪式等的用地和寺庙内的宗教人员生活用地。

《国家税务局关于检发〈关于土地使用税若干具体问题的解释和暂行规定〉的通知》(国税地字〔1988〕15 号)

关于《中华人民共和国城镇土地使用税暂行条例》中的宗教寺庙自用的土地,我局已在国税地字〔1988〕15 号文件中作了解释,即"宗教寺庙自用的土地,是指举行宗教仪式等的用地和寺庙内的宗教人员生活用地"。这里的"宗教寺庙"包括寺、庙、宫观、教堂等各种宗教活动场所。

《国家税务局对"关于〈中华人民共和国城镇土地使用税暂行条例〉第六条中'宗教寺庙'适用范围的请示"的复函》(国税地字〔1988〕20 号)

公园、名胜古迹自用的土地,是指供公共参观游览的用地及其管理单位的办公用地。

宗教寺庙、公园、名胜古迹的生产、营业用地和其他用地,不属于免税范围,应按规定缴纳土地使用税。

公园、名胜古迹中附设的营业单位,如影剧院、饮食部、茶社、照相馆等使用的土地,应征收土地使用税。

《国家税务局关于检发〈关于土地使用税若干具体问题的解释和暂行规定〉的通知》(国税地字〔1988〕15 号)

1.7.2.3 拨付事业经费的单位

由国家财政部门拨付事业经费的单位自用的房产免纳房产税。

《中华人民共和国房产税暂行条例》第五条

事业单位自用的房产,是指这些单位本身的业务用房。

实行差额预算管理的事业单位,虽然有一定的收入,但收入不够本身在经费开支的部分,还要由国家财政部门拨付经费补助。因此,对实行差额预算管理的事业单位,也属于是由国家财政部门拨付事业经费的单位,对其本身自用的房产免征房产税。

《财政部 国家税务总局关于房产税若干具体问题的解释和暂行规定》(财税地字〔1986〕8 号)

由国家财政部门拨付事业经费的单位自用的土地免缴土地使用税。

《中华人民共和国城镇土地使用税暂行条例》第六条

由国家财政部门拨付事业经费的单位,是指由国家财政部门拨付经费、实行全额预算管理或差额预算管理的事业单位,不包括实行自收自支、自负盈亏的事业单位。事业单位自用的土地,是指这些单位本身的业务用地。生产、营业用地和其他用地,不属于免税范围,应按规定缴纳土地使用税。

《国家税务局关于检发〈关于土地使用税若干具体问题的解释和暂行规定〉的通知》(国税地字〔1988〕15 号)

1.7.2.4 农林牧渔业

对农林牧渔业用地和农民居住用房屋及土地,不征收房产税和土地使用税。

《国家税务总局关于调整房产税和土地使用税具体征税范围解释规定的通知》(国税发〔1999〕44 号)

直接用于农、林、牧、渔业的生产用地免缴土地使用税。

《中华人民共和国城镇土地使用税暂行条例》第六条

直接用于农、林、牧、渔业的生产用地,是指直接从事于种植、养殖、饲养的专业用地,不包括农副产品加工场地和生活、办公用地。

《国家税务局关于检发〈关于土地使用税若干具体问题的解释和暂行规定〉的通知》(国税地字〔1988〕15 号)

在城镇土地使用税征收范围内经营采摘、观光农业的单位和个人,其直接用于采摘、观光的种植、养殖、饲养的土地,根据《城镇土地使用税暂行条例》第六条中"直接用于农、林、牧、渔业的生产用地"的规定,免征城镇土地使用税。

《财政部 国家税务总局关于房产税、城镇土地使用税有关政策的通知》(财税

〔2006〕186 号)

1.7.2.5 工会服务型事业单位

对由主管工会拨付或者差额补贴工会经费的全额预算或者差额预算单位，可比照财政部门拨付事业经费的单位办理，即对这些工会服务型事业单位自用的房产、土地，免征房产税和城镇土地使用税。

《国家税务总局关于工会服务型事业单位免征房产税、土地使用税问题的复函》（国税函发〔1992〕1440 号）

1.7.2.6 司法部所属的劳改劳教单位

对少年犯管教所的房产，免征房产税。

劳改工厂、劳改农场等单位，凡作为管教或生活用房产。例如，办公室、警卫室、职工宿舍、犯人宿舍、储藏室、食堂、礼堂、图书室、阅览室、浴室、理发室、医务室等，均免征房产税.

对监狱的房产，若主要用于关押犯人，只有极少部分用于生产经营的，可从宽掌握，免征房产税。但对设在监狱外部的门市部、营业部等生产经营用房产，应征收房产税，对生产规模较大的监狱，可以比照上述规定办理。具体由各省、自治区、直辖市税务局根据情况确定。

《财政部 税务总局关于对司法部所属的劳改劳教单位征免房产税问题的通知》（财税地字〔1987〕21 号）

由国家财政拨付事业经费的劳教单位，免征房产税。

经费实行自收自支的劳教单位，在规定的免税期满后，应比照财税地字〔1987〕21 号文对劳改单位征免房产税的规定办理。

《财政部 税务总局关于对司法部所属的劳改劳教单位征免房产税问题的补充通知》（财税地字〔1987〕29 号）

对少年犯管教所的用地和由国家财政部门拨付事业经费的劳教单位自用的土地，免征土地使用税。对劳改单位及经费实行自收自支的劳教单位的工厂、农场等，凡属于管教或生活用地，如办公室、警卫室、职工宿舍、犯人宿舍、储藏室、食堂、礼堂、图书馆、阅览室、浴室、理发室、医务室等房屋、建筑用地及周围土地，均免征土地使用税；对监狱的用地，若主要用于关押犯人，只有极少部分用于生产经营的，可从宽掌握，免征土地使用税。

《国家税务局关于对司法部所属的劳改劳教单位征免土地使用税问题的规定》（国

税地字〔1989〕119 号）

1.7.2.7 医疗机构

对非营利性医疗机构自用的房产、土地，免征房产税、城镇土地使用税。

对营利性医疗机构取得的收入，直接用于改善医疗卫生条件的，自其取得执业登记之日起，3 年内给予下列优惠：对营利性医疗机构自用的房产、土地、免征房产税、城镇土地使用税。

对疾病控制机构和妇幼保健机构等卫生机构自用的房产、土地，免征房产税和城镇土地使用税。

医疗机构需要书面向卫生行政主管部门申明其性质，按《医疗机构管理条例》进行设置审批和登记注册，并由接受其登记注册的卫生行政部门核定，在执业登记中注明"非营利性医疗机构"和"营利性医疗机构"。

上述医疗机构具体包括各级各类医院、门诊部（所），社区卫生服务中心（站）、急救中心（站）、城乡卫生院、护理院（所）、疗养院、临床检验中心等。上述疾病控制、妇幼保健等卫生机构具体包括各级政府及有关部门举办的卫生防疫站（疾病控制中心）、各种专科疾病防治站（所），各级政府举办的妇幼保健所（站）、母婴保健机构、儿童保健机构等，各级政府举办的血站（血液中心）。

《财政部 国家税务总局关于医疗卫生机构有关税收政策的通知》（财税字〔2000〕42 号）

对血站自用的房产和土地免征房产税和城镇土地使用税。血站，是指根据《中华人民共和国献血法》的规定，由国务院或省级人民政府卫生行政部门批准的，从事采集、提供临床用血，不以营利为目的的公益性组织。

《财政部 国家税务总局关于血站有关税收问题的通知》（财税字〔1999〕264 号）

1.7.2.8 教育事业

企业办的各类学校、医院、托儿所、幼儿园自用的房产，可以比照由国家财政部门拨付事业经费的单位自用的房产，免征房产税。

《财政部 国家税务总局关于房产税若干具体问题的解释和暂行规定》（财税地字〔1986〕8 号）

高等学校属于由国家财政部门拨付事业经费的单位。根据《房产税暂行条例》的规定，高等学校自用的房产，免征房产税；其附属的招待所，属于营业用房，不能视为自用的房产，应照章征收房产税。

《财政部 国家税务总局关于高等学校的招待所应征收房产税的复函》（财税地字〔1987〕14 号）

对军队企业化管理工厂办的各类学校、医院、托儿所、幼儿园自用的房产，凡单独设置房产登记，能与企业其他房产原值划分开的，可免征房产税。

《国家税务局关于军队企业化管理工厂征免印花税等问题的通知》（国税地字〔1989〕99 号）

集体和个人办的各类学校、医院、托儿所、幼儿园用地征免税，由省、自治区、直辖市税务局确定。

《国家税务局关于土地使用税若干具体问题的解释和暂行规定》（国税地字〔1988〕15 号）

对国家拨付事业经费和企业办的各类学校、托儿所、幼儿园自用的房产、土地，免征房产税、城镇土地使用税。

《财政部 国家税务总局关于教育税收政策的通知》（财税〔2004〕39 号）

1.7.2.9　农产品批发市场、农贸市场

工商行政管理部门的集贸市场用房，不属于工商部门自用的房产，按规定应征收房产税。但为了促进集贸市场的发展，省、自治区、直辖市可根据具体情况暂给予减税或免税照顾。

《财政部 税务总局关于房产税和车船使用税几个业务问题的解释与规定》（财税地字〔1987〕3 号）

自 2019 年 1 月 1 日至 2023 年 12 月 31 日，对农产品批发市场、农贸市场（包括自有和承租）专门用于经营农产品的房产、土地，暂免征收房产税和城镇土地使用税。对同时经营其他产品的农产品批发市场和农贸市场使用的房产、土地，按其他产品与农产品交易场地面积的比例确定征免房产税和城镇土地使用税。

农产品批发市场和农贸市场，是指经工商登记注册，供买卖双方进行农产品及其初加工品现货批发或零售交易的场所。农产品包括粮油、肉禽蛋、蔬菜、干鲜果品、水产品、调味品、棉麻、活畜、可食用的林产品以及由省、自治区、直辖市财税部门确定的其他可食用的农产品。

享受上述税收优惠的房产、土地，是指农产品批发市场、农贸市场直接为农产品交易提供服务的房产、土地。农产品批发市场、农贸市场的行政办公区、生活区，以及商业餐饮娱乐等非直接为农产品交易提供服务的房产、土地，不属于

上述规定的优惠范围,应按规定征收房产税和城镇土地使用税。

企业享受规定的免税政策,应按规定进行免税申报,并将不动产权属证明、载有房产原值的相关材料、租赁协议、房产土地用途证明等资料留存备查。

《财政部 税务总局关于继续实行农产品批发市场 农贸市场房产税 城镇土地使用税优惠政策的通知》(财税〔2019〕12 号)、《财政部 税务总局关于延长部分税收优惠政策执行期限的公告》(财政部 税务总局公告 2022 年第 4 号)

1.7.2.10　老年服务机构

对政府部门和企事业单位、社会团体以及个人等社会力量投资兴办的福利性、非营利性的老年服务机构,暂免征收老年服务机构自用房产、土地的房产税、城镇土地使用税。

老年服务机构,是指专门为老年人提供生活照料、文化、护理、健身等多方面服务的福利性、非营利性的机构,主要包括老年社会福利院、敬老院(养老院)、老年服务中心、老年公寓(含老年护理院、康复中心、托老所)等。

《财政部 国家税务总局对老年服务机构有关税收政策的通知》(财税〔2000〕97 号)

1.7.2.11　养老、托育、家政等社区家庭服务业

自 2019 年 6 月 1 日起执行至 2025 年 12 月 31 日,为社区提供养老、托育、家政等服务的机构自有或其通过承租、无偿使用等方式取得并用于提供社区养老、托育、家政服务的房产、土地,免征房产税、城镇土地使用税。

社区是指聚居在一定地域范围内的人们所组成的社会生活共同体,包括城市社区和农村社区。

为社区提供养老服务的机构,是指在社区依托固定场所设施,采取全托、日托、上门等方式,为社区居民提供养老服务的企事业单位和社会组织。社区养老服务是指为老年人提供的生活照料、康复护理、助餐助行、紧急救援、精神慰藉等服务。

为社区提供托育服务的机构,是指在社区依托固定场所设施,采取全日托、半日托、计时托、临时托等方式,为社区居民提供托育服务的企业、事业单位和社会组织。社区托育服务是指为 3 周岁(含)以下婴幼儿提供的照料、看护、膳食、保育等服务。

为社区提供家政服务的机构,是指以家庭为服务对象,为社区居民提供家

政服务的企业、事业单位和社会组织。社区家政服务是指进入家庭成员住所或医疗机构为孕产妇、婴幼儿、老人、病人、残疾人提供的照护服务,以及进入家庭成员住所提供的保洁、烹饪等服务。

《财政部 税务总局 发展改革委 民政部 商务部 卫生健康委关于养老、托育、家政等社区家庭服务业税费优惠政策的公告》(财政部公告 2019 年第 76 号)

1.7.2.12 非营利性科研机构

非营利性科研机构需要书面向科技行政主管部门申明其性质,按规定进行设置审批和登记注册,并由接受其登记注册的科技行政部门核定,在执业登记中注明"非营利性科研机构"。

非营利性科研机构自用的房产、土地,免征房产税、城镇土地使用税。

《财政部 国家税务总局关于非营利性科研机构税收政策的通知》(财税〔2001〕5 号)

1.7.2.13 被撤销金融机构

对被撤销金融机构清算期间自有的或从债务方接收的房地产,免征房产税、城镇土地使用税。

享受税收优惠政策的主体是指经中国人民银行依法决定撤销的金融机构及其分设于各地的分支机构,包括被依法撤销的商业银行、信托投资公司、财务公司、金融租赁公司、城市信用社和农村信用社。除另有规定者外,被撤销的金融机构所属、附属企业,不享受规定的被撤销金融机构的税收优惠政策。

《财政部 国家税务总局关于被撤销金融机构有关税收政策问题的通知》(财税〔2003〕141 号)

1.7.2.14 铁路运输企业

铁道部所属铁路运输企业自用的房产、土地继续免征房产税和城镇土地使用税。

《财政部 国家税务总局关于调整铁路系统房产税城镇土地使用税政策的通知》(财税〔2003〕149 号)

享受免征房产税、城镇土地使用税优惠政策的铁道部所属铁路运输企业是指铁路局及国有铁路运输控股公司〔含广铁(集团)公司、青藏铁路公司、大秦铁路股份有限公司、广深铁路股份有限公司等,具体包括客货、编组站,车务、机务、工务、电务、水电、供电、列车、客运、车辆段〕、铁路办事处、中铁集装箱运输有限责任公司、中铁特货运输有限责任公司、中铁快运股份有限公司。

《财政部 国家税务总局关于明确免征房产税 城镇土地使用税的铁路运输企业范围的补充通知》(财税〔2006〕17 号)

地方铁路运输企业自用的房产、土地应缴纳的房产税、城镇土地使用税比照铁道部所属铁路运输企业的政策执行。

《财政部 国家税务总局关于明确免征房产税 城镇土地使用税的铁路运输企业范围及有关问题的通知》(财税〔2004〕36 号)

对股改铁路运输企业及合资铁路运输公司自用的房产、土地,暂免征收房产税和城镇土地使用税。其中,股改铁路运输企业是指铁路运输企业经国务院批准进行股份制改革成立的企业;合资铁路运输公司是指由铁道部及其所属铁路运输企业与地方政府、企业或其他投资者共同出资成立的铁路运输企业。

《财政部 国家税务总局关于股改及合资铁路运输企业房产税城镇土地使用税有关政策的通知》(财税〔2009〕132 号)

1.7.2.15 大秦铁路改制

在大秦铁路股份有限公司完全按市场化方式运作前,暂免其自用的房产、土地应缴纳的房产税、城镇土地使用税。对原大同分局的存续单位(企业)向大秦公司出租的房产、土地照章征收房产税、城镇土地使用税。

《财政部 国家税务总局关于大秦铁路改制上市有关税收问题的通知》(财税〔2006〕32 号)

1.7.2.16 青藏铁路公司及其所属单位

对青藏铁路公司及其所属单位自用的房产、土地免征房产税、城镇土地使用税;对非自用的房产、土地照章征收房产税、城镇土地使用税。

青藏铁路公司所属单位名单:

①西宁车站;②西宁车务段;③德令哈车务段;④格尔木车务段;⑤西宁供电段;⑥西宁机务段;⑦西宁工务段;⑧格尔木工务段;⑨西宁工务机械段;⑩西宁电务段;⑪西宁车辆段;⑫西宁客运段;⑬西宁房建生活段;⑭格尔木房建生活段;⑮西宁物资采购供应中心;⑯青藏铁路公安局;⑰西宁铁路公安处;⑱格尔木铁路公安处;⑲拉萨公安处;⑳拉萨车站(拉萨办事处);㉑西宁疾病预防控制所;㉒青藏铁路公司党校;㉓西宁乘务员公寓;㉔青藏铁道资金结算所;㉕建

设项目管理所;㉖青藏铁路公司装卸管理所;㉗青藏铁路公司驻北京办事处。

《财政部　国家税务总局关于青藏铁路公司运营期间有关税收等政策问题的通知》(财税〔2007〕11 号)

1.7.2.17　中国信达等 4 家资产管理公司

对各公司回收的房地产在未处置前的闲置期间,免征房产税和城镇土地使用税。

享受税收优惠政策的主体为经国务院批准成立的中国信达资产管理公司、中国华融资产管理公司、中国长城资产管理公司和中国东方资产管理公司,以及经其批准分设于各地的分支机构。除另有规定者外,资产公司所属、附属企业,不享受资产公司的税收优惠政策。

收购、承接不良资产是指资产公司按照国务院法规的范围和额度,对相关国有银行不良资产,以账面价值进行收购,同时继续债权、行使债权主体权利。具体包括资产公司承接、收购相关国有银行的逾期、呆滞、呆账贷款及其相应的抵押品;处置不良资产是指资产公司按照有关法律、法规,为使不良资产的价值得到实现而采取的债权转移的措施。具体包括运用出售、置换、资产重组、债转股、证券化等方法对贷款及其抵押品进行处置。

资产公司除收购、承接、处置不良资产业务外,从事其他经营业务或发生未规定免税的应税行为,应一律依法纳税。

《财政部 国家税务总局关于中国信达等 4 家金融资产管理公司税收政策问题的通知》(财税〔2001〕10 号)

1.7.2.18　东方资产管理公司处置港澳国际(集团)有限公司资产

(一)享受税收优惠政策的主体

(1)负责接收和处置港澳国际(集团)有限公司资产的中国东方资产管理公司及其经批准分设于各地的分支机构(简称"东方资产管理公司")。

(2)港澳国际(集团)有限公司所属的东北国际投资有限公司、海国投集团有限公司、海南港澳国际信托投资公司(简称"港澳国际(集团)内地公司")。

(3)在我国境内(不包括港澳台)拥有资产并负有纳税义务的港澳国际(集团)有限公司集团本部及其香港 8 家子公司(简称"港澳国际(集团)香港公司")。港澳国际(集团)有限公司在香港的 8 家子公司名单为:新港澳有限公司、煌天投资有限公司、海佳发展有限公司、港澳国际置业有限公司、金富运发展有限公司、港澳国际财务有限公司、恒琪发展有限公司、集富置业有限公司。

（二）相关房产税城镇土地使用税优惠政策

对东方资产管理公司在接收港澳国际（集团）有限公司的房地产免征应缴纳的房产税、城镇土地使用税。

对港澳国际（集团）内地公司在清算期间自有的和从债务方接收的房地产，免征应缴纳的房产税、城镇土地使用税。

对港澳国际（集团）香港公司在中国境内拥有的和从债务方接收的房地产，在清算期间免征应承担的房产税。

港澳国际（集团）内地公司、港澳国际（集团）香港公司在清算期间发生未规定免税的应税行为以及东方资产管理公司除接收、处置不良资产业务外从事其他经营业务，应一律依法纳税。

上述规定自港澳国际（集团）内地公司、港澳国际（集团）香港公司开始清算之日起执行，规定发布前，属免征事项的应纳税款不再追缴，已征税款不予退还。

《财政部 国家税务总局关于中国东方资产管理公司处置港澳国际（集团）有限公司有关资产税收政策问题的通知》（财税〔2003〕212号）

1.7.2.19　体育场馆

体育场馆，是指用于运动训练、运动竞赛及身体锻炼的专业性场所。

（一）机关团体拥有的体育馆

国家机关、军队、人民团体、财政补助事业单位、居民委员会、村民委员会拥有的体育场馆，用于体育活动的房产、土地，免征房产税和城镇土地使用税。

（二）事业单位社会团体基金会拥有的体育馆

经费自理事业单位、体育社会团体、体育基金会、体育类民办非企业单位拥有并运营管理的体育场馆，同时符合下列条件的，其用于体育活动的房产、土地，免征房产税和城镇土地使用税：

（1）向社会开放，用于满足公众体育活动需要。

（2）体育场馆取得的收入主要用于场馆的维护、管理和事业发展。

（3）拥有体育场馆的体育社会团体、体育基金会及体育类民办非企业单位，除当年新设立或登记的以外，前一年度登记管理机关的检查结论为"合格"。

（三）企业拥有的大型体育场馆

企业拥有并运营管理的大型体育场馆，其用于体育活动的房产、土地，减半征收房产税和城镇土地使用税。

大型体育场馆，是指由各级人民政府或社会力量投资建设、向公众开放、达到《体育建筑设计规范》有关规模规定的体育场（观众座位数 20 000 座及以上）、体育馆（观众座位数 3 000 座及以上）、游泳馆、跳水馆（观众座位数 1 500 座及以上）等体育建筑。

（四）优惠范围和限制条件

用于体育活动的房产、土地，是指运动场地，看台、辅助用房（包括观众用房、运动员用房、竞赛管理用房、新闻媒介用房、广播电视用房、技术设备用房和场馆运营用房等）及占地，以及场馆配套设施（包括通道、道路、广场、绿化等）。

享受上述税收优惠体育场馆的运动场地用于体育活动的天数不得低于全年自然天数的 70%。

体育场馆辅助用房及配套设施用于非体育活动的部分，不得享受上述税收优惠。

高尔夫球、马术、汽车、卡丁车、摩托车的比赛场、训练场、练习场，除另有规定外，不得享受房产税、城镇土地使用税优惠政策。各省、自治区、直辖市财政、税务部门可根据本地区情况适时增加不得享受优惠体育场馆的类型。

《财政部 国家税务总局关于体育场馆房产税和城镇土地使用税政策的通知》（财税〔2015〕130 号）

1.7.2.20 公共租赁住房

从 1988 年 1 月 1 日起，对房管部门经租的居民住房，在房租调整改革之前收取租金偏低的，可暂缓征收房产税；对房管部门经租的其他非营业用房，是否给予照顾，可由各省、自治区、直辖市根据当地具体情况按税收管理体制的规定办理。

《财政部 国家税务总局关于对房管部门经租的居民住房暂缓征收房产税的通知》（财税地字〔1987〕30 号）

国税地字〔1988〕15 号文件对房产管理部门在房租调整改革前经租的居民住房用地，规定由各省、自治区、直辖市税务局确定征免土地使用税。这样规定，主要是考虑到在房租调整改革前，房产管理部门经租居民住房收取的租金标准一般较低,许多地方纳税确有困难的实际情况而制定的一项临时性照顾措施。房租调整改革后,房产管理部门经租的居民住房用地(不论是何时经租的),都应照章缴纳土地使用税。

至于房租调整改革后,有的房产管理部门按规定缴纳土地使用税还有实际困难的,可按税收管理体制的规定,报经批准后再给予适当的减征或免征土地使用税的照顾。

《国家税务局关于房产管理部门经租的居民住房用地在房租调整改革后征收土地使用税问题的批复》(国税函发〔1991〕403 号)

从 2001 年 1 月 1 日起,对按政府规定价格出租的公有住房,包括企业和自收自支的事业单位向职工出租的单位自有住房;房管部门向居民出租的公有住房;落实私房政策中带户发还产权并以政府规定租金标准向居民出租的私有住房等,暂免征收房产税。

《财政部 国家税务总局关于调整住房租赁市场税收政策的通知》(财税〔2000〕125 号)

《财政部 国家税务总局关于调整住房租赁市场税收政策的通知》(财税〔2000〕125 号)第一条规定,暂免征收房产税的企业和自收自支事业单位向职工出租的单位自有住房,是指按照公有住房管理或纳入县级以上政府廉租住房管理的单位自有住房。

《财政部 国家税务总局关于企业和自收自支事业单位向职工出租的单位自有住房房产税和营业税政策的通知》(财税〔2013〕94 号)

公共租赁住房(简称“公租房”)是指纳入省、自治区、直辖市、计划单列市人民政府及新疆生产建设兵团批准的公租房发展规划和年度计划,或者市、县人民政府批准建设(筹集),并按照《关于加快发展公共租赁住房的指导意见》(建保〔2010〕87 号)和市、县人民政府制定的具体管理办法进行管理的公租房。

对公租房建设期间用地及公租房建成后占地免征城镇土地使用税。在其他住房项目中配套建设公租房,依据政府部门出具的相关材料,按公租房建筑面积占总建筑面积的比例免征建设、管理公租房涉及的城镇土地使用税。

对公租房免征房产税。公租房经营管理单位应单独核算公租房租金收入,未单独核算的,不得享受免征房产税优惠政策。

纳税人享受上述规定的优惠政策,应按规定进行免税申报,并将不动产权属证明、载有房产原值的相关材料、纳入公租房及用地管理的相关材料、配套建设管理公租房相关材料、购买住房作为公租房相关材料、公租房租赁协议等留存备查。

上述政策自 2019 年 1 月 1 日至 2023 年 12 月 31 日执行。

《财政部 税务总局关于公共租赁住房税收优惠政策的公告》（财政部 税务总局公告 2019 年第 61 号）、《财政部 税务总局关于延长部分税收优惠政策执行期限的公告》（财政部 税务总局公告 2021 年第 6 号）

1.7.2.21　农村饮水安全工程

自 2019 年 1 月 1 日至 2023 年 12 月 31 日，对饮水工程运营管理单位自用的生产、办公用房产、土地，免征房产税、城镇土地使用税。

对于既向城镇居民供水，又向农村居民供水的饮水工程运营管理单位，依据向农村居民供水量占总供水量的比例免征房产税和城镇土地使用税。无法提供具体比例或所提供数据不实的，不得享受上述税收优惠政策。

饮水工程，是指为农村居民提供生活用水而建设的供水工程设施。饮水工程运营管理单位，是指负责饮水工程运营管理的自来水公司、供水公司、供水（总）站（厂、中心）、村集体、农民用水合作组织等单位。

符合上述条件的饮水工程运营管理单位自行申报享受减免税优惠，相关材料留存备查。

《财政部 国家税务总局关于继续实行农村饮水安全工程税收优惠政策的公告》（财政部 税务总局公告 2019 年第 67 号）、《财政部 税务总局关于延长部分税收优惠政策执行期限的公告》（财政部 税务总局公告 2021 年第 6 号）

1.7.2.22　供热企业

自 2019 年 1 月 1 日至 2023 年供暖期结束，对"三北"地区向居民供热收取采暖费的供热企业，为居民供热所使用的厂房及土地免征房产税、城镇土地使用税；对供热企业其他厂房及土地，应当按照规定征收房产税、城镇土地使用税。

对专业供热企业，按其向居民供热取得的采暖费收入占全部采暖费收入的比例，计算免征的房产税、城镇土地使用税。

对兼营供热企业，视其供热所使用的厂房及土地与其他生产经营活动所使用的厂房及土地是否可以区分，按照不同方法计算免征的房产税、城镇土地使用税。可以区分的，对其供热所使用厂房及土地，按向居民供热取得的采暖费收入占全部采暖费收入的比例，计算免征的房产税、城镇土地使用税；难以区分的，对其全部厂房及土地，按向居民供热取得的采暖费收入占其营业收入的比例,计算免征的房产税、城镇土地使用税。

对自供热单位,按向居民供热建筑面积占总供热建筑面积的比例,计算免征供热所使用的厂房及土地的房产税、城镇土地使用税。

供热企业,是指热力产品生产企业和热力产品经营企业。热力产品生产企业包括专业供热企业、兼营供热企业和自供热单位。

"三北"地区,是指北京市、天津市、河北省、山西省、内蒙古自治区、辽宁省、大连市、吉林省、黑龙江省、山东省、青岛市、河南省、陕西省、甘肃省、青海省、宁夏回族自治区和新疆维吾尔自治区。

《财政部 国家税务总局关于延续供热企业增值税 房产税 城镇土地使用税优惠政策的通知》(财税〔2019〕38号)、《财政部 税务总局关于延长部分税收优惠政策执行期限的公告》(财政部 税务总局公告2021年第6号)

1.7.2.23 大型客机研制项目

自2018年1月1日起至2023年12月31日止,对从事大型民用客机发动机、中大功率民用涡轴涡桨发动机研制项目的纳税人及其全资子公司从事大型民用客机发动机、中大功率民用涡轴涡桨发动机研制项目自用的科研、生产、办公房产及土地,免征房产税、城镇土地使用税。

自2019年1月1日起至2023年12月31日止,对从事大型客机研制项目的纳税人及其全资子公司自用的科研、生产、办公房产及土地,免征房产税、城镇土地使用税。

大型民用客机发动机、中大功率民用涡轴涡桨发动机、新支线飞机和大型客机,指上述发动机、民用客机的整机,具体标准如下:

(1)大型民用客机发动机:①单通道干线客机发动机,起飞推力12 000～16 000 kgf;②双通道干线客机发动机,起飞推力28 000～35 000 kgf。

(2)中大功率民用涡轴涡桨发动机:①中等功率民用涡轴发动机,起飞功率1 000～3 000 kW;②大功率民用涡桨发动机,起飞功率3 000 kW以上。

(3)新支线飞机,是指空载重量大于25吨且小于45吨、座位数量少于130个的民用客机。

(4)大型客机,是指空载重量大于45吨的民用客机。

纳税人享受上述规定的免征房产税、城镇土地使用税政策,应按规定进行免税申报,并将不动产权属、房产原值、土地用途等资料留存备查。

《财政部 税务总局关于民用航空发动机、新支线飞机和大型客机税收政策的公告》(财政部 税务总局公告 2019 年第 88 号)、《财政部 税务总局关于延长部分税收优惠政策执行期限的公告》(财政部 税务总局公告 2021 年第 6 号)

1.7.2.24　科技企业孵化器、大学科技园和众创空间

自 2019 年 1 月 1 日至 2023 年 12 月 31 日,对国家级、省级科技企业孵化器、大学科技园和国家备案众创空间自用以及无偿或通过出租等方式提供给在孵对象使用的房产、土地,免征房产税和城镇土地使用税。

国家级科技企业孵化器、大学科技园和国家备案众创空间认定和管理办法由国务院科技、教育部门另行发布;省级科技企业孵化器、大学科技园认定和管理办法由省级科技、教育部门另行发布。

在孵对象是指符合上述认定和管理办法规定的孵化企业、创业团队和个人。

国家级、省级科技企业孵化器、大学科技园和国家备案众创空间应按规定申报享受免税政策,并将房产土地权属资料、房产原值资料、房产土地租赁合同、孵化协议等留存备查,税务部门依法加强后续管理。

2018 年 12 月 31 日以前认定的国家级科技企业孵化器、大学科技园,自2019 年 1 月 1 日起享受上述规定的税收优惠政策。2019 年 1 月 1 日以后认定的国家级、省级科技企业孵化器、大学科技园和国家备案众创空间,自认定之日次月起享受规定的税收优惠政策。2019 年 1 月 1 日以后被取消资格的,自取消资格之日次月起停止享受规定的税收优惠政策。

科技、教育和税务部门应建立信息共享机制,及时共享国家级、省级科技企业孵化器、大学科技园和国家备案众创空间相关信息,加强协调配合,保障优惠政策落实到位。

《财政部 税务总局 科技部 教育部关于科技企业孵化器 大学科技园和众创空间税收政策的通知》(财税〔2018〕120 号)、《财政部 税务总局关于延长部分税收优惠政策执行期限的公告》(财政部 税务总局公告 2022 年第 4 号)

1.7.2.25　商品储备管理公司

对商品储备管理公司及其直属库自用的承担商品储备业务的房产、土地,免征房产税、城镇土地使用税。

商品储备管理公司及其直属库,是指接受县级以上人民政府有关部门委

托,承担粮(含大豆)、食用油、棉、糖、肉5种商品储备任务,取得财政储备经费或者补贴的商品储备企业。

承担中央政府有关部门委托商品储备业务的储备管理公司及其直属库,包括中国储备粮管理集团有限公司及其分公司、直属库,华商储备商品管理中心有限公司及其管理的国家储备糖库、国家储备肉库。

承担地方政府有关部门委托商品储备业务的储备管理公司及其直属库,由省、自治区、直辖市财政、税务部门会同有关部门明确或者制定具体管理办法,并报省、自治区、直辖市人民政府批准。

企业享受上述规定的免税政策,应按规定进行免税申报,并将不动产权属证明、房产原值、承担商品储备业务情况、储备库建设规划等资料留存备查。

《财政部 税务总局关于延续执行部分国家商品储备税收优惠政策的公告》(财政部 税务总局公告2022年第8号)

1.7.2.26 天然林保护工程房产税、城镇土地使用税优惠

自2011年1月1日至2020年12月31日,对长江上游、黄河中上游地区,东北、内蒙古地区等国有林区天然林二期工程实施企业和单位专门用于天然林保护工程的房产、土地,免征房产税、城镇土地使用税。对上述企业和单位用于其他生产经营活动的房产、土地,按规定征收房产税、城镇土地使用税。

《财政部 国家税务总局关于天然林保护工程(二期)实施企业和单位房产税、城镇土地使用税政策的通知》(财税〔2011〕90号)

1.7.2.27 支持小微企业"六税两费"减征

2022年1月1日至2024年12月31日,由省、自治区、直辖市人民政府根据本地区实际情况,以及宏观调控需要确定,对增值税小规模纳税人、小型微利企业和个体工商户可以在50%的税额幅度内减征资源税、城市维护建设税、房产税、城镇土地使用税、印花税(不含证券交易印花税)、耕地占用税和教育费附加、地方教育附加。

增值税小规模纳税人、小型微利企业和个体工商户已依法享受资源税、城市维护建设税、房产税、城镇土地使用税、印花税、耕地占用税、教育费附加、地方教育附加其他优惠政策的,可叠加享受上述规定的优惠政策。

《财政部 税务总局关于进一步实施小微企业"六税两费"减免政策的公告》(财政部 税务总局公告2022年第10号)

（一）小微企业概念和条件

小型微利企业，是指从事国家非限制和禁止行业，且同时符合年度应纳税所得额不超过 300 万元、从业人数不超过 300 人、资产总额不超过 5 000 万元等三个条件的企业。

从业人数，包括与企业建立劳动关系的职工人数和企业接受的劳务派遣用工人数。所称从业人数和资产总额指标，应按企业全年的季度平均值确定。具体计算公式如下：

$$季度平均值 =（季初值 + 季末值）÷ 2$$
$$全年季度平均值 = 全年各季度平均值之和 ÷ 4$$

年度中间开业或者终止经营活动的，以其实际经营期作为一个纳税年度确定上述相关指标。

《财政部 税务总局关于进一步实施小微企业"六税两费"减免政策的公告》（财政部 税务总局公告 2022 年第 10 号）

（二）小微企业判定

小型微利企业的判定以企业所得税年度汇算清缴结果为准。登记为增值税一般纳税人的新设立的企业，从事国家非限制和禁止行业，且同时符合申报期上月末从业人数不超过 300 人、资产总额不超过 5 000 万元等两个条件的，可在首次办理汇算清缴前按照小型微利企业申报享受第一条规定的优惠政策。

适用"六税两费"减免政策的小型微利企业的判定以企业所得税年度汇算清缴（简称"汇算清缴"）结果为准。登记为增值税一般纳税人的企业，按规定办理汇算清缴后确定是小型微利企业的，除"（三）登记为增值税一般纳税人的新设立企业判定"规定外，可自办理汇算清缴当年的 11 月 1 日至次年 6 月 30 日申报享受"六税两费"减免优惠；2022 年 1 月 1 日至 6 月 30 日期间，纳税人依据 2021 年办理 2020 年度汇算清缴的结果确定是否按照小型微利企业申报享受"六税两费"减免优惠。

2024 年办理 2023 年度汇算清缴后确定是小型微利企业的，纳税人申报享受"六税两费"减免优惠的日期截止到 2024 年 12 月 31 日。

《财政部 税务总局关于进一步实施小微企业"六税两费"减免政策的公告》（财政部 税务总局公告 2022 年第 10 号）、《国家税务总局关于进一步实施小微企业"六税两费"减免政策有关征管问题的公告》（国家税务总局公告 2022 年第 3 号）

（三）登记为增值税一般纳税人的新设立企业判定

登记为增值税一般纳税人的新设立企业，从事国家非限制和禁止行业，且同时符合申报期上月末从业人数不超过 300 人、资产总额不超过 5 000 万元两项条件的，按规定办理首次汇算清缴申报前，可按照小型微利企业申报享受"六税两费"减免优惠。

登记为增值税一般纳税人的新设立企业，从事国家非限制和禁止行业，且同时符合设立时从业人数不超过 300 人、资产总额不超过 5 000 万元两项条件的，设立当月依照有关规定按次申报有关"六税两费"时，可申报享受"六税两费"减免优惠。

按规定办理首次汇算清缴后确定不属于小型微利企业的一般纳税人，自办理汇算清缴的次月 1 日至次年 6 月 30 日，不得再申报享受"六税两费"减免优惠；按次申报的，自首次办理汇算清缴确定不属于小型微利企业之日起至次年 6 月 30 日，不得再申报享受"六税两费"减免优惠。

新设立企业按规定办理首次汇算清缴后，按规定申报当月及之前的"六税两费"的，依据首次汇算清缴结果确定是否可申报享受减免优惠。

新设立企业按规定办理首次汇算清缴申报前，已按规定申报缴纳"六税两费"的，不再根据首次汇算清缴结果进行更正。

2021 年新设立企业，登记为增值税一般纳税人的，小型微利企业的判定按照上述规定执行。

《国家税务总局关于进一步实施小微企业"六税两费"减免政策有关征管问题的公告》（国家税务总局公告 2022 年第 3 号）

（四）逾期办理或更正汇算清缴申报的处理

登记为增值税一般纳税人的小型微利企业、新设立企业，逾期办理或更正汇算清缴申报的，应当依据逾期办理或更正申报的结果，按照规定的"六税两费"减免税期间申报享受减免优惠（详见"（二）小微企业判定、（三）登记为增值税一般纳税人的新设立企业判定"），并应当对"六税两费"申报进行相应更正。

《国家税务总局关于进一步实施小微企业"六税两费"减免政策有关征管问题的公告》（国家税务总局公告 2022 年第 3 号）

（五）增值税小规模纳税人转为一般纳税人政策的适用

增值税小规模纳税人按规定登记为一般纳税人的，自一般纳税人生效之日起不再按照增值税小规模纳税人适用"六税两费"减免政策。增值税年应税销售额超过小规模纳税人标准应当登记为一般纳税人而未登记,经税务机关通知,逾期仍不办理登记的,自逾期次月起不再按照增值税小规模纳税人申报享受"六税两费"减免优惠。

上述纳税人如果符合规定的小型微利企业和新设立企业的情形(详见"(二)小微企业判定、(三)登记为增值税一般纳税人的新设立企业判定"),或登记为个体工商户,仍可申报享受"六税两费"减免优惠。

《国家税务总局关于进一步实施小微企业"六税两费"减免政策有关征管问题的公告》(国家税务总局公告 2022 年第 3 号)

(六)优惠的办理方式及未及时享受的处理

纳税人自行申报享受减免优惠,不需额外提交资料。

纳税人符合条件但未及时申报享受"六税两费"减免优惠的,可依法申请抵减以后纳税期的应纳税费款或者申请退还。

《国家税务总局关于进一步实施小微企业"六税两费"减免政策有关征管问题的公告》(国家税务总局公告 2022 年第 3 号)

纳税人享受"六税一费"优惠实行"自行判别、申报享受、有关资料留存备查"办理方式,申报时无须再向税务机关提供有关资料。纳税人根据具体政策规定自行判断是否符合优惠条件,符合条件的,纳税人申报享受税收优惠,并将有关资料留存备查。

纳税人对"六税一费"优惠事项留存备查资料的真实性、合法性承担法律责任。

各级税务机关根据国家税收法律、法规、规章、规范性文件等规定开展"六税一费"减免税后续管理。对不应当享受减免税的,依法追缴已享受的减免税款,并予以相应处理。

城镇土地使用税、房产税困难减免税不适用上述规定,仍按照现行规定办理。

《国家税务总局关于城镇土地使用税等"六税一费"优惠事项资料留存备查的公告》(国家税务总局公告 2019 年第 21 号)

1.8　税收征管

房产税的征收管理,依照《中华人民共和国税收征收管理法》(简称《税收征收管理法》)的规定办理。

《中华人民共和国房产税暂行条例》第八条

1.8.1　纳税期限

房产税按年征收、分期缴纳。纳税期限由省、自治区、直辖市人民政府规定。

《中华人民共和国房产税暂行条例》第七条

1.8.2　纳税申报

自 2021 年 6 月 1 日起,纳税人申报缴纳城镇土地使用税、房产税、车船税、印花税、耕地占用税、资源税、土地增值税、契税、环境保护税、烟叶税中一个或多个税种时,使用《财产和行为税纳税申报表》。纳税人新增税源或税源变化时,需先填报《财产和行为税税源明细表》,见表 1-1 和表 1-2。

表 1-1　财产和行为税纳税申报表

纳税人识别号(统一社会信用代码):□□□□□□□□□□□□□□□□□□

纳税人名称:　　　　　　　　　　　　　　　　金额单位:人民币元(列至角分)

序号	税种	税目	税款所属期起	税款所属期止	计税依据	税率	应纳税额	减免税额	已缴税额	应补(退)税额
1										
2										
3										
4										
5										
6										
7										
8										
9										
10										
11	合计	—	—	—	—	—				

声明:此表是根据国家税收法律法规及相关规定填写的,本人(单位)对填报内容(及附带资料)的真实性、可靠性、完整性负责。

　　　　　　　　　　　　　　　　　纳税人(签章):　　年 月 日

经办人: 经办人身份证号: 代理机构签章: 代理机构统一社会信用代码:	受理人: 受理税务机关(章): 受理日期:　　年 月 日

填表说明:

1. 本表适用于申报城镇土地使用税、房产税、契税、耕地占用税、土地增值税、印花税、车船税、烟叶税、环境保护税、资源税。

2. 本表根据各税种税源明细表自动生成,申报前需填写税源明细表。

3. 本表包含一张附表《财产和行为税减免税明细申报附表》。

4. 纳税人识别号(统一社会信用代码):填写税务机关核发的纳税人识别号或有关部门核发的统一社会信用代码。纳税人名称:填写营业执照、税务登记证等证件载明的纳税人名称。

5. 税种:税种名称,多个税种的,可增加行次。

6. 税目:税目名称,多个税目的,可增加行次。

7. 税款所属期起:纳税人申报相应税种所属期的起始时间,填写具体的年、月、日。

8. 税款所属期止:纳税人申报相应税种所属期的终止时间,填写具体的年、月、日。

9. 计税依据:计算税款的依据。

10. 税率:适用的税率。

11. 应纳税额:纳税人本期应当缴纳的税额。

12. 减免税额:纳税人本期享受的减免税金额,等于减免税附表中该税种的减免税额小计。

13. 已缴税额:纳税人本期应纳税额中已经缴纳的部分。

14. 应补(退)税额:纳税人本期实际需要缴纳的税额。应补(退)税额＝应纳税额－减免税额－已缴税额。

表1-2　财产和行为税减免税明细申报附表

纳税人识别号(统一社会信用代码):□□□□□□□□□□□□□□□□□□

纳税人名称:　　　　　　　　　　　　　　　　　金额单位:人民币元(列至角分)

本期是否适用小微企业"六税两费"减免政策	□是　□否	减免政策适用主体	增值税小规模纳税人:□是　□否		
			增值税一般纳税人:□个体工商户　□小型微利企业		
		适用减免政策起止时间	年　月　至　　年　月		
合计减免税额					
城镇土地使用税					
序号	土地编号	税款所属期起	税款所属期止	减免性质代码和项目名称	减免税额
1					
2					
小计	—			—	

（续表）

房产税					
序号	房产编号	税款所属期起	税款所属期止	减免性质代码和项目名称	减免税额
1					
2					
小计	—			—	

车船税					
序号	车辆识别代码/船舶识别码	税款所属期起	税款所属期止	减免性质代码和项目名称	减免税额
1					
2					
小计				—	

印花税					
序号	税目	税款所属期起	税款所属期止	减免性质代码和项目名称	减免税额
1					
2					
小计	—			—	

资源税						
序号	税目	子目	税款所属期起	税款所属期止	减免性质代码和项目名称	减免税额
1						
2						
小计	—	—			—	

耕地占用税					
序号	税源编号	税款所属期起	税款所属期止	减免性质代码和项目名称	减免税额
1					
2					
小计	—			—	

（续表）

契税				
序号	税源编号	税款所属期起	税款所属期止	减免性质代码和项目名称	减免税额
1					
2					
小计	—			—	

土地增值税				
序号	项目编号	税款所属期起	税款所属期止	减免性质代码和项目名称	减免税额
1					
2					
小计	—			—	

环境保护税					
序号	税源编号	污染物类别	污染物名称	税款所属期起	税款所属期止	减免性质代码和项目名称	减免税额
1							
2							
小计	—	—	—			—	

声明：此表是根据国家税收法律法规及相关规定填写的，本人（单位）对填报内容（及附带资料）的真实性、可靠性、完整性负责。

纳税人（签章）：　　　年　月　日

经办人： 经办人身份证号： 代理机构签章： 代理机构统一社会信用代码：	受理人： 受理税务机关（章）： 受理日期：　　　年　月　日

填写说明：

1. 本表为《财产和行为税纳税申报表》的附表，适用于申报城镇土地使用税、房产税、契税、耕地占用税、土地增值税、印花税、车船税、环境保护税、资源税的减免税。

2. 纳税人识别号（统一社会信用代码）：填写税务机关核发的纳税人识别号或有关部门核发的统一社会信用代码。纳税人名称：填写营业执照、税务登记证等证件载明的纳税人名称。

3. 本期是否适用小微企业"六税两费"减免政策：纳税人在税款所属期内适用增值税小规模纳税人、个体工商户、小型微利企业减免政策的，勾选"是"；否则，勾选"否"。

4. 减免政策适用主体：适用小微企业"六税两费"减免政策的，填写本项。纳税人是增值税小规模纳税人的，在"增值税小规模纳税人"处勾选"是"，无需勾选"增值税一般纳税人：□个体工商户 □小型微利企业"；纳税人是增值税一般纳税人的，据类型勾选"个体工商户"或"小型微利企业"。登记为增值税一般纳税人的新设立企业，从事国家非限制和禁止行业，且同时符合设立时从业人数不超过300人、资产总额不超过5 000万元两项条件的，勾选"小型微利企业"。

5. 适用减免政策起止时间：填写适用减免政策的起止月份，不得超出当期申报的税款所属期限。

6. 税款所属期起：指纳税人申报相应税种所属期的起始时间，具体到年、月、日。

7. 税款所属期止：指纳税人申报相应税种所属期的终止时间，具体到年、月、日。

8. 减免性质代码和项目名称：按照税务机关最新制发的减免税政策代码表中最细项减免项目名称填写。

9. 减免税额：减免税项目对应的减免税金额。

《国家税务总局关于简并税费申报有关事项的公告》(国家税务总局公告2021年第9号)

练 习 自 测 题

【多项选择题】

1. 根据现行房产税相关政策规定，下列情形不属于免征房产税的有(   )。

   A. 政府机关自用的房产

   B. 个人所有的经营性房产

   C. 人民团体自用的房产

   D. 宗教寺庙出租的房产

   E. 老年服务机构自用房产

【参考答案】 BD

【答案解析】 国家机关、人民团体、军队自用房产,宗教寺庙、公园、名胜古迹的房产免征房产税;老年服务机构自用的房产暂免征收房产税;出租及经营性房产均需要征收房产税。

2. 下列情形中,应由房产代管人或者使用人缴纳房产税的有(   )。

    A. 房屋产权未确定的

    B. 房屋产权出典的

    C. 无租使用免税单位房产进行涉税咨询服务的事务所

    D. 房屋产权所有人不在房屋所在地的

    E. 房屋租典纠纷未解决的

【参考答案】 ACDE

【答案解析】 产权所有人、承典人不在房屋所在地的,或者产权未确定及租典纠纷未解决的,由房产代管人或使用人纳税。无租使用其他单位房产的应税单位和个人,依照房产余值代缴纳房产税。房屋产权出典的由承典人缴纳。

【判断题】

3. A市是房地产发展一线城市,甲自然人在A市市区的别墅应征房产税,在农村的住房不征房产税。　　　　　　　　　　　　　　　(   )

【参考答案】 ×

【答案解析】 根据《房产税暂行条例》的规定,个人所有的非营业用的房产免征房产税,因此,对个人所有的居住用房、不分面积多少,均免征房产税。

4. 根据现行房产税政策,甲企业无租使用乙企业房产,由乙企业依据市场租金从租缴纳房产税。　　　　　　　　　　　　　　　(   )

【参考答案】 ×

【答案解析】 无租使用其他单位房产的应税单位和个人,依照房产余值代缴纳房产税。

第二章　城镇土地使用税

城镇土地使用税是为了合理利用城镇土地,调节土地级差收入,提高土地使用效益,加强土地管理,而以开征范围内的土地为征税对象,以实际占用的土地面积为计税标准,按规定税额对拥有土地使用权的单位和个人征收的一种税。属于财产税性质。

《中华人民共和国城镇土地使用税暂行条例》(简称《城镇土地使用税暂行条例》)于 1988 年 9 月 27 日以中华人民共和国国务院令第 17 号发布,1988 年 11 月 1 日起施行,各地制定的土地使用费办法同时停止执行。2006 年 12 月 31 日,《国务院关于修改〈中华人民共和国城镇土地使用税暂行条例〉的决定》(中华人民共和国国务院令第 483 号)对城镇土地使用税进行了修订。

2.1　纳税人

在城市、县城、建制镇、工矿区范围内使用土地的单位和个人,为城镇土地使用税的纳税义务人。

单位,包括国有企业、集体企业、私营企业、股份制企业、外商投资企业、外国企业以及其他企业和事业单位、社会团体、国家机关、军队以及其他单位;个人,包括个体工商户以及其他个人。

《中华人民共和国城镇土地使用税暂行条例》第二条

2.1.1　纳税人几种情形

土地使用税由拥有土地使用权的单位和个人缴纳;

拥有土地使用权的纳税人不在土地所在地的,由代管人或实际使用人纳税;

土地使用权属未确定或权属纠纷未解决的,由实际使用人缴纳;

土地使用权共有的,由共有各方分别纳税。

《国家税务局关于印发〈关于土地使用税若干具体问题的解释和暂行规定〉的通知》(国税地字〔1988〕15号)

2.1.1.1　中石化胜利石油管理局改制

中国石化集团胜利石油管理局改制企业所占用的土地,应由该土地的土地使用权人,即中国石化集团胜利石油管理局缴纳。

《国家税务总局关于中国石化集团胜利石油管理局城镇土地使用税有关政策问题的批复》(税总函〔2014〕99号)

2.1.1.2　房管部门经租的公房用地

房管部门经租的公房用地,凡土地使用权属于房管部门的,由房管部门缴纳土地使用税。

《国家税务局关于印发〈关于土地使用税若干具体问题的解释和暂行规定〉的通知》(国税地字〔1988〕15号)

2.1.2　集体土地纳税人

自2006年5月1日起,在城镇土地使用税征税范围内实际使用应税集体所有建设用地、但未办理土地使用权流转手续的,由实际使用集体土地单位和个人规定缴纳城镇土地使用税。

《财政部　国家税务总局关于集体土地城镇土地使用税有关政策的通知》(财税〔2006〕56号)

在城镇土地使用税征税范围内,承租集体所有建设用地的,由直接从集体经济组织承租土地的单位和个人,缴纳城镇土地使用税。

《财政部　税务总局关于承租集体土地城镇土地使用税有关政策的通知》(财税〔2017〕29号)

2.1.3　城市、县城、建制镇、工矿区

城市是指经国务院批准设立的市。

县城是指县人民政府所在地。

建制镇是指经省、自治区、直辖市人民政府批准设立的建制镇。

工矿区是指工商业比较发达、人口比较集中、符合国务院规定的建制镇标

准,但尚未设立镇建制的大中型工矿企业所在地。工矿区须经省、自治区、直辖市人民政府批准。

《国家税务局关于印发〈关于土地使用税若干具体问题的解释和暂行规定〉的通知》(国税地字〔1988〕15 号)

城市的征税范围为市区和郊区。

县城的征税范围为县人民政府所在的城镇。

建制镇的征税范围为镇人民政府所在地。

城市、县城、建制镇、工矿区的具体征税范围,由各省、自治区、直辖市人民政府划定。

《国家税务局关于印发〈关于土地使用税若干具体问题的解释和暂行规定〉的通知》(国税地字〔1988〕15 号)

关于建制镇具体征税范围,由各省、自治区、直辖市税务局提出方案,经省、自治区、直辖市人民政府确定批准后执行,并报国家税务总局备案。

《国家税务总局关于调整房产税和土地使用税具体征税范围解释规定的通知》(国税发〔1999〕44 号,国家税务总局公告 2018 年第 31 号修改)

2.2　征税对象

根据《城镇土地使用税暂行条例》规定,土地使用税在城市(包括市区和郊区)、县城、建制镇和工矿区征收。征收对象是开征范围的土地,包括国家所有的土地和集体所有的土地。

《国家税务局关于城镇土地使用税宣传提纲》(国税地字〔1988〕17 号)

2.3　计税依据

土地使用税以纳税人实际占用的土地面积为计税依据,依照规定税额计算征收。

土地占用面积的组织测量工作,由省、自治区、直辖市人民政府根据实际情况确定。

《中华人民共和国城镇土地使用税暂行条例》第三条

2.3.1 实际占用的土地面积

纳税人实际占用的土地面积,是指由省、自治区、直辖市人民政府确定的单位组织测定的土地面积。尚未组织测量,但纳税人持有政府部门核发的土地使用证书的,以证书确认的土地面积为准;尚未核发土地使用证书的,应由纳税人据实申报土地面积。

《国家税务局关于印发〈关于土地使用税若干具体问题的解释和暂行规定〉的通知》(国税地字〔1988〕15号)

2.3.2 地下建筑用地

自2009年12月1日起,对在城镇土地使用税征税范围内单独建造的地下建筑用地,按规定征收城镇土地使用税。其中,已取得地下土地使用权证的,按土地使用权证确认的土地面积计算应征税款;未取得地下土地使用权证或地下土地使用权证上未标明土地面积的,按地下建筑垂直投影面积计算应征税款。

对上述地下建筑用地暂按应征税款的50%征收城镇土地使用税。

《财政部 国家税务总局关于房产税城镇土地使用税有关问题的通知》(财税〔2009〕128号)

解读▶ 近年来,很多城市的中心区域都有一些地下建筑,这些建筑物距地面有一定深度并单独建造,不与地上建筑物连为一体,且主要用于商业经营。根据《国土资源部关于地下建筑物土地确权登记发证有关问题的复函》(国土资厅函〔2000〕171号)的规定,对上述地下建筑物,其土地权利可确定为土地使用权(地下)。具体登记时,其土地面积为地下建筑物垂直投影面积。

对上述地下建筑,现行房产税政策已明确应征收房产税,但对其用地,在此之前城镇土地使用税政策没有明确应否征税。《中华人民共和国民法典》明确规定,地下土地使用权和地上土地使用权同属物权。据了解,一些地区的国土部门对地下建筑已颁发了地下土地使用权证。笔者认为,此类单独建造的地下建筑物用地,属于占用土地行为,应征收城镇土地使用税;征税面积按土地使用权证记载面积为准,没有土地使用权证或土地使用权证上没有标明用地面积的,以建筑物垂直投影面积为准,这和国土部门发证的规定是一致的。考虑到地下空间的开发有利于土地的节约利用,同时,相比地上空间,其开发、利用成本较高,为贯彻落实

《国务院关于促进节约集约用地的通知》(国发〔2008〕3 号)"鼓励开发利用地上地下空间"精神,在对地下建筑用地征收城镇土地使用税时,有必要给予一定的税收优惠,暂按应纳税额的 50% 计征。需要说明的是,除了单独建造的地下建筑,目前还存在一些与地上建筑连为一体的地下建筑,如地下停车场、地下超市等。因现行政策已有规定,没有必要再进行明确。

2.3.3　土地使用权共有

土地使用权共有的各方,应按其实际使用的土地面积占总面积的比例,分别计算缴纳土地使用税。

《国家税务局关于印发〈关于土地使用税若干具体问题的解释和暂行规定〉的通知》(国税地字〔1988〕15 号)

2.3.4　纳税单位与免税单位共同使用多层建筑用地

纳税单位与免税单位共同使用共有使用权土地上的多层建筑,对纳税单位可按其占用的建筑面积占建筑总面积的比例计征土地使用税。

《财政部 国家税务总局关于印发〈关于土地使用税若干具体问题的补充规定〉的通知》(国税地字〔1989〕140 号)

2.4　税额

土地使用税每平方米年税额如下:

大城市 1.5 元至 30 元;

中等城市 1.2 元至 24 元;

小城市 0.9 元至 18 元;

县城、建制镇、工矿区 0.6 元至 12 元。

《中华人民共和国城镇土地使用税暂行条例》第四条

2.4.1　土地等级和具体税额标准的确定

省、自治区、直辖市人民政府,应当在前条所列税额幅度内,根据市政建设状况、经济繁荣程度等条件,确定所辖地区的适用税额幅度。

市、县人民政府应当根据实际情况,将本地区土地划分为若干等级,在省、自治区、直辖市人民政府确定的税额幅度内,制定相应的适用税额标准,报省、自治区、直辖市人民政府批准执行。

经省、自治区、直辖市人民政府批准,经济落后地区土地使用税的适用税额标准可以适当降低,但降低额不得超过规定的最低税额的30%。经济发达地区土地使用税的适用税额标准可以适当提高,但须报经财政部批准。

《中华人民共和国城镇土地使用税暂行条例》第五条

2.4.2 大中小城市划分标准

大、中、小城市以公安部门登记在册的非农业正式户口人数为依据,按照国务院颁布的《国务院关于调整城市规模划分标准的通知》(国发〔2014〕51号)中规定的标准划分。

《国家税务局关于印发〈关于土地使用税若干具体问题的解释和暂行规定〉的通知》(国税地字〔1988〕15号)

解读▶ 由于国务院颁布的《城市规划条例》已经废止,取而代之的《中华人民共和国城乡规划法》中不再对大、中、小城市进行划分,现行的城市规模划分标准是《国务院关于调整城市规模划分标准的通知》(国发〔2014〕51号)发布的:

以城区常住人口为统计口径,将城市划分为五类七档。城区常住人口50万以下的城市为小城市,其中20万以上50万以下的城市为Ⅰ型小城市,20万以下的城市为Ⅱ型小城市;城区常住人口50万以上100万以下的城市为中等城市;城区常住人口100万以上500万以下的城市为大城市,其中300万以上500万以下的城市为Ⅰ型大城市,100万以上300万以下的城市为Ⅱ型大城市;城区常住人口500万以上1000万以下的城市为特大城市;城区常住人口1000万以上的城市为超大城市。(以上包括本数,以下不包括本数)

城区是指在市辖区和不设区的市,区、市政府驻地的实际建设连接到的居民委员会所辖区域和其他区域。常住人口包括居住在本乡镇街道,且户口在本乡镇街道或户口待定的人;居住在本乡镇街道,且离开户口登记地所在的乡镇街道半年以上的人;户口在本乡镇街道,且外出不满半年或在境外工作学习的人。

2.5　纳税地点

土地使用税由土地所在地的税务机关征收。土地管理机关应当向土地所在地的税务机关提供土地使用权属资料。

《中华人民共和国城镇土地使用税暂行条例》第十条

纳税人使用的土地不属于同一省（自治区、直辖市）管辖范围的，应由纳税人分别向土地所在地的税务机关缴纳土地使用税。

在同一省（自治区、直辖市）管辖范围内，纳税人跨地区使用的土地，如何确定纳税地点，由各省、自治区、直辖市税务局确定。

《国家税务局关于印发〈关于土地使用税若干具体问题的解释和暂行规定〉的通知》（国税地字〔1988〕15号）

2.6　纳税义务发生时间

2.6.1　征用耕地

新征用的土地，依照下列规定缴纳土地使用税：

（1）征用的耕地，自批准征用之日起满1年时开始缴纳土地使用税。

（2）征用的非耕地，自批准征用次月起缴纳土地使用税。

《中华人民共和国城镇土地使用税暂行条例》第九条

征用的耕地与非耕地，以土地管理机关批准征地的文件为依据确定。

《国家税务局关于印发〈关于土地使用税若干具体问题的解释和暂行规定〉的通知》（国税地字〔1988〕15号）

2.6.2　以出让或转让方式有偿取得土地使用权

以出让或转让方式有偿取得土地使用权的，应由受让方从合同约定交付土地时间的次月起缴纳城镇土地使用税；合同未约定交付土地时间的，由受让方从合同签订的次月起缴纳土地使用税。

《财政部　国家税务总局关于房产税、城镇土地使用税有关政策的通知》（财税

〔2006〕186 号）

2.6.3　招标、拍卖、挂牌方式取得的建设用地

通过招标、拍卖、挂牌方式取得的建设用地，不属于新征用的耕地，纳税人应按照《财政部 国家税务总局关于房产税城镇土地使用税有关政策的通知》（财税〔2006〕186 号）第二条规定（详见"2.6.2 以出让或转让方式有偿取得土地使用权"），从合同约定交付土地时间的次月起缴纳城镇土地使用税；合同未约定交付土地时间的，从合同签订的次月起缴纳城镇土地使用税。

《国家税务总局关于通过招拍挂方式取得土地缴纳城镇土地使用税问题的公告》（国家税务总局公告 2014 年第 74 号）

解读▶ 目前，地方土地储备中心征用耕地后，对应缴纳的耕地占用税有两种处理方式，一种方式是由地方土地储备中心缴纳，作为土地开发成本费用的一部分，体现在招拍挂的价格当中；另一种方式是由受让土地者缴纳耕地占用税。对后一种情形，需要进一步明确纳税义务发生时间的政策适用问题。

根据《中华人民共和国土地管理法》和《国务院关于促进节约集约用地的通知》（国发〔2008〕3 号）的有关规定，未利用的土地出让前，应当完成必要的前期开发，经过前期开发的土地，才能依法由市、县人民政府国土资源部门统一组织出让。因此，通过招拍挂方式取得的土地都是建设用地，不属于直接取得耕地，无论耕地占用税以何种方式缴纳，都应当适用以出让或转让方式有偿取得土地使用权的纳税义务发生时间的政策规定。

2.6.4　购置新建商品房

自房屋交付使用之次月起计征土地使用税。

《国家税务总局关于房产税、城镇土地使用税有关政策规定的通知》（国税发〔2003〕89 号）

2.6.5　购置存量房

自办理房屋权属转移、变更登记手续，房地产权属登记机关签发房屋权属证书之次月起缴纳土地使用税。

《国家税务总局关于房产税、城镇土地使用税有关政策规定的通知》（国税发〔2003〕89 号）

2.6.6　出租、出借房产

自交付出租、出借房产之次月起计征土地使用税。

《国家税务总局关于房产税、城镇土地使用税有关政策规定的通知》（国税发〔2003〕89 号）

2.6.7　纳税义务终止时间

自 2009 年 1 月 1 日起，纳税人因房产、土地的实物或权利状态发生变化而依法终止房产税、城镇土地使用税纳税义务的，其应纳税款的计算应截止到房产、土地的实物或权利状态发生变化的当月末。

《财政部　国家税务总局关于房产税、城镇土地使用税有关问题的通知》（财税〔2008〕152 号）

2.7　税收优惠

房产税土地使用税同时减免的项目详见"1.7.2 房产税、土地使用税同时优惠"。

2.7.1　市政街道、广场、绿化地带等公共用地

市政街道、广场、绿化地带等公共用地免缴土地使用税。

《中华人民共和国城镇土地使用税暂行条例》第六条

2.7.2　开山填海整治的土地

经批准开山填海整治的土地和改造的废弃土地，从使用的月份起免缴土地使用税 5 年至 10 年。

《中华人民共和国城镇土地使用税暂行条例》第六条

开山填海整治的土地和改造的废弃土地，以土地管理机关出具的证明文件为依据确定；具体免税期限由各省、自治区、直辖市税务局在《城镇土地使用税暂行条例》规定的期限内自行确定。

《国家税务局关于印发〈关于土地使用税若干具体问题的解释和暂行规定〉的通知》（国税地字〔1988〕15 号）

按照《城镇土地使用税暂行条例》第六条的规定,享受免缴土地使用税5～10年的填海整治的土地,是指纳税人经有关部门批准后自行填海整治的土地,不包括纳税人通过出让、转让、划拨等方式取得的已填海整治的土地。

《国家税务总局关于填海整治土地免征城镇土地使用税问题的批复》(国税函〔2005〕968号)

2.7.3 授权财政部减免项目

由财政部另行规定免税的能源、交通、水利设施用地和其他用地免缴土地使用税。

《中华人民共和国城镇土地使用税暂行条例》第六条

2.7.3.1 核工业总公司所属企业

对核工业总公司所属企业征免土地使用税问题规定如下:

(1)对生产核系列产品的厂矿,为照顾其特殊情况,除生活区、办公区用地应依照规定征收土地使用税外,其他用地暂予免征土地使用税。

(2)对除生产核系列产品厂矿以外的其他企业,如仪表企业、机械修造企业、建筑安装企业等,应依照规定征收土地使用税。

(3)核工业企业所在地税务机关,应指定专人负责对核工业企业土地使用税的征管工作。有关企业的纳税资料应严格保密,妥善予以保管。

《国家税务局关于对核工业总公司所属企业征免土地使用税问题的若干规定》(国税地字〔1989〕7号)

2.7.3.2 核电站用地

对核电站的核岛、常规岛、辅助厂房和通信设施用地(不包括地下线路用地),生活、办公用地按规定征收城镇土地使用税,其他用地免征城镇土地使用税。

对核电站应税土地在基建期内减半征收城镇土地使用税。

《财政部 国家税务总局关于核电站用地征免城镇土地使用税的通知》(财税〔2007〕124号)

2.7.3.3 电力行业用地

(一)火电厂厂区

对火电厂厂区围墙内的用地,均应照章征收土地使用税。对厂区围墙外的灰场、输灰管、输油(气)管道、铁路专用线用地,免征土地使用税。

《国家税务局关于电力行业征免土地使用税问题的规定》(国税地字〔1989〕13号)

关于火电厂厂区围墙外的煤场用地,不属于免税范围,应照章征税;厂区外的水源用地以及热电厂供热管道用地,可以比照上述规定,免征土地使用税。厂区围墙外的其他用地,应照章征税。

《国家税务总局对〈关于请求再次明确电力行业土地使用税征免范围问题的函〉的复函》(国税地〔1989〕44号)

(二)水电站

对水电站的发电厂房用地(包括坝内、坝外式厂房),生产、办公生活用地,照章征收土地使用税;对其他用地给予免税照顾。

《国家税务局关于电力行业征免土地使用税问题的规定》(国税地字〔1989〕13号)

"生产"用地,是指进行工业、副业等生产经营活动的用地;水库库区用地,属于"其他用地"的范围,免征土地使用税。

《国家税务总局对〈关于请求再次明确电力行业土地使用税征免范围问题的函〉的复函》(国税地〔1989〕44号)

(三)输电线路、变电站用地

对供电部门的输电线路用地、变电站用地,免征土地使用税。

《国家税务局关于电力行业征免土地使用税问题的规定》(国税地字〔1989〕13号)

2.7.3.4　水利设施用地

对水利设施及其管护用地(如水库库区、大坝、堤防、灌渠、泵站等用地),免征土地使用税;其他用地,如生产、办公、生活用地,应照章征收土地使用税。

对兼有发电的水利设施用地征免土地使用税问题,比照电力行业征免土地使用税的有关规定(详见"2.7.3.3电力行业用地")办理。

《国家税务局关于水利设施用地征免土地使用税问题的规定》(国税地字〔1989〕14号)

2.7.3.5　安全防范用地

对于各类危险品仓库、厂房所需的防火、防爆、防毒等安全防范用地,可由各省、自治区、直辖市税务局确定,暂免征收土地使用税;对仓库库区、厂房本身用地,应照章征收土地使用税。

《国家税务局关于印发〈关于土地使用税若干具体问题的补充规定〉的通知》(国税地字〔1989〕140号)

2.7.3.6　民航机场用地

机场飞行区(包括跑道、滑行道、停机坪、安全带、夜航灯光区)用地,场内外通信导航设施用地和飞行区四周排水防洪设施用地免征土地使用税。

机场道路,区分为场内、场外道路。场外道路用地免征土地使用税;场内道路用地依照规定征收土地使用税。

机场工作区(包括办公、生产和维修用地及候机楼、停车场)用地、生活区用地、绿化用地,均须依照规定征收土地使用税。

《国家税务局关于对民航机场用地征免土地使用税问题的规定》(国税地字〔1989〕32 号)

2.7.3.7　交通部门的港口用地

根据《城镇土地使用税暂行条例》第六条规定,现对交通部门的港口用地征免土地使用税问题,规定如下:

对港口的码头(即泊位,包括岸边码头、伸入水中的浮码头、堤岸、堤坝、栈桥等)用地,免征土地使用税。

除上述规定外,港口的其他用地,应按规定征收土地使用税。

《国家税务局关于对交通部门的港口用地征免土地使用税问题的规定》(国税地字〔1989〕123 号)

2.7.3.8　煤炭企业部分用地

煤炭企业的矸石山、排土场用地,防排水沟用地,矿区办公,生活区以外的公路、铁路专用线及轻便道和输变电线路用地,火炸药库库房外安全区用地,向社会开放的公园及公共绿化带用地,暂免征收土地使用税。

除上述列举免税的土地外,其他在开征范围内的煤炭生产及办公、生活区用地,均应依照规定征收土地使用税。

《国家税务局关于对煤炭企业用地征免土地使用税问题的规定》(国税地字〔1989〕89 号)

2.7.3.9　企业铁路专用线、公路用地

对企业的铁路专用线、公路等用地,在厂区以外、与社会公用地段未加隔离的,暂免征收土地使用税。

《国家税务局关于印发〈关于土地使用税若干具体问题的补充规定〉的通知》(国税地字〔1989〕140 号)

2.7.3.10　厂区外绿化用地

对企业厂区(包括生产、办公及生活区)以内的绿化用地,应照章征收土地使用税,厂区以外的公共绿化用地和向社会开放的公园用地,暂免征收土地使用税。

《国家税务局关于印发〈关于土地使用税若干具体问题的补充规定〉的通知》(国税地字〔1989〕140 号)

2.7.3.11　盐场、盐矿用地

对盐场、盐矿的生产厂房、办公、生活区用地,应照章征收土地使用税。

对盐场的盐滩、盐矿的矿井用地,暂免征收土地使用税。

对盐场、盐矿的其他用地,由省、自治区、直辖市税务局根据实际情况,确定征收土地使用税或给予定期减征、免征的照顾。

《国家税务局关于对盐场、盐矿征免城镇土地使用税问题的通知》(国税地字〔1989〕141 号)

2.7.3.12　矿山企业用地

对矿山的采矿场、排土场、尾矿库、炸药库的安全区、采区运矿及运岩公路、尾矿输送管道及回水系统用地,免征土地使用税。

对矿山企业采掘地下矿造成的塌陷地,在未利用之前,暂免征收土地使用税。

除上述规定外,对矿山企业的其他生产用地及办公、生活区用地,应照章征收土地使用税。

《国家税务局关于对矿山企业征免土地使用税问题的通知》(国税地字〔1989〕122 号)

对石灰厂、水泥厂、大理石厂、沙石厂等企业的采石场、排土场用地,炸药库的安全区用地以及采区运岩公路,可以比照国税地字〔1989〕122 号文件予以免税。对上述企业的其他用地,应予征税。

《国家税务局关于建材企业的采石场、排土场等用地征免土地使用税问题的批复》(国税函发〔1990〕853 号)

2.7.3.13　林区用地

对林区的有林地、运材道、防火道、防火设施用地,免征土地使用税。

林业系统的森林公园、自然保护区,可比照公园免征土地使用税。

《国家税务局关于林业系统征免土地使用税问题的通知》(国税函发〔1991〕

1404 号)

林场中度假村等休闲娱乐场所征免城镇土地使用税问题

在城镇土地使用税征收范围内,利用林场土地兴建度假村等休闲娱乐场所的,其经营、办公和生活用地,应按规定征收城镇土地使用税。

《财政部 国家税务总局关于房产税、城镇土地使用税有关政策的通知》(财税〔2006〕186 号)

2.7.3.14 航空、航天、船舶总公司所属军工企业用地

中国航空工业总公司、中国航天工业总公司、中国船舶工业总公司所属军工企业,对军品的科研生产专用的厂房、车间、仓库等建筑物用地和周围专属用地,及其相应的供水、供电、供气、供暖、供煤、专用公路、专用铁路等附属设施用地,免征土地使用税;对满足军工产品性能实验所需的靶场、试验场、调试场、危险品销毁场等用地,及因安全要求所需的安全距离用地,免征土地使用税。

对科研生产中军品、民品共用无法分清的厂房、车间、仓库等建筑物用地和周围专属用地,及其相应的供水、供电、供气、供煤、供油、专用公路、专用铁路等附属设施用地,按比例减征土地使用税。具体办法,在应纳土地使用税额内按军品销售额占销售总额的比例,相应减征土地使用税,计算公式为:

$$减征税额 = 应纳税额 \times 军品销售额 \div 销售总额$$

《财政部 国家税务总局关于对中国航空、航天、船舶工业总公司所属军工企业免征土地使用税的若干规定的通知》(财税字〔1995〕27 号)

2.7.3.15 安置残疾人员就业企业

对在一个纳税年度内月平均实际安置残疾人就业人数占单位在职职工总数的比例高于 25%(含 25%)且实际安置残疾人人数高于 10 人(含 10 人)的单位,可减征或免征该年度城镇土地使用税。具体减免税比例及管理办法由省、自治区、直辖市财税主管部门确定。

《财政部 国家税务总局关于安置残疾人就业单位城镇土地使用税等政策的通知》(财税〔2010〕121 号)

2.7.3.16 住房制度改革

应税单位按照国家住房制度改革有关规定,将住房出售给职工并按规定进行核销账务处理后,住房用地在未办理土地使用权过户期间的城镇土地使用税征免,比照各省、自治区、直辖市对个人所有住房用地的现行政策执行。

《财政部　国家税务总局关于房改房用地未办理土地使用权过户期间城镇土地使用税政策的通知》(财税〔2013〕44号)

2.7.3.17　棚户区改造安置住房建设用地

棚户区是指简易结构房屋较多、建筑密度较大、房屋使用年限较长、使用功能不全、基础设施简陋的区域,具体包括城市棚户区、国有工矿(含煤矿)棚户区、国有林区棚户区和国有林场危旧房、国有垦区危房。

棚户区改造是指列入省级人民政府批准的棚户区改造规划或年度改造计划的改造项目。

对改造安置住房建设用地免征城镇土地使用税。

在商品住房等开发项目中配套建造安置住房的,依据政府部门出具的相关材料、房屋征收(拆迁)补偿协议或棚户区改造合同(协议),按改造安置住房建筑面积占总建筑面积的比例免征城镇土地使用税。

改造安置住房是指相关部门和单位与棚户区被征收人签订的房屋征收(拆迁)补偿协议或棚户区改造合同(协议)中明确用于安置被征收人的住房或通过改建、扩建、翻建等方式实施改造的住房。

《财政部　国家税务总局关于棚户区改造有关税收政策的通知》(财税〔2013〕101号)

2.7.3.18　易地扶贫搬迁优惠政策

(1)对易地扶贫搬迁项目安置住房用地,免征城镇土地使用税。

(2)在商品住房等开发项目中配套建设安置住房的,按安置住房建筑面积占总建筑面积的比例,计算应予免征的安置住房用地相关城镇土地使用税。

易地扶贫搬迁项目、项目实施主体、易地扶贫搬迁贫困人口、相关安置住房等信息由易地扶贫搬迁工作主管部门确定。县级易地扶贫搬迁工作主管部门应当将上述信息及时提供给同级税务部门。

上述政策执行期限自2018年1月1日至2025年12月31日。

《财政部　国家税务总局关于易地扶贫搬迁税收优惠政策的通知》(财税〔2018〕135号)、《财政部　税务总局关于延长部分税收优惠政策执行期限的公告》(财政部　税务总局公告2021年第6号)

2.7.3.19　经济适用住房

对经济适用住房建设用地,免征城镇土地使用税。

开发商在商品住房项目中配套建造经济适用住房，如能提供政府部门出具的相关材料，可按经济适用住房建筑面积占总建筑面积的比例免征开发商应缴纳的城镇土地使用税。

经济适用住房、经济适用住房购买人须符合《国务院关于解决城市低收入家庭住房困难的若干意见》（国发〔2007〕24 号）及《经济适用住房管理办法》（建住房〔2007〕258 号）的规定；经济适用住房经营管理单位为县级以上人民政府主办或确定的单位。

《财政部 国家税务总局关于廉租住房、经济适用住房和住房租赁有关税收政策的通知》（财税〔2008〕24 号）

2.7.3.20　个人出租房屋

自 2008 年 3 月 1 日起，对个人出租住房，不区分用途，免征城镇土地使用税。

《财政部 国家税务总局关于廉租住房、经济适用住房和住房租赁有关税收政策的通知》（财税〔2008〕24 号）

2.7.3.21　石油天然气生产企业

石油天然气（含页岩气、煤层气）生产企业用地城镇土地使用税政策：

（1）下列石油天然气生产建设用地暂免征收城镇土地使用税：①地质勘探、钻井、井下作业、油气田地面工程等施工临时用地；②企业厂区以外的铁路专用线、公路及输油（气、水）管道用地；③油气长输管线用地。

（2）在城市、县城、建制镇以外工矿区内的消防、防洪排涝、防风、防沙设施用地，暂免征收城镇土地使用税。

（3）享受上述税收优惠的用地，用于非税收优惠用途的，不得享受上述规定的税收优惠。

除上述列举免税的土地外，其他油气生产及办公、生活区用地，依照规定征收城镇土地使用税。

（4）地方人民政府应按照城镇土地使用税有关规定，确定工矿区范围。对在工矿区范围内的油气生产、办公、生活用地，其税额标准不得高于相邻的县城、建制镇的适用税额标准。

（5）石油天然气生产企业应按照有关税收减免管理规定向主管税务机关备案免税土地情况。

《财政部 国家税务总局关于石油天然气生产企业城镇土地使用税政策的通知》

（财税〔2015〕76 号）

2.7.3.22　国家石油储备基地

对国家石油储备基地第一期、第二期项目建设过程中涉及的城镇土地使用税予以免征。

上述免税范围仅限于应由国家石油储备基地缴纳的税收。

国家石油储备基地第一期项目包括大连、黄岛、镇海、舟山 4 个储备基地。

《财政部　国家税务总局关于国家石油储备基地建设有关税收政策的通知》（财税〔2005〕23 号）、《财政部　国家税务总局关于国家石油储备基地有关税收政策的通知》（财税〔2011〕80 号）

2.7.3.23　物流企业

物流企业，是指至少从事仓储或运输一种经营业务，为工农业生产、流通、进出口和居民生活提供仓储、配送等第三方物流服务，实行独立核算、独立承担民事责任，并在工商部门注册登记为物流、仓储或运输的专业物流企业。

自 2020 年 1 月 1 日起至 2022 年 12 月 31 日止，对物流企业自有（包括自用和出租）或承租的大宗商品仓储设施用地，减按所属土地等级适用税额标准的50％计征城镇土地使用税。

大宗商品仓储设施，是指同一仓储设施占地面积在 6 000 平方米及以上，且主要储存粮食、棉花、油料、糖料、蔬菜、水果、肉类、水产品、化肥、农药、种子、饲料等农产品和农业生产资料，煤炭、焦炭、矿砂、非金属矿产品、原油、成品油、化工原料、木材、橡胶、纸浆及纸制品、钢材、水泥、有色金属、建材、塑料、纺织原料等矿产品和工业原材料的仓储设施。

仓储设施用地，包括仓库库区内的各类仓房（含配送中心）、油罐（池）、货场、晒场（堆场）、罩棚等储存设施和铁路专用线、码头、道路、装卸搬运区域等物流作业配套设施的用地。

物流企业的办公、生活区用地及其他非直接用于大宗商品仓储的土地，不属于上述规定的减税范围，应按规定征收城镇土地使用税。

《财政部　税务总局关于继续实施物流企业大宗商品仓储设施用地城镇土地使用税优惠政策的公告》（财政部　税务总局公告 2020 年第 16 号）

2.7.3.24　城市公共交通运营用地

自 2019 年 1 月 1 日至 2023 年 12 月 31 日，对城市公交站场、道路客运站场、城市轨道交通系统运营用地,免征城镇土地使用税。

城市公交站场、道路客运站场,是指经县级以上(含县级)人民政府交通运输主管部门等批准建设的,为公众及旅客、运输经营者提供站务服务的场所。

城市轨道交通系统,是指依规定批准建设的,采用专用轨道导向运行的城市公共客运交通系统,包括地铁系统、轻轨系统、单轨系统、有轨电车、磁浮系统、自动导向轨道系统、市域快速轨道系统,不包括旅游景区等单位内部为特定人群服务的轨道系统。

城市公交站场运营用地,包括城市公交首末车站、停车场、保养场、站场办公用地、生产辅助用地。

道路客运站场运营用地,包括站前广场、停车场、发车位、站务用地、站场办公用地、生产辅助用地。

城市轨道交通系统运营用地,包括车站(含出入口、通道、公共配套及附属设施)、运营控制中心、车辆基地(含单独的综合维修中心、车辆段)以及线路用地,不包括购物中心、商铺等商业设施用地。

纳税人享受上述规定的免税政策,应按规定进行免税申报,并将不动产权属证明、土地用途证明等资料留存备查。

《财政部 税务总局关于继续对城市公交站场道路客运站场、城市轨道交通系统减免城镇土地使用税优惠政策的通知》(财税〔2019〕11 号)、《财政部 税务总局关于延长部分税收优惠政策执行期限的公告》(财政部 税务总局公告 2022 年第 4 号)

2.7.3.25 免税单位无偿使用纳税单位土地

对免税单位无偿使用纳税单位的土地(如公安、海关等单位使用铁路、民航等单位的土地),免征土地使用税;对纳税单位无偿使用免税单位的土地,纳税单位应照章缴纳土地使用税。

《国家税务局关于印发〈关于土地使用税若干具体问题的补充规定〉的通知》(国税地字〔1989〕140 号)

2.7.4 授权省级税务机关减免项目

2.7.4.1 困难减免

除规定减免项目外,纳税人缴纳土地使用税确有困难需要定期减免的,由省、自治区、直辖市税务机关审核后,报国家税务局批准。

《中华人民共和国城镇土地使用税暂行条例》第七条

根据《国务院关于取消和下放一批行政审批项目的决定》（国发〔2013〕44号）及《国务院关于修改部分行政法规的决定》（国务院令第645号），决定把城镇土地使用税困难减免税（简称困难减免税）审批权限下放至县以上税务机关。

《国家税务总局关于下放城镇土地使用税困难减免税审批权限有关事项的公告》（国家税务总局公告2014年第1号，国家税务总局公告2018年第31号修改）

2.7.4.2 居民住房有关用地

下列土地的征免税，由省、自治区、直辖市税务局确定：

（1）个人所有的居住房屋及院落用地。

（2）房产管理部门在房租调整改革前经租的居民住房用地。

（3）免税单位职工家属的宿舍用地。

《国家税务局关于土地使用税若干具体问题的解释和暂行规定》（国税地字〔1988〕15号）

2.7.5 房产税、土地使用税同时优惠

详见"1.7.2 房产税、土地使用税同时优惠"。

2.7.6 减免税管理

2.7.6.1 核准类减免税管理

核准类减免税是指法律、法规规定应当由税务机关核准的减免税项目。城镇土地使用税困难减免税是核准类减免税项目。税务机关应加强对城镇土地使用税困难减免税核准的管理工作。

（一）按年核准

城镇土地使用税困难减免税按年核准。因自然灾害或其他不可抗力因素遭受重大损失导致纳税确有困难的，税务机关应当在困难情形发生后，于规定期限内受理纳税人提出的减免税申请。其他纳税确有困难的，应当于年度终了后规定期限内，受理纳税人提出的减免税申请。

（二）审核资料

核准减免税时，税务机关应当审核以下资料：

（1）减免税申请报告（列明纳税人基本情况、申请减免税的理由、依据、范

围、期限、数量、金额等）。

（2）土地权属证书或其他证明纳税人使用土地的文件的原件及复印件。

（3）证明纳税人纳税困难的相关资料。

（4）其他减免税相关资料。

申请困难减免税的情形、办理流程、时限及其他事项由省税务机关确定。各省税务机关要根据纳税困难类型、减免税金额大小及本地区管理实际，按照减负提效、放管结合的原则，合理确定省、市、县税务机关的核准权限，做到核准程序严格规范、纳税人办理方便。

（三）申请受理

对纳税人提出的城镇土地使用税困难减免税申请，应当根据以下情况分别作出处理：

（1）申请的减免税资料存在错误的，应当告知纳税人并允许其更正。

（2）申请的减免税资料不齐全或者不符合法定形式的，应当场一次性书面告知纳税人。

（3）申请的减免税资料齐全、符合法定形式的，或者纳税人按照税务机关的要求补正全部减免税资料的，应当受理纳税人的申请。

受理减免税申请，应当出具加盖本机关印章和注明日期的书面凭证。

（四）核查与核准决定

受理纳税人提出的城镇土地使用税困难减免税申请的，应当对纳税人提供的申请资料与法定减免税条件的相关性进行核查，根据需要，可以进行实地核查。

需要对纳税人减免税申请的有关情况进行实地核查的，应当指派 2 名以上工作人员按照规定程序进行核查，并形成核查情况记录存档备查。

纳税人的减免税申请符合规定条件、标准的，应当在规定期限内作出准予减免税的书面决定。依法不予减免税的，应当说明理由，并告知纳税人享有依法申请行政复议以及提起行政诉讼的权利。

城镇土地使用税困难减免税实行减免税事项分级管理，依据省税务机关确定的困难减免税权限，对纳税人提交的减免税申请按照减免税面积、减免税金额等进行区分，采用案头核实、税务约谈、实地核查、集体审议等方式核准。

《城镇土地使用税管理指引》（税总发〔2016〕18 号）

2.7.6.2　备案类减免税管理

备案类减免税是指不需要税务机关核准的减免税项目。

（一）备案资料

纳税人享受城镇土地使用税备案类减免税的，税务机关可以要求纳税人在纳税申报的同时提交减免税备案资料。

纳税人在符合减免税资格条件期间，已备案的减免税所涉及的有关情况未发生变化的，减免税资料可以一次性报备，无须要求纳税人在减免税期间再次报备。

城镇土地使用税备案减免税资料应当包括：

（1）纳税人减免税备案登记表。

（2）土地权属证书或其他证明纳税人使用土地的文件的原件及复印件。

（3）证明纳税人城镇土地使用税减免的相关证明（认定）资料。

（4）减免税依据的相关法律、法规规定要求报送的资料。

（二）备案处理

对纳税人提请的城镇土地使用税减免税备案，应当根据以下情况分别作出处理：

（1）备案的减免税资料存在错误的，应当告知纳税人并允许其更正。

（2）备案的减免税资料不齐全或者不符合法定形式的，应当场一次性书面告知纳税人。

（3）备案的减免税资料齐全、符合法定形式的，或者纳税人按照税务机关的要求补正全部减免税资料的，应当受理纳税人的备案。

税务机关对城镇土地使用税减免税备案资料进行收集、录入，受理减免税备案后，应当出具加盖本机关印章和注明日期的书面凭证。

《城镇土地使用税管理指引》（税总发〔2016〕18 号）

2.8　征收管理

土地使用税的征收管理，依照《中华人民共和国税收征收管理法》（简称《税收征收管理法》及《城镇土地使用税暂行条例》的规定执行。

《中华人民共和国城镇土地使用税暂行条例》第十一条

2.8.1 管理原则

城镇土地使用税管理遵循以下原则：

（1）法治原则。按照法定权限与程序，严格执行税法以及相关法律法规，维护税法权威性和严肃性，保护纳税人合法权益。

（2）效率原则。在遵循法律法规的前提下，最大限度地简化办税流程，减轻纳税人和基层税务人员的负担。

（3）规范原则。通过规范管理、规范操作，促进城镇土地使用税管理的统一性，以及城镇土地使用税管理与其他税种管理的协同性。

《城镇土地使用税管理指引》（税总发〔2016〕18 号）

2.8.2 纳税期限

土地使用税按年计算，分期缴纳。缴纳期限由省、自治区、直辖市人民政府确定。

《中华人民共和国城镇土地使用税暂行条例》第八条

解读▶ 各地对土地使用税的纳税期限不尽相同，有的按季，有的按半年。例如，江苏省税务局规定，企业按季、个人按半年分期缴纳城镇土地使用税，纳税人应于期满之日起 15 日内申报纳税。

2.8.3 纳税申报

2.8.3.1 纳税申报管理总体要求

税务机关要加强对纳税申报的管理，做好纳税服务，引导纳税人及时、准确地进行城镇土地使用税纳税申报。

纳税申报管理的总体要求是：

明细管理。要求纳税人逐一申报全部土地的税源明细信息；地理位置、土地证号、宗地号、土地等级、土地用途等不相同的土地，分别进行土地税源明细申报；税源明细信息发生变化的，进行变更申报。

动态管理。根据纳税人申报，在税收征管信息系统中连续、完整地记录土地税源明细信息的变更情况，即记录每一土地税源发生的每一次涉税信息变更,以及由此引起的应纳税额的变化,实现税源信息变化的全过程记录、可追溯和动态管理。

自动关联。建立纳税申报表、减免税表、税源明细表的自动关联关系,当纳税人税源明细申报的信息发生变更时,纳税申报表、减免税表的相关信息一并变更。

房地关联。土地税源信息要与该土地上的房产明细申报信息相关联,房产、土地税源要依照"地—楼—房"一体化方式管理。

《城镇土地使用税管理指引》(税总发〔2016〕18 号)

2.8.3.2　税源明细申报

有条件的地区,税务机关应当通过积极推行网络申报,鼓励纳税人使用网络申报系统进行申报,减轻纳税人和基层税务机关的负担;通过电子地图显示土地等级和税额标准,方便纳税人查询和填报。

税务机关应当要求纳税人在首次进行城镇土地使用税纳税申报时,逐一申报全部土地的税源明细信息。

税源明细申报的辅导和准备工作可以安排在纳税申报期前进行。

《城镇土地使用税管理指引》(税总发〔2016〕18 号)

2.8.3.3　税源变更申报

纳税人首次申报之后,土地及相关信息未发生变化的,再续申报时仅要求纳税人对税收征管信息系统自动生成的纳税申报表和减免税表进行确认,并电子签名或手写签字。

纳税人的土地及相关信息发生变化的,应要求纳税人进行税源明细信息变更申报。变更申报的情形包括:

(1)土地使用权属发生转移或变更的,如出售、分割、赠与、继承等。

(2)减免税信息发生变化的。

(3)土地纳税等级或税额标准发生变化的。

(4)土地面积、用途、坐落地址等基础信息发生变化的。

(5)其他导致税源信息变化的情形。

纳税人进行税源明细信息变更申报后,税收征管信息系统生成新的税源明细记录,标注变更时间,并保留历史记录。新的税源明细记录应当经纳税人核对,确认无误后,进行电子签名或手写签字后生效。

税收征管信息系统根据变更后的税源明细信息,自动生成纳税申报表和减免税表,经纳税人电子签名或手写签字确认后完成申报。

纳税人城镇土地使用税纳税义务终止的,主管税务机关应当对纳税人提交的税源明细变更信息进行核对,确认纳税人足额纳税后,在税收征管信息系统内对有关税源明细信息进行标记,同时保留历史记录。

《城镇土地使用税管理指引》(税总发〔2016〕18号)

2.8.3.4 纳税申报表及税源明细表

自2021年6月1日起,纳税人申报缴纳城镇土地使用税、房产税、车船税、印花税、耕地占用税、资源税、土地增值税、契税、环境保护税、烟叶税中一个或多个税种时,使用《财产和行为税纳税申报表》(详见"1.8.2纳税申报")。纳税人新增税源或税源变化时,需先填报《财产和行为税税源明细表》,见表2-1。

表2-1 财产和行为税税源明细表

城镇土地使用税 房产税税源明细表

纳税人识别号(统一社会信用代码):□□□□□□□□□□□□□□□□□□

纳税人名称: 金额单位:人民币元(列至角分);面积单位:平方米

一、城镇土地使用税税源明细				
*纳税人类型	土地使用权人□ 集体土地使用人□ 无偿使用人□ 代管人□ 实际 使用人□ (必选)	土地使用权人 纳税人识别号 (统一社会信用 代码)		土地使用 权人名称
*土地编号		土地名称	不动产权证号	
不动产单元代码		宗地号	*土地性质	国有□ 集体□(必选)
*土地取得方式	划拨□ 出让□ 转让□ 租赁□ 其他□ (必选)	*土地用途	工业□ 商业□ 居住□ 综合□ 房地产开发企 业的开发用地□ 其他□ (必选)	
*土地坐落地址 (详细地址)	省(自治区、直辖市) 市(区) 县(区) 乡镇(街道) (必填)			
*土地所属主管 税务所(科、分局)				
*土地取得时间	年 月	变更 类型	纳税义务终止(权属转移□ 其他□) 信息项变更(土地面积变更□ 土地等级变更□ 减免税变更□ 其他□)	变更 时间 年 月
*占用土地面积		地价	*土地等级	*税额标准

（续表）

减免税部分	序号	减免性质代码和项目名称	减免起止时间		减免土地面积	月减免金额
			减免起始月份	减免终止月份		
	1		年　月	年　月		
	2					
	3					

二、房产税税源明细

（一）从价计征房产税明细

* 纳税人类型	产权所有人□　经营管理人□　承典人□房屋代管人□　房屋使用人□　融资租赁承租人□　（必选）	所有权人纳税人识别号（统一社会信用代码）		所有权人名称	
* 房产编号		房产名称			
不动产权证号		不动产单元代码			
* 房屋坐落地址（详细地址）	省（自治区、直辖市）　　市（区）　　县（区）　　乡镇（街道）　　（必填）				
* 房产所属主管税务所（科、分局）					
房屋所在土地编号		* 房产用途	工业□　商业及办公□　住房□　其他□　（必选）		
* 房产取得时间	年　月	变更类型	纳税义务终止（权属转移□　其他□）信息项变更（房产原值变更□　出租房产原值变更□　减免税变更□　申报租金收入变更□　其他□）	变更时间	年　月
* 建筑面积		其中：出租房产面积			
* 房产原值		其中：出租房产原值		计税比例	

减免税部分	序号	减免性质代码和项目名称	减免起止时间		减免税房产原值	月减免税金额
			减免起始月份	减免终止月份		
	1		年　月	年　月		
	2					
	3					

（二）从租计征房产税明细

* 房产编号		房产名称	
* 房产所属主管税务所（科、分局）			
承租方纳税人识别号（统一社会信用代码）		承租方名称	
* 出租面积		* 申报租金收入	

(续表)

	序号	减免性质代码和项目名称	减免起止时间		减免租金收入	月减免金额
*申报租金所属租赁期起			*申报租金所属租赁期止			
减免税部分			减免起始月份	减免终止月份		
	1		年 月	年 月		
	2					
	3					

填表说明:

城镇土地使用税税源明细如下:

1. 首次进行纳税申报的纳税人,需要填写全部土地的相关信息。此后办理纳税申报时,纳税人的土地及相关信息未发生变化的,可仅对已填报的信息进行确认;发生变化的,仅就变化的内容进行填写。

2. 城镇土地使用税税源明细填报遵循"谁纳税谁申报"的原则,只要存在城镇土地使用税纳税义务,就应当如实填报土地信息。

3. 每一宗土地填写一张表。同一宗土地跨两个土地等级的,按照不同等级分别填表。无不动产权证(土地使用权证)的,按照土地坐落地址分别填表。纳税人不得将多宗土地合并成一条记录填表。

4. 对于本表中的数据项目,有不动产权证(土地使用权证)的,依据证件记载内容填写,没有不动产权证(土地使用权证)的,依据实际情况填写。

5. 纳税人类型(必填):分为土地使用权人、集体土地使用人、无偿使用人、代管人、实际使用人。必选一项,且只能选一项。

6. 土地使用权人纳税人识别号(统一社会信用代码):填写土地使用权人纳税人识别号或统一社会信用代码。

7. 土地使用权人名称:填写土地使用权人的名称。

8. 土地编号:纳税人不必填写,由系统赋予编号。

9. 土地名称:纳税人自行填写,以便于识别,如1号土地、第一车间土地等。

10. 不动产权证号:纳税人有不动产权证(土地使用权证)的,必填。填写不动产权证(土地使用权证)载明的证件编号。

11. 不动产单元代码:纳税人有不动产权证的,必填。填写不动产权证载明的不动产单元代码。

12. 宗地号:填写土地权属证书记载的宗地号,有不动产单元代码的不必填写。

13. 土地性质(必选):根据实际的土地性质选择。选项为国有、集体。

14. 土地取得方式(必选):根据土地的取得方式选择,分为划拨、出让、转让、租赁和其他。

15. 土地用途(必选)：分为工业、商业、居住、综合、房地产开发企业的开发用地和其他，必选一项，且只能选一项，不同用途的土地应当分别填表。

16. 土地坐落地址(必填)：应当填写详细地址，具体为××省(自治区、直辖市)××市(区)××县(区)××乡镇(街道)＋详细地址。

17. 土地所属主管税务所(科、分局)：系统自动带出，纳税人不必填写。

18. 土地取得时间(必填)：填写纳税人取得该土地的时间。

19. 变更类型：有变更情况的必选。

20. 变更时间：有变更情况的必填，填至月。变更类型选择纳税义务终止的，税款计算至当月末；变更类型选择信息项变更的，自变更次月起按新状态计算税款。

21. 占用土地面积(必填)：根据纳税人本表所填列土地实际占用的土地面积填写，保留两位小数。此面积为全部面积，包括减税面积和免税面积。

22. 地价：地价为取得土地使用权支付的价款与开发土地发生的成本费用之和。若未支付价款和成本费用，则填0。

23. 土地等级(必填)：根据本地区土地等级的有关规定，填写纳税人占用土地所属的土地的等级。不同土地等级的土地应当分别填表。

24. 税额标准：系统自动带出，纳税人不必填写。

25. 减免性质代码和项目名称：有减免税情况的必填，按照税务机关最新制发的减免税政策代码表中最细项减免性质代码填写。适用不同减免性质政策的土地应当分行填表。纳税人减免税情况发生变化时，应当进行变更。

26. 减免起始月份：有减免税情况的必填。纳税人如有困难减免的情况，填写经税务机关核准的困难减免的起始月份。

27. 减免终止月份：有减免税情况的必填。纳税人如有困难减免的情况，填写经税务机关核准的困难减免的终止月份。

28. 减免税土地的面积：填写享受减免税政策的土地的全部面积。

29. 月减免金额：本表所列土地本项减免税项目享受的月减免税金额。

从价计征房产税税源明细如下：

1. 首次进行纳税申报的纳税人，需要填写全部房产的相关信息，此后办理纳税申报时，纳税人的房产及相关信息未发生变化的，可仅对已填报的信息进行确认；发生变化的，仅就变化的内容进行填写。

2. 房产税税源明细填报遵循"谁纳税谁申报"的原则，只要存在房产税纳税义务，就应当如实填报房产明细信息。

3. 每一独立房产应当填写一张表，即同一不动产权证(房屋所有权证)有多幢(个)

房产的,每幢(个)房产填写一张表。无不动产权证(房屋所有权证)的房产,每幢(个)房产填写一张表。纳税人不得将多幢房产合并成一条记录填写。

4. 对于本表中的数据项目,有不动产权证(房屋所有权证)的,依据证件记载的内容填写,没有不动产权证(房屋所有权证)的,依据实际情况填写。

5. 纳税人有出租房产的,应当先填写从价计征房产税税源明细,再填写从租计征房产税税源明细。

6. 纳税人类型(必选):分为产权所有人、经营管理人、承典人、房屋代管人、房屋使用人、融资租赁承租人。必选一项,且只能选一项。

7. 所有权人纳税人识别号(统一社会信用代码):填写房屋所有权人的纳税人识别号或统一社会信用代码。

8. 所有权人名称:填写房屋所有权人的名称。

9. 房产编号:纳税人不必填写,由系统赋予编号。

10. 房产名称:纳税人自行编写,以便于识别,如1号办公楼、第一车间厂房等。

11. 不动产权证号:纳税人有不动产权证(房屋所有权证)的,必填。填写不动产权证(房屋所有权证)载明的证件编号。

12. 不动产单元代码:纳税人有不动产权证的,必填。填写不动产权证载明的不动产单元代码。

13. 房屋坐落地址:应当填写详细地址,具体为××省(自治区、直辖市)××市(区)××县(区)××乡镇(街道)+详细地址,且应当与土地税源明细数据关联并一致。系统自动带出已填报的土地税源信息,供选择。一栋房产仅可选择对应一条土地信息。

14. 房产所属主管税务所(科、分局):系统自动带出,纳税人不必填写。

15. 房屋所在土地编号:系统自动带出。

16. 房产用途(必选):房产用途依据不动产权证(房屋所有权证)登记的用途填写,无证的,依据实际用途填写。分为工业、商业及办公、住房、其他,必选一项,且只能选一项,不同用途的房产应当分别填表。

17. 房产取得时间(必填):填写纳税人取得该房产的时间。

18. 变更类型:有变更情况的必选。

19. 变更时间:有变更情况的必填,填至月。变更类型选择纳税义务终止的,税款计算至当月末;变更类型选择信息项变更的,自变更次月起按新状态计算税款。

20. 建筑面积(必填):保留两位小数。

21. 出租房产面积:有出租情况的必填。

22. 房产原值(必填):填写房产的全部房产原值。应包括分摊的应计入房产原值的地价,与房产不可分割的设备设施的原值,房产中已出租部分的原值,以及房产中减免税部分的原值。

23. 出租房产原值:有出租情况的必填。

24. 计税比例:各地房产原值减除的比例。系统自动带出,纳税人不必填写。

25. 减免性质代码和项目名称:有减免税情况的必填。按照税务机关最新制发的减免税政策代码表中最细项减免性质代码填写。不同减免性质代码的房产应当分行填表。纳税人减免税情况发生变化时,应当进行变更。

26. 减免起始月份:有减免税情况的必填。纳税人如有困难减免的情况,填写经税务机关(人民政府)核准的困难减免的起始月份。

27. 减免终止月份:有减免税情况的必填。纳税人如有困难减免的情况,填写经税务机关(人民政府)核准的困难减免的终止月份。

28. 减免税房产原值:依据政策确定的可以享受减免税政策的房产原值。政策明确按一定比例进行减免的,该项为经过比例换算确定的减免税房产原值。例如,供热企业用于居民供热的免税房产原值=房产原值×实际从居民取得的采暖费收入÷采暖费总收入。

29. 月减免税金额:本表所列房产本项减免税项目享受的月减免税金额。

从租计征房产税税源明细如下:

1. 每一独立出租房产应当填写一张表,即同一不动产权证(房屋所有权证)有多幢(个)房产的,每幢(个)房产填写一张表。无不动产权证(房屋所有权证)的房产,每幢(个)房产填写一张表。纳税人不得将多幢房产合并成一条记录填写。

2. 纳税人有出租房产的,应先填写从价计征房产税税源明细,再填写从租计征房产税税源明细。

3. 房产编号:由系统赋予编号,纳税人不必填写。

4. 房产名称:纳税人自行编写,以便于识别。与从价计征房产税明细信息关联并一致。

5. 房产所属主管税务所(科、分局):系统自动带出,纳税人不必填写。

6. 承租方纳税人识别号(统一社会信用代码):填写承租方的纳税人识别号或统一社会信用代码。

7. 承租方名称:填写承租方的单位名称或个人姓名。

8. 出租面积(必填):填写出租房产的面积。

9. 申报租金收入(必填):填写本次申报的应税租金收入。

10. 申报租金所属租赁期起(必填):填写申报租金收入的所属租赁期起。

11. 申报租金所属租赁期止(必填):填写申报租金收入的所属租赁期止。

12. 减免性质代码和项目名称：有减免税情况的必填。按照税务机关制发的减免税政策代码表中最细项减免性质代码填写,对于出租房产不适用 12% 法定税率的,应当填写相关的减免税内容。

13. 减免起始月份：有减免税情况的必填。纳税人如有困难减免的情况,填写经税务机关(人民政府)核准的困难减免的起始月份。

14. 减免终止月份：有减免税情况的必填。纳税人如有困难减免的情况,填写经税务机关(人民政府)核准的困难减免的终止月份。

15. 减免税租金收入：填写本出租房产可以享受减免税政策的租金收入。

16. 月减免税金额：本表所列房产出租部分本项减免税项目享受的月减免税金额。

《国家税务总局关于简并税费申报有关事项的公告》(国家税务总局公告 2021 年第 9 号)

2.8.4　土地管理机关信息交换机制

土地使用税由土地所在地的税务机关征收。土地管理机关应当向土地所在地的税务机关提供土地使用权属资料。

《中华人民共和国城镇土地使用税暂行条例》第十条

《城镇土地使用税暂行条例》第十条规定："土地使用税由土地所在地的税务机关征收。土地管理机关应当向土地所在地的税务机关提供土地使用权属资料。"具体有以下要求：

(1) 为做好城镇土地使用税的征收工作,土地管理部门和税务部门要密切合作。

(2) 各级土地管理部门,应加快土地使用权申报工作及地籍调查、权属审核的步伐,及早向税务部门提供土地使用权属资料。

(3) 各级税务部门,对纳税人实际占用土地面积的确定,应根据《城镇土地使用税暂行条例》规定的精神,以省、自治区、直辖市人民政府组织测量的土地面积为计税依据;尚未组织测量的,以政策部门核发的土地使用证书或土地管理部门提供的土地使用权属资料所确认的土地面积为计税依据;尚未核发土地使用证书或土地管理部门尚未提供土地权属资料的,暂以纳税人(土地使用者)据实申报的土地面积为计税依据。今后随着土地使用权申报、登记、发证和地籍测量工作的进展,再作相应调整。

（4）土地管理部门在审批用地时，必须及时地对用地单位占地情况进行勘测，测定权属界线，计算其占地面积，并按登记手续办理登记、建档。把每年几十万起审批的用地单位的地籍档案建立起来，提供税务部门使用。

《国家土地管理局 国家税务局关于提供土地使用权属资料问题的通知》（国土〔籍〕字〔1988〕189 号）

练 习 自 测 题

【单项选择题】

1. 根据现行城镇土地使用税的政策，下列用地可以免征城镇土地使用税的是（   ）。

A. 企业内道路占用的土地

B. 寺庙内宗教人员生活用地

C. 公园的照相馆经营用地

D. 军队的家属院落用地

【参考答案】 B

【答案解析】 企业内道路占用的土地，应征收城镇土地使用税；宗教寺庙自用的土地，是指举行宗教仪式等的用地和寺庙内的宗教人员生活用地，免征城镇土地使用税；公园供公共参观游览的用地及其管理单位的办公用地，免征城镇土地使用税，公园中附设的营业场所，如影剧院、饮食部、茶社、照相馆等用地，应征收城镇土地使用税；军队本身的办公用地和公务用地，免征城镇土地使用税，军队的家属院落用地不属于免税范围。

2. 纳税人新征用的耕地，开始缴纳城镇土地使用税的时间是（   ）。

A. 自批准之日起时

B. 自批准之日起满 1 年时

C. 自批准之月起

D. 自批准之次月起

【参考答案】 B

【答案解析】 根据《城镇土地使用税暂行条例》规定，征用的耕地，自批准征用之日起满 1 年时开始缴纳土地使用税。

【判断题】

3. 企业内部用于绿化的用地免征城镇土地使用税。   （   ）

【参考答案】 ╳

【答案解析】 市政街道、广场、绿化地带等公共用地,非社会性的公共用地不能免税,如企业内部绿化、广场、道路用地。

4. 2024 年办理 2023 年度汇算清缴后确定是小型微利企业的,纳税人申报享受"六税两费"减免优惠的日期截止到 2024 年 6 月 30 日。   （   ）

【参考答案】 ╳

【答案解析】 2024 年办理 2023 年度汇算清缴后确定是小型微利企业的,纳税人申报享受"六税两费"减免优惠的日期截止到 2024 年 12 月 31 日。

第三章　城市维护建设税

城市维护建设税是对缴纳增值税、消费税的单位和个人就其实际缴纳的"两税"税额为计税依据而征收的一种税。

《中华人民共和国城市维护建设税法》(简称《城市维护建设税法》)于2020年8月11日由中华人民共和国第十三届全国人民代表大会常务委员会第二十一次会议通过,并以中华人民共和国主席令第五十一号颁布,自2021年9月1日起施行。1985年2月8日国务院发布的《中华人民共和国城市维护建设税暂行条例》同时废止。

3.1　纳税人和扣缴义务人

在中华人民共和国境内缴纳增值税、消费税的单位和个人,为城市维护建设税的纳税人,应当依照规定缴纳城市维护建设税。

城市维护建设税的扣缴义务人为负有增值税、消费税扣缴义务的单位和个人。

《中华人民共和国城市维护建设税法》第一条、第八条

3.2　征税范围

对进口货物或者境外单位和个人向境内销售劳务、服务、无形资产缴纳的增值税、消费税税额,不征收城市维护建设税。

《中华人民共和国城市维护建设税法》第三条

3.3 计税依据

城市维护建设税以纳税人依法实际缴纳的增值税、消费税税额为计税依据。

城市维护建设税的计税依据应当按照规定扣除期末留抵退税退还的增值税税额。

城市维护建设税计税依据的具体确定办法,由国务院依据本法和有关税收法律、行政法规规定,报全国人民代表大会常务委员会备案。

《中华人民共和国城市维护建设税法》第二条

3.3.1 依法实际缴纳

城市维护建设税以纳税人依法实际缴纳的增值税、消费税税额(简称"两税税额")为计税依据。

依法实际缴纳的两税税额,是指纳税人依照增值税、消费税相关法律法规和税收政策规定计算的应当缴纳的两税税额(不含因进口货物或境外单位和个人向境内销售劳务、服务、无形资产缴纳的两税税额),加上增值税免抵税额,扣除直接减免的两税税额和期末留抵退税退还的增值税税额后的金额。

直接减免的两税税额,是指依照增值税、消费税相关法律法规和税收政策规定,直接减征或免征的两税税额,不包括实行先征后返、先征后退、即征即退办法退还的两税税额。

教育费附加、地方教育附加计征依据与城市维护建设税计税依据一致。

《财政部 税务总局关于城市维护建设税计税依据确定办法等事项的公告》(财政部 税务总局公告 2021 年第 28 号)

3.3.1.1 依法实际缴纳的增值税税额

依法实际缴纳的增值税税额,是指纳税人依照增值税相关法律法规和税收政策规定计算应当缴纳的增值税税额,加上增值税免抵税额,扣除直接减免的增值税税额和期末留抵退税退还的增值税税额(简称"留抵退税额")后的金额。

《国家税务总局关于城市维护建设税征收管理有关事项的公告》(国家税务总局公告 2021 年第 26 号)

3.3.1.2　依法实际缴纳的消费税税额

依法实际缴纳的消费税税额,是指纳税人依照消费税相关法律法规和税收政策规定计算应当缴纳的消费税税额,扣除直接减免的消费税税额后的金额。

《国家税务总局关于城市维护建设税征收管理有关事项的公告》(国家税务总局公告 2021 年第 26 号)

3.3.1.3　应当缴纳的两税税额

应当缴纳的两税税额,不含因进口货物或境外单位和个人向境内销售劳务、服务、无形资产缴纳的两税税额。

《国家税务总局关于城市维护建设税征收管理有关事项的公告》(国家税务总局公告 2021 年第 26 号)

3.3.2　留抵退税额扣除

3.3.2.1　扣除范围

留抵退税额仅允许在按照增值税一般计税方法确定的城建税计税依据中扣除。当期未扣除完的余额,在以后纳税申报期按规定继续扣除。

对于增值税小规模纳税人更正、查补此前按照一般计税方法确定的城建税计税依据,允许扣除尚未扣除完的留抵退税额。

《国家税务总局关于城市维护建设税征收管理有关事项的公告》(国家税务总局公告 2021 年第 26 号)

3.3.2.2　扣除时间

纳税人自收到留抵退税额之日起,应当在下一个纳税申报期从城建税计税依据中扣除。

《国家税务总局关于城市维护建设税征收管理有关事项的公告》(国家税务总局公告 2021 年第 26 号)

3.3.3　免抵退税额申报

对增值税免抵税额征收的城建税,纳税人应在税务机关核准免抵税额的下一个纳税申报期内向主管税务机关申报缴纳。

《国家税务总局关于城市维护建设税征收管理有关事项的公告》(国家税务总局公告 2021 年第 26 号)

3.4　税率和应纳税额

城市维护建设税税率如下：

（1）纳税人所在地在市区的，税率为 7％。

（2）纳税人所在地在县城、镇的，税率为 5％。

（3）纳税人所在地不在市区、县城或者镇的，税率为 1％。

纳税人所在地，是指纳税人住所地或者与纳税人生产经营活动相关的其他地点，具体地点由省、自治区、直辖市确定。

城市维护建设税的应纳税额按照计税依据乘以具体适用税率计算。

《中华人民共和国城市维护建设税法》第四条、第五条

3.4.1　市区、县城、镇确定

城建税纳税人按所在地在市区、县城、镇和不在上述区域适用不同税率。市区、县城、镇按照行政区划确定。

行政区划变更的，自变更完成当月起适用新行政区划对应的城建税税率，纳税人在变更完成当月的下一个纳税申报期按新税率申报缴纳。

《国家税务总局关于城市维护建设税征收管理有关事项的公告》（国家税务总局公告 2021 年第 26 号）

3.4.2　撤县建市税率适用问题

《城市维护建设税法》对市区、县城、镇分别规定了 7％、5％、1％的城市维护建设税税率。撤县建市后，城市维护建设税适用税率应为 7％。

《国家税务总局关于撤县建市城市维护建设税适用税率问题的批复》（税总函〔2015〕511 号）

《城市维护建设税法》对市区、县城和镇等分别规定了不同的城市维护建设税税率。撤县建市后，纳税人所在地在市区的，城市维护建设税适用税率为 7％；纳税人所在地在市区以外其他镇的，城市维护建设税适用税率仍为 5％。

《国家税务总局关于撤县建市城市维护建设税具体适用税率的批复》（税总函〔2016〕280 号）

3.4.3　异地预缴增值税情形处理

根据全面推开"营改增"试点后增值税政策调整情况,现就纳税人异地预缴增值税涉及的城市维护建设税和教育附加政策执行问题明确如下:

(1)纳税人跨地区提供建筑服务、销售和出租不动产的,应在建筑服务发生地、不动产所在地预缴增值税时,以预缴增值税税额为计税依据,并按预缴增值税所在地的城市维护建设税适用税率和教育费附加征收率就地计算缴纳城市维护建设税和教育费附加。

(2)预缴增值税的纳税人在其机构所在地申报缴纳增值税时,以其实际缴纳的增值税税额为计税依据,并按机构所在地的城市维护建设税适用税率和教育费附加征收率就地计算缴纳城市维护建设税和教育费附加。

《财政部　国家税务总局关于纳税人异地预缴增值税有关城市维护建设税和教育费附加政策问题的通知》(财税〔2016〕74号)

3.5　税收优惠

根据国民经济和社会发展的需要,国务院对重大公共基础设施建设、特殊产业和群体以及重大突发事件应对等情形可以规定减征或者免征城市维护建设税,报全国人民代表大会常务委员会备案。

《中华人民共和国城市维护建设税法》第六条

3.5.1　扶持重点群体创业就业

3.5.1.1　重点群体人员

(一)重点群体人员范围及《就业创业证》

重点群体人员具体包括:①纳入全国扶贫开发信息系统的建档立卡贫困人口;②在人力资源社会保障部门公共就业服务机构登记失业半年以上的人员;③零就业家庭、享受城市居民最低生活保障家庭劳动年龄内的登记失业人员;④毕业年度内高校毕业生。高校毕业生是指实施高等学历教育的普通高等学校、成人高等学校应届毕业的学生;毕业年度是指毕业所在自然年,即1月1日至 12 月 31 日。

《关于进一步支持和促进重点群体创业就业有关税收政策的通知》(财税〔2019〕22 号)

(二)申领《就业创业证》

享受优惠政策的人员按以下规定申领《就业创业证》:

(1)失业人员在常住地公共就业服务机构进行失业登记,申领《就业创业证》。对其中的零就业家庭、城市低保家庭的登记失业人员,公共就业服务机构应在其《就业创业证》上予以注明。

(2)毕业年度内高校毕业生在校期间凭学生证向公共就业服务机构申领《就业创业证》,或委托所在高校就业指导中心向公共就业服务机构代为申领《就业创业证》;毕业年度内高校毕业生离校后可凭毕业证直接向公共就业服务机构按规定申领《就业创业证》。

(三)《就业创业证》管理

(1)严格各项凭证的审核发放。任何单位或个人不得伪造、涂改、转让、出租相关凭证,违者将依法予以惩处;对出借、转让《就业创业证》的人员,主管人力资源社会保障部门要收回其《就业创业证》并记录在案;对采取上述手段已经获取减免税的企业和个人,主管税务机关要追缴其已减免的税款,并依法予以处理。

(2)《就业创业证》采用实名制,限持证者本人使用。创业人员从事个体经营的,《就业创业证》由本人保管;被用人单位招用的,享受税收优惠政策期间,证件由用人单位保管。《就业创业证》由人力资源社会保障部统一样式,各省、自治区、直辖市人力资源社会保障部门负责印制,作为审核劳动者就业失业状况和享受政策情况的有效凭证。

3.5.1.2 扶持重点群体从事个体经营

自 2019 年 1 月 1 日至 2025 年 12 月 31 日,建档立卡贫困人口、持《就业创业证》(注明"自主创业税收政策"或"毕业年度内自主创业税收政策")或《就业失业登记证》(注明"自主创业税收政策")的人员,从事个体经营的,自办理个体工商户登记当月起,在 3 年(36 个月,下同)内按每户每年 12 000 元为限额依次扣减其当年实际应缴纳的增值税、城市维护建设税、教育费附加、地方教育附加和个人所得税。限额标准最高可上浮 20%,各省、自治区、直辖市人民政府可根据本地区实际情况在此幅度内确定具体限额标准。

纳税人年度应缴纳税款小于上述扣减限额的,减免税额以其实际缴纳的税款为限;大于上述扣减限额的,以上述扣减限额为限。

《关于进一步支持和促进重点群体创业就业有关税收政策的通知》(财税〔2019〕22号)、《财政部 税务总局 人力资源社会保障部 国家乡村振兴局关于延长部分扶贫税收优惠政策执行期限的公告》(财政部 税务总局 人力资源社会保障部 国家乡村振兴局公告2021年第18号)

(一)申请

(1)建档立卡贫困人口从事个体经营的,向主管税务机关申报纳税时享受优惠。

(2)登记失业半年以上的人员,零就业家庭、享受城市居民最低生活保障家庭劳动年龄的登记失业人员,以及毕业年度内高校毕业生,可持《就业创业证》(或《就业失业登记证》,下同)、个体工商户登记执照(未完成"两证整合"的还须持《税务登记证》)向创业地县以上(含县级,下同)人力资源社会保障部门提出申请。县以上人力资源社会保障部门应当按照财税〔2019〕22号文件的规定,核实其是否享受过重点群体创业就业税收优惠政策。对符合财税〔2019〕22号文件规定条件的人员,应在《就业创业证》上注明"自主创业税收政策"或"毕业年度内自主创业税收政策"。

《国家税务总局 人力资源社会保障部 国务院扶贫办 教育部关于实施支持和促进重点群体创业就业有关税收政策具体操作问题的公告》(国家税务总局公告2019年第10号)

(二)税款减免顺序及额度

重点群体从事个体经营的,按照财税〔2019〕22号文件第一条的规定(详见"3.5.1.2重点群体从事个体经营政策"),在年度减免税限额内,依次扣减增值税、城市维护建设税、教育费附加、地方教育附加和个人所得税。城市维护建设税、教育费附加、地方教育附加的计税依据是享受本项税收优惠政策前的增值税应纳税额。

纳税人的实际经营期不足1年的,应当以实际月数换算其减免税限额。换算公式为:减免税限额=年度减免税限额÷12×实际经营月数。

纳税人实际应缴纳的增值税、城市维护建设税、教育费附加、地方教育附加和个人所得税小于减免税限额的,以实际应缴纳的增值税、城市维护建设税、教育费附加、地方教育附加和个人所得税税额为限;实际应缴纳的增值税、城市维护建设税、教育费附加、地方教育附加和个人所得税大于减免税限额的,以减免税限额为限。

《国家税务总局 人力资源社会保障部 国务院扶贫办 教育部关于实施支持和促进重点群体创业就业有关税收政策具体操作问题的公告》(国家税务总局公告 2019 年第 10 号)

(三)税收减免管理

登记失业半年以上的人员,零就业家庭、城市低保家庭的登记失业人员,以及毕业年度内高校毕业生享受本项税收优惠的,由其留存《就业创业证》(注明"自主创业税收政策"或"毕业年度内自主创业税收政策")备查,建档立卡贫困人口无需留存资料备查。

《国家税务总局 人力资源社会保障部 国务院扶贫办 教育部关于实施支持和促进重点群体创业就业有关税收政策具体操作问题的公告》(国家税务总局公告 2019 年第 10 号)

3.5.1.3 支持吸纳重点群体人员就业

自 2019 年 1 月 1 日至 2025 年 12 月 31 日,企业招用建档立卡贫困人口,以及在人力资源社会保障部门公共就业服务机构登记失业半年以上且持《就业创业证》或《就业失业登记证》(注明"企业吸纳税收政策")的人员,与其签订 1 年以上期限劳动合同并依法缴纳社会保险费的,自签订劳动合同并缴纳社会保险当月起,在 3 年内按实际招用人数予以定额依次扣减增值税、城市维护建设税、教育费附加、地方教育附加和企业所得税优惠。定额标准为每人每年 6 000 元,最高可上浮 30%,各省、自治区、直辖市人民政府可根据本地区实际情况在此幅度内确定具体定额标准。城市维护建设税、教育费附加、地方教育附加的计税依据是享受本项税收优惠政策前的增值税应纳税额。按上述标准计算的税收扣减额应在企业当年实际应缴纳的增值税、城市维护建设税、教育费附加、地方教育附加和企业所得税税额中扣减,当年扣减不完的,不得结转下年使用。

企业是指属于增值税纳税人或企业所得税纳税人的企业等单位。

《关于进一步支持和促进重点群体创业就业有关税收政策的通知》(财税〔2019〕22 号)、《财政部 税务总局 人力资源社会保障部 国家乡村振兴局关于延长部分扶贫税收优惠政策执行期限的公告》(财政部 税务总局 人力资源社会保障部 国家乡村振兴局公告 2021 年第 18 号)

（一）税款减免顺序及额度

（1）纳税人按本单位招用重点群体的人数及其实际工作月数核算本单位减免税总额，在减免税总额内每月依次扣减增值税、城市维护建设税、教育费附加和地方教育附加。城市维护建设税、教育费附加、地方教育附加的计税依据是享受此项税收优惠政策前的增值税应纳税额。

纳税人实际应缴纳的增值税、城市维护建设税、教育费附加和地方教育附加小于核算的减免税总额的，以实际应缴纳的增值税、城市维护建设税、教育费附加、地方教育附加为限；实际应缴纳的增值税、城市维护建设税、教育费附加和地方教育附加大于核算的减免税总额的，以核算的减免税总额为限。纳税年度终了，如果纳税人实际减免的增值税、城市维护建设税、教育费附加和地方教育附加小于核算的减免税总额，纳税人在企业所得税汇算清缴时，以差额部分扣减企业所得税。当年扣减不完的，不再结转以后年度扣减。

享受优惠政策当年，重点群体人员工作不满 1 年的，应当以实际月数换算其减免税总额。

$$减免税总额 = \sum 每名重点群体人员本年度在本企业工作月数 \div 12 \times 具体定额标准$$

（2）第 2 年及以后年度当年新招用人员、原招用人员及其工作时间按上述程序和办法执行。计算每名重点群体人员享受税收优惠政策的期限最长不超过 36 个月。

《国家税务总局 人力资源社会保障部 国务院扶贫办 教育部关于实施支持和促进重点群体创业就业有关税收政策具体操作问题的公告》（国家税务总局公告 2019 年第 10 号）

（二）《企业吸纳重点群体就业认定证明》申请

享受招用重点群体就业税收优惠政策的企业，持下列材料向县以上人力资源社会保障部门递交申请：

（1）招用人员持有的《就业创业证》（建档立卡贫困人口不需提供）。

（2）企业与招用重点群体签订的劳动合同（副本），企业依法为重点群体缴纳的社会保险记录。通过内部信息共享、数据比对等方式审核的地方，可不再要求企业提供缴纳社会保险记录。

县以上人力资源社会保障部门接到企业报送的材料后，重点核实以下情况：

（1）招用人员是否属于享受税收优惠政策的人员范围，以前是否已享受过重点群体创业就业税收优惠政策。

（2）企业是否与招用人员签订了1年以上期限劳动合同，并依法为招用人员缴纳社会保险。

核实后，对持有《就业创业证》的重点群体，在其《就业创业证》上注明"企业吸纳税收政策"；对符合条件的企业核发《企业吸纳重点群体就业认定证明》。

《企业吸纳重点群体就业认定证明》由人力资源社会保障部统一样式，各省、自治区、直辖市人力资源社会保障部门统一印制，统一编号备案，相关信息由当地人力资源社会保障部门按需提供给税务部门。

招用人员发生变化的，应向人力资源社会保障部门办理变更申请。

企业是指属于增值税纳税人或企业所得税纳税人的企业等单位。

《国家税务总局 人力资源社会保障部 国务院扶贫办 教育部关于实施支持和促进重点群体创业就业有关税收政策具体操作问题的公告》（国家税务总局公告2019年第10号）

（三）留存备查材料

企业招用重点群体享受优惠的，由企业留存以下材料备查：

（1）享受税收优惠政策的登记失业半年以上的人员，零就业家庭、城市低保家庭的登记失业人员，以及毕业年度内高校毕业生的《就业创业证》（注明"企业吸纳税收政策"）。

（2）县以上人力资源社会保障部门核发的《企业吸纳重点群体就业认定证明》。

（3）《重点群体人员本年度实际工作时间表》如表3-1所示。

表3-1　重点群体人员本年度实际工作时间表（样表）

企业名称（盖章）：　　　　　　　　　　　　　　　　年度：

序号	招用人员姓名	身份证号码	证件编号	类型（1）（2）（3）（4）	在本企业工作时间（单位：月）

注：重点群体包括以下几种：

（1）纳入全国扶贫开发信息系统的农村建档立卡贫困人员。

（2）在人力资源社会保障部门公共就业服务机构登记失业半年以上人员。

（3）零就业家庭、享受城市居民最低生活保障家庭劳动年龄内的登记失业人员。

（4）毕业年度内高校毕业生。

上述（1）类人员不需填写证件编号，其他类型人员填写《就业创业证》编号。

《国家税务总局　人力资源社会保障部　国务院扶贫办　教育部关于实施支持和促进重点群体创业就业有关税收政策具体操作问题的公告》（国家税务总局公告 2019 年第 10 号）

热点问题　个人独资合伙企业能否享受企业吸纳重点群体人员就业优惠政策？

答：根据财税〔2019〕22 号和国家税务总局公告 2019 年第 10 号的规定，企业是指属于增值税纳税人或企业所得税纳税人的企业等单位。个人独资合伙企业虽然不是企业所得税纳税人，但如果其属于增值税纳税人，那么是符合"企业"条件的，因此个人独资合伙企业招用重点群体符合上述规定条件的，是可以自签订劳动合同并缴纳社会保险当月起，在 3 年内按实际招用人数予以定额依次扣减增值税、城市维护建设税、教育费附加、地方教育附加。由于个人独资合伙企业不缴纳企业所得税，只能扣减增值税、城市维护建设税、教育费附加、地方教育附加。

3.5.1.4　符合多个优惠条件的处理

企业招用就业人员既可以适用上述规定的税收优惠政策，又可以适用其他扶持就业专项税收优惠政策的，企业可以选择适用最优惠的政策，但不得重复享受。

《财政部　税务总局　人力资源社会保障部　国务院扶贫办关于进一步支持和促进重点群体创业就业有关税收政策的通知》（财税〔2019〕22 号）

3.5.1.5　信息交换与核实

国家乡村振兴局在每年 1 月 15 日前将建档立卡贫困人口名单及相关信息提供给人力资源社会保障部、国家税务总局，国家税务总局将相关信息转发给各省、自治区、直辖市税务部门。人力资源社会保障部门依托全国扶贫开发信息系统核实建档立卡贫困人口身份信息。

各地财政部、税务部门、人力资源社会保障部门以及乡村振兴局要加强领导、周密部署，把大力支持和促进重点群体创业就业工作作为一项重要任务，主动做好政策宣传和解释工作，加强部门间的协调配合，确保政策落实到位。同时，要密切关注税收政策的执行情况，对发现的问题及时逐级向财政部、国家税务总局、人力资源社会保障部以及国家乡村振兴局反映。

《财政部 税务总局 人力资源社会保障部 国务院扶贫办关于进一步支持和促进重点群体创业就业有关税收政策的通知》（财税〔2019〕22号）

县以上人力资源社会保障、税务部门及乡村振兴局要建立劳动者就业信息交换和协查制度。人力资源社会保障部建立全国《就业创业证》查询系统（http://jyjc.mohrss.gov.cn），供各级人力资源社会保障、财政、税务部门查询《就业创业证》信息。国家乡村振兴局建立全国统一的全国扶贫开发信息系统，供各级乡村振兴局、人力资源社会保障、财政、税务部门查询建档立卡贫困人口身份等相关信息。

各级税务机关对《就业创业证》或建档立卡贫困人口身份有疑问的，可提请同级人力资源社会保障部门、乡村振兴局予以协查，同级人力资源社会保障部门、乡村振兴局应根据具体情况规定合理的工作时限，并在时限内将协查结果通报提请协查的税务机关。

《国家税务总局 人力资源社会保障部 国务院扶贫办 教育部关于实施支持和促进重点群体创业就业有关税收政策具体操作问题的公告》（国家税务总局公告2019年第10号）

3.5.1.6 政策执行时间与期限

政策执行期限为2019年1月1日至2025年12月31日。纳税人在2025年12月31日享受上述规定税收优惠政策未满3年的，可继续享受至3年期满为止。《财政部 税务总局 人力资源社会保障部关于继续实施支持和促进重点群体创业就业有关税收政策的通知》（财税〔2017〕49号）自2019年1月1日起停止执行。

重点群体人员以前年度已享受重点群体创业就业税收优惠政策满3年的，不得再享受规定的税收优惠政策（详见"3.5.1.2重点群体从事个体经营政策"和"3.5.1.3吸纳重点群体人员就业优惠政策"）；以前年度享受重点群体创业就业税收优惠政策未满3年且符合上述规定条件的，可按上述规定享受优惠至3年期满。

《财政部 税务总局 人力资源社会保障部 国务院扶贫办关于进一步支持和促进重点群体创业就业有关税收政策的通知》（财税〔2019〕22号）、《财政部 税务总局 人力资源社会保障部 国家乡村振兴局关于延长部分扶贫税收优惠政策执行期限的公告》（财政部 税务总局 人力资源社会保障部 国家乡村振兴局公告2021年第18号）

3.5.2　扶持自主就业退役士兵创业就业

3.5.2.1　自主就业退役士兵身份要求

自主就业退役士兵是指依照《退役士兵安置条例》（国务院 中央军委令第608 号）的规定退出现役并按自主就业方式安置的退役士兵。

《财政部 税务总局 退役军人部关于进一步扶持自主就业退役士兵创业就业有关税收政策的通知》（财税〔2019〕21 号）

热点问题　消防救援退伍人员是否可以比照享受政策？

答：应急管理部等 13 部门印发的《关于做好国家综合性消防救援队伍人员有关优待工作的通知》（应急〔2019〕84 号）第七条规定，退出国家综合性消防救援队伍的消防救援人员，凭国家综合性消防救援队伍人员退出证明，可享受对现有的退役军人就业培训扶持、自主创业税费优惠等优待政策。因此，退出国家综合性消防救援队伍的消防救援人员是可以享受自主就业退役士兵优惠政策的。

3.5.2.2　扶持自主就业退役士兵从事个体经营

自 2019 年 1 月 1 日至 2023 年 12 月 31 日，自主就业退役士兵从事个体经营的，自办理个体工商户登记当月起，在 3 年（36 个月，下同）内按每户每年12 000 元为限额依次扣减其当年实际应缴纳的增值税、城市维护建设税、教育费附加、地方教育附加和个人所得税。限额标准最高可上浮 20％，各省、自治区、直辖市人民政府可根据本地区实际情况在此幅度内确定具体限额标准。

纳税人年度应缴纳税款小于上述扣减限额的，减免税额以其实际缴纳的税款为限；大于上述扣减限额的，以上述扣减限额为限。

纳税人的实际经营期不足 1 年的，应当按月换算其减免税限额。换算公式为：减免税限额＝年度减免税限额÷12×实际经营月数。城市维护建设税、教育费附加、地方教育附加的计税依据是享受此项税收优惠政策前的增值税应纳税额。

《财政部 税务总局 退役军人部关于进一步扶持自主就业退役士兵创业就业有关税收政策的通知》（财税〔2019〕21 号）、《财政部 税务总局关于延长部分税收优惠政策执行期限的公告》（财政部 税务总局公告 2022 年第 4 号）

3.5.2.3 支持企业招用自主就业退役士兵

（1）企业是指属于增值税纳税人或企业所得税纳税人的企业等单位。

（2）自 2019 年 1 月 1 日至 2023 年 12 月 31 日，企业招用自主就业退役士兵，与其签订 1 年以上期限劳动合同并依法缴纳社会保险费的，自签订劳动合同并缴纳社会保险当月起，在 3 年内按实际招用人数予以定额依次扣减增值税、城市维护建设税、教育费附加、地方教育附加和企业所得税优惠。定额标准为每人每年 6 000 元，最高可上浮 50%，各省、自治区、直辖市人民政府可根据本地区实际情况在此幅度内确定具体定额标准。

企业按招用人数和签订的劳动合同时间核算企业减免税总额，在核算减免税总额内每月依次扣减增值税、城市维护建设税、教育费附加和地方教育附加。企业实际应缴纳的增值税、城市维护建设税、教育费附加和地方教育附加小于核算减免税总额的，以实际应缴纳的增值税、城市维护建设税、教育费附加和地方教育附加为限；实际应缴纳的增值税、城市维护建设税、教育费附加和地方教育附加大于核算减免税总额的，以核算减免税总额为限。

纳税年度终了，如果企业实际减免的增值税、城市维护建设税、教育费附加和地方教育附加小于核算减免税总额，企业在企业所得税汇算清缴时以差额部分扣减企业所得税。当年扣减不完的，不再结转以后年度扣减。

（3）自主就业退役士兵在企业工作不满 1 年的，应当按月换算减免税限额。计算公式为：企业核算减免税总额 $= \sum$ 每名自主就业退役士兵本年度在本单位工作月份 $\div 12 \times$ 具体定额标准。

（4）城市维护建设税、教育费附加、地方教育附加的计税依据是享受此项税收优惠政策前的增值税应纳税额。

（5）企业招用自主就业退役士兵既可以适用上述规定的税收优惠政策，又可以适用其他扶持就业专项税收优惠政策的，企业可以选择适用最优惠的政策，但不得重复享受。

《财政部 税务总局 退役军人部关于进一步扶持自主就业退役士兵创业就业有关税收政策的通知》（财税〔2019〕21 号）、《财政部 税务总局关于延长部分税收优惠政策执行期限的公告》（财政部 税务总局公告 2022 年第 4 号）

3.5.2.4 留存备查资料

自主就业退役士兵从事个体经营的，在享受税收优惠政策进行纳税申报时,注明其退役军人身份,并将《中国人民解放军义务兵退出现役证》《中国人民解放军士官退出现役证》或《中国人民武装警察部队义务兵退出现役证》《中国人民武装警察部队士官退出现役证》留存备查。

企业招用自主就业退役士兵享受税收优惠政策的,将以下资料留存备查:

(1)招用自主就业退役士兵的《中国人民解放军义务兵退出现役证》《中国人民解放军士官退出现役证》或《中国人民武装警察部队义务兵退出现役证》《中国人民武装警察部队士官退出现役证》。

(2)企业与招用自主就业退役士兵签订的劳动合同(副本),为职工缴纳的社会保险费记录。

(3)《自主就业退役士兵本年度在企业工作时间表》如表 3-2 所示。

表 3-2　自主就业退役士兵本年度在企业工作时间表(样表)

企业名称(盖章):　　　　　　　　　　　　　　　　　　　　年度:

序号	自主就业退役士兵姓名	身份证号码	证件编号	在本企业工作时间(单位:月)	备注

《财政部　税务总局　退役军人部关于进一步扶持自主就业退役士兵创业就业有关税收政策的通知》(财税〔2019〕21 号)

3.5.2.5　政策执行时间与期限

政策执行期限为 2019 年 1 月 1 日至 2023 年 12 月 31 日。纳税人在 2023年 12 月 31 日享受上述规定税收优惠政策未满 3 年的,可继续享受至 3 年期满为止。《财政部　税务总局　民政部关于继续实施扶持自主就业退役士兵创业就业有关税收政策的通知》(财税〔2017〕46 号)自 2019 年 1 月 1 日起停止执行。

退役士兵以前年度已享受退役士兵创业就业税收优惠政策满 3 年的,不得再享受规定的税收优惠政策(详见"3.5.2.2 扶持自主就业退役士兵从事个体经营"和"3.5.2.3 支持企业招用自主就业退役士兵");以前年度享受退役士兵创业就业税收优惠政策未满 3 年且符合上述规定条件的,可按上述规定享受优惠至 3 年期满。

《财政部 税务总局 退役军人部关于进一步扶持自主就业退役士兵创业就业有关税收政策的通知》(财税〔2019〕21号)、《财政部 税务总局关于延长部分税收优惠政策执行期限的公告》(财政部 税务总局公告2022年第4号)

3.5.3 交易所销售标准黄金政策

标准黄金是指成色为 AU9999、AU9995、AU999、AU995;规格为 50 克、100 克、1 公斤、3 公斤、12.5 公斤的黄金。

《财政部 国家税务总局关于黄金期货交易有关税收政策的通知》(财税〔2008〕5号)

3.5.3.1 黄金交易所销售标准黄金

黄金交易所会员单位通过黄金交易所销售标准黄金(持有黄金交易所开具的《黄金交易结算凭证》),未发生实物交割的,免征增值税;发生实物交割的,由税务机关按照实际成交价格代开增值税专用发票,并实行增值税即征即退的政策,同时免征城市维护建设税、教育费附加。增值税专用发票中的单价、金额和税额的计算公式分别为:

$$单价 = 实际成交单价 \div (1 + 增值税税率)$$
$$金额 = 数量 \times 单价$$
$$税额 = 金额 \times 税率$$

实际成交单价是指不含黄金交易所收取的手续费的单位价格。

纳税人不通过黄金交易所销售的标准黄金不享受增值税即征即退和免征城市维护建设税、教育费附加政策。

《财政部 国家税务总局关于黄金税收政策问题的通知》(财税〔2002〕142号)

3.5.3.2 上海期货交易所销售标准黄金

上海期货交易所会员和客户通过上海期货交易所销售标准黄金(持上海期货交易所开具的《黄金结算专用发票》),发生实物交割但未出库的,免征增值税;发生实物交割并已出库的,由税务机关按照实际交割价格代开增值税专用发票,并实行增值税即征即退的政策,同时免征城市维护建设税和教育费附加。增值税专用发票中的单价、金额和税额的计算公式分别如下:

$$单价 = 实际交割单价 \div (1 + 增值税税率)$$
$$金额 = 数量 \times 单价$$
$$税额 = 金额 \times 税率$$

实际交割单价是指不含上海期货交易所收取的手续费的单位价格。

《财政部　国家税务总局关于黄金期货交易有关税收政策的通知》（财税〔2008〕5号）

3.5.4　支持重大水利工程建设

经国务院批准，为支持国家重大水利工程建设，对国家重大水利工程建设基金免征城市维护建设税和教育费附加。

《财政部　国家税务总局关于免征国家重大水利工程建设基金的城市维护建设税和教育费附加的通知》（财税〔2010〕44号）

3.5.5　支持小微企业"六税两费"减征

详见"1.7.2.27 支持小微企业'六税两费'减征"。

3.5.6　中央直属储备粮库建设有关税费征免问题

《国务院办公厅关于搞好中央直属储备粮库建设的通知》（国办发明电〔1998〕9号）第三条规定："免征本地区、国务院有关部门规定征收的各种与粮库建设相关的税费。"增值税、城市维护建设税、教育费附加是由全国人大常委会或国务院决定征收的，不是国务院有关部门规定征收的，因此该通知第三条所称的免征税费的具体范围不包括增值税、城市维护建设税和教育费附加，也不包括其他由全国人大、全国人大常委会或国务院决定征收的各种税费。

《国家税务总局关于中央直属储备粮库建设有关税费问题的批复》（国税函〔1998〕842号）

3.6　纳税义务发生时间和纳税地点

城市维护建设税的纳税义务发生时间与增值税、消费税的纳税义务发生时间一致，分别与增值税、消费税同时缴纳。

城市维护建设税的扣缴义务人在扣缴增值税、消费税的同时扣缴城市维护建设税。

《中华人民共和国城市维护建设税法》第七条、第八条

城建税的纳税义务发生时间与两税的纳税义务发生时间一致,分别与两税同时缴纳。同时缴纳是指在缴纳两税时,应当在两税同一缴纳地点、同一缴纳期限内,一并缴纳对应的城市维护建设税。

采用委托代征、代扣代缴、代收代缴、预缴、补缴等方式缴纳两税的,应当同时缴纳城市维护建设税。

代扣代缴,不含因境外单位和个人向境内销售劳务、服务、无形资产代扣代缴增值税情形。

《国家税务总局关于城市维护建设税征收管理有关事项的公告》(国家税务总局公告 2021 年第 26 号)

3.7　征收管理和法律责任

3.7.1　征收管理

城市维护建设税由税务机关依照《城市维护建设税法》和《税收征收管理法》的规定征收管理。

《中华人民共和国城市维护建设税法》第九条、第十条

城建税的征收管理等事项,比照两税的有关规定办理。

《国家税务总局关于城市维护建设税征收管理有关事项的公告》(国家税务总局公告 2021 年第 26 号)

3.7.2　纳税申报

为贯彻落实《中共中央办公厅 国务院办公厅印发的〈关于进一步深化税收征管改革的意见〉》,深入推进税务领域"放管服"改革,优化营商环境,切实减轻纳税人、缴费人申报负担,根据《国家税务总局关于开展 2021 年"我为纳税人缴费人办实事暨便民办税春风行动"的意见》(税总发〔2021〕14 号),自 2021 年8 月 1 日起,增值税、消费税分别与城市维护建设税、教育费附加、地方教育附加申报表整合,启用《增值税及附加税费申报表(一般纳税人适用)》《增值税及附加税费申报表(小规模纳税人适用)》《增值税及附加税费预缴表》及其附列资料

（略）和《消费税及附加税费申报表》（附表略）。

《国家税务总局关于增值税、消费税与附加税费申报表整合有关事项的公告》（国家税务总局公告 2021 年第 20 号）

3.7.2.1 增值税及附加税费申报表（一般纳税人适用）及附列资料（五）

增值税及附加税费申报表（一般纳税人适用）如表 3-3 所示，增值税及附加税费申报表（一般纳税人适用）附列资料（五）如表 3-4 所示。

表 3-3 增值税及附加税费申报表

（一般纳税人适用）

根据国家税收法律法规及增值税相关规定制定本表。纳税人不论有无销售额，均应按税务机关核定的纳税期限填写本表，并向当地税务机关申报。

税款所属时间：自　　年　月　日至　　年　月　日　　　　填表日期：　　年　月　日

金额单位：人民币元（列至角分）

纳税人识别号（统一社会信用代码）：□□□□□□□□□□□□□□□□□□□□

所属行业：

纳税人名称：		法定代表人姓名		注册地址		生产经营地址	
开户银行及账号				登记注册类型		电话号码	

项　目		栏次	一般项目		即征即退项目	
			本月数	本年累计	本月数	本年累计
销售额	（一）按适用税率计税销售额	1				
	其中：应税货物销售额	2				
	应税劳务销售额	3				
	纳税检查调整的销售额	4				
	（二）按简易办法计税销售额	5				
	其中：纳税检查调整的销售额	6				
	（三）免、抵、退办法出口销售额	7			—	—
	（四）免税销售额	8			—	—
	其中：免税货物销售额	9			—	—
	免税劳务销售额	10			—	—
税款计算	销项税额	11				
	进项税额	12				
	上期留抵税额	13			—	
	进项税额转出	14				

（续表）

项　　目		栏次	一般项目		即征即退项目	
			本月数	本年累计	本月数	本年累计
税款计算	免、抵、退应退税额	15			—	—
	按适用税率计算的纳税检查应补缴税额	16			—	—
	应抵扣税额合计	17＝12＋13－14－15＋16			—	—
税款计算	实际抵扣税额	18（如 17＜11，则为 17，否则为 11）				
	应纳税额	19＝11－18				
	期末留抵税额	20＝17－18				—
	简易计税办法计算的应纳税额	21				
	按简易计税办法计算的纳税检查应补缴税额	22			—	—
	应纳税额减征额	23				
	应纳税额合计	24＝19＋21－23				
税款缴纳	期初未缴税额（多缴为负数）	25				
	实收出口开具专用缴款书退税额	26			—	—
	本期已缴税额	27＝28＋29＋30＋31				
	①分次预缴税额	28			—	—
	②出口开具专用缴款书预缴税额	29			—	—
	③本期缴纳上期应纳税额	30				
	④本期缴纳欠缴税额	31				
	期末未缴税额（多缴为负数）	32＝24＋25＋26－27				
	其中：欠缴税额（≥0）	33＝25＋26－27	—	—	—	—
	本期应补（退）税额	34＝24－28－29				
	即征即退实际退税额	35	—	—		
	期初未缴查补税额	36			—	—
	本期入库查补税额	37			—	—
	期末未缴查补税额	38＝16＋22＋36－37			—	—

（续表）

项　　目		栏次	一般项目		即征即退项目	
			本月数	本年累计	本月数	本年累计
附加税费	城市维护建设税本期应补(退)税额	39			—	—
	教育费附加本期应补(退)费额	40			—	—
	地方教育附加本期应补(退)费额	41			—	—
声明：此表是根据国家税收法律法规及相关规定填写的,本人(单位)对填报内容(及附带资料)的真实性、可靠性、完整性负责。 纳税人(签章)：　　　　　年　月　日						
经办人： 经办人身份证号： 代理机构签章： 代理机构统一社会信用代码：			受理人： 受理税务机关(章)： 受理日期：　　年　月　日			

填写说明：

本申报表及其附列资料填写说明(简称"本表及填写说明")适用于增值税一般纳税人(简称"纳税人")。

(一)名词解释

(1)本表及填写说明所称"货物",是指增值税的应税货物。

(2)本表及填写说明所称"劳务",是指增值税的应税加工、修理、修配劳务。

(3)本表及填写说明所称"服务、不动产和无形资产",是指销售服务、不动产和无形资产。

(4)本表及填写说明所称"按适用税率计税""按适用税率计算"和"一般计税方法",均指按"应纳税额＝当期销项税额－当期进项税额"公式计算增值税应纳税额的计税方法。

(5)本表及填写说明所称"按简易办法计税""按简易征收办法计算"和"简易计税方法",均指按"应纳税额＝销售额×征收率"公式计算增值税应纳税额的计税方法。

(6)本表及填写说明所称"扣除项目",是指纳税人销售服务、不动产和无形资产,在确定销售额时,按照有关规定允许其从取得的全部价款和价外费用中扣除价款的项目。

(二)《增值税及附加税费申报表(一般纳税人适用)》填写说明

(1)"税款所属时间"：纳税人申报的增值税应纳税额的所属时间,应填写具体的起止年、月、日。

（2）"填表日期"：纳税人填写本表的具体日期。

（3）"纳税人识别号（统一社会信用代码）"：填写纳税人的统一社会信用代码或纳税人识别号。

（4）"所属行业"：按照国民经济行业分类与代码中的小类行业填写。

（5）"纳税人名称"：填写纳税人单位名称全称。

（6）"法定代表人姓名"：填写纳税人法定代表人的姓名。

（7）"注册地址"：填写纳税人税务登记证件所注明的详细地址。

（8）"生产经营地址"：填写纳税人实际生产经营地的详细地址。

（9）"开户银行及账号"：填写纳税人开户银行的名称和纳税人在该银行的结算账户号码。

（10）"登记注册类型"：按纳税人税务登记证件的栏目内容填写。

（11）"电话号码"：填写可联系到纳税人的常用电话号码。

（12）"即征即退项目"列：填写纳税人按规定享受增值税即征即退政策的货物、劳务和服务、不动产、无形资产的征（退）税数据。

（13）"一般项目"列：填写除享受增值税即征即退政策以外的货物、劳务和服务、不动产、无形资产的征（免）税数据。

（14）"本年累计"列：一般填写本年度内各月"本月数"之和。其中，第13、20、25、32、36、38栏及第18栏"实际抵扣税额""一般项目"列的"本年累计"分别按本填写说明第（27）（34）（39）（46）（50）（52）（32）条要求填写。

（15）第1栏"（一）按适用税率计税销售额"：填写纳税人本期按一般计税方法计算缴纳增值税的销售额，包含：在财务上不作销售但按税法规定应缴纳增值税的视同销售和价外费用的销售额；外贸企业作价销售进料加工复出口货物的销售额；税务、财政、审计部门检查后按一般计税方法计算调整的销售额。

营业税改征增值税的纳税人，服务、不动产和无形资产有扣除项目的，本栏应填写扣除之前的不含税销售额。

本栏"一般项目"列"本月数"＝《附列资料（一）》（略）第9列第1至5行之和－第9列第6、7行之和；

本栏"即征即退项目"列"本月数"＝《附列资料（一）》第9列第6、7行之和。

（16）第2栏"其中：应税货物销售额"：填写纳税人本期按适用税率计算增值税的应税货物的销售额。包含在财务上不作销售但按税法规定应缴纳增值税的视同销售货物和价外费用销售额，以及外贸企业作价销售进料加工复出口货物的销售额。

（17）第3栏"应税劳务销售额"：填写纳税人本期按适用税率计算增值税的应税劳务的销售额。

（18）第4栏"纳税检查调整的销售额"：填写纳税人因税务、财政、审计部门检查，并按一般计税方法在本期计算调整的销售额。但享受增值税即征即退政策的货物、劳务和服务、不动产、无形资产，经纳税检查属于偷税的，不填入"即征即退项目"列，而应填入"一般项目"列。

营业税改征增值税的纳税人,服务、不动产和无形资产有扣除项目的,本栏应填写扣除之前的不含税销售额。

本栏"一般项目"列"本月数"=《附列资料(一)》第7列第1至5行之和。

(19)第5栏"按简易办法计税销售额":填写纳税人本期按简易计税方法计算增值税的销售额。包含纳税检查调整按简易计税方法计算增值税的销售额。

营业税改征增值税的纳税人,服务、不动产和无形资产有扣除项目的,本栏应填写扣除之前的不含税销售额;服务、不动产和无形资产按规定汇总计算缴纳增值税的分支机构,其当期按预征率计算缴纳增值税的销售额也填入本栏。

本栏"一般项目"列"本月数"≥《附列资料(一)》第9列第8至13b行之和一第9列第14、15行之和;

本栏"即征即退项目"列"本月数"≥《附列资料(一)》第9列第14、15行之和。

(20)第6栏"其中:纳税检查调整的销售额":填写纳税人因税务、财政、审计部门检查,并按简易计税方法在本期计算调整的销售额。但享受增值税即征即退政策的货物、劳务和服务、不动产、无形资产,经纳税检查属于偷税的,不填入"即征即退项目"列,而应填入"一般项目"列。

营业税改征增值税的纳税人,服务、不动产和无形资产有扣除项目的,本栏应填写扣除之前的不含税销售额。

(21)第7栏"免、抵、退办法出口销售额":填写纳税人本期适用免、抵、退税办法的出口货物、劳务和服务、无形资产的销售额。

营业税改征增值税的纳税人,服务、无形资产有扣除项目的,本栏应填写扣除之前的销售额。

本栏"一般项目"列"本月数"=《附列资料(一)》第9列第16、17行之和。

(22)第8栏"免税销售额":填写纳税人本期按照税法规定免征增值税的销售额和适用零税率的销售额,但零税率的销售额中不包括适用免、抵、退税办法的销售额。

营业税改征增值税的纳税人,服务、不动产和无形资产有扣除项目的,本栏应填写扣除之前的免税销售额。

本栏"一般项目"列"本月数"=《附列资料(一)》第9列第18、19行之和。

(23)第9栏"其中:免税货物销售额":填写纳税人本期按照税法规定免征增值税的货物销售额及适用零税率的货物销售额,但零税率的销售额中不包括适用免、抵、退税办法出口货物的销售额。

(24)第10栏"免税劳务销售额":填写纳税人本期按照税法规定免征增值税的劳务销售额及适用零税率的劳务销售额,但零税率的销售额中不包括适用免、抵、退税办法的劳务的销售额。

(25)第11栏"销项税额":填写纳税人本期按一般计税方法计税的货物、劳务和服务、不动产、无形资产的销项税额。

营业税改征增值税的纳税人,服务、不动产和无形资产有扣除项目的,本栏应填写扣除之后的销项税额。

本栏"一般项目"列"本月数"=《附列资料(一)》(第10列第1、3行之和－第10列第6行)+(第14列第2、4、5行之和－第14列第7行);

本栏"即征即退项目"列"本月数"=《附列资料(一)》第10列第6行+第14列第7行。

(26)第12栏"进项税额":填写纳税人本期申报抵扣的进项税额。

本栏"一般项目"列"本月数"+"即征即退项目"列"本月数"=《附列资料(二)》(略)第12栏"税额"。

(27)第13栏"上期留抵税额":"本月数"按上一税款所属期申报表第20栏"期末留抵税额""本月数"填写。本栏"一般项目"列"本年累计"不填写。

(28)第14栏"进项税额转出":填写纳税人已经抵扣,但按税法规定本期应转出的进项税额。

本栏"一般项目"列"本月数"+"即征即退项目"列"本月数"=《附列资料(二)》第13栏"税额"。

(29)第15栏"免、抵、退应退税额":反映税务机关退税部门按照出口货物、劳务和服务、无形资产免、抵、退办法审批的增值税应退税额。

(30)第16栏"按适用税率计算的纳税检查应补缴税额":填写税务、财政、审计部门检查,按一般计税方法计算的纳税检查应补缴的增值税税额。

本栏"一般项目"列"本月数"≤《附列资料(一)》第8列第1至5行之和+《附列资料(二)》第19栏。

(31)第17栏"应抵扣税额合计":填写纳税人本期应抵扣进项税额的合计数。按表中所列公式计算填写。

(32)第18栏"实际抵扣税额":"本月数"按表中所列公式计算填写。本栏"一般项目"列"本年累计"不填写。

(33)第19栏"应纳税额":反映纳税人本期按一般计税方法计算并应缴纳的增值税额。

适用加计抵减政策的纳税人,按以下公式填写。

本栏"一般项目"列"本月数"=第11栏"销项税额""一般项目"列"本月数"－第18栏"实际抵扣税额""一般项目"列"本月数"－"实际抵减额";

本栏"即征即退项目"列"本月数"=第11栏"销项税额""即征即退项目"列"本月数"－第18栏"实际抵扣税额""即征即退项目"列"本月数"－"实际抵减额"。

适用加计抵减政策的纳税人是指,按照规定计提加计抵减额,并可从本期适用一般计税方法计算的应纳税额中抵减的纳税人(下同)。"实际抵减额"是指按照规定可从本期适用一般计税方法计算的应纳税额中抵减的加计抵减额,分别对应《附列资料(四)》(略)第6行"一般项目加计抵减额计算"、第7行"即征即退项目加计抵减额计算"的"本期实际抵减额"列。

其他纳税人按表中所列公式填写。

（34）第20栏"期末留抵税额"："本月数"按表中所列公式填写。本栏"一般项目"列"本年累计"不填写。

（35）第21栏"简易计税办法计算的应纳税额"：反映纳税人本期按简易计税方法计算并应缴纳的增值税额，但不包括按简易计税方法计算的纳税检查应补缴税额。按以下公式计算填写：

本栏"一般项目"列"本月数"＝《附列资料（一）》（第10列第8、9a、10、11行之和－第10列第14行）＋（第14列第9b、12、13a、13b行之和－第14列第15行）；

本栏"即征即退项目"列"本月数"＝《附列资料（一）》第10列第14行＋第14列第15行。

营业税改征增值税的纳税人，服务、不动产和无形资产按规定汇总计算缴纳增值税的分支机构，应将预征增值税额填入本栏。预征增值税额＝应预征增值税的销售额×预征率。

（36）第22栏"按简易计税办法计算的纳税检查应补缴税额"：填写纳税人本期因税务、财政、审计部门检查并按简易计税方法计算的纳税检查应补缴税额。

（37）第23栏"应纳税额减征额"：填写纳税人本期按照税法规定减征的增值税应纳税额。包含按照规定可在增值税应纳税额中全额抵减的增值税税控系统专用设备费用以及技术维护费，支持和促进重点群体创业就业、扶持自主就业退役士兵创业就业等有关税收政策可扣减的增值税额，按照规定可填列的减按征收对应的减征增值税税额等。

当本期减征额小于或等于第19栏"应纳税额"与第21栏"简易计税办法计算的应纳税额"之和时，按本期减征额实际填写；当本期减征额大于第19栏"应纳税额"与第21栏"简易计税办法计算的应纳税额"之和时，按本期第19栏与第21栏之和填写。本期减征额不足抵减部分结转下期继续抵减。

（38）第24栏"应纳税额合计"：反映纳税人本期应缴增值税的合计数。按表中所列公式计算填写。

（39）第25栏"期初未缴税额（多缴为负数）"："本月数"按上一税款所属期申报表第32栏"期末未缴税额（多缴为负数）""本月数"填写。"本年累计"按上年度最后一个税款所属期申报表第32栏"期末未缴税额（多缴为负数）""本年累计"填写。

（40）第26栏"实收出口开具专用缴款书退税额"：本栏不填写。

（41）第27栏"本期已缴税额"：反映纳税人本期实际缴纳的增值税额，但不包括本期入库的查补税款。按表中所列公式计算填写。

（42）第28栏"①分次预缴税额"：填写纳税人本期已缴纳的准予在本期增值税应纳税额中抵减的税额。

营业税改征增值税的纳税人，分以下几种情况填写：

服务、不动产和无形资产按规定汇总计算缴纳增值税的总机构,其可以从本期增值税应纳税额中抵减的分支机构已缴纳的税款,按当期实际可抵减数填入本栏,不足抵减部分结转下期继续抵减。

销售建筑服务并按规定预缴增值税的纳税人,其可以从本期增值税应纳税额中抵减的已缴纳的税款,按当期实际可抵减数填入本栏,不足抵减部分结转下期继续抵减。

销售不动产并按规定预缴增值税的纳税人,其可以从本期增值税应纳税额中抵减的已缴纳的税款,按当期实际可抵减数填入本栏,不足抵减部分结转下期继续抵减。

出租不动产并按规定预缴增值税的纳税人,其可以从本期增值税应纳税额中抵减的已缴纳的税款,按当期实际可抵减数填入本栏,不足抵减部分结转下期继续抵减。

(43)第 29 栏"②出口开具专用缴款书预缴税额":本栏不填写。

(44)第 30 栏"③本期缴纳上期应纳税额":填写纳税人本期缴纳上一税款所属期应缴未缴的增值税额。

(45)第 31 栏"④本期缴纳欠缴税额":反映纳税人本期实际缴纳和留抵税额抵减的增值税欠缴税额,但不包括缴纳入库的查补增值税额。

(46)第 32 栏"期末未缴税额(多缴为负数)":"本月数"反映纳税人本期期末应缴未缴的增值税额,但不包括纳税检查应缴未缴的税额。按表中所列公式计算填写。"本年累计"与"本月数"相同。

(47)第 33 栏"其中:欠缴税额(≥0)":反映纳税人按照税法规定已形成欠税的增值税额。按表中所列公式计算填写。

(48)第 34 栏"本期应补(退)税额":反映纳税人本期应纳税额中应补缴或应退回的数额。按表中所列公式计算填写。

(49)第 35 栏"即征即退实际退税额":反映纳税人本期因符合增值税即征即退政策规定,而实际收到的税务机关退回的增值税额。

(50)第 36 栏"期初未缴查补税额":"本月数"按上一税款所属期申报表第 38 栏"期末未缴查补税额""本月数"填写。"本年累计"按上年度最后一个税款所属期申报表第 38 栏"期末未缴查补税额""本年累计"填写。

(51)第 37 栏"本期入库查补税额":反映纳税人本期因税务、财政、审计部门检查而实际入库的增值税额,包括按一般计税方法计算并实际缴纳的查补增值税额和按简易计税方法计算并实际缴纳的查补增值税额。

(52)第 38 栏"期末未缴查补税额":"本月数"反映纳税人接受纳税检查后应在本期期末缴纳而未缴纳的查补增值税额。按表中所列公式计算填写,"本年累计"与"本月数"相同。

(53)第 39 栏"城市维护建设税本期应补(退)税额":填写纳税人按税法规定应当缴纳的城市维护建设税。本栏"一般项目"列"本月数"=《附列资料(五)》第 1 行第 11 列。

(54)第 40 栏"教育费附加本期应补(退)费额":填写纳税人按规定应当缴纳的教

育费附加。本栏"一般项目"列"本月数"＝《附列资料(五)》第2行第11列。

(55)第41栏"地方教育附加本期应补(退)费额"：填写纳税人按规定应当缴纳的地方教育附加。本栏"一般项目"列"本月数"＝《附列资料(五)》第3行第11列。

《国家税务总局关于增值税、消费税与附加税费申报表整合有关事项的公告》(国家税务总局公告2021年第20号)

表3-4　增值税及附加税费申报表(一般纳税人适用)附列资料(五)
(附加税费情况表)

税(费)款所属时间：　　年　月　日至　　年　月　日

纳税人名称：(公章)　　　　　　　　　　　　　　　　　　金额单位：人民币元(列至角分)

本期是否适用小微企业"六税两费"减免政策	□是 □否		减免政策适用主体		□个体工商户　□小型微利企业							
			适用减免政策起止时间					年　　月至　　年　　月				

税(费)种	计税(费)依据			税(费)率(%)	本期应纳税(费)额	本期减免税(费)额		小微企业"六税两费"减免政策		试点建设培育产教融合型企业		本期已缴税(费)额	本期应补(退)税(费)额
	增值税税额	增值税免抵税额	留抵退税本期扣除额			减免性质代码	减免税(费)额	减征比例(%)	减征额	减免性质代码	本期抵免金额		
	1	2	3	4	5=(1+2-3)×4	6	7	8	9＝(5-7)×8	10	11	12	13＝5-7-9-11-12
城市维护建设税	1									—	—		
教育费附加	2												
地方教育附加	3												
合计	4	—						—					

本期是否适用试点建设培育产教融合型企业抵免政策	□是 □否	当期新增投资额	5	
		上期留抵可抵免金额	6	
		结转下期可抵免金额	7	
可用于扣除的增值税留抵退税额使用情况		当期新增可用于扣除的留抵退税额	8	
		上期结存可用于扣除的留抵退税额	9	
		结转下期可用于扣除的留抵退税额	10	

填写说明：

1."税(费)款所属时间"：纳税人申报的附加税费应纳税(费)额的所属时间，应填写具体的起止年、月、日。

2."纳税人名称":填写纳税人名称全称。

3."本期是否适用小微企业'六税两费'减免政策":纳税人在税款所属期内适用个体工商户、小型微利企业减免政策的,勾选"是";否则,勾选"否"。

4."减免政策适用主体":适用小微企业"六税两费"减免政策的,填写本项。纳税人是个体工商户的,在"□个体工商户"处勾选;纳税人是小型微利企业的,在"□小型微利企业"处勾选。登记为增值税一般纳税人的新设立企业,从事国家非限制和禁止行业,且同时符合设立时从业人数不超过300人、资产总额不超过5 000万元两项条件的,勾选"小型微利企业"。

5."适用减免政策起止时间":填写适用减免政策的起止月份,不得超出当期申报的税款所属期限。

6."本期是否适用试点建设培育产教融合型企业抵免政策":符合《财政部关于调整部分政府性基金有关政策的通知》(财税〔2019〕46号)规定的试点建设培育产教融合型企业,选择"是";否则,选择"否"。

7.第5行"当期新增投资额":填写试点建设培育产教融合型企业当期新增投资额减去股权转让、撤回投资等金额后的投资净额,该数值可为负数。

8.第6行"上期留抵可抵免金额":填写上期的"结转下期可抵免金额"。

9.第7行"结转下期可抵免金额":填写本期抵免应缴教育费附加、地方教育附加后允许结转下期抵免部分。

10.第8行"当期新增可用于扣除的留抵退税额":填写本期经税务机关批准的上期留抵税额退税额。本栏等于《附列资料二》第22栏"上期留抵税额退税"。

11.第9行"上期结存可用于扣除的留抵退税额":填写上期的"结转下期可用于扣除的留抵退税额"。

12.第10行"结转下期可用于扣除的留抵退税额":填写本期扣除后剩余的增值税留抵退税额,结转下期可用于扣除的留抵退税额=当期新增可用于扣除的留抵退税额+上期结存可用于扣除的留抵退税额-留抵退税本期扣除额。

13.第1列"增值税税额":填写主表增值税本期应补(退)税额。

14.第2列"增值税免抵税额":填写上期经税务机关核准的增值税免抵税额。

15.第3列"留抵退税本期扣除额":填写本期因增值税留抵退税扣除的计税依据。当第8行与第9行之和大于第1行第1列与第1行第2列之和时,第3列第1至3行分别按对应行第 1 列与第 2 列之和填写。当第 8 行与第 9 行之和(大于 0)小于或等于第 1 行第 1 列与第 1 行第 2 列之和时,第 3 列第 1 至 3 行分别按第 8 行与第 9 行之和对应填写。当第 8 行与第 9 行之和(小于等于 0)小于或等于第 1 行第 1 列与第 1 行第 2 列之和时,第 3 列第 1 至 3 行均填写 0。

16.第 4 列"税(费)率":填写适用税(费)率。

17.第 5 列"本期应纳税(费)额":填写本期按适用的税(费)率计算缴纳的应纳税(费)额。计算公式为:本期应纳税(费)额=(增值税税额+增值税免抵税额-留抵退税本期扣除额)×税(费)率。

18.第 6 列"减免性质代码":按《减免税政策代码目录》中附加税费适用的减免性质代码填写,增值税小规模纳税人、小型微利企业和个体工商户"六税两费"减免政策优惠不填写,试点建设培育产教融合型企业抵免不填写。有减免税(费)情况的必填。

19.第 7 列"减免税(费)额":填写本期减免的税(费)额。

20.第 8 列"减征比例(%)":填写当地省级政府根据《……》(财税〔2022〕××号)确定的减征比例填写。

21.第 9 列"减征额":填写纳税人本期享受小微企业"六税两费"减征政策减征额。计算公式为:小微企业"六税两费"减征额=(本期应纳税(费)额-本期减免税(费)额)×减征比例。

22.第 10 列"减免性质代码":符合《财政部关于调整部分政府性基金有关政策的通知》(财税〔2019〕46 号)规定的试点建设培育产教融合型企业分别填写教育费附加产教融合试点减免性质代码 61101402、地方教育附加产教融合试点减免性质代码 99101401。不适用建设培育产教融合型企业抵免政策的则为空。

23.第 11 列"本期抵免金额":填写试点建设培育产教融合型企业本期抵免的教育费附加、地方教育附加金额。

24.第 12 列"本期已缴税(费)额":填写本期应纳税(费)额中已经缴纳的部分。该列不包括本期预缴应补(退)税费情况。

25.第 13 列"本期应补(退)税(费)额":该列次与主表第 39 至 41 栏对应相等。计算公式为:本期应补(退)税(费)额=本期应纳税(费)额-本期减免税(费)额-试点建设培育产教融合型企业本期抵免金额-本期已缴税(费)额。

《国家税务总局关于进一步实施小微企业"六税两费"减免政策有关征管问题的公告》(国家税务总局公告 2022 年第 3 号)

3.7.2.2 增值税及附加税费申报表(小规模纳税人适用)及附列资料二

增值税及附加税费申报表(小规模纳税人适用)如表 3-5 所示,增值税及附加税费申报表(小规模纳税人适用)附列资料(二)如表 3-6 所示。

表 3-5 增值税及附加税费申报表
(小规模纳税人适用)

纳税人识别号(统一社会信用代码):□□□□□□□□□□□□□□□□□□

纳税人名称:　　　　　　　　　　　　　　　　金额单位:人民币元(列至角分)

税款所属期:　年　月　日至　年　月　日　　　填表日期:　年　月　日

项 目	栏次	本期数		本年累计	
		货物及劳务	服务、不动产和无形资产	货物及劳务	服务、不动产和无形资产
一、计税依据	(一)应征增值税不含税销售额(3%征收率)	1				
	增值税专用发票不含税销售额	2				
	其他增值税发票不含税销售额	3				
	(二)应征增值税不含税销售额(5%征收率)	4		—		—
	增值税专用发票不含税销售额	5		—		—
	其他增值税发票不含税销售额	6		—		—
	(三)销售使用过的固定资产不含税销售额	7(7≥8)		—		—
	其中:其他增值税发票不含税销售额	8		—		—
	(四)免税销售额	9=10+11+12				
	其中:小微企业免税销售额	10				
	未达起征点销售额	11				
	其他免税销售额	12				
	(五)出口免税销售额	13(13≥14)				
	其中:其他增值税发票不含税销售额	14				

（续表）

项　　目	栏次	本期数		本年累计	
		货物及劳务	服务、不动产和无形资产	货物及劳务	服务、不动产和无形资产
二、税款计算　本期应纳税额	15				
本期应纳税额减征额	16				
本期免税额	17				
其中：小微企业免税额	18				
未达起征点免税额	19				
应纳税额合计	20＝15－16				
本期预缴税额	21			—	—
本期应补（退）税额	22＝20－21			—	—
三、附加税费　城市维护建设税本期应补（退）税额	23				
教育费附加本期应补（退）费额	24				
地方教育附加本期应补（退）费额	25				

声明：此表是根据国家税收法律法规及相关规定填写的，本人（单位）对填报内容（及附带资料）的真实性、可靠性、完整性负责。

纳税人（签章）：　　　　　　　年　月　日

经办人： 经办人身份证号： 代理机构签章： 代理机构统一社会信用代码：	受理人： 受理税务机关（章）： 受理日期：　　年　月　日

填写说明：

本申报表及其附列资料填写说明（简称"本表及填写说明"）适用于增值税小规模纳税人（简称"纳税人"）。

（一）名词解释

（1）本表及填写说明所称"货物"，是指增值税的应税货物。

（2）本表及填写说明所称"劳务"，是指增值税的应税加工、修理、修配劳务。

（3）本表及填写说明所称"服务、不动产和无形资产"，是指销售服务、不动产和无形资产（以下简称应税行为）。

（4）本表及填写说明所称"扣除项目"，是指纳税人发生应税行为，在确定销售额时，按照有关规定允许其从取得的全部价款和价外费用中扣除价款的项目。

（二）《增值税及附加税费申报表（小规模纳税人适用）》填写说明

本表"货物及劳务"与"服务、不动产和无形资产"各项目应分别填写。

（1）"税款所属期"是指纳税人申报的增值税应纳税额的所属时间，应填写具体的起止年、月、日。

（2）"纳税人识别号（统一社会信用代码）"：填写纳税人的统一社会信用代码或纳税人识别号。

（3）"纳税人名称"：填写纳税人名称全称。

（4）第 1 栏"应征增值税不含税销售额（3％征收率）"：填写本期销售货物及劳务、发生应税行为适用 3％征收率的不含税。

销售额，不包括应税行为适用 5％征收率的不含税销售额、销售使用过的固定资产（不含不动产，下同）和销售旧货的不含税销售额、免税销售额、出口免税销售额、查补销售额，国家税务总局另有规定的除外。

纳税人发生适用 3％征收率的应税行为且有扣除项目的，本栏填写扣除后的不含税销售额，与当期《附列资料（一）》（略）第 8 栏数据一致，适用小微企业免征增值税政策的纳税人除外。

（5）第 2 栏"增值税专用发票不含税销售额"：填写纳税人自行开具和税务机关代开的增值税专用发票销售额合计。

（6）第 3 栏"其他增值税发票不含税销售额"：填写增值税发票管理系统开具的增值税专用发票之外的其他发票不含税销售额。

（7）第 4 栏"应征增值税不含税销售额（5％征收率）"：填写本期发生应税行为适用 5％征收率的不含税销售额。

纳税人发生适用 5％征收率应税行为且有扣除项目的，本栏填写扣除后的不含税销售额，与当期《附列资料（一）》第 16 栏数据一致，适用小微企业免征增值税政策的纳税人除外。

（8）第 5 栏"增值税专用发票不含税销售额"：填写纳税人自行开具和税务机关代开的增值税专用发票销售额合计。

（9）第 6 栏"其他增值税发票不含税销售额"：填写增值税发票管理系统开具的增值税专用发票之外的其他发票不含税销售额。

（10）第 7 栏"销售使用过的固定资产不含税销售额"：填写销售自己使用过的固定资产和销售旧货的不含税销售额，销售额＝含税销售额÷（1＋3％）。

（11）第 8 栏"其中：其他增值税发票不含税销售额"：填写纳税人销售自己使用过的固定资产和销售旧货,在增值税发票管理系统开具的增值税专用发票之外的其他发票不含税销售额。

（12）第 9 栏"免税销售额"：填写销售免征增值税的货物及劳务、应税行为的销售额,不包括出口免税销售额。

应税行为有扣除项目的纳税人,填写扣除之后的销售额。

（13）第 10 栏"小微企业免税销售额"：填写符合小微企业免征增值税政策的免税销售额,不包括符合其他增值税免税政策的销售额。个体工商户和其他个人不填写本栏次。

（14）第 11 栏"未达起征点销售额"：填写个体工商户和其他个人未达起征点（含支持小微企业免征增值税政策）的免税销售额,不包括符合其他增值税免税政策的销售额。本栏次由个体工商户和其他个人填写。

（15）第 12 栏"其他免税销售额"：填写销售免征增值税的货物及劳务、应税行为的销售额,不包括符合小微企业免征增值税和未达起征点政策的免税销售额。

（16）第 13 栏"出口免税销售额"：填写出口免征增值税货物及劳务、出口免征增值税应税行为的销售额。

应税行为有扣除项目的纳税人,填写扣除之前的销售额。

（17）第 14 栏"其中：其他增值税发票不含税销售额"：填写出口免征增值税货物及劳务、出口免征增值税应税行为,在增值税发票管理系统开具的增值税专用发票之外的其他发票销售额。

（18）第 15 栏"本期应纳税额"：填写本期按征收率计算缴纳的应纳税额。

（19）第 16 栏"本期应纳税额减征额"：填写纳税人本期按照税法规定减征的增值税应纳税额。包含可在增值税应纳税额中全额抵减的增值税税控系统专用设备费用以及技术维护费,可在增值税应纳税额中抵免的购置税控收款机的增值税税额,支持和促进重点群体创业就业、扶持自主就业退役士兵创业就业等有关税收政策可扣减的增值税额,按照规定可填列的减按征收对应的减征增值税税额等。

当本期减征额小于或等于第 15 栏"本期应纳税额"时,按本期减征额实际填写；当本期减征额大于第 15 栏"本期应纳税额"时,按本期第 15 栏填写,本期减征额不足抵减部分结转下期继续抵减。

（20）第 17 栏"本期免税额"：填写纳税人本期增值税免税额,免税额根据第 9 栏"免税销售额"和征收率计算。

（21）第 18 栏"小微企业免税额"：填写符合小微企业免征增值税政策的增值税免税额,免税额根据第 10 栏"小微企业免税销售额"和征收率计算。

（22）第 19 栏"未达起征点免税额"：填写个体工商户和其他个人未达起征点（含

支持小微企业免征增值税政策)的增值税免税额,免税额根据第11栏"未达起征点销售额"和征收率计算。

(23)第21栏"本期预缴税额":填写纳税人本期预缴的增值税额,但不包括查补缴纳的增值税额。

(24)第23栏"城市维护建设税本期应补(退)税额":填写《附列资料(二)》城市维护建设税对应第9栏本期应补(退)税(费)额。

(25)第24栏"教育费附加本期应补(退)费额":填写《附列资料(二)》教育费附加对应第9栏本期应补(退)税(费)额。

(26)第25栏"地方教育附加本期应补(退)费额":填写《附列资料(二)》地方教育附加对应第9栏本期应补(退)税(费)额。

表3-6 增值税及附加税费申报表(小规模纳税人适用)附列资料(二)
(附加税费情况表)

税(费)款所属时间: 年 月 日至 年 月 日

纳税人名称:(公章) 金额单位:人民币元(列至角分)

税(费)种	计税(费)依据 增值税税额	税(费)率(%)	本期应纳税(费)额	本期减免税(费)额 减免性质代码	本期减免税(费)额 减免税(费)额	增值税小规模纳税人"六税两费"减征政策 减征比例(%)	增值税小规模纳税人"六税两费"减征政策 减征额	本期已缴税(费)额	本期应补(退)税(费)额
	1	2	3=1×2	4	5	6	7=(3−5)×6	8	9=3−5−7−8
城市维护建设税									
教育费附加									
地方教育附加									
合计	—	—		—		—			

填写说明:

1."税(费)款所属时间":纳税人申报的附加税费应纳税(费)额的所属时间,应填写具体的起止年、月、日。

2."纳税人名称":填写纳税人名称全称。

3.第1栏"增值税税额":填写主表增值税本期应补(退)税额。

4.第2栏"税(费)率(%)":填写适用税(费)率。

5. 第 3 栏"本期应纳税(费)额":填写本期按适用的税(费)率计算缴纳的应纳税(费)额。计算公式为:本期应纳税(费)额＝增值税税额×税(费)率。

6. 第 4 栏"减免性质代码":按《减免税政策代码目录》中附加税费适用的减免性质代码填写,增值税小规模纳税人"六税两费"减征政策优惠不在此栏填写。有减免税(费)情况的必填。

7. 第 5 栏"减免税(费)额":填写本期减免的税(费)额。

8. 第 6 栏"减征比例(%)":填写当地省级政府根据《财政部 税务总局关于进一步实施小微企业"六税两费"减免政策的公告》(财政部 税务总局公告 2022 年第 10 号)确定的减征比例填写。

9. 第 7 栏"减征额":填写纳税人本期享受增值税小规模纳税人"六税两费"减征政策减征额。计算公式为:增值税小规模纳税人"六税两费"减征额＝(本期应纳税(费)额－本期减免税(费)额)×减征比例。

10. 第 8 栏"本期已缴税(费)额":填写本期应纳税(费)额中已经缴纳的部分。该栏不包括本期预缴应补(退)税费情况。

11. 第 9 栏"本期应补(退)税(费)额":该列次与主表第 23 至 25 栏对应相等。计算公式为:本期应补(退)税(费)额＝本期应纳税(费)额－本期减免税(费)额－增值税小规模纳税人"六税两费"减征额－本期已缴税(费)额。

《国家税务总局关于增值税、消费税与附加税费申报表整合有关事项的公告》(国家税务总局公告 2021 年第 20 号)

3.7.2.3 增值税及附加税费预缴表及附列资料

增值税及附加税费预缴表如表 3-7 所示,增值税及附加税费预缴表附列资料如表 3-8 所示。

表 3-7 增值税及附加税费预缴表

税款所属时间: 年 月 日至 年 月 日

纳税人识别号(统一社会信用代码): 是否适用一般计税方法:是□ 否□

纳税人名称: 金额单位:人民币元(列至角分)

项目编号: 项目名称:

项目地址:

项目和栏次		销售额	扣除金额	预征率	预征税额
		1	2	3	4
建筑服务	1				
销售不动产	2				

（续表）

项目和栏次		销售额	扣除金额	预征率	预征税额
		1	2	3	4
出租不动产	3				
	4				
	5				
合计	6				
附加税费					
城市维护建设税 实际预缴税额		教育费附加 实际预缴费额		地方教育附加 实际预缴费额	

声明：此表是根据国家税收法律法规及相关规定填写的，本人（单位）对填报内容（及附带资料）的真实性、可靠性、完整性负责。

纳税人（签章）：　　　　年　月　日

经办人： 经办人身份证号： 代理机构签章： 代理机构统一社会信用代码：	受理人： 受理税务机关（章）： 受理日期：　　年　月　日

填写说明：

（一）本表适用于纳税人发生以下情形按规定在税务机关预缴增值税时填写

（1）纳税人（不含其他个人）跨县（市）提供建筑服务。

（2）房地产开发企业预售自行开发的房地产项目。

（3）纳税人（不含其他个人）出租与机构所在地不在同一县（市）的不动产。

（二）基础信息填写说明

（1）"税款所属时间"：纳税人申报的增值税预缴税额的所属时间，应填写具体的起止年、月、日。

（2）"纳税人识别号（统一社会信用代码）"：填写纳税人的统一社会信用代码或纳税人识别号。

（3）"纳税人名称"：填写纳税人名称全称。

（4）"是否适用一般计税方法"：该项目适用一般计税方法的纳税人在"是□"中打"√"，否则，在"否□"中打"√"。

（5）"项目编号"：由异地提供建筑服务的纳税人和房地产开发企业填写《建筑工程施工许可证》上的编号，根据相关规定不需要申请《建筑工程施工许可证》的建筑服务项目或不动产开发项目，不需要填写。出租不动产业务无需填写。

（6）"项目名称"：填写建筑服务或者房地产项目的名称。出租不动产业务不需要填写。

（7）"项目地址"：填写建筑服务项目、房地产项目或出租不动产的具体地址。

（三）具体栏次填表说明

（1）纳税人异地提供建筑服务。

纳税人在"项目和栏次"部分的第1栏"建筑服务"行次填写相关信息：

第1列"销售额"：填写纳税人跨县（市）提供建筑服务取得的全部价款和价外费用（含税）。

第2列"扣除金额"：填写跨县（市）提供建筑服务项目按照规定准予从全部价款和价外费用中扣除的金额（含税）。

第3列"预征率"：填写跨县（市）提供建筑服务项目对应的预征率或者征收率。

第4列"预征税额"：填写按照规定计算的应预缴税额。

（2）房地产开发企业预售自行开发的房地产项目。

纳税人在"项目和栏次"部分的第2栏"销售不动产"行次填写相关信息：

第1列"销售额"：填写本期收取的预收款（含税），包括在取得预收款当月或主管税务机关确定的预缴期取得的全部预收价款和价外费用。

第2列"扣除金额"：房地产开发企业不需填写。

第3列"预征率"：房地产开发企业预征率为3％。

第4列"预征税额"：填写按照规定计算的应预缴税额。

（3）纳税人出租不动产。

纳税人在"项目和栏次"部分的第3栏"出租不动产"行次填写相关信息：

第1列"销售额"：填写纳税人出租不动产取得全部价款和价外费用（含税）。

第2列"扣除金额"无须填写。

第3列"预征率"：填写纳税人预缴增值税适用的预征率或者征收率。

第4列"预征税额"：填写按照规定计算的应预缴税额。

（4）附加税费。

"城市维护建设税实际预缴税额"：填写按照规定应预缴的城市维护建设税税额。该栏次等于《附列资料（附加税费情况表）》第8列对应栏次。

"教育费附加实际预缴费额"：填写按照规定应预缴的教育费附加费额。该栏次等于《附列资料(附加税费情况表)》第8列对应栏次。

"地方教育附加实际预缴费额"：填写按照规定应预缴的地方教育附加费额。该栏次等于《附列资料(附加税费情况表)》第8列对应栏次。

《国家税务总局关于增值税、消费税与附加税费申报表整合有关事项的公告》(国家税务总局公告2021年第20号)

表3-8　增值税及附加税费预缴表附列资料
(附加税费情况表)

税(费)款所属时间：　　年　月　日至　　年　月　日

纳税人名称：(公章)　　　　　　　　　　　　　　　　　　金额单位：人民币元(列至角分)

本期是否适用小微企业"六税两费"减免政策				□是　□否		减免政策适用主体	增值税小规模纳税人：□是　□否
							增值税一般纳税人：□个体工商户　□小型微利企业
						适用减免政策起止时间	年　月至　　年　月

税(费)种	计税(费)依据	税(费)率(%)	本期应纳税(费)额	本期减免税(费)额		小微企业"六税两费"减征政策		本期实际预缴税(费)额
	增值税预缴税额			减免性质代码	减免税(费)额	减征比例(%)	减征额	
	1	2	3=1×2	4	5	6	7=(3-5)×6	8=3-5-7
城市维护建设税								
教育费附加								
地方教育附加								
合计	—	—		—		—	—	

填写说明：

1."税(费)款所属时间"：纳税人申报的附加税(费)应纳税(费)额的所属时间,应填写具体的起止年、月、日。

2．"纳税人名称"：填写纳税人名称全称。

3．"本期是否适用小微企业'六税两费'减免政策"：纳税人在税款所属期内适用增值税小规模纳税人、个体工商户、小型微利企业减免政策的，勾选"是"；否则，勾选"否"。

4．"减免政策适用主体"：适用小微企业"六税两费"减免政策的，填写本项。纳税人是增值税小规模纳税人的，在"增值税小规模纳税人"处勾选"是"，无需勾选"增值税一般纳税人：□个体工商户　□小型微利企业"；纳税人是增值税一般纳税人的，据类型勾选"个体工商户"或"小型微利企业"。登记为增值税一般纳税人的新设立企业，从事国家非限制和禁止行业，且同时符合设立时从业人数不超过 300 人、资产总额不超过 5 000 万元两项条件的，勾选"小型微利企业"。

5．"适用减免政策起止时间"：填写适用减免政策的起止月份，不得超出当期申报的税款所属期限。

6．第 1 列"增值税预缴税额"：填写纳税人按规定应预缴增值税税额。该栏次等于主表增值税本期合计预征税额（主表第 6 行第 4 栏）。

7．第 2 列"税（费）率"：填写相应税（费）的税（费）率。

8．第 3 列"本期应纳税（费）额"：填写本期按适用税（费）率计算缴纳的应纳税（费）额。本期应纳税（费）额＝增值税预缴税额×税（费）率。

9．第 4 列"减免性质代码"：按《减免税政策代码目录》中附加税费适用的减免性质代码填写，增值税小规模纳税人、小型微利企业和个体工商户"六税两费"减免政策优惠不填写。有减免税（费）情况的必填。

10．第 5 列"减免税（费）额"：填写本期减免的税（费）额。

11．第 6 列"减征比例（％）"：填写当地省级政府根据《……》（财税〔2022〕××号）确定的比例。

12．第 7 列"减征额"：填写纳税人本期享受小微企业"六税两费"减免政策减征额。小微企业"六税两费"减征额＝（本期应纳税（费）额－本期减免税（费）额）×减征比例。

13．第 8 列"本期实际预缴税（费）额"：反映纳税人本期应预缴税（费）情况。本期实际预缴税（费）额＝本期应纳税（费）额－本期减免税（费）额－小微企业"六税两费"减免政策减征额。

《国家税务总局关于进一步实施小微企业"六税两费"减免政策有关征管问题的公告》（国家税务总局公告 2022 年第 3 号）

3.7.2.4 消费税及附加税费申报表及附表6

消费税及附加税费申报表如表3-9所示,消费税及附加税费申报表(附表6)如表3-10所示。

表3-9 消费税及附加税费申报表

税款所属期:自 年 月 日至 年 月 日

纳税人识别号(统一社会信用代码):□□□□□□□□□□□□□□□□□□□□

纳税人名称: 金额单位:人民币元(列至角分)

项目	适用税率		计量单位	本期销售数量	本期销售额	本期应纳税额
应税 消费品名称	定额税率	比例税率				
	1	2	3	4	5	6=1×4+2×5
合 计	—	—	—			

	栏次	本期税费额
本期减(免)税额	7	
期初留抵税额	8	
本期准予扣除税额	9	
本期应扣除税额	10=8+9	
本期实际扣除税额	11[10<(6-7),则为10,否则为6-7]	
期末留抵税额	12=10-11	
本期预缴税额	13	
本期应补(退)税额	14=6-7-11-13	
城市维护建设税本期应补(退)税额	15	
教育费附加本期应补(退)费额	16	
地方教育附加本期应补(退)费额	17	

声明:此表是根据国家税收法律法规及相关规定填写的,本人(单位)对填报内容(及附带资料)的真实性、可靠性、完整性负责。

纳税人(签章): 年 月 日

经办人: 经办人身份证号: 代理机构签章: 代理机构统一社会信用代码:	受理人: 受理税务机关(章): 受理日期: 年 月 日

填表说明：

1. 本表作为《消费税及附加税费申报表》的主表，由消费税纳税人填写。

（2）本表"税款所属期"：纳税人申报的消费税应纳税额所属时间，应填写具体的起止年、月、日。

（3）本表"纳税人识别号（社会统一信用代码）"：填写纳税人识别号或者统一社会信用代码。

（4）本表"纳税人名称"：填写纳税人名称全称。

（5）本表"应税消费品名称"栏、第 1 栏"定额税率"、第 2 栏"比例税率"和第 3 栏"计量单位"：按照附注 1《应税消费品名称、税率和计量单位对照表》（略）内容对应填写。

（6）本表第 4 栏"本期销售数量"：填写国家税收法律、法规及相关规定（简称"税法"）规定的本期应当申报缴纳消费税的应税消费品销售数量（不含出口免税销售数量）。用自产汽油生产的乙醇汽油，按照生产乙醇汽油所耗用的汽油数量填写；以废矿物油生产的润滑油基础油为原料生产的润滑油，按扣除耗用的废矿物油生产的润滑油基础油后的数量填写。

（7）本表第 5 栏"本期销售额"：填写税法规定的本期应当申报缴纳消费税的应税消费品销售额（不含出口免税销售额）。

（8）本表第 6 栏"本期应纳税额"：计算公式如下：

实行从价定率办法计算的应纳税额＝销售额×比例税率实行从量定额办法计算的应纳税额＝销售数量×定额税率

实行复合计税办法计算的应纳税额＝销售额×比例税率＋销售数量×定额税率暂缓征收的应税消费品，不计算应纳税额。

（9）本表第 7 栏"本期减（免）税额"：填写本期按照税法规定减免的消费税应纳税额，不包括暂缓征收的应税消费品的税额以及出口应税消费品的免税额。本期减免消费税应纳税额情况，需同时填报附表 2《本期减（免）税额明细表》（略）。本栏数值应等于附表 2《本期减（免）税额明细表》第 8 栏"减（免）税额""合计"栏数值。

（10）本表第 8 栏"期初留抵税额"：填写上期申报表第 12 栏"期末留抵税额"数值。

（11）本表第 9 栏"本期准予扣除税额"：填写税法规定的本期外购、进口或委托加工收回应税消费品用于连续生产应税消费品准予扣除的消费税已纳税额，以及委托加工收回应税消费品以高于受托方计税价格销售的，在计税时准予扣除的消费税已纳税额。

成品油消费税纳税人：本表"本期准予扣除税额"栏数值＝附表1－2《本期准予扣除税额计算表(成品油消费税纳税人适用)》(略)第6栏"本期准予扣除税额""合计"栏数值。

其他消费税纳税人：本表"本期准予扣除税额"栏数值＝附表1－1《本期准予扣除税额计算表》(略)第19栏"本期准予扣除税款合计""合计"栏数值。

(12)本表第10栏"本期应扣除税额"：填写纳税人本期应扣除的消费税税额，计算公式为：本期应扣除税额＝期初留抵税额＋本期准予扣除税额。

(13)本表第11栏"本期实际扣除税额"：填写纳税人本期实际扣除的消费税税额，计算公式为：当本期应纳税额合计－本期减(免)税额≥本期应扣除税额时，本期实际扣除税额＝本期应扣除税额；当本期应纳税额合计－本期减(免)税额＜本期应扣除税额时，本期实际扣除税额＝本期应纳税额合计－本期减(免)税额。

(14)本表第12栏"期末留抵税额"：计算公式为：期末留抵税额＝本期应扣除税额－本期实际扣除税额。

(15)本表第13栏"本期预缴税额"：填写纳税申报前纳税人已预先缴纳入库的本期消费税额。

(16)本表第14栏"本期应补(退)税额"：填写纳税人本期应纳税额中应补缴或应退回的数额，计算公式为：本期应补(退)税额＝本期应纳税额合计－本期减(免)税额－本期实际扣除税额－本期预缴税额。

(17)本表第15栏"城市维护建设税本期应补(退)税额"：填写附表6《消费税附加税费计算表》"城市维护建设税"对应的"本期应补(退)税(费)额"栏数值。

(18)本表第16栏"教育费附加本期应补(退)费额"：填写附表6《消费税附加税费计算表》"教育费附加"对应的"本期应补(退)税(费)额"栏数值。

(19)本表第17栏"地方教育附加本期应补(退)费额"：填写附表6《消费税附加税费计算表》"地方教育附加"对应的"本期应补(退)税(费)额"栏数值。

(20)本表为A4竖式，所有数字小数点后保留两位。一式二份，一份纳税人留存，一份税务机关留存。

《国家税务总局关于增值税、消费税与附加税费申报表整合有关事项的公告》(国家税务总局公告2021年第20号)

表 3-10　消费税及附加税费申报表(附表 6)

消费税附加税费计算表

金额单位：人民币元(列至角分)

本期是否适用小微企业"六税两费"减免政策	□是 □否	减免政策适用主体	增值税小规模纳税人：□是　□否
			增值税一般纳税人： □个体工商户 □小型微利企业
		适用减免政策起止时间	年　月至　　年　月

税(费)种	计税(费)依据	税(费)率(%)	本期应纳税(费)额	本期减免税(费)额		小微企业"六税两费"减免政策		本期已缴税(费)额	本期应补(退)税(费)额
	消费税税额			减免性质代码	减免税(费)额	减征比例(%)	减征额		
	1	2	3＝1×2	4	5	6	7＝(3－5)×6	8	9＝3－5－7－8
城市维护建设税									
教育费附加									
地方教育附加									
合计	—	—		—					

填写说明：

1．本表由消费税纳税人填报。

2．本期是否适用小微企业"六税两费"减免政策：纳税人在税款所属期内适用增值税小规模纳税人、个体工商户、小型微利企业减免政策的，勾选"是"；否则，勾选"否"。"减免政策适用主体"：适用小微企业"六税两费"减免政策的，填写本项。纳税人是增值税小规模纳税人的，在"增值税小规模纳税人"处勾选"是"，无须勾选"增值税一般纳税人：□个体工商户□小型微利企业"；纳税人是增值税一般纳税人的，据类型勾选"个体工商户"或"小型微利企业"。登记为增值税一般纳税人的新设立企业，从事国家非限制和禁止行业，且同时符合设立时从业人数不超过 300 人、资产总额不超过 5 000 万元两项条件的，勾选"小型微利企业"。"适用减免政策起止时间"：填写适用减免政策的起止月份，不得超出当期申报的税款所属期限。

3．本表第 1 栏"消费税税额"：填写主表"本期应补(退)税额"栏数值。

4．本表第 2 栏"税(费)率"：填写相应税(费)的税(费)率。

5.本表第 3 栏"本期应纳税(费)额":填写本期按适用的税(费)率计算缴纳的应纳税(费)额。计算公式为:本期应纳税(费)额＝消费税税额×税(费)率。

6.本表第 4 栏"减免性质代码":按《减免税政策代码目录》中附加税费适用的减免性质代码填写,增值税小规模纳税人、小型微利企业和个体工商户"六税两费"减免政策优惠不填写。有减免税(费)情况的必填。

7.本表第 5 栏"减免税(费)额":填写本期减免的税(费)额。

8.本表第 6 栏"减征比例(％)":填写当地省级政府根据《……》(财税〔2022〕××号)确定的比例。

9.本表第 7 栏"减征额":填写纳税人本期享受小微企业"六税两费"减免政策减征额。小微企业"六税两费"减征额＝(本期应纳税(费)额－本期减免税(费)额)×减征比例。

10.本表第 8 栏"本期已缴税(费)额":填写本期应纳税(费)额中已经缴纳的部分。

11.本表第 9 栏"本期应补(退)税(费)额":计算公式为:本期应补(退)税(费)额＝本期应纳税(费)额－减免税(费)额－小微企业"六税两费"减免政策减征额－本期已缴税(费)额。

12.本表为 A4 横式,所有数字小数点后保留两位。一式二份,一份纳税人留存,一份税务机关留存。

《国家税务总局关于进一步实施小微企业"六税两费"减免政策有关征管问题的公告》(国家税务总局公告 2022 年第 3 号)

3.7.3 退税处理

因纳税人多缴发生的两税退税,同时退还已缴纳的城建税。

两税实行先征后返、先征后退、即征即退的,除另有规定外,不予退还随两税附征的城建税。

《国家税务总局关于城市维护建设税征收管理有关事项的公告》(国家税务总局公告 2021 年第 26 号)

3.7.4 法律责任

纳税人、税务机关及其工作人员违反《城市维护建设税法》规定的,依照《税收征收管理法》和有关法律法规的规定追究法律责任。

《中华人民共和国城市维护建设税法》第十条

练 习 自 测 题

【单项选择题】

按现行税收政策,自主就业退役士兵从事个体经营的,自办理个体工商户登记当月起,在(　　)年内按每户每年可扣减税款的最高标准的限额可能达到(　　)元。

A. 5　6 000

B. 3　12 000

C. 3　14 400

D. 5　16 000

【参考答案】　C

【答案解析】　自主就业退役士兵从事个体经营的,自办理个体工商户登记当月起,在3年(36个月)内按每户每年12 000元为限额依次扣减其当年实际应缴纳的增值税、城市维护建设税、教育费附加、地方教育附加和个人所得税。限额标准最高可上浮20%,各省、自治区、直辖市人民政府可根据本地区实际情况在此幅度内确定具体限额标准。

第四章 资　源　税

资源税是为了体现国有资源有偿使用,调节资源级差收入,而以应税自然资源为课税对象,以开发应税自然资源的单位和个人为纳税人征收的一种税。

《中华人民共和国资源税法》(简称《资源税法》)于 2019 年 8 月 26 日中华人民共和国第十三届全国人民代表大会常务委员会第十二次会议通过,并以中华人民共和国主席令第三十三号发布,自 2020 年 9 月 1 日起施行。1993 年 12 月 25 日国务院发布的《中华人民共和国资源税暂行条例》同时废止。

4.1　纳税人

在中华人民共和国领域和中华人民共和国管辖的其他海域开发应税资源的单位和个人,为资源税的纳税人,应当依照规定缴纳资源税。

《中华人民共和国资源税法》第一条

解读▶ 关于资源税纳税人需要符合三个方面条件:一是符合空间范围要求。按照有关法律法规,中华人民共和国领域是指我国行使国家主权的空间,包括领陆、领水、领空。其中,领水包括内水、领海;除领水外,中华人民共和国管辖的其他海域主要包括领海毗连区、专属经济区、大陆架等海域。二是有开发应税资源的行为。党的十八届三中全会明确"逐步将资源税扩展到占用各种自然生态空间",资源税法将征税范围的表述确定为"开发应税资源",为今后改革预留空间。按照《资源税法》所附《资源税税目税率表》,"应税资源"目前主要包括矿产品和盐。三是属于税法规定的纳税主体。资源税的具体纳税主体是开发应税资源的单位和个人。开发主体不论所有制性质如何以及注册地是否在国内,只要在我国管辖的领域内开发应税资源,就应当缴纳资源税。

4.1.1　单位和个人

单位,是指企业、行政单位、事业单位、军事单位、社会团体及其他单位。

个人,是指个体工商户和其他个人。

《中华人民共和国资源税暂行条例实施细则》第三条

4.1.2　中外合作开采石油资源企业

中外合作开采陆上、海上石油资源的企业依法缴纳资源税。

2011 年 11 月 1 日前已依法订立中外合作开采陆上、海上石油资源合同的,在该合同有效期内,继续依照国家有关规定缴纳矿区使用费,不缴纳资源税;合同期满后,依法缴纳资源税。

《中华人民共和国资源税法》第十五条

4.2　征税范围

4.2.1　应税资源的范围

4.2.1.1　《资源税税目税率表》

应税资源的具体范围,由《资源税税目税率表》(简称《税目税率表》)确定,如表 4-1 所示。

表 4-1　资源税税目税率表

税目		征税对象	税率
能源矿产	原油	原矿	6%
	天然气、页岩气、天然气水合物	原矿	6%
	煤	原矿或者选矿	2%～10%
	煤成(层)气	原矿	1%～2%
	铀、钍	原矿	4%
	油页岩、油砂、天然沥青、石煤	原矿或者选矿	1%～4%
	地热	原矿	1%～20%或者每立方米 1～30 元

（续表）

税目			征税对象	税率
金属矿产	黑色金属	铁、锰、铬、钒、钛	原矿或者选矿	1%～9%
	有色金属	铜、铅、锌、锡、镍、锑、镁、钴、铋、汞	原矿或者选矿	2%～10%
		铝土矿	原矿或者选矿	2%～9%
		钨	选矿	6.5%
		钼	选矿	8%
		金、银	原矿或者选矿	2%～6%
		铂、钯、钌、锇、铱、铑	原矿或者选矿	5%～10%
		轻稀土	选矿	7%～12%
		中重稀土	选矿	20%
		铍、锂、锆、锶、铷、铯、铌、钽、锗、镓、铟、铊、铪、铼、镉、硒、碲	原矿或者选矿	2%～10%
非金属矿产	矿物类	高岭土	原矿或者选矿	1%～6%
		石灰岩	原矿或者选矿	1%～6%或者每吨（或者每立方米）1～10元
		磷	原矿或者选矿	3%～8%
		石墨	原矿或者选矿	3%～12%
		萤石、硫铁矿、自然硫	原矿或者选矿	1%～8%
		天然石英砂、脉石英、粉石英、水晶、工业用金刚石、冰洲石、蓝晶石、硅线石（矽线石）、长石、滑石、刚玉、菱镁矿、颜料矿物、天然碱、芒硝、钠硝石、明矾石、砷、硼、碘、溴、膨润土、硅藻土、陶瓷土、耐火粘土、铁矾土、凹凸棒石粘土、海泡石粘土、伊利石粘土、累托石粘土	原矿或者选矿	1%～12%
		叶腊石、硅灰石、透辉石、珍珠岩、云母、沸石、重晶石、毒重石、方解石、蛭石、透闪石、工业用电气石、白垩、石棉、蓝石棉、红柱石、石榴子石、石膏	原矿或者选矿	2%～12%
		其他粘土（铸型用粘土、砖瓦用粘土、陶粒用粘土、水泥配料用粘土、水泥配料用红土、水泥配料用黄土、水泥配料用泥岩、保温材料用粘土）	原矿或者选矿	1%～5%或者每吨（或者每立方米）0.1～5元

（续表）

税目			征税对象	税率
非金属矿产	岩石类	大理岩、花岗岩、白云岩、石英岩、砂岩、辉绿岩、安山岩、闪长岩、板岩、玄武岩、片麻岩、角闪岩、页岩、浮石、凝灰岩、黑曜岩、霞石正长岩、蛇纹岩、麦饭石、泥灰岩、含钾岩石、含钾砂页岩、天然油石、橄榄岩、松脂岩、粗面岩、辉长岩、辉石岩、正长岩、火山灰、火山渣、泥炭	原矿或者选矿	1%～10%
		砂石	原矿或者选矿	1%～5%或者每吨（或者每立方米）0.1～5元
	宝玉石类	宝石、玉石、宝石级金刚石、玛瑙、黄玉、碧玺	原矿或者选矿	4%～20%
水气矿产	二氧化碳气、硫化氢气、氦气、氡气		原矿	2%～5%
	矿泉水		原矿	1%～20%或者每立方米1～30元
盐	钠盐、钾盐、镁盐、锂盐		选矿	3%～15%
	天然卤水		原矿	3%～15%或者每吨（或者每立方米）1～10元
	海盐			2%～5%

《中华人民共和国资源税法》第一条及附件

解读▶ 为进一步规范资源税税目,《资源税法》根据《中华人民共和国矿产资源法实施细则》中规定的矿产资源分类,统一列明了能源矿产、金属矿产、非金属矿产、水气矿产和盐5大类、164个税目,覆盖了目前所有已发现的173个矿种。税目的分类、名称与矿产资源主管部门的管理标准基本保持一致,数量不同的原因是为了兼顾资源税实际征管需要,适当归类或拆分了相关矿种的个数:

一是将镧、铈、镨、钕4个轻稀土矿合并为轻稀土税目;

二是将钷、钐、铕、钆、铽(te)、镝、钬、铒、铥、镱、镥、钪、钇等13个中重稀土矿合并为中重稀土税目;

三是将矿盐拆分为钠盐、钾盐、镁盐、锂盐、天然卤水5个税目。

四是延续了海盐、砂石等资源税传统税目。

五是地下水暂时列入水资源税征税范围。

4.2.2.2 自用应税产品征税问题

纳税人开采或者生产应税产品自用的,应当依照规定缴纳资源税;但是,自用于连续生产应税产品的,不缴纳资源税。

《中华人民共和国资源税法》第五条

纳税人自用应税产品应当缴纳资源税的情形,包括纳税人以应税产品用于非货币性资产交换、捐赠、偿债、赞助、集资、投资、广告、样品、职工福利、利润分配或者连续生产非应税产品等。

《财政部 税务总局关于资源税有关问题执行口径的公告》(财政部 税务总局公告2020年第34号)

4.2.2.3 地面抽采煤层气征税问题

自2007年1月1日起,对地面抽采煤层气暂不征收资源税。

《财政部 国家税务总局关于加快煤层气抽采有关税收政策问题的通知》(财税〔2007〕16号)

4.2.2 水资源征税问题

国务院根据国民经济和社会发展需要,依照《资源税法》的原则,对取用地表水或者地下水的单位和个人试点征收水资源税。征收水资源税的,停止征收水资源费。

水资源税根据当地水资源状况、取用水类型和经济发展等情况实行差别税率。

水资源税试点实施办法由国务院规定,报全国人民代表大会常务委员会备案。

国务院自《资源税法》施行之日起5年内,就征收水资源税试点情况向全国人民代表大会常务委员会报告,并及时提出修改法律的建议。

《中华人民共和国资源税法》第十四条

4.3 税目税率

资源税的税目、税率,依照《税目税率表》执行。

《中华人民共和国资源税法》第二条

4.3.1　幅度税率处理

《税目税率表》中规定实行幅度税率的,其具体适用税率由省、自治区、直辖市人民政府统筹考虑该应税资源的品位、开采条件以及对生态环境的影响等情况,在《税目税率表》规定的税率幅度内提出,报同级人民代表大会常务委员会决定,并报全国人民代表大会常务委员会和国务院备案。《税目税率表》中规定征税对象为原矿或者选矿的,应当分别确定具体适用税率。

《中华人民共和国资源税法》第二条

解读▶原矿,是指经过采矿过程采出后未进行选矿或者加工的矿石。选矿产品是指通过破碎、切割、洗选、筛分、磨矿、分级、提纯、脱水、干燥等过程形成的产品,包括富集的精矿和研磨成粉、粒级成型、切割成型的原矿加工品。

4.3.2　不同税目应税产品处理

纳税人开采或者生产不同税目应税产品的,应当分别核算不同税目应税产品的销售额或者销售数量;未分别核算或者不能准确提供不同税目应税产品的销售额或者销售数量的,从高适用税率。

《中华人民共和国资源税法》第四条

4.3.3　同一税目不同税率应税产品处理

纳税人开采或者生产同一税目下适用不同税率应税产品的,应当分别核算不同税率应税产品的销售额或者销售数量;未分别核算或者不能准确提供不同税率应税产品的销售额或者销售数量的,从高适用税率。

《财政部　税务总局关于资源税有关问题执行口径的公告》(财政部　税务总局公告2020 年第 34 号)

4.3.4　自采原矿处理

纳税人以自采原矿(经过采矿过程采出后未进行选矿或者加工的矿石)直接销售,或者自用于应当缴纳资源税情形(详见"4.2.2.2 自用应税产品征税问题")的,按照原矿计征资源税。

纳税人以自采原矿洗选加工为选矿产品(通过破碎、切割、洗选、筛分、磨矿、分级、提纯、脱水、干燥等过程形成的产品,包括富集的精矿和研磨成粉、粒级成型、切割成型的原矿加工品)销售,或者将选矿产品自用于应当缴纳资源税情形的,按照选矿产品计征资源税,在原矿移送环节不缴纳资源税。对于无法区分原生岩石矿种的粒级成型砂石颗粒,按照砂石税目征收资源税。

《财政部 税务总局关于资源税有关问题执行口径的公告》(财政部 税务总局公告2020年第34号)

4.3.5 湖南省砂石资源税适用税率

自2018年2月1日起,湖南省砂石资源税适用税率为:砂石销售价格低于每立方米85元的,资源税适用税率为每立方米2元;砂石销售价格在每立方米85元至140元之间的,资源税适用税率为每立方米3元;砂石销售价格超过每立方米140元的,资源税适用税率为每立方米4元。

《财政部 国家税务总局关于调整湖南省砂石资源税适用税率的批复》(财税〔2018〕9号)

4.4 计税依据和应纳税额

4.4.1 计征方式

资源税按照《税目税率表》实行从价计征或者从量计征。

《税目税率表》中规定可以选择实行从价计征或者从量计征的,具体计征方式由省、自治区、直辖市人民政府提出,报同级人民代表大会常务委员会决定,并报全国人民代表大会常务委员会和国务院备案。

实行从价计征的,应纳税额按照应税资源产品(简称"应税产品")的销售额乘以具体适用税率计算。实行从量计征的,应纳税额按照应税产品的销售数量乘以具体适用税率计算。

应税产品为矿产品的,包括原矿和选矿产品。

《中华人民共和国资源税法》第三条

4.4.2 从价计征

4.4.2.1 销售额

资源税应税产品(简称"应税产品")的销售额,按照纳税人销售应税产品向购买方收取的全部价款确定,不包括增值税税款。

计入销售额中的相关运杂费用,凡取得增值税发票或者其他合法有效凭据的,准予从销售额中扣除。相关运杂费用是指应税产品从坑口或者洗选(加工)地到车站、码头或者购买方指定地点的运输费用、建设基金以及随运销产生的装卸、仓储、港杂费用。

《财政部 税务总局关于资源税有关问题执行口径的公告》(财政部 税务总局公告2020 年第 34 号)

解读▶ 允许扣除的运杂费应满足以下条件:一是包含在应税产品销售额中;二是取得运杂费用增值税发票或者其他合法有效凭据;三是属于纳税人销售应税产品环节发生的运杂费用,具体是指运送应税产品从坑口或者洗选(加工)地到车站、码头或者购买方指定地点的运输费用、建设基金以及随运销产生的装卸、仓储、港杂费用。

4.4.2.2 销售额明显偏低的处理

纳税人申报的应税产品销售额明显偏低且无正当理由的,或者有自用应税产品行为而无销售额的,主管税务机关可以按下列方法和顺序确定其应税产品销售额:

(1)按纳税人最近时期同类产品的平均销售价格确定。

(2)按其他纳税人最近时期同类产品的平均销售价格确定。

(3)按后续加工非应税产品销售价格,减去后续加工环节的成本利润后确定。

(4)按应税产品组成计税价格确定。

组成计税价格 = 成本×(1+成本利润率)÷(1-资源税税率)

上述公式中的成本利润率由省、自治区、直辖市税务机关确定。

(5)按其他合理方法确定。

《财政部 税务总局关于资源税有关问题执行口径的公告》(财政部 税务总局公告2020 年第 34 号)

4.4.3 从量计征

应税产品的销售数量,包括纳税人开采或者生产应税产品的实际销售数量和自用于应当缴纳资源税情形(详见"4.2.2.2 自用应税产品征税问题")的应税产品数量。

《财政部 税务总局关于资源税有关问题执行口径的公告》(财政部 税务总局公告 2020 年第 34 号)

4.4.4 外购已税应税产品处理

纳税人外购应税产品与自采应税产品混合销售或者混合加工为应税产品销售的,在计算应税产品销售额或者销售数量时,准予扣减外购应税产品的购进金额或者购进数量;当期不足扣减的,可结转下期扣减。纳税人应当准确核算外购应税产品的购进金额或者购进数量,未准确核算的,一并计算缴纳资源税。

纳税人核算并扣减当期外购应税产品购进金额、购进数量,应当依据外购应税产品的增值税发票、海关进口增值税专用缴款书或者其他合法有效凭据。

《财政部 税务总局关于资源税有关问题执行口径的公告》(财政部 税务总局公告 2020 年第 34 号)

纳税人以外购原矿与自采原矿混合为原矿销售,或者以外购选矿产品与自产选矿产品混合为选矿产品销售的,在计算应税产品销售额或者销售数量时,直接扣减外购原矿或者外购选矿产品的购进金额或者购进数量。

纳税人以外购原矿与自采原矿混合洗选加工为选矿产品销售的,在计算应税产品销售额或者销售数量时,按照下列方法进行扣减:

$$\begin{array}{l}\text{准予扣减的外购应税}\\\text{产品购进金额(数量)}\end{array} = \begin{array}{l}\text{外购原矿购}\\\text{进金额(数量)}\end{array} \times \left(\begin{array}{l}\text{本地区原矿}\\\text{适用税率}\end{array} \div \begin{array}{l}\text{本地区选矿}\\\text{产品适用税率}\end{array}\right)$$

不能按照上述方法计算扣减的,按照主管税务机关确定的其他合理方法进行扣减。

《国家税务总局关于资源税征收管理若干问题的公告》(国家税务总局公告2020年第 14 号)

案例 4-1 某煤炭企业将外购 100 万元原煤与自采 200 万元原煤混合洗选加工为选煤销售,选煤销售额为 450 万元。当地原煤税率为 3%,选煤税率为 2%,计算应税产品销售额。

解析▶ 准予扣减的外购应税产品购进金额=外购原煤购进金额×(本地区原煤适用税率÷本地区选煤适用税率)=100×(3%÷2%)=150(万元)

应税产品销售额=450-150=300(万元)

4.5　税收优惠

4.5.1　法定优惠

4.5.1.1　免征税款

有下列情形之一的,免征资源税:

(1) 开采原油以及在油田范围内运输原油过程中用于加热的原油、天然气;

(2) 煤炭开采企业因安全生产需要抽采的煤成(层)气。

《中华人民共和国资源税法》第六条

4.5.1.2　减征税款

有下列情形之一的,减征资源税:

(1) 从低丰度油气田开采的原油、天然气,减征 20% 资源税。

低丰度油气田,包括陆上低丰度油田、陆上低丰度气田、海上低丰度油田、海上低丰度气田。陆上低丰度油田是指每平方公里原油可开采储量丰度低于 25 万立方米的油田;陆上低丰度气田是指每平方公里天然气可开采储量丰度低于 25 000 万立方米的气田;海上低丰度油田是指每平方公里原油可开采储量丰度低于 60 万立方米的油田;海上低丰度气田是指每平方公里天然气可开采储量丰度低于 6 亿立方米的气田。

(2) 高含硫天然气、三次采油和从深水油气田开采的原油、天然气,减征 30% 资源税。

高含硫天然气,是指硫化氢含量在每立方米 30 克以上的天然气。

三次采油,是指二次采油后继续以聚合物驱、复合驱、泡沫驱、气水交替驱、二氧化碳驱、微生物驱等方式进行采油。

深水油气田,是指水深超过 300 米的油气田。

(3) 稠油、高凝油减征 40% 资源税。

稠油,是指地层原油粘度大于或等于每秒 50 毫帕或原油密度大于或等于每立方厘米 0.92 克的原油。

高凝油,是指凝固点高于 40 摄氏度的原油。

(4)从衰竭期矿山开采的矿产品,减征 30% 资源税。

衰竭期矿山,是指设计开采年限超过 15 年,且剩余可开采储量下降到原设计可开采储量的 20% 以下或者剩余开采年限不超过 5 年的矿山。衰竭期矿山以开采企业下属的单个矿山为单位确定。

《中华人民共和国资源税法》第六条、第十六条

4.5.2　授权国务院优惠

根据国民经济和社会发展需要,国务院对有利于促进资源节约集约利用、保护环境等情形可以规定免征或者减征资源税,报全国人民代表大会常务委员会备案。

《中华人民共和国资源税法》第六条

4.5.2.1　减征页岩气资源税

为促进页岩气开发利用,有效增加天然气供给,经国务院同意,自 2018 年 4 月 1 日至 2023 年 12 月 31 日,对页岩气资源税(按 6% 的规定税率)减征 30%。

《财政部　税务总局关于对页岩气减征资源税的通知》(财税〔2018〕26 号)、《财政部　税务总局关于延长部分税收优惠政策执行期限的公告》(财政部　税务总局公告2021 年第 6 号)

4.5.2.2　减征充填开采置换煤炭资源税

自 2014 年 12 月 1 日至 2023 年 8 月 31 日,对充填开采置换出来的煤炭,资源税减征 50%。

《财政部　税务总局关于继续执行的资源税优惠政策的公告》(财政部　税务总局公告 2020 年第 32 号)

4.5.2.3　青藏铁路公司及其所属单位自采自用

对青藏铁路公司及其所属单位自采自用的砂、石等材料免征资源税;对青藏铁路公司及其所属单位自采外销及其他单位和个人开采销售给青藏铁路公司及其所属单位的砂、石等材料照章征收资源税。

青藏铁路公司所属单位名单:①西宁车站;②西宁车务段;③德令哈车务段;④格尔木车务段;⑤西宁供电段;⑥西宁机务段;⑦西宁工务段;⑧格尔木工

务段;⑨西宁工务机械段;⑩西宁电务段;⑪西宁车辆段;⑫西宁客运段;⑬西宁房建生活段;⑭格尔木房建生活段;⑮西宁物资采购供应中心;⑯青藏铁路公安局;⑰西宁铁路公安处;⑱格尔木铁路公安处;⑲拉萨公安处;⑳拉萨车站(拉萨办事处);㉑西宁疾病预防控制所;㉒青藏铁路公司党校;㉓西宁乘务员公寓;㉔青藏铁道资金结算所;㉕建设项目管理所;㉖青藏铁路公司装卸管理所;㉗青藏铁路公司驻北京办事处。

《财政部　国家税务总局关于青藏铁路公司运营期间有关税收等政策问题的通知》(财税〔2007〕11 号)

4.5.2.4　北京 2022 年冬奥会和冬残奥会税收政策

在北京 2022 年冬奥会场馆(场地)建设、试运营、测试赛及冬奥会及冬残奥会期间,对用于北京 2022 年冬奥会场馆(场地)建设、运维的水资源,免征应缴纳的水资源税。

《财政部　税务总局　海关总署关于北京 2022 年冬奥会和冬残奥会税收政策的通知》(财税〔2017〕60 号)

4.5.2.5　支持小微企业"六税两费"减征

详见"1.7.2.27 支持小微企业'六税两费'减征"。

4.5.3　授权省、自治区、直辖市优惠

有下列情形之一的,省、自治区、直辖市可以决定免征或者减征资源税:

(1)纳税人开采或者生产应税产品过程中,因意外事故或者自然灾害等原因遭受重大损失。

(2)纳税人开采共伴生矿、低品位矿、尾矿。

上述规定的免征或者减征资源税的具体办法,由省、自治区、直辖市人民政府提出,报同级人民代表大会常务委员会决定,并报全国人民代表大会常务委员会和国务院备案。

《中华人民共和国资源税法》第七条

4.5.4　优惠管理

4.5.4.1　减免税项目核算要求

纳税人的免税、减税项目,应当单独核算销售额或者销售数量;未单独核算或者不能准确提供销售额或者销售数量的,不予免税或者减税。

《中华人民共和国资源税法》第八条

纳税人开采或者生产同一应税产品,其中既有享受减免税政策的,又有不享受减免税政策的,按照免税、减税项目的产量占比等方法分别核算确定免税、减税项目的销售额或者销售数量。

《财政部　税务总局关于资源税有关问题执行口径的公告》(财政部　税务总局公告2020年第34号)

4.5.4.2　多项减免税项目处理

纳税人开采或者生产同一应税产品同时符合两项或者两项以上减征资源税优惠政策的,除另有规定外,只能选择其中一项执行。

《财政部　税务总局关于资源税有关问题执行口径的公告》(财政部　税务总局公告2020年第34号)

4.5.4.3　优惠办理方式

纳税人享受资源税优惠政策,实行"自行判别、申报享受、有关资料留存备查"的办理方式,另有规定的除外。纳税人对资源税优惠事项留存材料的真实性和合法性承担法律责任。

《国家税务总局关于资源税征收管理若干问题的公告》(国家税务总局公告2020年第14号)

解读▶"另有规定的除外"主要是根据资源税法授权,部分资源税优惠政策由各省制定具体管理办法,特别是因意外事故或者自然灾害等原因遭受重大损失的减免,有的地区需要认定损失的,因此总局不宜对所有优惠政策管理方式做出统一规定。

4.6　征收管理

资源税由税务机关依照《资源税法》和《税收征收管理法》的规定征收管理。

税务机关与自然资源等相关部门应当建立工作配合机制,加强资源税征收管理。

《中华人民共和国资源税法》第九条

海上开采的原油和天然气资源税由海洋石油税务管理机构征收管理。

《财政部 税务总局关于资源税有关问题执行口径的公告》(财政部 税务总局公告2020 年第 34 号)

4.6.1　纳税义务发生时间

纳税人销售应税产品,纳税义务发生时间为收讫销售款或者取得索取销售款凭据的当日;自用应税产品的,纳税义务发生时间为移送应税产品的当日。

《中华人民共和国资源税法》第十条

4.6.2　纳税地点

纳税人应当向应税产品开采地或者生产地的税务机关申报缴纳资源税。

《中华人民共和国资源税法》第十一条

纳税人应当在矿产品的开采地或者海盐的生产地缴纳资源税。

《财政部 税务总局关于资源税有关问题执行口径的公告》(财政部 税务总局公告2020 年第 34 号)

4.6.3　纳税申报

资源税按月或者按季申报缴纳;不能按固定期限计算缴纳的,可以按次申报缴纳。

纳税人按月或者按季申报缴纳的,应当自月度或者季度终了之日起 15 日内,向税务机关办理纳税申报并缴纳税款;按次申报缴纳的,应当自纳税义务发生之日起 15 日内,向税务机关办理纳税申报并缴纳税款。

《中华人民共和国资源税法》第十二条

纳税人申报缴纳城镇土地使用税、房产税、车船税、印花税、耕地占用税、资源税、土地增值税、契税、环境保护税、烟叶税中一个或多个税种时,使用《财产和行为税纳税申报表》(详见"1.8.2 纳税申报")。纳税人新增税源或税源变化时,需先填报《财产和行为税税源明细表》,如表 4-2 所示。

表 4-2 财产和行为税税源明细表

资源税税源明细表

税款所属期限：自　年　月　日至　年　月　日

纳税人识别号(统一社会信用代码)：□□□□□□□□□□□□□□□□□□

纳税人名称：　　　　　　　　　　　　　　　　金额单位：人民币元(列至角分)

申报计算明细										
序号	税目	子目	计量单位	销售数量	准予扣减的外购应税产品购进数量	计税销售数量	销售额	准予扣除的运杂费	准予扣减的外购应税产品购进数量	计税销售额
	1	2	3	4	5	6=4-5	7	8	9	10=7-8-9
1										
2										
合计										

减免税计算明细								
序号	税目	子目	减免性质代码和项目名称	计量单位	减免税销售数量	减免税销售额	适用税率	减征比例	本期减免税额
	1	2	3	4	5	6	7	8	9①=5×7×8
									9②=6×7×8
1									
2									
合计									

填表说明：

税款所属期限：纳税人申报资源税所属期的起止时间,应填写具体的年、月、日。

申报计算明细：

1. 申报从量计征税目的资源税纳税人需填写 1～6 栏。申报从价计征税目的资源税纳税人需填写 1～4、7～10 栏。无发生数额的,应填写 0。不涉及外购应税产品购进数量扣减的,第 5 栏填 0;不涉及运杂费扣除的,第 8 栏填写 0;不涉及外购应税产品购进金额扣减的,第 9 栏填写 0。

2. 第 1 栏"税目"：按照《资源税法》后附《资源税税目税率表》规定的税目填写。多个税目的,可增加行次。

3. 第 2 栏"子目"：填写同一税目下不同的征税对象或明细项目,如"原矿""选矿"等。

4. 第 3 栏"计量单位"：填写计税销售数量的计量单位,如"吨""立方米"等。

5. 第 4 栏"销售数量"：填写纳税人当期应税产品的销售数量,包括实际销售和自用两部分。实际销售的应税产品销售数量按其增值税发票等票据注明的数量填写或计算填写;票据上未注明数量的,填写与应税产品销售额对应的销售数量。自用的应税产品销售数量据实填写。

6. 第 5 栏"准予扣减的外购应税产品购进数量"：填写按规定准予扣减的外购应税产品购进数量。扣减限额以第 6 栏"计税销售数量"减至 0 为限，当期不足扣减或未扣减的，可结转下期扣减。

7. 第 7 栏"销售额"：填写纳税人当期应税产品的销售额，包括实际销售和自用两部分。实际销售的应税产品销售额按其增值税发票等票据注明的金额填写或计算填写。自用的应税产品销售额按规定计算填写。

8. 第 8 栏"准予扣除的运杂费"：填写按规定准予扣除的运杂费用。

9. 第 9 栏"准予扣减的外购应税产品购进金额"：填写按规定准予扣减的外购应税产品购进金额。当期不足扣减或未扣减的，可结转下期扣减。

10. 第 8 栏"准予扣减的运杂费"、第 9 栏"准予扣减的外购应税产品购进金额"扣减限额之和以第 10 栏"计税销售额"减至 0 为限。

减免计算明细：

1. 适用于有减免资源税项目（增值税小规模纳税人减征政策除外）的纳税人填写。如不涉及减免税事项，纳税人不需填写，系统会将"本期减免税额"默认为 0。

2. 第 1 栏"税目"：按照《资源税法》后附《资源税税目税率表》规定的税目填写。多个税目的，可增加行次。

3. 第 2 栏"子目"：同一税目适用的减免性质代码、税率不同的，视为不同的子目，按相应的减免税销售额和销售数量分行填写。

4. 第 3 栏"减免性质代码和项目名称"：有减免税情况的必填，按照税务机关最新制发的减免税政策代码表中最细项减免性质代码填写。

5. 第 4 栏"计量单位"：填写计税销售数量的计量单位，如"吨""立方米"等。

6. 第 5 栏"减免税销售数量"：填写减免资源税项目对应的应税产品销售数量，申报从量计征税目和从价计征税目的纳税人均应填写。

7. 第 6 栏"减免税销售额"：填写减免资源税项目对应的应税产品销售收入，由申报从价计征税目的纳税人填写。

8. 第 7 栏"适用税率"：填写《资源税法》后附《资源税税目税率表》规定的应税产品具体适用税率或各省、自治区、直辖市公布的应税产品具体适用税率。从价计征税目的适用税率为比例税率，如原油资源税率为 6%，即填 6%；从量计征税目的适用税率为定额税率，如某税目每立方米 3 元，即填 3。

9. 第 8 栏"减征比例"：填写减免税额占应纳税额的比例，免税项目的减征比例按100% 填写。

10. 第 9 栏"本期减免税项"：填写本期应纳税额中按规定应予减免的部分。申报从量计征税目的纳税人适用的计算公式为：9①＝5×7×8。申报从价计征税目的纳税人适用的计算公式为：9②＝6×7×8。

《国家税务总局关于简并税费申报有关事项的公告》（国家税务总局公告 2021 年第 9 号）

4.6.4　法律责任

纳税人、税务机关及其工作人员违反本法规定的,依照《税收征收管理法》和有关法律法规的规定追究法律责任。

《中华人民共和国资源税法》第十三条

4.7　水资源税

4.7.1　试点地区

根据中共中央、国务院决策部署,自 2016 年 7 月 1 日起在河北省实施水资源税改革试点。

《财政部 国家税务总局 水利部关于印发〈水资源税改革试点暂行办法〉的通知》(财税〔2016〕55 号)

为全面贯彻落实党的十九大精神,推进资源全面节约和循环利用,推动形成绿色发展方式和生活方式,按照中共中央、国务院决策部署,自 2017 年 12 月 1 日起在北京、天津、山西、内蒙古、山东、河南、四川、陕西、宁夏等 9 个省、自治区、直辖市(简称"扩大试点省份")扩大水资源税改革试点。

《财政部 税务总局 水利部关于印发〈扩大水资源税改革试点实施办法〉的通知》(财税〔2017〕80 号)

4.7.2　河北省水资源税

4.7.2.1　纳税人

利用取水工程或者设施直接从江河、湖泊(含水库)和地下取用地表水、地下水的单位和个人,为水资源税纳税人。

纳税人应按《中华人民共和国水法》《取水许可和水资源费征收管理条例》等规定申领取水许可证。

《水资源税改革试点暂行办法》(财税〔2016〕55 号)

取水工程或设施,是指闸、坝、渠道、人工河道、虹吸管、水泵、水井以及水电站等。

《河北省水资源税改革试点实施办法》(冀政发〔2016〕34 号)

4.7.2.2 征税范围

（一）征税对象

水资源税的征税对象为地表水和地下水。

地表水是陆地表面上动态水和静态水的总称，包括江、河、湖泊（含水库）、雪山融水等水资源。

地下水是埋藏在地表以下各种形式的水资源。

《水资源税改革试点暂行办法》（财税〔2016〕55 号）

（二）不征税情形

下列取用水不征收水资源税：

（1）农村集体经济组织及其成员从本集体经济组织的水塘、水库中取用水的。

（2）家庭生活和零星散养、圈养畜禽饮用等少量取用水的。

（3）为保障矿井等地下工程施工安全和生产安全必须进行临时应急取（排）用水的。

（4）为消除对公共安全或者公共利益的危害临时应急取用水的。

（5）为农业抗旱和维护生态与环境须临时应急取用水的。

（6）水源热泵系统利用封闭型回灌技术回灌的水；油田生产中开采的原油混合液经分离净化后回注的水。

《河北省水资源税改革试点实施办法》（冀政发〔2016〕34 号）

4.7.2.3 从量计征

水资源税实行从量计征。应纳税额计算公式：

$$应纳税额 = 取水口所在地税额标准 \times 实际取用水量$$

水力发电和火力发电贯流式取用水量按照实际发电量确定。

《水资源税改革试点暂行办法》（财税〔2016〕55 号）

应纳税额计算公式：

$$应纳税额 = 适用税额标准 \times 实际取用水量$$
$$城镇公共供水企业实际取用水量 = 实际取水量 \times (1 - 合理损耗率)$$

各市（含定州、辛集市）合理损耗率为 17%，县级城市及以下合理损耗率为 15%。

水力发电(含抽水蓄能发电)取用水和火力发电贯流式冷却取用水水资源税应按照实际发电量计征。

应纳税额计算公式：

$$应纳税额 = 适用税额标准 \times 实际发电量$$

《河北省水资源税改革试点实施办法》(冀政发〔2016〕34 号)

对疏干排水按排水量征收水资源税。疏干排水是指在采矿和工程建设过程中，为保障地下工程施工和生产安全，将地下涌水排出的行为。

《财政部 国家税务总局 水利部关于河北省水资源税改革试点有关政策的通知》(财税〔2016〕130 号)

4.7.2.4 适用税额确定

按地表水和地下水分类确定水资源税适用税额标准。

地表水分为农业、工商业、城镇公共供水、水力发电、火力发电贯流式、特种行业及其他取用地表水。地下水分为农业、工商业、城镇公共供水、特种行业及其他取用地下水。

特种行业取用水包括洗车、洗浴、高尔夫球场、滑雪场等取用水。

河北省可以在上述分类基础上，结合本地区水资源状况、产业结构和调整方向等进行细化分类。

《水资源税改革试点暂行办法》(财税〔2016〕55 号)

水资源税分别按照地表水和地下水分行业确定税额标准。在地下水超采区取用地下水、特种行业取用水，适用较高的税额标准；农业生产超限额取用水和主要供农村人口生活用水的集中式饮水工程取用水、企业回收利用的采矿排水(疏干排水)和水源热泵回用水，适用较低的税额标准。

取用水行业可分为农业、工商业、城镇公共供水、特种行业、其他。

农业生产取用水包括种植业、畜牧业、水产养殖业、林业取用水。

特种行业取用水包括洗车、洗浴、高尔夫球场、滑雪场取用水。

《河北省水资源税改革试点实施办法》(冀政发〔2016〕34 号)

4.7.2.5 水力发电和火力发电适用税额

对水力发电和火力发电贯流式以外的取用水设置最低税额标准，地表水平均不低于每立方米 0.4 元，地下水平均不低于每立方米 1.5 元。

水力发电和火力发电贯流式取用水的税额标准为每千瓦小时 0.005 元。

具体取用水分类及适用税额标准由河北省人民政府提出建议,报财政部会同有关部门确定核准。

《水资源税改革试点暂行办法》(财税〔2016〕55 号)

对火力发电贯流式冷却取用水,按照实际发电量和适用税额标准征收水资源税;对火力发电循环式冷却取用水,按照实际取用水量和适用税额标准征收水资源税。

火力发电贯流式冷却取用水,是指发电厂从江河、湖泊(含水库)等水源取水,并对机组冷却后将水直接排入水源的取用水方式。

火力发电循环式冷却取用水,是指发电厂从江河、湖泊(含水库)、地下取水并引入自建冷却水塔,对机组冷却后返回冷却水塔循环利用的取用水方式。

《财政部 国家税务总局 水利部关于河北省水资源税改革试点有关政策的通知》(财税〔2016〕130 号)

4.7.2.6　从高制定额标准几类情形

(1)对取用地下水从高制定税额标准。

对同一类型取用水,地下水水资源税税额标准要高于地表水,水资源紧缺地区地下水水资源税税额标准要大幅高于地表水。

超采地区的地下水水资源税税额标准要高于非超采地区,严重超采地区的地下水水资源税税额标准要大幅高于非超采地区。在超采地区和严重超采地区取用地下水(不含农业生产取用水和城镇公共供水取水)的具体适用税额标准,由河北省人民政府在非超采地区税额标准 2～5 倍幅度内提出建议,报财政部会同有关部门确定核准;超过 5 倍的,报国务院备案。

城镇公共供水管网覆盖范围内取用地下水的,水资源税税额标准要高于公共供水管网未覆盖地区,原则上要高于当地同类用途的城市供水价格。

(2)对特种行业取用水,从高制定税额标准。

(3)对超计划或者超定额取用水,从高制定税额标准。

除水力发电、城镇公共供水取用水外,取用水单位和个人超过水行政主管部门批准的计划(定额)取用水量,在原税额标准基础上加征 1～3 倍,具体办法由河北省人民政府提出建议,报财政部会同有关部门确定核准;加征超过 3 倍的,报国务院备案。

《水资源税改革试点暂行办法》(财税〔2016〕55 号)

纳税人应按水行政主管部门批准的计划取用水。主管税务机关应监控纳税人水资源税申报情况。纳税人(水力发电、城镇公共供水企业取用水除外)当年累计取用水量超过水行政主管部门批准年度取用水计划的部分,主管税务机关应按下列规定征收水资源税:

对取用水量超过计划 20%(含)以下的,超过部分按水资源税税额标准的 2 倍征收;

对取用水量超过计划 20%~40%(含)的,超过部分按水资源税税额标准的 2.5 倍征收;

对取用水量超过计划 40% 以上的,超过部分按水资源税税额标准的 3 倍征收。

未经水行政主管部门批准擅自取用水的单位和个人,按照《中华人民共和国水法》和《税收征收管理法》规定执行。

《河北省水资源税改革试点实施办法》(冀政发〔2016〕34 号)

4.7.2.7 从低制定额标准几类情形

(一)超限额农业生产和农村集中式饮水工程从低制定税额标准

对超过规定限额的农业生产取用水,以及主要供农村人口生活用水的集中式饮水工程取用水,从低制定税额标准。

农业生产取用水包括种植业、畜牧业、水产养殖业、林业取用水。

《水资源税改革试点暂行办法》(财税〔2016〕55 号)

关于农村生活集中式饮水工程征税范围问题

供水规模在 1000 立方米/天或供水对象 1 万人以上的农村生活集中式供水工程,为农村生活集中式饮水工程征税范围。

《财政部 国家税务总局 水利部关于河北省水资源税改革试点有关政策的通知》(财税〔2016〕130 号)

(二)回收利用采矿排水和空调回用水从低制定税额标准

对企业回收利用的采矿排水(疏干排水)和地温空调回用水,从低制定税额标准。

《水资源税改革试点暂行办法》(财税〔2016〕55 号)

4.7.2.8 取水量确定

纳税人应依照国家技术标准安装计量设施,并如实向水行政主管部门和主管税务机关提供与取用水有关的资料。

无计量设施以及计量设施不合格或者运行不正常的,由水行政主管部门按日最大取水能力核定取水量,主管税务机关依此计征水资源税。

《河北省水资源税改革试点实施办法》(冀政发〔2016〕34 号)

4.7.2.9　税收优惠

对下列取用水减免征收水资源税:

(1) 对规定限额内的农业生产取用水,免征水资源税。

(2) 对取用污水处理回用水、再生水等非常规水源,免征水资源税。

(3) 财政部、国家税务总局规定的其他减税和免税情形。

《水资源税改革试点暂行办法》(财税〔2016〕55 号)

对军队、武警部队通过自备井取用地下水暂免征收水资源税。对抽水蓄能发电取用水暂免征收水资源税。

《财政部　国家税务总局　水利部关于河北省水资源税改革试点有关政策的通知》(财税〔2016〕130 号)

下列取用水免征水资源税:

(1) 规定限额内的农业生产取用水。

农业生产取用水量超过农业生产取用水限额的,超过部分(不含购买水权部分)由取用水单位和个人缴纳水资源税。

农业生产取用水限额标准由省水利厅会同有关部门另行制定。

(2) 取用污水处理回用水、再生水、雨水、地下咸水、微咸水、淡化海水等非常规水源。

(3) 财政部、国家税务总局规定的其他减税和免税情形。

《河北省水资源税改革试点实施办法》(冀政发〔2016〕34 号)

4.7.2.10　纳税义务发生时间和纳税申报

水资源税的纳税义务发生时间为纳税人取用水资源的当日。

水资源税按季或者按月征收,由主管税务机关根据实际情况确定。不能按固定期限计算纳税的,可以按次申报纳税。

《水资源税改革试点暂行办法》(财税〔2016〕55 号)

纳税人在获得取水许可证或取水许可信息变更后的 15 个工作日内向主管税务机关提交取水许可证复印件。主管税务机关应将取水许可证中的取水单位和个人的名称(姓名)、取水期限、取水量和取水用途、水源类型、取水地点、取水许可审批机关等信息录入《水资源税税源登记表》。

《河北省水资源税改革试点实施办法》(冀政发〔2016〕34号)

4.7.2.11　纳税地点和征收机关

在河北省区域内取用水的,水资源税由取水审批部门所在地的税务机关征收。其中,由流域管理机构审批取用水的,水资源税由取水口所在地的税务机关征收。

在河北省内纳税地点需要调整的,由省级税务机关决定。

按照国务院或其授权部门批准的跨省、自治区、直辖市水量分配方案调度的水资源,水资源税由调入区域取水审批部门所在地的税务机关征收。

《水资源税改革试点暂行办法》(财税〔2016〕55号)

纳税人向其所在地主管税务机关申报缴纳水资源税。

按照国务院或其授权部门批准的跨省(区、市)水量分配方案调度的水资源,由调入区域所在地主管税务机关征收水资源税。

《河北省水资源税改革试点实施办法》(冀政发〔2016〕34号)

4.7.2.12　征收管理

水资源税由税务机关依照《税收征收管理法》和《水资源税改革试点暂行办法》有关规定征收管理。

《水资源税改革试点暂行办法》(财税〔2016〕55号)

水资源税的征收管理,依照《税收征收管理法》《河北省税收征管保障办法》及《河北省水资源税改革试点实施办法》的规定执行。具体征收管理办法由省税务局、省水利厅、省住房城乡建设厅联合研究制定。

《河北省水资源税改革试点实施办法》(冀政发〔2016〕34号)

4.7.2.13　征管协作

（一）建立税务机关与水行政主管部门协作征税机制

水行政主管部门应当定期向税务机关提供取水许可情况和超计划(定额)取用水量,并协助税务机关审核纳税人实际取用水的申报信息。

纳税人根据水行政主管部门核准的实际取用水量向税务机关申报纳税,税务机关将纳税人相关申报信息与水行政主管部门核准的信息进行比对,并根据核实后的信息征税。

水资源税征管过程中发现问题的,税务机关和水行政主管部门联合进行核查。

河北省开征水资源税后,将水资源费征收标准降为零。

水资源税改革试点期间,水行政主管部门相关经费支出由同级财政预算统筹安排和保障。对原有水资源费征管人员,由地方政府统筹做好安排。

《水资源税改革试点暂行办法》(财税〔2016〕55 号)

水行政主管部门应协助主管税务机关按照"水利核准、纳税申报、税务征收、联合监管、信息共享"原则做好水资源税征收管理工作。

纳税人应按规定向水行政主管部门申报年度取用水计划,经水行政主管部门批准后,由纳税人报送主管税务机关。

水行政主管部门每个申报期获得取用水信息后,向纳税人认定下发实际取用水量凭证。纳税人向主管税务机关申报纳税时,应一并提交水行政主管部门认定的申报期实际取用水量凭证。主管税务机关应按核定的取用水量征收水资源税,并定期对纳税人相关申报信息与水行政主管部门核准的取用水量信息进行分析比对。

《河北省水资源税改革试点实施办法》(冀政发〔2016〕34 号)

(二)水行政主管部门和主管税务机关应建立健全信息共享机制

水行政主管部门向主管税务机关定期提供取用水单位和个人取水许可情况、实际取用水量、超计划取用水量、非法取水处罚等信息,并协助主管税务机关审核纳税人实际取水的申报信息;主管税务机关向水行政主管部门定期提供水资源税申报缴纳等信息。

水资源税征管过程中发现的问题,由主管税务机关和水行政主管部门联合核查。

《河北省水资源税改革试点实施办法》(冀政发〔2016〕34 号)

(三)城镇公共供水企业水资源税计入供水成本问题

为保证城镇公共供水企业正常运营,城镇公共供水企业缴纳的水资源税应计入供水成本。具体由河北省相关部门协调做好相关工作。

《财政部 国家税务总局 水利部关于河北省水资源税改革试点有关政策的通知》(财税〔2016〕130 号)

4.7.3 扩大试点省份水资源税

4.7.3.1 纳税人

除规定的不征税情形(详见"4.7.3.2 不征税情形")外,其他直接取用地表水、地下水的单位和个人,为水资源税纳税人,应当按照规定缴纳水资源税。

相关纳税人应当按照《中华人民共和国水法》《取水许可和水资源费征收管理条例》等规定申领取水许可证。

《扩大水资源税改革试点实施办法》（财税〔2017〕80号）

4.7.3.2　不征税情形

下列情形,不缴纳水资源税:

（1）农村集体经济组织及其成员从本集体经济组织的水塘、水库中取用水的。

（2）家庭生活和零星散养、圈养畜禽饮用等少量取用水的。

（3）水利工程管理单位为配置或者调度水资源取水的。

（4）为保障矿井等地下工程施工安全和生产安全必须进行临时应急取用（排）水的。

（5）为消除对公共安全或者公共利益的危害临时应急取水的。

（6）为农业抗旱和维护生态与环境必须临时应急取水的。

《扩大水资源税改革试点实施办法》（财税〔2017〕80号）

4.7.3.3　征税对象

水资源税的征税对象为地表水和地下水。

地表水是陆地表面上动态水和静态水的总称,包括江、河、湖泊（含水库）等水资源。

地下水是埋藏在地表以下各种形式的水资源。

《扩大水资源税改革试点实施办法》（财税〔2017〕80号）

4.7.3.4　从量计征

水资源税实行从量计征。

（一）一般情形

应纳税额的计算公式为:

$$应纳税额 = 实际取用水量 \times 适用税额$$

城镇公共供水企业实际取用水量应当考虑合理损耗因素。

疏干排水的实际取用水量按照排水量确定。疏干排水是指在采矿和工程建设过程中破坏地下水层、发生地下涌水的活动。

（二）水力发电和火力发电贯流式（不含循环式）冷却取用水

应纳税额的计算公式为:

$$应纳税额 = 实际发电量 \times 适用税额$$

火力发电贯流式冷却取用水,是指火力发电企业从江河、湖泊(含水库)等水源取水,并对机组冷却后将水直接排入水源的取用水方式。

火力发电循环式冷却取用水,是指火力发电企业从江河、湖泊(含水库)、地下等水源取水并引入自建冷却水塔,对机组冷却后返回冷却水塔循环利用的取用水方式。

《扩大水资源税改革试点实施办法》(财税〔2017〕80号)

4.7.3.5 适用税额

适用税额,是指取水口所在地的适用税额。

除中央直属和跨省(区、市)水力发电取用水外,由试点省份省级人民政府统筹考虑本地区水资源状况、经济社会发展水平和水资源节约保护要求,在《试点省份水资源税最低平均税额表》(表4-3)规定的最低平均税额基础上,分类确定具体适用税额。

试点省份的中央直属和跨省(区、市)水力发电取用水税额为每千瓦时0.005元。跨省(区、市)界河水电站水力发电取用水水资源税税额,与涉及的非试点省份水资源费征收标准不一致的,按较高一方标准执行。

表4-3 试点省份水资源税最低平均税额表　　　　单位：元/立方米

省(区、市)	地表水最低平均税额	地下水最低平均税额
北京	1.6	4
天津	0.8	4
山西	0.5	2
内蒙古	0.5	2
山东	0.4	1.5
河南	0.4	1.5
四川	0.1	0.2
陕西	0.3	0.7
宁夏	0.3	0.7

《扩大水资源税改革试点实施办法》(财税〔2017〕80号)

4.7.3.6 从高确定适用税额情形

（一）取用地下水从高确定税额

严格控制地下水过量开采。对取用地下水从高确定税额,同一类型取用水,地下水税额要高于地表水,水资源紧缺地区地下水税额要大幅高于地表水。

超采地区的地下水税额要高于非超采地区,严重超采地区的地下水税额要大幅高于非超采地区。在超采地区和严重超采地区取用地下水的具体适用税额,由试点省份省级人民政府按照非超采地区税额的 2～5 倍确定。

在城镇公共供水管网覆盖地区取用地下水的,其税额要高于城镇公共供水管网未覆盖地区,原则上要高于当地同类用途的城镇公共供水价格。

除特种行业和农业生产取用水外,对其他取用地下水的纳税人,原则上应当统一税额。试点省份可根据实际情况分步实施到位。

《扩大水资源税改革试点实施办法》(财税〔2017〕80 号)

（二）特种行业取用水从高确定税额

对特种行业取用水,从高确定税额。特种行业取用水,是指洗车、洗浴、高尔夫球场、滑雪场等取用水。

《扩大水资源税改革试点实施办法》(财税〔2017〕80 号)

（三）超计划（定额）取用水从高确定税额

对超计划(定额)取用水,从高确定税额。纳税人超过水行政主管部门规定的计划(定额)取用水量,在原税额基础上加征 1～3 倍,具体办法由试点省份省级人民政府确定。

《扩大水资源税改革试点实施办法》(财税〔2017〕80 号)

4.7.3.7 从低确定适用税额情形

（1）超限额农业生产和农村集中式饮水工程从低确定税额标准。

对超过规定限额的农业生产取用水,以及主要供农村人口生活用水的集中式饮水工程取用水,从低确定税额。

农业生产取用水,是指种植业、畜牧业、水产养殖业、林业等取用水。

供农村人口生活用水的集中式饮水工程,是指供水规模在 1 000 立方米/天或者供水对象 1 万人以上,并由企事业单位运营的农村人口生活用水供水工程。

《扩大水资源税改革试点实施办法》(财税〔2017〕80 号)

（2）对回收利用的疏干排水和地源热泵取用水从低确定税额。

《扩大水资源税改革试点实施办法》（财税〔2017〕80号）

4.7.3.8 取水量确定

纳税人应当安装取用水计量设施。纳税人未按规定安装取用水计量设施或者计量设施不能准确计量取用水量的,按照最大取水(排水)能力或者省级财政、税务、水行政主管部门确定的其他方法核定取用水量。

《扩大水资源税改革试点实施办法》（财税〔2017〕80号）

4.7.3.9 税收优惠

下列情形,予以免征或者减征水资源税:

（1）规定限额内的农业生产取用水,免征水资源税。

（2）取用污水处理再生水,免征水资源税。

（3）除接入城镇公共供水管网以外,军队、武警部队通过其他方式取用水的,免征水资源税。

（4）抽水蓄能发电取用水,免征水资源税。

（5）采油排水经分离净化后在封闭管道回注的,免征水资源税。

（6）财政部、国家税务总局规定的其他免征或者减征水资源税情形。

《扩大水资源税改革试点实施办法》（财税〔2017〕80号）

4.7.3.10 纳税义务发生时间和纳税申报

水资源税的纳税义务发生时间为纳税人取用水资源的当日。

除农业生产取用水外,水资源税按季或者按月征收,由主管税务机关根据实际情况确定。对超过规定限额的农业生产取用水水资源税可按年征收。不能按固定期限计算纳税的,可以按次申报纳税。

纳税人应当自纳税期满或者纳税义务发生之日起15日内申报纳税。

《扩大水资源税改革试点实施办法》（财税〔2017〕80号）

4.7.3.11 纳税地点

（1）纳税人应当向生产经营所在地的税务机关申报缴纳水资源税。

在试点省份内取用水,其纳税地点需要调整的,由省级财政、税务部门决定。

（2）跨省(区、市)调度的水资源,由调入区域所在地的税务机关征收水资源税。

（3）跨省(区、市)水力发电取用水的水资源税在相关省份之间的分配比例,比照《财政部关于跨省区水电项目税收分配的指导意见》(财预〔2008〕84号)明确的增值税、企业所得税等税收分配办法确定。

试点省份主管税务机关应当按照上述规定比例分配的水力发电量和税额,分别向跨省(区、市)水电站征收水资源税。

跨省(区、市)水力发电取用水涉及非试点省份水资源费征收和分配的,比照试点省份水资源税管理办法执行。

《扩大水资源税改革试点实施办法》(财税〔2017〕80号)

4.7.3.12 征收管理

(1)水资源税由税务机关依照《税收征收管理法》和《扩大水资源税改革试点实施办法》有关规定征收管理。

(2)建立税务机关与水行政主管部门协作征税机制。

水行政主管部门应当将取用水单位和个人的取水许可、实际取用水量、超计划(定额)取用水量、违法取水处罚等水资源管理相关信息,定期送交税务机关。

纳税人根据水行政主管部门核定的实际取用水量向税务机关申报纳税。税务机关应当按照核定的实际取用水量征收水资源税,并将纳税人的申报纳税等信息定期送交水行政主管部门。

税务机关定期将纳税人申报信息与水行政主管部门送交的信息进行分析比对。征管过程中发现问题的,由税务机关与水行政主管部门联合进行核查。

(3)试点省份开征水资源税后,应当将水资源费征收标准降为零。

(4)纳税人和税务机关、水行政主管部门及其工作人员违反本办法规定的,依照《税收征收管理法》《中华人民共和国水法》等有关法律法规规定追究法律责任。

《扩大水资源税改革试点实施办法》(财税〔2017〕80号)

4.7.2.13 试点期间相关事项处理

(1)水资源税改革试点期间,可按税费平移原则对城镇公共供水征收水资源税,不增加居民生活用水和城镇公共供水企业负担。

(2)水资源税改革试点期间,水资源税收入全部归属试点省份。

(3)水资源税改革试点期间,水行政主管部门相关经费支出由同级财政预算统筹安排和保障。对原有水资源费征管人员,由地方人民政府统筹做好安排。

（4）试点省份省级人民政府根据本办法制定具体实施办法，报财政部、税务总局和水利部备案。

（5）水资源税改革试点期间涉及的有关政策，由财政部会同税务总局、水利部等部门研究确定。

《扩大水资源税改革试点实施办法》（财税〔2017〕80 号）

练 习 自 测 题

【单项选择题】

1. 根据资源税相关规定，以下行为的涉税处理正确的是（　　）。

    A. 以自采原矿加工为非应税产品，属于销售非应税产品，不缴纳资源税

    B. 以自采的原煤加工为洗选煤自用，按照销售原煤缴纳资源税

    C. 以自采原矿洗选后的精矿连续生产非应税产品，按照销售原矿缴纳资源税

    D. 以自采原矿加工为精矿无偿赠送，按照销售精矿缴纳资源税

【参考答案】　D

【答案解析】　《财政部 税务总局关于资源税有关问题执行口径的公告》（财政部 税务总局公告 2020 年第 34 号）规定，纳税人以自采原矿直接销售，或者自用于应当缴纳资源税情形的，按照原矿计征资源税。纳税人以自采原矿洗选加工为选矿产品销售，或者将选矿产品自用于应当缴纳资源税情形的，按照选矿产品计征资源税，在原矿移送环节不缴纳资源税。因此，选项 ABC 均不符合规定，只有 D 正确。

【多项选择题】

2. 某煤矿企业销售自采原煤并负责运输，向购买方收取的下列款项中，属于资源税计税依据的有（　　）。

    A. 不含税价款

    B. 建设基金

    C. 增值税销项税额

    D. 随运销产生的装卸费

E. 按吨收取的价外补差费用

【参考答案】 AE

【答案解析】 《财政部 税务总局关于资源税有关问题执行口径的公告》(财政部 税务总局公告 2020 年第 34 号)规定,资源税应税产品的销售额,按照纳税人销售应税产品向购买方收取的全部价款确定,不包括增值税税款。计入销售额中的相关运杂费用,凡取得增值税发票或者其他合法有效凭据的,准予从销售额中扣除。相关运杂费用是指应税产品从坑口或者洗选(加工)地到车站、码头或者购买方指定地点的运输费用、建设基金以及随运销产生的装卸、仓储、港杂费用。因此,BCD 均不属于资源税计税依据。

【判断题】

3. 滑雪场属于特种行业,其取用水应从高确定税额。 （ ）

【参考答案】 √

【答案解析】 《扩大水资源税改革试点实施办法》(财税〔2017〕80 号)规定,对特种行业取用水,从高确定税额。特种行业取用水,是指洗车、洗浴、高尔夫球场、滑雪场等取用水。

第五章　契　税

契税,是指国家在不动产(土地、房屋)权属转移时,就当事人双方签订的权属转移合同(契约),按照不动产成交价格的一定比例,向权属承受人征收的一次性税收。

《中华人民共和国契税法》(简称《契税法》)于 2020 年 8 月 11 日第十三届全国人民代表大会常务委员会第二十一次会议通过,中华人民共和国主席令第五十二号颁布,自 2021 年 9 月 1 日起施行。1997 年 7 月 7 日国务院发布的《中华人民共和国契税暂行条例》同时废止。

5.1　纳税义务人

在中华人民共和国境内转移土地、房屋权属,承受的单位和个人为契税的纳税人,应当依照《契税法》规定缴纳契税。

《中华人民共和国契税法》第一条

承受,是指以受让、购买、受赠、交换等方式取得土地、房屋权属的行为。

《中华人民共和国契税暂行条例细则》(财法字〔1997〕52 号)第三条

案例 5-1 母公司甲与政府签订招商协议,参与某宗土地招拍挂,中标后与土地管理部门签订土地出让合同。母公司按政府要求在当地成立全资子公司乙,并将土地权证办在了全资子公司乙名下。纳税人是母公司甲还是子公司乙?

解析 ▶ 土地权属的承受方是子公司乙,契税的纳税义务人应是乙公司。

5.1.1　单位和个人

单位,是指企业单位、事业单位、国家机关、军事单位和社会团体以及其他组织。

个人,是指个体经营者及其他个人。

《中华人民共和国契税暂行条例细则》(财法字〔1997〕52号)第四条

5.1.2 中国农业发展银行各级机构恢复征税

从2001年1月1日起,对中国农业发展银行各级机构购买办公用房恢复征收契税。

《财政部 国家税务总局关于对中国农业发展银行各级机构购买办公房屋恢复征收契税的通知》(财税〔2001〕63号)

5.2 征税范围

5.2.1 土地、房屋权属概念

征收契税的土地、房屋权属,具体为土地使用权、房屋所有权。

《财政部 税务总局关于贯彻实施契税法若干事项执行口径的公告》(财政部 税务总局公告2021年第23号)

5.2.2 转移土地、房屋权属

转移土地、房屋权属,是指下列行为:

(1)土地使用权出让。

(2)土地使用权转让,包括出售、赠与、互换。

土地使用权转让,不包括土地承包经营权和土地经营权的转移。

(3)房屋买卖、赠与、互换。

以作价投资(入股)、偿还债务、划转、奖励等方式转移土地、房屋权属的,应当依照《契税法》规定征收契税。

《中华人民共和国契税法》第二条

5.2.2.1 土地使用权出让

国有土地使用权出让,是指土地使用者向国家交付土地使用权出让费用,国家将国有土地使用权在一定年限内让予土地使用者的行为。

《中华人民共和国契税暂行条例细则》(财法字〔1997〕52号)第五条

5.2.2.2 土地使用权转让

土地使用权转让,是指土地使用者以出售、赠与、交换或者其他方式将土地使用权转移给其他单位和个人的行为。

土地使用权出售,是指土地使用者以土地使用权作为交易条件,取得货币、实物、无形资产或者其他经济利益的行为。

土地使用权赠与,是指土地使用者将其土地使用权无偿转让给受赠者的行为。

土地使用权交换,是指土地使用者之间相互交换土地使用权的行为。

《中华人民共和国契税暂行条例细则》(财法字〔1997〕52号)第六条

5.2.2.3 房屋买卖、赠与、互换

房屋买卖,是指房屋所有者将其房屋出售,由承受者交付货币、实物、无形资产或者其他经济利益的行为。

房屋赠与,是指房屋所有者将其房屋无偿转让给受赠者的行为。

房屋交换,是指房屋所有者之间相互交换房屋的行为。

《中华人民共和国契税暂行条例细则》(财法字〔1997〕52号)第七条

关于应税房屋的判断标准问题。对于被转移权属的建筑物,可参照房产税征管中有关房屋的标准认定是否属于应纳契税的房屋。根据《财政部 国家税务总局关于房产税和车船使用税几个业务问题的解释与规定》(财税地〔1987〕3号)中对于"房屋"的解释,房屋是指有屋面和围护结构(有墙或两边有柱),能够遮风避雨,可供人们在其中生产、工作、学习、娱乐、居住或储藏物资的场所。独立于房屋之外的建筑物,如围墙、烟囱、水塔、变电塔、油池油柜、酒窖菜窖、酒精池、糖蜜池、室外游泳池、玻璃暖房、砖瓦石灰窑以及各种油气罐等,不属于房产。此外,《财政部 国家税务总局关于具备房屋功能的地下建筑征收房产税的通知》(财税〔2005〕181号)还规定,对具备以上所述房屋功能的地下建筑,包括与地上房屋相连的地下建筑以及完全建在地面以下的建筑、地下人防设施等,均征收房产税。在政策执行中,凡是房产税征税的房屋范围均可作为契税的征税对象。

《国家税务总局 农业税征收管理局关于当前契税政策执行中若干具体问题的操作意见》(农便函〔2006〕28号)

5.2.2.4 视同转让行为

土地、房屋权属以下列方式转移的,视同土地使用权转让、房屋买卖或者房

屋赠与征税：

（1）以土地、房屋权属作价投资、入股。

（2）以土地、房屋权属抵债。

（3）以获奖方式承受土地、房屋权属。

（4）以预购方式或者预付集资建房款方式承受土地、房屋权属。

《中华人民共和国契税暂行条例细则》（财法字〔1997〕52号）第八条

5.2.2.5　几种特殊情形转移权属的处理

下列情形发生土地、房屋权属转移的，承受方应当依法缴纳契税：

（1）因共有不动产份额变化的。

（2）因共有人增加或者减少的。

（3）因人民法院、仲裁委员会的生效法律文书或者监察机关出具的监察文书等因素，发生土地、房屋权属转移的。

《财政部　税务总局关于贯彻实施契税法若干事项执行口径的公告》（财政部　税务总局公告2021年第23号）

5.2.2.6　旧城改造改造商承受土地征税问题

按照土地管理政策规定，在旧城改造中，改造商承受拆迁范围内的土地使用权进行商用或住宅用房地产开发的，其土地权属转移性质为国有土地使用权出让。根据契税有关政策规定，广东省清远市韶星物业发展有限公司承受旧城改造拆迁范围内的土地使用权应照章缴纳契税。

《财政部　国家税务总局关于旧城改造中改造商办理土地使用权证征免契税的批复》（财税〔2004〕50号）

5.2.2.7　承受划拨用地出让或国家作价出资处理

以出让方式或国家作价出资（入股）方式承受原改制重组企业、事业单位划拨用地的，不属于规定的免税范围，对承受方应按规定征收契税。

《财政部　税务总局关于继续执行企业　事业单位改制重组有关契税政策的公告》（财政部　税务总局公告2021年第17号）

5.2.2.8　免征土地出让金出让国有土地使用权征税问题

根据《契税法》及有关规定，对承受国有土地使用权所应支付的土地出让金，要计征契税。不得因减免土地出让金，而减免契税。

《国家税务总局关于免征土地出让金出让国有土地使用权征收契税的批复》（国税

函〔2005〕436号）

5.2.3 不属于征税范围情形

5.2.3.1 股权转让

在股权（股份）转让中，单位、个人承受公司股权（股份），公司土地、房屋权属不发生转移，不征收契税。

《财政部 税务总局关于继续执行企业 事业单位改制重组有关契税政策的公告》（财政部 税务总局公告2021年第17号）

宁波中百股份有限公司因北京首创集团受让其26.62％的股权而于2000年更名为宁波首创科技股份有限公司，2001年哈工大八达集团受让宁波首创科技股份有限公司16.62％的股权，企业再次更名为哈工大首创科技股份有限公司。上述由于股权变动引起企业法人名称变更，并因此进行相应土地、房屋权属人名称变更登记的过程中，土地、房屋权属不发生转移，不征收契税。

《国家税务总局关于股权变动导致企业法人房地产权属更名不征契税的批复》（国税函〔2002〕771号）

5.2.3.2 股权比例变化征税问题

单位、个人以房屋、土地以外的资产增资，相应扩大其在被投资公司的股权持有比例，无论被投资公司是否变更工商登记，其房屋、土地权属不发生转移，不征收契税。

《财政部 国家税务总局关于企业以售后回租方式进行融资等有关契税政策的通知》（财税〔2012〕82号）

5.2.3.3 农村集体土地及地上房屋确权登记

对农村集体土地所有权、宅基地和集体建设用地使用权及地上房屋确权登记，不征收契税。

《财政部 国家税务总局关于支持农村集体产权制度改革有关税收政策的通知》（财税〔2017〕55号）

5.3 计税依据

契税的计税依据：

（1）土地使用权出让、出售，房屋买卖，为土地、房屋权属转移合同确定的成交价格，包括应交付的货币以及实物、其他经济利益对应的价款。

（2）土地使用权互换、房屋互换，为所互换的土地使用权、房屋价格的差额。

（3）土地使用权赠与、房屋赠与以及其他没有价格的转移土地、房屋权属行为，为税务机关参照土地使用权出售、房屋买卖的市场价格依法核定的价格。

《中华人民共和国契税法》第四条

5.3.1　成交价格

成交价格，是指土地、房屋权属转移合同确定的价格，包括承受者应交付的货币、实物、无形资产或者其他经济利益。

《中华人民共和国契税暂行条例细则》（财法字〔1997〕52号）第九条

5.3.2　土地使用权出让计税依据

土地使用权出让的，计税依据包括土地出让金、土地补偿费、安置补助费、地上附着物和青苗补偿费、征收补偿费、城市基础设施配套费、实物配建房屋等应交付的货币以及实物、其他经济利益对应的价款。

《财政部　税务总局关于贯彻实施契税法若干事项执行口径的公告》（财政部　税务总局公告2021年第23号）

5.3.3　划拨方式取得土地使用权再出售的几种情形

（1）以划拨方式取得的土地使用权，经批准改为出让方式重新取得该土地使用权的，应由该土地使用权人以补缴的土地出让价款为计税依据缴纳契税。

（2）先以划拨方式取得土地使用权，后经批准转让房地产，划拨土地性质改为出让的，承受方应分别以补缴的土地出让价款和房地产权属转移合同确定的成交价格为计税依据缴纳契税。

（3）先以划拨方式取得土地使用权，后经批准转让房地产，划拨土地性质未发生改变的，承受方应以房地产权属转移合同确定的成交价格为计税依据缴纳契税。

《财政部　税务总局关于贯彻实施契税法若干事项执行口径的公告》（财政部　税务总局公告2021年第23号）

解读▶《中华人民共和国契税暂行条例细则》（简称《细则》，财法字〔1997〕52号）第十一条规定，以划拨方式取得土地使用权的，经批准转让房地产时，应由房地产转让者补缴契税。其计税依据为补缴的土地使用权出让费用或者土地收益。这里纳税主体只有房地产转让者，而23号公告将以划拨方式取得土地使用权再出售划分了不同的情形，针对不同情形处理方式不同，纳税主体和计税依据都不同。这是由于《细则》1997年实施以来已经25年，以划拨方式取得土地使用权再出售的经济行为不断发生改变，23号公告针对不同情形确立纳税主体的计税依据更加符合实际，更具有可操作性。由于23号公告对《细则》第十一条有可替代性，此处文件就不再收集《细则》第十一条的规定了。

5.3.4　土地使用权及所附建筑物、构筑物等转让计税依据

土地使用权及所附建筑物、构筑物等（包括在建的房屋、其他建筑物、构筑物和其他附着物）转让的，计税依据为承受方应交付的总价款。

承受已装修房屋的，应将包括装修费用在内的费用计入承受方应交付的总价款。

《财政部　税务总局关于贯彻实施契税法若干事项执行口径的公告》（财政部　税务总局公告2021年第23号）

5.3.5　房屋附属设施计税依据

房屋附属设施（包括停车位、机动车库、非机动车库、顶层阁楼、储藏室及其他房屋附属设施）与房屋为同一不动产单元的，计税依据为承受方应交付的总价款，并适用与房屋相同的税率；房屋附属设施与房屋为不同不动产单元的，计税依据为转移合同确定的成交价格，并按当地确定的适用税率计税。

《财政部　税务总局关于贯彻实施契税法若干事项执行口径的公告》（财政部　税务总局公告2021年第23号）

5.3.6　土地使用权房屋互换计税依据

土地使用权互换、房屋互换，互换价格相等的，互换双方计税依据为零；互换价格不相等的，以其差额为计税依据，由支付差额的一方缴纳契税。

《财政部　税务总局关于贯彻实施契税法若干事项执行口径的公告》（财政部　税务

总局公告2021年第23号）

解读▶《细则》第十条规定，土地使用权交换、房屋交换，交换价格不相等的，由多交付货币、实物、无形资产或者其他经济利益的一方缴纳税款。交换价格相等的，免征契税。土地使用权与房屋所有权之间相互交换，按照前述规定征税。23号公告规定，土地使用权互换、房屋互换，互换价格相等的，互换双方计税依据为零；互换价格不相等的，以其差额为计税依据，由支付差额的一方缴纳契税。虽然从最终结果上看差别不大，但23号公告表述更准确规范，避免了滥用减免税。因此，虽然没有废止《细则》该条款，此处也不再将该条款作为文件收集。

5.3.7 计税依据不包括增值税

契税的计税依据不包括增值税。

《财政部 税务总局关于贯彻实施契税法若干事项执行口径的公告》（财政部 税务总局公告2021年第23号）

计征契税的成交价格不含增值税。

免征增值税的，确定计税依据时，成交价格、租金收入、转让房地产取得的收入不扣减增值税额。

在计征契税时，税务机关核定的计税价格或收入不含增值税。

《财政部 国家税务总局关于营改增后契税 房产税 土地增值税 个人所得税计税依据问题的通知》（财税〔2016〕43号）

契税计税依据不包括增值税，具体情形为：

（1）土地使用权出售、房屋买卖，承受方计征契税的成交价格不含增值税；实际取得增值税发票的，成交价格以发票上注明的不含税价格确定。

（2）土地使用权互换、房屋互换，契税计税依据为不含增值税价格的差额。

（3）税务机关核定的契税计税价格为不含增值税价格。

《国家税务总局关于契税纳税服务与征收管理若干事项的公告》（国家税务总局公告2021年第25号）

案例5-2 某一般纳税人A公司销售其自建的房屋，含税价为328万元，并适用一般计税方法，2019年1月，A公司向纳税人B开具第1张增值税发票，注明的增值税额为10万元、不含税价格为100万元；2021年9月，A公司向纳税人开具第2张发票，注明的增值税额为18万元、不含税价格为200万元。则B申报契税的计税依据＝100＋200＝300(万元)。

案例5-3 自然人 A 与自然人 B 互换房屋,A 的房屋不含税销售价格为 145 万元,B 的房屋不含税销售价格为 100 万元。则 A 申报契税的计税依据为 0;B 申报契税的计税依据＝145－100＝45(万元)。

5.3.8 核定计税依据

纳税人申报的成交价格、互换价格差额明显偏低且无正当理由的,由税务机关依照《税收征收管理法》的规定核定。

《中华人民共和国契税法》第四条

税务机关依法核定计税价格,应参照市场价格,采用房地产价格评估等方法合理确定。

《国家税务总局关于契税纳税服务与征收管理若干事项的公告》(国家税务总局公告 2021 年第 25 号)

对于需要按评估价格计征契税的,应当委托具备土地评估资格的评估机构进行有关的评估,以规范房地产市场交易行为,确保国家税收不受损失。

《国家税务总局 国家土地管理局关于契税征收管理有关问题的通知》(国税发〔1998〕31 号)

5.4 税率和应纳税额计算

5.4.1 税率

契税税率为 3% 至 5%。

契税的具体适用税率,由省、自治区、直辖市人民政府在前款规定的税率幅度内提出,报同级人民代表大会常务委员会决定,并报全国人民代表大会常务委员会和国务院备案。

省、自治区、直辖市可以依照前款规定的程序对不同主体、不同地区、不同类型的住房的权属转移确定差别税率。

《中华人民共和国契税法》第三条

以作价投资(入股)、偿还债务等应交付经济利益的方式转移土地、房屋权属的,参照土地使用权出让、出售或房屋买卖确定契税适用税率、计税依据等。

以划转、奖励等没有价格的方式转移土地、房屋权属的,参照土地使用权或房屋赠与确定契税适用税率、计税依据等。

《国家税务总局关于契税纳税服务与征收管理若干事项的公告》(国家税务总局公告 2021 年第 25 号)

5.4.2　应纳税额计算

契税的应纳税额按照计税依据乘以具体适用税率计算。

《中华人民共和国契税法》第五条

5.5　税收优惠

5.5.1　法定优惠

有下列情形之一的,免征契税:

(1)国家机关、事业单位、社会团体、军事单位承受土地、房屋权属用于办公、教学、医疗、科研、军事设施。

(2)非营利性的学校、医疗机构、社会福利机构承受土地、房屋权属用于办公、教学、医疗、科研、养老、救助。

(3)承受荒山、荒地、荒滩土地使用权用于农、林、牧、渔业生产。

(4)婚姻关系存续期间夫妻之间变更土地、房屋权属。

(5)法定继承人通过继承承受土地、房屋权属。

(6)依照法律规定应当予以免税的外国驻华使馆、领事馆和国际组织驻华代表机构承受土地、房屋权属。

《中华人民共和国契税法》第六条

5.5.1.1　非营利性的学校、医疗机构、社会福利机构

享受契税免税优惠的非营利性的学校、医疗机构、社会福利机构,限于上述三类单位中依法登记为事业单位、社会团体、基金会、社会服务机构等的非营利法人和非营利组织。其中:

学校的具体范围为经县级以上人民政府或者其教育行政部门批准成立的大学、中学、小学、幼儿园,实施学历教育的职业教育学校、特殊教育学校、专门学校,以及经省级人民政府或者其人力资源社会保障行政部门批准成立的技工院校。

医疗机构的具体范围为经县级以上人民政府卫生健康行政部门批准或者备案设立的医疗机构。

社会福利机构的具体范围为依法登记的养老服务机构、残疾人服务机构、儿童福利机构、救助管理机构、未成年人救助保护机构。

《财政部 税务总局关于贯彻实施契税法若干事项执行口径的公告》(财政部 税务总局公告 2021 年第 23 号)

5.5.1.2 享受契税免税优惠的土地、房屋用途

享受契税免税优惠的土地、房屋用途具体如下:

(1)用于办公的,限于办公室(楼)以及其他直接用于办公的土地、房屋。

(2)用于教学的,限于教室(教学楼)以及其他直接用于教学的土地、房屋。

(3)用于医疗的,限于门诊部以及其他直接用于医疗的土地、房屋。

(4)用于科研的,限于科学试验的场所以及其他直接用于科研的土地、房屋。

(5)用于军事设施的,限于直接用于《中华人民共和国军事设施保护法》规定的军事设施的土地、房屋。

(6)用于养老的,限于直接用于为老年人提供养护、康复、托管等服务的土地、房屋。

(7)用于救助的,限于直接为残疾人、未成年人、生活无着的流浪乞讨人员提供养护、康复、托管等服务的土地、房屋。

《财政部 税务总局关于贯彻实施契税法若干事项执行口径的公告》(财政部 税务总局公告 2021 年第 23 号)

用于办公的,是指办公室(楼)以及其他直接用于办公的土地、房屋。

用于教学的,是指教室(教学楼)以及其他直接用于教学的土地、房屋。

用于医疗的,是指门诊部以及其他直接用于医疗的土地、房屋。

用于科研的,是指科学试验的场所以及其他直接用于科研的土地、房屋。

用于军事设施的,是指:

（1）地上和地下的军事指挥作战工程。

（2）军用的机场、港口、码头。

（3）军用的库房、营区、训练场、试验场。

（4）军用的通信、导航、观测台站。

（5）其他直接用于军事设施的土地、房屋。

其他直接用于办公、教学、医疗、科研的以及其他直接用于军事设施的土地、房屋的具体范围,由省、自治区、直辖市人民政府确定。

《中华人民共和国契税暂行条例细则》(财法字〔1997〕52 号)第十二条

5.5.1.3 驻华使馆、领事馆、驻华机构等

依照我国有关法律规定以及我国缔结或参加的双边和多边条约或协定的规定应当予以免税的外国驻华使馆、领事馆、联合国驻华机构及其外交代表、领事官员和其他外交人员承受土地、房屋权属的,经外交部确认,可以免征契税。

《中华人民共和国契税暂行条例细则》(财法字〔1997〕52 号)第十五条

解读▶《契税法》第六条规定,依照法律规定应当予以免税的外国驻华使馆、领事馆和国际组织驻华代表机构承受土地、房屋权属免征契税。与《细则》第十五条相比,一是免税范围减少,只对外国驻华使馆、领事馆和国际组织驻华代表机构承受土地、房屋权属免税,不再包括外国驻华使馆、领事馆和国际组织驻华代表机构的外交代表、领事官员和其他外交人员承受的土地、房屋权属;二是确认程序上,是否需要经外交部确认,新法没有明确,且在后续《国家税务总局关于契税纳税服务与征收管理若干事项的公告》(国家税务总局公告 2021 年第 25 号)中也没有明确,而《细则》没有废止,因此需要在具体执行时关注,笔者认为既然《细则》没有废止,且此条款在原契税条例中作为授权减免税而在《细则》中明确的,在没有新文件情形下可以继续执行。

5.5.1.4 监狱建设用房减免税问题

监狱管理部门是对犯罪人员执行刑罚的机关,其所承担的公务有一定特殊性,除干警办公用房外,监舍也是执行公务的必备条件。因此,对监狱管理部门承受土地、房屋直接用于监狱建设,视同国家机关的办公用房建设,免征契税。

《国家税务总局关于对监狱管理部门承受土地房屋直接用于监狱建设免征契税的批复》(国税函〔1999〕572 号)

5.5.1.5　承受综合人防工程用于商业服务征免税问题

根据现行契税政策规定,军事单位承受土地、房屋用于军事设施的,免征契税。黑龙江七台河市市建二公司将开发建设的综合人防工程部分建筑单元产权出售给个体经营者从事商业服务业,不属于免税范围,应对其产权承受者照章征收契税。

《国家税务总局关于承受综合人防工程产权用于商业服务业征收契税的批复》(国税函〔2001〕803 号)

5.5.1.6　预备役部队营房建设征免税问题

根据《中华人民共和国国防法》第二十二条,中华人民共和国的武装力量,由中国人民解放军现役部队和预备役部队、中国人民武装警察部队、民兵组成。中国人民解放军预备役部队是中国人民解放军的组成部分,预备役部队承受国有土地使用权用于军事设施属现行契税政策规定的免税范围。

按照上述政策规定,对预备役 141 师高炮团占用咸阳市秦都区耕地修建营房对其承受土地使用权应免征契税。

《国家税务总局关于免征预备役部队营房建设所涉耕地占用税、契税的批复》(国税函〔2002〕956 号)

5.5.2　授权国务院的税收优惠

根据国民经济和社会发展的需要,国务院对居民住房需求保障、企业改制重组、灾后重建等情形可以规定免征或者减征契税,报全国人民代表大会常务委员会备案。

《中华人民共和国契税法》第六条

5.5.2.1　夫妻分割离婚财产

夫妻因离婚分割共同财产发生土地、房屋权属变更的,免征契税。

《财政部 税务总局关于契税法实施后有关优惠政策衔接问题的公告》(财政部 税务总局公告 2021 年第 29 号)

5.5.2.2　购买公有住房

城镇职工按规定第一次购买公有住房的,免征契税。

公有制单位为解决职工住房而采取集资建房方式建成的普通住房或由单位购买的普通商品住房,经县级以上地方人民政府房改部门批准、按照国家房改政策出售给本单位职工的,如属职工首次购买住房,比照公有住房免征契税。

已购公有住房经补缴土地出让价款成为完全产权住房的,免征契税。

《财政部 税务总局关于契税法实施后有关优惠政策衔接问题的公告》(财政部 税务总局公告 2021 年第 29 号)

城镇职工按规定第一次购买公有住房的,是指经县以上人民政府批准,在国家规定标准面积以内购买的公有住房。城镇职工享受免征契税,仅限于第一次购买的公有住房。超过国家规定标准面积的部分,仍应按照规定缴纳契税。

《中华人民共和国契税暂行条例细则》(财法字〔1997〕52 号)第十三条

5.5.2.3 外国银行改制

外国银行分行按照《中华人民共和国外资银行管理条例》等相关规定改制为外商独资银行(或其分行),改制后的外商独资银行(或其分行)承受原外国银行分行的房屋权属的,免征契税。

《财政部 税务总局关于契税法实施后有关优惠政策衔接问题的公告》(财政部 税务总局公告 2021 年第 29 号)

5.5.2.4 企业改制

自 2021 年 1 月 1 日起至 2023 年 12 月 31 日,企业按照《中华人民共和国公司法》有关规定整体改制,包括非公司制企业改制为有限责任公司或股份有限公司,有限责任公司变更为股份有限公司,股份有限公司变更为有限责任公司,原企业投资主体存续并在改制(变更)后的公司中所持股权(股份)比例超过 75%,且改制(变更)后公司承继原企业权利、义务的,对改制(变更)后公司承受原企业土地、房屋权属,免征契税。

投资主体存续,是指原改制重组企业、事业单位的出资人必须存在于改制重组后的企业,出资人的出资比例可以发生变动。

企业、公司,是指依照我国有关法律法规设立并在中国境内注册的企业、公司。(下同,5.5.2.4 企业改制至 5.5.2.10 债权转股权)

《财政部 税务总局关于继续执行企业 事业单位改制重组有关契税政策的公告》(财政部 税务总局公告 2021 年第 17 号)

5.5.2.5 事业单位改制

自 2021 年 1 月 1 日起至 2023 年 12 月 31 日,事业单位按照国家有关规定改制为企业,原投资主体存续并在改制后企业中出资(股权、股份)比例超过50%的,对改制后企业承受原事业单位土地、房屋权属,免征契税。

投资主体存续,是指原改制重组企业、事业单位的出资人必须存在于改制重组后的企业,出资人的出资比例可以发生变动。

《财政部　税务总局关于继续执行企业　事业单位改制重组有关契税政策的公告》(财政部　税务总局公告 2021 年第 17 号)

5.5.2.6　公司合并

自 2021 年 1 月 1 日起至 2023 年 12 月 31 日,两个或两个以上的公司,依照法律规定、合同约定,合并为一个公司,且原投资主体存续的,对合并后公司承受原合并各方土地、房屋权属,免征契税。

投资主体存续,是指原改制重组企业、事业单位的出资人必须存在于改制重组后的企业,出资人的出资比例可以发生变动。

《财政部　税务总局关于继续执行企业　事业单位改制重组有关契税政策的公告》(财政部　税务总局公告 2021 年第 17 号)

5.5.2.7　公司分立

自 2021 年 1 月 1 日起至 2023 年 12 月 31 日,公司依照法律规定、合同约定分立为两个或两个以上与原公司投资主体相同的公司,对分立后公司承受原公司土地、房屋权属,免征契税。

投资主体相同,是指公司分立前后出资人不发生变动,出资人的出资比例可以发生变动。

《财政部　税务总局关于继续执行企业　事业单位改制重组有关契税政策的公告》(财政部　税务总局公告 2021 年第 17 号)

5.5.2.8　企业破产

自 2021 年 1 月 1 日起至 2023 年 12 月 31 日,企业依照有关法律法规规定实施破产,债权人(包括破产企业职工)承受破产企业抵偿债务的土地、房屋权属,免征契税;对非债权人承受破产企业土地、房屋权属,凡按照《中华人民共和国劳动法》等国家有关法律法规政策妥善安置原企业全部职工规定,与原企业全部职工签订服务年限不少于 3 年的劳动用工合同的,对其承受所购企业土地、房屋权属,免征契税;与原企业超过 30% 的职工签订服务年限不少于 3 年的劳动用工合同的,减半征收契税。

《财政部 税务总局关于继续执行企业 事业单位改制重组有关契税政策的公告》（财政部 税务总局公告 2021 年第 17 号）

5.5.2.9 资产划转

自 2021 年 1 月 1 日起至 2023 年 12 月 31 日，对承受县级以上人民政府或国有资产管理部门按规定进行行政性调整、划转国有土地、房屋权属的单位，免征契税。

同一投资主体内部所属企业之间土地、房屋权属的划转，包括母公司与其全资子公司之间，同一公司所属全资子公司之间，同一自然人与其设立的个人独资企业、一人有限公司之间土地、房屋权属的划转，免征契税。

母公司以土地、房屋权属向其全资子公司增资，视同划转，免征契税。

《财政部 税务总局关于继续执行企业事业单位改制重组有关契税政策的公告》（财政部 税务总局公告 2021 年第 17 号）

个体工商户的经营者将其个人名下的房屋、土地权属转移至个体工商户名下，或个体工商户将其名下的房屋、土地权属转回原经营者个人名下，免征契税。

合伙企业的合伙人将其名下的房屋、土地权属转移至合伙企业名下，或合伙企业将其名下的房屋、土地权属转回原合伙人名下，免征契税。

《财政部 国家税务总局关于企业以售后回租方式进行融资等有关契税政策的通知》（财税〔2012〕82 号）第六条

5.5.2.10 债权转股权

自 2021 年 1 月 1 日起至 2023 年 12 月 31 日，经国务院批准实施债权转股权的企业，对债权转股权后新设立的公司承受原企业的土地、房屋权属，免征契税。

《财政部 税务总局关于继续执行企业 事业单位改制重组有关契税政策的公告》（财政部 税务总局公告 2021 年第 17 号）

5.5.2.11 军建离退休干部住房移交地方政府管理

根据国务院、中央军委指示精神，民政部、总后勤部等八部（委、局）日前发出的《关于印发〈移交政府安置的军队离退休干部住房保障改革实施办法〉的通知》（后营字〔2000〕70 号）规定，军队离退休干部住房由国家投资建设，军队和地方共同承担建房任务，其中军队承建部分完工后应逐步移交地方政府管理。

军建离退休干部住房移交地方政府管理是军队离退休干部住房保障和管理方式的调整,是军队住房制度改革的重要措施之一。为配合国务院、中央军委决策的顺利实施,免征军建离退休干部住房及附属用房移交地方政府管理所涉及的契税。

《财政部　国家税务总局关于免征军建离退休干部住房移交地方政府管理所涉及契税的通知》(财税字〔2000〕176号)

5.5.2.12　中国信达等4家金融资产管理公司

对资产公司接受相关国有银行的不良债权,借款方以土地使用权、房屋所有权抵充贷款本息的,免征承受土地使用权、房屋所有权应缴纳的契税。

享受税收优惠政策的主体为经国务院批准成立的中国信达资产管理公司、中国华融资产管理公司、中国长城资产管理公司和中国东方资产管理公司,以及经其批准分设于各地的分支机构。除另有规定者外,资产公司所属、附属企业,不享受资产公司的税收优惠政策。

收购、承接不良资产是指资产公司按照国务院法规的范围和额度,对相关国有银行不良资产,以账面价值进行收购,同时继续债权、行使债权主体权利。具体包括资产公司承接、收购相关国有银行的逾期、呆滞、呆账贷款及其相应的抵押品;处置不良资产是指资产公司按照有关法律、法规,为使不良资产的价值得到实现而采取的债权转移的措施。具体包括运用出售、置换、资产重组、债转股、证券化等方法对贷款及其抵押品进行处置。

资产公司除收购、承接、处置不良资产业务外,从事其他经营业务或发生未规定免税的应税行为,应一律依法纳税。

《财政部　国家税务总局关于中国信达等4家金融资产管理公司税收政策问题的通知》(财税〔2001〕10号)

按照国务院办公厅《转发人民银行、财政部、证监会关于组建中国信达资产管理公司意见的通知》(国办发〔1999〕33号)和《转发人民银行、财政部、证监会关于组建中国华融资产管理公司、中国长城资产管理公司和中国东方资产管理公司意见的通知》(国办发〔1999〕66号)的规定,财政部从中国建设银行、中国工商银行、中国农业银行、中国银行(简称"国有商业银行")无偿划转了部分资产(包括现金、投资、固定资产及随投资实体划转的贷款)给中国信达资产管理公司、中国华融资产管理公司、中国长城资产管理公司和中国东方资产管理公司(简称"金融资产管理公司"),作为其组建时的资本金。上述金融资产管理公司接收资本金项下的资产在办理过户时有关税收政策:

金融资产管理公司按财政部核定的资本金数额,接收国有商业银行的资产,在办理过户手续时,免征契税。

《财政部 国家税务总局关于4家资产管理公司接收资本金项下的资产在办理过户时有关税收政策问题的通知》(财税〔2003〕21号)

5.5.2.13 被撤销金融机构

对被撤销的金融机构在清算过程中催收债权时,接收债务方土地使用权、房屋所有权所发生的权属转移免征契税。

被撤销的金融机构在清算开始后、清算资产被处置前持续经营的经济业务所发生的应纳税款应按规定予以缴纳。

被撤销金融机构的应缴未缴国家的税金及其他款项应按照法律法规规定的清偿顺序予以缴纳。

享受税收优惠政策的主体是指经中国人民银行依法决定撤销的金融机构及其分设于各地的分支机构,包括被依法撤销的商业银行、信托投资公司、财务公司、金融租赁公司、城市信用社和农村信用社。除另有规定者外,被撤销的金融机构所属、附属企业,不享受规定的被撤销金融机构的税收优惠政策。

《财政部 国家税务总局关于被撤销金融机构有关税收政策问题的通知》(财税〔2003〕141号)

5.5.2.14 东方资产管理公司处置港澳国际(集团)有限公司资产政策

(一)享受税收优惠政策的主体

(1)负责接收和处置港澳国际(集团)有限公司资产的中国东方资产管理公司及其经批准分设于各地的分支机构(简称"东方资产管理公司")。

(2)港澳国际(集团)有限公司所属的东北国际投资有限公司、海国投集团有限公司、海南港澳国际信托投资公司(简称"港澳国际(集团)内地公司")。

(3)在我国境内(不包括港澳台)拥有资产并负有纳税义务的港澳国际(集团)有限公司集团本部及其香港8家子公司(简称"港澳国际(集团)香港公司")。港澳国际(集团)有限公司在中国香港的8家子公司名单为:新港澳有限公司、煌天投资有限公司、海佳发展有限公司、港澳国际置业有限公司、金富运发展有限公司、港澳国际财务有限公司、恒琪发展有限公司、集富置业有限公司。

（二）相关契税优惠政策

对东方资产管理公司接收港澳国际（集团）有限公司的房地产以抵偿债务的，免征东方资产管理公司承受房屋所有权、土地使用权应缴纳的契税。

对港澳国际（集团）内地公司在清算期间催收债权时，免征接收房屋所有权、土地使用权应缴纳的契税。

对港澳国际（集团）香港公司清算期间在中国境内催收债权时，免征接收房屋所有权、土地使用权应缴纳的契税。

港澳国际（集团）内地公司、港澳国际（集团）香港公司在清算期间发生未规定免税的应税行为以及东方资产管理公司除接收、处置不良资产业务外从事其他经营业务，应一律依法纳税。

上述规定自港澳国际（集团）内地公司、港澳国际（集团）香港公司开始清算之日起执行，规定发布前，属免征事项的应纳税款不再追缴，已征税款不予退还。

《财政部 国家税务总局关于中国东方资产管理公司处置港澳国际（集团）有限公司有关资产税收政策问题的通知》（财税〔2003〕212号）

5.5.2.15 青藏铁路公司及其所属单位

对青藏铁路公司及其所属单位承受土地、房屋权属用于办公及运输主业的，免征契税；对于因其他用途承受的土地、房屋权属，应照章征收契税。

青藏铁路公司所属单位名单：①西宁车站；②西宁车务段；③德令哈车务段；④格尔木车务段；⑤西宁供电段；⑥西宁机务段；⑦西宁工务段；⑧格尔木工务段；⑨西宁工务机械段；⑩西宁电务段；⑪西宁车辆段；⑫西宁客运段；⑬西宁房建生活段；⑭格尔木房建生活段；⑮西宁物资采购供应中心；⑯青藏铁路公安局；⑰西宁铁路公安处；⑱格尔木铁路公安处；⑲拉萨公安处；⑳拉萨车站（拉萨办事处）；㉑西宁疾病预防控制所；㉒青藏铁路公司党校；㉓西宁乘务员公寓；㉔青藏铁道资金结算所；㉕建设项目管理所；㉖青藏铁路公司装卸管理所；㉗青藏铁路公司驻北京办事处。

《财政部 国家税务总局关于青藏铁路公司运营期间有关税收等政策问题的通知》（财税〔2007〕11号）

5.5.2.16 经济适用住房

经济适用住房经营管理单位回购经济适用住房继续作为经济适用住房房

源的,免征契税。

对个人购买经济适用住房,在法定税率基础上减半征收契税。

经济适用住房、经济适用住房购买人须符合《国务院关于解决城市低收入家庭住房困难的若干意见》(国发〔2007〕24 号)及《建设部 发展改革委 监察部 财政部 国土资源部 人民银行 税务总局〈经济适用住房管理办法〉的通知》(建住房〔2007〕258 号)的规定;经济适用住房经营管理单位为县级以上人民政府主办或确定的单位。

《财政部 国家税务总局关于廉租住房、经济适用住房和住房租赁有关税收政策的通知》(财税〔2008〕24 号)

5.5.2.17 棚户区改造

(一)棚户区相关概念

棚户区是指简易结构房屋较多、建筑密度较大、房屋使用年限较长、使用功能不全、基础设施简陋的区域,具体包括城市棚户区、国有工矿(含煤矿)棚户区、国有林区棚户区和国有林场危旧房、国有垦区危房。

棚户区改造是指列入省级人民政府批准的棚户区改造规划或年度改造计划的改造项目。

改造安置住房是指相关部门和单位与棚户区被征收人签订的房屋征收(拆迁)补偿协议或棚户区改造合同(协议)中明确用于安置被征收人的住房或通过改建、扩建、翻建等方式实施改造的住房。

《财政部 国家税务总局关于棚户区改造有关税收政策的通知》(财税〔2013〕101 号)

(二)契税优惠政策

对经营管理单位回购已分配的改造安置住房继续作为改造安置房源的,免征契税。

个人首次购买 90 平方米以下改造安置住房,按 1% 的税率计征契税;购买超过 90 平方米,但符合普通住房标准的改造安置住房,按法定税率减半计征契税。

个人因房屋被征收而取得货币补偿并用于购买改造安置住房,或因房屋被征收而进行房屋产权调换并取得改造安置住房,按有关规定减免契税。

《财政部 国家税务总局关于棚户区改造有关税收政策的通知》(财税〔2013〕101 号)

5.5.2.18 家庭住房税率优惠

（1）对个人购买家庭唯一住房（家庭成员范围包括购房人、配偶以及未成年子女，下同），面积为 90 平方米及以下的，减按 1% 的税率征收契税；面积为 90 平方米以上的，减按 1.5% 的税率征收契税。

（2）对个人购买家庭第二套改善性住房，面积为 90 平方米及以下的，减按 1% 的税率征收契税；面积为 90 平方米以上的，减按 2% 的税率征收契税。

家庭第二套改善性住房是指已拥有一套住房的家庭，购买的家庭第二套住房。

北京市、上海市、广州市、深圳市暂不实施此项契税优惠政策。

（3）纳税人申请享受税收优惠的，根据纳税人的申请或授权，由购房所在地的房地产主管部门出具纳税人家庭住房情况书面查询结果，并将查询结果和相关住房信息及时传递给税务机关。暂不具备查询条件而不能提供家庭住房查询结果的，纳税人应向税务机关提交家庭住房实有套数书面诚信保证，诚信保证不实的，属于虚假纳税申报，按照《税收征收管理法》的有关规定处理，并将不诚信记录纳入个人征信系统。

按照便民、高效原则，房地产主管部门应按规定及时出具纳税人家庭住房情况书面查询结果，税务机关应对纳税人提出的税收优惠申请限时办结。

（4）具体操作办法由各省、自治区、直辖市财政、税务、房地产主管部门共同制定。

上述规定自 2016 年 2 月 22 日起执行。

《财政部 国家税务总局 住房城乡建设部关于调整房地产交易环节契税 营业税优惠政策的通知》（财税〔2016〕23 号）

为落实国务院关于简化优化公共服务流程，方便群众办事和为基层减负等要求，国家税务总局决定，税务机关在受理契税申报缴税过程中，不再要求纳税人提供（无）婚姻登记记录证明。

（1）纳税人在申请办理家庭唯一普通住房契税优惠时，无须提供原民政部门开具的（无）婚姻登记记录证明。

（2）税务机关在受理纳税人家庭唯一普通住房契税优惠申请时，应当做好纳税人家庭成员状况认定工作。如果纳税人为成年人，可以结合户口簿、结婚（离婚）证等信息判断其婚姻状况。无法作出判断的，可以要求其提供承诺书，就其申报的婚姻状况的真实性作出承诺。如果纳税人为未成年人,可结合户口簿等材料认定家庭成员状况。

各级税务机关应当迅速将这一便民措施落实到位,切实做好对一线工作人员的业务培训,确保措施落实不折不扣;同时,应当加强督导检查,及时发现落实过程中出现的问题,发现一起、纠正一起。

《国家税务总局关于简化契税办理流程取消(无)婚姻登记记录证明的公告》(国家税务总局公告 2015 年第 71 号)

5.5.2.19　公共租赁住房

自 2019 年 1 月 1 日至 2023 年 12 月 31 日,对公租房经营管理单位购买住房作为公租房,免征契税。

公租房是指纳入省、自治区、直辖市、计划单列市人民政府及新疆生产建设兵团批准的公租房发展规划和年度计划,或者市、县人民政府批准建设(筹集),并按照《关于加快发展公共租赁住房的指导意见》(建保〔2010〕87 号)和市、县人民政府制定的具体管理办法进行管理的公租房。

纳税人享受规定的优惠政策,应按规定进行免税申报,并将不动产权属证明、载有房产原值的相关材料、纳入公租房及用地管理的相关材料、配套建设管理公租房相关材料、购买住房作为公租房相关材料、公租房租赁协议等留存备查。

《财政部 税务总局关于公共租赁住房税收优惠政策的公告》(财政部 税务总局公告 2019 年第 61 号)、《财政部 税务总局关于延长部分税收优惠政策执行期限的公告》(财政部 税务总局公告 2021 年第 6 号)

5.5.2.20　易地扶贫搬迁

(1)对易地扶贫搬迁贫困人口按规定取得的安置住房,免征契税。

(2)对易地扶贫搬迁项目实施主体(简称"项目实施主体")取得用于建设安置住房的土地,免征契税。

(3)在商品住房等开发项目中配套建设安置住房的,按安置住房建筑面积占总建筑面积的比例,计算应予免征的安置住房用地相关的契税。

(4)对项目实施主体购买商品住房或者回购保障性住房作为安置住房房源的,免征契税。

易地扶贫搬迁项目、项目实施主体、易地扶贫搬迁贫困人口、相关安置住房等信息由易地扶贫搬迁工作主管部门确定。县级易地扶贫搬迁工作主管部门应当将上述信息及时提供给同级税务部门。

上述政策执行期限自 2018 年 1 月 1 日至 2025 年 12 月 31 日。

《财政部 国家税务总局关于易地扶贫搬迁税收优惠政策的通知》（财税〔2018〕135号）、《财政部 税务总局关于延长部分税收优惠政策执行期限的公告》（财政部 税务总局公告 2021 年第 6 号）

5.5.2.21　支持农村集体产权制度改革

对进行股份合作制改革后的农村集体经济组织承受原集体经济组织的土地、房屋权属，免征契税。

对农村集体经济组织以及代行集体经济组织职能的村民委员会、村民小组进行清产核资收回集体资产而承受土地、房屋权属，免征契税。

《财政部 国家税务总局关于支持农村集体产权制度改革有关税收政策的通知》（财税〔2017〕55 号）

5.5.2.22　农村饮水安全工程

自 2019 年 1 月 1 日至 2023 年 12 月 31 日，对饮水工程运营管理单位为建设饮水工程而承受土地使用权，免征契税。

饮水工程，是指为农村居民提供生活用水而建设的供水工程设施。饮水工程运营管理单位，是指负责饮水工程运营管理的自来水公司、供水公司、供水（总）站（厂、中心）、村集体、农民用水合作组织等单位。

对于既向城镇居民供水，又向农村居民供水的饮水工程运营管理单位，依据向农村居民供水量占总供水量的比例免征契税。无法提供具体比例或所提供数据不实的，不得享受上述税收优惠政策。

符合上述条件的饮水工程运营管理单位自行申报享受减免税优惠，相关材料留存备查。

《财政部 国家税务总局关于继续实行农村饮水安全工程税收优惠政策的公告》（财政部 税务总局公告 2019 年第 67 号）、《财政部 税务总局关于延长部分税收优惠政策执行期限的公告》（财政部 税务总局公告 2021 年第 6 号）

5.5.2.23　社区家庭服务业

自 2019 年 6 月 1 日起至 2025 年 12 月 31 日，为社区提供养老、托育、家政等服务的机构，承受房屋、土地用于提供社区养老、托育、家政服务的，免征契税。

社区是指聚居在一定地域范围内的人们所组成的社会生活共同体,包括城市社区和农村社区。

为社区提供养老服务的机构,是指在社区依托固定场所设施,采取全托、日托、上门等方式,为社区居民提供养老服务的企业、事业单位和社会组织。社区养老服务是指为老年人提供的生活照料、康复护理、助餐助行、紧急救援、精神慰藉等服务。

为社区提供托育服务的机构,是指在社区依托固定场所设施,采取全日托、半日托、计时托、临时托等方式,为社区居民提供托育服务的企业、事业单位和社会组织。社区托育服务是指为 3 周岁(含)以下婴幼儿提供的照料、看护、膳食、保育等服务。

为社区提供家政服务的机构,是指以家庭为服务对象,为社区居民提供家政服务的企业、事业单位和社会组织。社区家政服务是指进入家庭成员住所或医疗机构为孕产妇、婴幼儿、老人、病人、残疾人提供的照护服务,以及进入家庭成员住所提供的保洁、烹饪等服务。

财政、税费征收机关可根据工作需要与民政、卫生健康、商务等部门建立信息共享和工作配合机制,民政、卫生健康、商务等部门应积极协同配合,保障优惠政策落实到位。

《财政部 税务总局 发展改革委 民政部 商务部 卫生健康委关于养老、托育、家政等社区家庭服务业税费优惠政策的公告》(财政部 税务总局 发展改革委 民政部 商务部 卫生健康委公告 2019 年第 76 号)

5.5.2.24 售后回租期满承租人回购业务

对金融租赁公司开展售后回租业务,承受承租人房屋、土地权属的,照章征税。对售后回租合同期满,承租人回购原房屋、土地权属的,免征契税。

《财政部 国家税务总局关于企业以售后回租方式进行融资等有关契税政策的通知》(财税〔2012〕82 号)

案例 5-4 A 房地产公司为融资需要,将写字楼销售给 B 金融租赁公司,销售款 15 000 万元,然后租回继续由 A 公司使用,每年支付租金 1 800 万元,10 年后该写字楼产权由 A 公司以 1 元购回。

解析▶ 由于 B 金融租赁公司实际承受了产权,因此 B 公司要交契税,应纳税额为：15 000×3%＝450(万元)。10年后A公司购回时免征契税。

5.5.3 授权省、自治区、直辖市的税收优惠

省、自治区、直辖市可以决定对下列情形免征或者减征契税：

(1) 因土地、房屋被县级以上人民政府征收、征用,重新承受土地、房屋权属。

(2) 因不可抗力灭失住房,重新承受住房权属。

上述规定的免征或者减征契税的具体办法,由省、自治区、直辖市人民政府提出,报同级人民代表大会常务委员会决定,并报全国人民代表大会常务委员会和国务院备案。

《中华人民共和国契税法》第七条

不可抗力,是指自然灾害、战争等不能预见、不能避免、并不能克服的客观情况。

《中华人民共和国契税暂行条例细则》(财法字〔1997〕52号)第十四条

5.5.4 税收优惠管理

5.5.4.1 用途改变等不属于免税情形的处理

纳税人改变有关土地、房屋的用途,或者有其他不再属于《契税法》第六条规定(详见"5.5.1 法定优惠"和"5.5.2 授权国务院的税收优惠")的免征、减征契税情形的,应当缴纳已经免征、减征的税款。

《中华人民共和国契税法》第八条

5.5.4.2 优惠办理

符合减免税条件的,应按规定附送有关资料或将资料留存备查。

《国家税务总局关于契税纳税服务与征收管理若干事项的公告》(国家税务总局公告2021年第25号)

解读▶ 对享受公共租赁住房、农村饮水安全工程等契税减免税政策的纳税人,根据《财政部 税务总局关于公共租赁住房税收优惠政策的公告》(财政部 税务总局2019年第61号)、《财政部 税务总局关于继续实行农村饮水安全工程税收优惠政策的公告》(财政部 税务总局2019年第67号)等规定,实行资料留存备查的优惠办理方式。

纳税人符合减征或者免征契税规定的,应当在签订土地、房屋权属转移合同后 10 日内,向土地、房屋所在地的契税征收机关办理减征或者免征契税手续。

《中华人民共和国契税暂行条例细则》(财法字〔1997〕52 号)第十六条

解读▶《契税法》规定,纳税人应当在依法办理土地、房屋权属登记手续前申报缴纳契税。25 号公告规定,契税申报时符合减免税条件的,应按规定附送有关资料或将资料留存备查。《细则》虽然未废止,但其第十六条规定实际已名存实亡了。

5.6 征收管理

5.6.1 纳税义务发生时间

契税的纳税义务发生时间,为纳税人签订土地、房屋权属转移合同的当日,或者纳税人取得其他具有土地、房屋权属转移合同性质凭证的当日。

《中华人民共和国契税法》第九条

5.6.1.1 具有土地、房屋权属转移合同性质凭证

具有土地、房屋权属转移合同性质的凭证包括契约、协议、合约、单据、确认书以及其他凭证。

《财政部 税务总局关于贯彻实施契税法若干事项执行口径的公告》(财政部 税务总局公告 2021 年第 23 号)

其他具有土地、房屋权属转移合同性质凭证,是指具有合同效力的契约、协议、合约、单据、确认书以及由省、自治区、直辖市人民政府确定的其他凭证。

《中华人民共和国契税暂行条例细则》(财法字〔1997〕52 号)第十八条

5.6.1.2 纳税义务发生时间的具体情形

纳税义务发生时间的具体情形:

(1)因人民法院、仲裁委员会的生效法律文书或者监察机关出具的监察文书等发生土地、房屋权属转移的,纳税义务发生时间为法律文书等生效当日。

(2)因改变土地、房屋用途等情形应当缴纳已经减征、免征契税的,纳税义务发生时间为改变有关土地、房屋用途等情形的当日。

(3)因改变土地性质、容积率等土地使用条件需补缴土地出让价款,应当缴

纳契税的,纳税义务发生时间为改变土地使用条件当日。

发生上述情形,按规定不再需要办理土地、房屋权属登记的,纳税人应自纳税义务发生之日起 90 日内申报缴纳契税。

《财政部 税务总局关于贯彻实施契税法若干事项执行口径的公告》(财政部 税务总局公告 2021 年第 23 号)

纳税人因改变土地、房屋用途应当补缴已经减征、免征契税的,其纳税义务发生时间为改变有关土地、房屋用途的当天。

《中华人民共和国契税暂行条例细则》(财法字〔1997〕52 号)第十七条

5.6.2 纳税申报

5.6.2.1 申报时间

纳税人应当在依法办理土地、房屋权属登记手续前申报缴纳契税。

《中华人民共和国契税法》第十条

5.6.2.2 申报基本单位

契税申报以不动产单元为基本单位。

《国家税务总局关于契税纳税服务与征收管理若干事项的公告》(国家税务总局公告 2021 年第 25 号)

解读▶ 根据《不动产登记暂行条例》及其实施细则的规定,不动产单元是权属界线封闭且具有独立使用价值的空间,且不动产单元具有唯一编码。为进一步提升契税纳税申报的规范性,便于纳税人理解和办理,并与不动产登记有关规定统一衔接,25 号公告明确了纳税人申报契税的基本单位为不动产单元。例如,自然人 A 整体购买某幢住宅楼。在办理不动产权属登记时,不动产登记机构将该幢住宅楼登记为 2 个不动产单元,则 A 应就 2 个不动产单元分别向税务机关申报契税。

因共有不动产份额变化或者增减共有人导致土地、房屋权属转移的,纳税人也应以不动产单元为单位申报契税。

5.6.2.3 申报资料

契税纳税人依法纳税申报时,应填报《财产和行为税纳税申报表》(详见"1.8.2 纳税申报"),纳税人新增税源或税源变化时,需先填报《财产和行为税税

源明细表》,如表 5-1 所示,并根据具体情形提交下列资料:

(1)纳税人身份证件。

(2)土地、房屋权属转移合同或其他具有土地、房屋权属转移合同性质的凭证。

(3)交付经济利益方式转移土地、房屋权属的,提交土地、房屋权属转移相关价款支付凭证,其中,土地使用权出让为财政票据,土地使用权出售、互换和房屋买卖、互换为增值税发票。

(4)因人民法院、仲裁委员会的生效法律文书或者监察机关出具的监察文书等因素发生土地、房屋权属转移的,提交生效法律文书或监察文书等。

符合减免税条件的,应按规定附送有关资料或将资料留存备查。

纳税人身份证件,是指单位纳税人为营业执照,或者统一社会信用代码证书或者其他有效登记证书;个人纳税人中,自然人为居民身份证、居民户口簿或者入境的身份证件,个体工商户为营业执照。

权属转移对象、方式、用途逻辑关系对照表如表 5-2 所示。

表 5-1 财产和行为税税源明细表
契税税源明细表

纳税人识别号(统一社会信用代码):□□□□□□□□□□□□□□□□□□

纳税人名称:　　　　　　　　　　　　金额单位:人民币元(列至角分);面积单位:平方米

＊税源编号	(系统自动带出)	＊土地房屋坐落地址	(必填)	不动产单元代码	(有不动产权证的,必填)
合同编号	(有合同编号的,必填)	＊合同签订日期	(必填)	＊共有方式	□单独所有 □按份共有 (转移份额:_____) □共同共有 (共有人:_____)
＊权属转移对象	(必选)	＊权属转移方式	(必选)	＊用途	(必选)
＊成交价格(不含增值税)	(必填)	＊权属转移面积	(必填)	＊成交单价	(系统自动带出)
＊评估价格	(系统自动带出)	＊计税价格	(系统自动带出)		
＊适用税率	(系统自动带出)	权属登记日期	(已办理权属登记的,必填)		
居民购房减免性质代码和项目名称		其他减免性质代码和项目名称(抵减金额:_____)			

表 5-2　权属转移对象、方式、用途逻辑关系对照表

权属转移对象			权属转移方式		用途
一级(大类)	二级(小类)	三级(细目)			
土地	国有土地	无	土地使用权出让		1. 住宅用地 2. 非住宅用地
			土地使用权转让	土地使用权出售(包括作价投资入股、偿还债务等应交付经济利益的方式)	1. 住宅用地 2. 非住宅用地
				土地使用权赠与(包括以划转、奖励、继承等没有价格的方式)	1. 住宅用地 2. 非住宅用地
				土地使用权互换	1. 住宅用地 2. 非住宅用地
	集体土地	无	土地使用权出让		1. 住宅用地 2. 非住宅用地
			土地使用权转让	土地使用权出售(包括作价投资入股、偿还债务等应交付经济利益的方式)	1. 住宅用地 2. 非住宅用地
				土地使用权赠与(包括以划转、奖励、继承等没有价格的方式)	1. 住宅用地 2. 非住宅用地
				土地使用权互换	1. 住宅用地 2. 非住宅用地
房屋	增量房	住房	1. 房屋买卖(包括作价投资入股、偿还债务等应交付经济利益的方式) 2. 房屋赠与(包括以划转、奖励、继承等没有价格的方式) 3. 房屋互换		居住用房
		非住房	1. 房屋买卖(包括作价投资入股、偿还债务等应交付经济利益的方式) 2. 房屋赠与(包括以划转、奖励、继承等没有价格的方式) 3. 房屋互换		非居住用房
	存量房	住房	1. 房屋买卖(包括作价投资入股、偿还债务等应交付经济利益的方式) 2. 房屋赠与(包括以划转、奖励、继承等没有价格的方式) 3. 房屋互换		居住用房
		非住房	1. 房屋买卖(包括作价投资入股、偿还债务等应交付经济利益的方式) 2. 房屋赠与(包括以划转、奖励、继承等没有价格的方式) 3. 房屋互换		非居住用房

填表说明:

1. 本表适用于在中国境内承受土地、房屋权属的单位和个人。

2. 税源编号:系统自动生成,纳税人不必填写。

3. 土地房屋坐落地址:必填。土地使用权转移,应填写土地坐落地址;房屋转移,应填写房屋坐落地址。

4. 不动产单元代码：有不动产权证并载明不动产单元代码的，必填。

5. 合同编号：有土地、房屋权属转移合同并载明合同编号的，必填。

6. 合同签订日期：必填。指承受方与转让方签订土地、房屋权属转移合同的当日，或者承受方取得其他具有土地、房屋权属转移合同性质凭证的当日。

7. 共有方式：必填。根据实际情况，勾选单独所有、按份共有、共同所有。如勾选按份共有，应填写具体转移份额，勾选共同共有，应填写承受土地、房屋权属的其他共同共有人的纳税人名称和纳税人识别号。

8. 权属转移对象：必选。分土地、房屋两类一级指标；土地下的二级指标设国有土地和集体土地；房屋下的二级指标设增量房和存量房；增量房和存量房下的三级指标均设住房和非住房。

9. 权属转移方式：必选。土地按"1.土地使用权出让、2.土地使用权出售、3.土地使用权赠与、4.土地使用权互换"填写；房屋按"1.房屋买卖、2.房屋赠与、3.房屋互换"填写。

10. 用途：必选。土地按"1.住宅用地、2.非住宅用地"填写；房屋按"1. 居住用房，2. 非居住用房"填写。

11. 成交价格(不含增值税)：必填。按土地、房屋权属转移合同确定的价格(包括应交付的货币以及实物、其他经济利益对应的价款)填写；土地使用权互换、房屋互换的，在本栏次填写土地、房屋的成交价格，同时在"其他减免性质代码和项目名称"中选择土地使用权互换、房屋互换的减免性质代码并填写扣减金额。

12. 权属转移面积：必填。根据土地、房屋权属转移合同确定的转移面积填写。

13. 成交单价：系统自动计算，纳税人无须填写。单位面积的成交价格。

14. 评估价格：必填，可由系统自动带出，是指税务机关参照市场价格，采用房地产价格评估等方法依法合理确定的评估价格。

15. 计税价格：系统自动带出，纳税人无须填写，指由税务机关按照《中华人民共和国契税法》及有关规定确定的成交价格或者核定价格。

16. 适用税率：系统自动带出，纳税人无须填写。根据各省(自治区、直辖市)确定的适用税率填写。申报享受家庭唯一住房或第二套住房等减免税政策的，也应按适用税率填写。如，某省住房买卖适用税率为3%，申报享受个人购买90平米及以下家庭唯一住房减免税政策时，税率应按3%而非优惠税率1%填写。

17. 权属登记日期：指承受方取得应税土地、房屋权属的登记日期。在办理土地、房屋权属登记前申报缴纳契税的，不填此项；在办理土地、房屋权属登记后申报缴纳契税的，必填。

18. 居民购房减免性质代码和项目名称：有居民购房减免税情况的，必填。按照税务机关最新制发的减免税政策代码表中最细项减免性质代码填写。

19. 其他减免性质代码和项目名称：有居民购房以外其他减免税情况的，必填。按照税务机关最新制发的减免税政策代码表中最细项减免性质代码填写，并按规定填写扣减金额。

《国家税务总局关于契税纳税服务与征收管理若干事项的公告》（国家税务总局公告 2021 年第 25 号）

根据人民法院、仲裁委员会的生效法律文书发生土地、房屋权属转移，纳税人不能取得销售不动产发票的，可持人民法院执行裁定书原件及相关材料办理契税纳税申报，税务机关应予受理。

购买新建商品房的纳税人在办理契税纳税申报时，由于销售新建商品房的房地产开发企业已办理注销税务登记或者被税务机关列为非正常户等原因，致使纳税人不能取得销售不动产发票的，税务机关在核实有关情况后应予受理。

《国家税务总局关于契税纳税申报有关问题的公告》（国家税务总局公告 2015 年第 67 号）

5.6.2.4 完税凭证查验机制

纳税人办理纳税事宜后，税务机关应当开具契税完税凭证。纳税人办理土地、房屋权属登记，不动产登记机构应当查验契税完税、减免税凭证或者有关信息。未按照规定缴纳契税的，不动产登记机构不予办理土地、房屋权属登记。

《中华人民共和国契税法》第十一条

不动产登记机构在办理土地、房屋权属登记时，应当依法查验土地、房屋的契税完税、减免税、不征税等涉税凭证或者有关信息。

《财政部 税务总局关于贯彻实施契税法若干事项执行口径的公告》（财政部 税务总局公告 2021 年第 23 号）

税务机关在契税足额征收或办理免税（不征税）手续后，应通过契税的完税凭证或契税信息联系单（简称"联系单"）等，将完税或免税（不征税）信息传递给不动产登记机构。能够通过信息共享即时传递信息的，税务机关可不再向不动产登记机构提供完税凭证或开具联系单。

各地税务机关应与当地房地产管理部门加强协作，采用不动产登记、交易和缴税一窗受理等模式，持续优化契税申报缴纳流程，共同做好契税征收与房地产管理衔接工作。契税信息联系单如表 5-3 所示。

表 5-3　契税信息联系单

编号：地区(20××)0000000000000

（二维码）

契税税源信息：

税源编号：

不动产单元代码：　　　　　　　　　　　　　　土地/房屋坐落地址：

纳税人已办理契税事项：　　　　　　　　　　　契税不征税项目：

是否属于不征税事项：（是/否）

金额单位：人民币元(列至角分)

纳税人名称	纳税人识别号	证件类型	证件号码	共有方式	权属转移方式	转移份额	计税价格	减免项目名称	实缴金额
合计								—	

注意事项：

1. 联系单涉及纳税人个人敏感信息，请妥善保存。

2. 联系单不作为记账、抵扣凭证。

受理人：　　　　　　　　　　　　　　　　开具税务机关(印章)：

第×次打印　　　　　　　　　　　　　　　开具日期：

《国家税务总局关于契税纳税服务与征收管理若干事项的公告》（国家税务总局公告 2021 年第 25 号）

土地管理部门和契税征收机关要共同做好契税征收管理与土地使用权的权属管理的衔接工作。

土地管理部门在受理土地变更登记申请后，对土地权属及变更事项进行审核，对符合变更登记规定的，要求当事人出示契税完税凭证或免税证明。对未取得契税完税凭证或免税证明的，土地管理部门不予办理土地变更登记手续。

《国家税务总局　国家土地管理局关于契税征收管理有关问题的通知》（国税发〔1998〕31 号）

5.6.3 纳税地点

契税由土地、房屋所在地的税务机关依照《契税法》和《税收征收管理法》的规定征收管理。

《中华人民共和国契税法》第十四条

5.6.4 退税情形及办理

5.6.4.1 合同不生效、无效、被撤销或者被解除的处理

在依法办理土地、房屋权属登记前,权属转移合同、权属转移合同性质凭证不生效、无效、被撤销或者被解除的,纳税人可以向税务机关申请退还已缴纳的税款,税务机关应当依法办理。

《中华人民共和国契税法》第十二条

5.6.4.2 退税其他情形

纳税人缴纳契税后发生下列情形,可依照有关法律法规申请退税:

(1)因人民法院判决或者仲裁委员会裁决导致土地、房屋权属转移行为无效、被撤销或者被解除,且土地、房屋权属变更至原权利人的。

(2)在出让土地使用权交付时,因容积率调整或实际交付面积小于合同约定面积需退还土地出让价款的。

(3)在新建商品房交付时,因实际交付面积小于合同约定面积需返还房价款的。

《财政部 税务总局关于贯彻实施契税法若干事项执行口径的公告》(财政部 税务总局公告 2021 年第 23 号)

5.6.4.3 退税提交资料

纳税人依照《契税法》以及 23 号公告规定向税务机关申请退还已缴纳契税的,应提供纳税人身份证件(详见"5.6.2.3 申报资料"),完税凭证复印件,并根据不同情形提交相关资料:

(1)在依法办理土地、房屋权属登记前,权属转移合同或合同性质凭证不生效、无效、被撤销或者被解除的,提交合同或合同性质凭证不生效、无效、被撤销或者被解除的证明材料。

(2)因人民法院判决或者仲裁委员会裁决导致土地、房屋权属转移行为无

效、被撤销或者被解除,且土地、房屋权属变更至原权利人的,提交人民法院、仲裁委员会的生效法律文书。

(3) 在出让土地使用权交付时,因容积率调整或实际交付面积小于合同约定面积需退还土地出让价款的,提交补充合同(协议)和退款凭证。

(4) 在新建商品房交付时,因实际交付面积小于合同约定面积需返还房价款的,提交补充合同(协议)和退款凭证。

税务机关收取纳税人退税资料后,应向不动产登记机构核实有关土地、房屋权属登记情况。核实后符合条件的即时受理,不符合条件的一次性告知应补正资料或不予受理原因。

《国家税务总局关于契税纳税服务与征收管理若干事项的公告》(国家税务总局公告 2021 年第 25 号)

5.6.5　信息共享机制和保密规定

5.6.5.1　配合部门和共享信息

税务机关应当与相关部门建立契税涉税信息共享和工作配合机制。自然资源、住房城乡建设、民政、公安等相关部门应当及时向税务机关提供与转移土地、房屋权属有关的信息,协助税务机关加强契税征收管理。

《中华人民共和国契税法》第十三条

税务机关应当与相关部门建立契税涉税信息共享和工作配合机制。具体转移土地、房屋权属有关的信息包括自然资源部门的土地出让、转让、征收补偿、不动产权属登记等信息,住房城乡建设部门的房屋交易等信息,民政部门的婚姻登记、社会组织登记等信息,公安部门的户籍人口基本信息。

《财政部 税务总局关于贯彻实施契税法若干事项执行口径的公告》(财政部 税务总局公告 2021 年第 23 号)

契税征收机关可向土地管理部门查询所需土地使用权权属及出让、转让时间、成交价格及已公布的土地基准地价等与征收契税有关的资料。土地管理部门应当向契税征收机关提供所需的资料。契税征收机关应向土地管理部门提供所需已办理契税完税或免税手续的房地产交易情况。

土地管理部门在土地证书的定期查验时,可联合契税征收机关对契税完税情况进行检查。对检查中发现的逃避纳税和不办理土地变更登记手续的,应责令其完税和办理土地变更登记手续,并依照有关规定进行处理。

《国家税务总局 国家土地管理局关于契税征收管理有关问题的通知》（国税发〔1998〕31号）

5.6.5.2 保密规定

税务机关及其工作人员对税收征收管理过程中知悉的纳税人的个人信息，应当依法予以保密，不得泄露或者非法向他人提供。

《中华人民共和国契税法》第十三条

税务机关及其工作人员对税收征管过程中知悉的个人的身份信息、婚姻登记信息、不动产权属登记信息、纳税申报信息及其他商业秘密和个人隐私，应当依法予以保密，不得泄露或者非法向他人提供。纳税人的税收违法行为信息不属于保密信息范围，税务机关可依法处理。

《国家税务总局关于契税纳税服务与征收管理若干事项的公告》（国家税务总局公告2021年第25号）

契税征收机关应对在土地管理部门查询的资料严格保密，未经允许，不得转让或公开引用。

《国家税务总局 国家土地管理局关于契税征收管理有关问题的通知》（国税发〔1998〕31号）

5.6.6 法律责任

纳税人、税务机关及其工作人员违反本法规定的，依照《税收征收管理法》和有关法律法规的规定追究法律责任。

《中华人民共和国契税法》第十五条

练 习 自 测 题

【单项选择题】

1. 下列关于契税优惠政策的说法正确的是（　　）。

    A. 城镇职工购买公有住房免征契税

    B. 国家机关购买房地产企业住房免征契税

    C. 因不可抗力丧失住房而重新购买住房的，可以减征或者免征契税

    D. 企业取得荒山土地使用权可以免征契税

【参考答案】 C

【答案解析】《财政部 税务总局关于契税法实施后有关优惠政策衔接问题的公告》(财政部 税务总局公告 2021 年第 29 号)规定,城镇职工按规定第一次购买公有住房的,免征契税;《契税法》第六条规定,国家机关承受房屋用于办公的,免征契税;承受荒山、荒地、荒滩土地使用权用于农、林、牧、渔业生产免征契税;第七条规定,省、自治区、直辖市可以决定因不可抗力灭失住房,重新承受住房权属减免或免征契税。选项 A,B,D 均有限制条件,表述不正确。

【多项选择题】

2. 根据契税的有关规定,下列应征收契税的有(　　　)。

　　A. 以土地、房屋权属作价投资到非本人经营的企业中

　　B. 接受土地、房屋权属用以抵偿债务

　　C. 以获奖方式承受土地、房屋权属

　　D. 企业购买旧房翻建新房

　　E. 个人将自己的房产投资到自己的一人有限公司中

【参考答案】　ABCD

【答案解析】《契税法》第二条规定,以作价投资(入股)、偿还债务、划转、奖励等方式转移土地、房屋权属的,应当征收契税。《财政部 税务总局关于继续执行企业事业单位改制重组有关契税政策的公告》(财政部 税务总局公告 2021 年第 17 号)规定,同一自然人与其设立的个人独资企业、一人有限公司之间土地、房屋权属的划转,免征契税。因此,除了 E 免税外,其他选项均属于应征收契税的。

【判断题】

3. 王小二婚前名下有一套住房准备用作婚房,2022 年 5 月 20 日,其与张三登记结婚,2022 年 6 月 1 日,王小二将婚房产权证上加上了张三的名字,张三与王小二是夫妻关系,取得该住房部分产权不属于契税征税范围,不征契税。

　　　　　　　　　　　　　　　　　　　　　　　　　　　　　　(　　　　)

【参考答案】　×

【答案解析】《中华人民共和国契税法》第六条规定,婚姻关系存续期间夫妻之间变更土地、房屋权属免征契税。免税是优惠政策,属于征税范围。

第六章 土 地 增 值 税

　　土地增值税是以纳税人转让国有土地使用权、地上的建筑物及其附着物所取得的增值额为征税对象,依照规定税率征收的一种税。其目的是规范土地,房地产市场交易秩序,合理调节土地增值收益,维护国家权益。

　　国务院于 1993 年 11 月 26 日国务院第十二次常务会议通过,在 1993 年 12 月 13 日发布了《中华人民共和国土地增值税暂行条例》(简称《土地增值税暂行条例》),财政部于 1995 年 1 月 27 日以《财政部关于印发〈中华人民共和国土地增值税暂行条例实施细则〉的通知》(财法字〔1995〕6 号)印发颁布了《中华人民共和国土地增值税暂行条例实施细则》(简称《土地增值税实施细则》)。土地增值税从 1994 年 1 月 1 日起在全国开征。

6.1　概述

6.1.1　土地增值税开征目的

　　开征土地增值税,主要是国家运用税收杠杆引导房地产经营的方向,规范房地产市场的交易秩序,合理调节土地增值收益分配,维护国家权益,促进房地产开发的健康发展。

6.1.1.1　适应房地产市场调控的需要

　　开征土地增值税,是适应我国社会主义市场经济发展的新形势,增强国家对房地产开发和房地产交易市场调控的需要。改革开放前,我国土地管理制度一直采取行政划拨方式,土地实行无偿无限期使用,但不允许买卖土地。实践证明,这种土地使用管理制度不利于提高土地资源的使用效益。自 1987 年我国对土地使用制度进行改革,实行国有土地使用权的有偿出让和转让后,极大地促进了我国房地产业发展和房地产市场的建立,对提高土地使用效益,增加国家财政收入,改善城市基础设施和人民生活居住条件,以及带动国民经济相关产业的发展都产生了积极作用。

但是,由于有关土地管理的各项制度滞后,以及行政管理上的偏差,在房地产业发展中也出现了一些问题。特别是1992年及1993年上半年,我国部分地区出现的房地产持续高温,炒买炒卖房地产情况严重,使得很多资金流向了房地产,极大地浪费了国家的资源和财力,国家土地资金收益大量流失,严重冲击和危害了国民经济的协调健康发展。为扭转这一局面,国家采取了一系列宏观调控措施,其中一项就是开征土地增值税,这也是社会主义市场经济发展的客观需要。

6.1.1.2 抑制炒买炒卖土地获取暴利

对土地增值税课税,其主要目的是抑制炒买炒卖土地获取暴利的行为,以保护正当房地产开发的发展。土地增值主要是两方面原因,一是自然增值,由于土地资源是有限的,随着社会经济的发展,生产和生活建设用地扩大,土地资源相对发生紧缺或改善了投资环境,导致土地价格上升。二是投资增值,把"生地"变为"熟地",建成各种生产、生活、商业设施,形成土地增值。土地属国家所有,新中国成立以来,国家在城市建设方面投入了大量资金,搞了许多基础设施建设,这是土地增值的一个重要因素。对这部分土地增值收益,国家理应参与土地增值收益分配,并取得较大份额。征收土地增值税有利于减少国家土地资源增值收益的流失,同时,对投资房地产开发的合理收益给予保护,使其能够得到一定的回报,以促进房地产业的正常发展。但对炒买炒卖房地产获取暴利者,则要用高税率进行调节。这样就可以起到保护正当房地产开发的发展、遏制投机者牟取暴利的行为,维护国家整体利益的作用。

6.1.1.3 规范国家参与土地增值收益分配的需要

规范国家参与土地增值收益的分配方式,增加国家财政收入,为经济建设积累资金。目前,我国涉及房地产交易市场的税收,主要有企业所得税、个人所得税、契税等。这些税对转让房地产收益只起一般的调节作用,对房地产交易因土地增值所获得的过高收入起不到特殊的调节作用。开征土地增值税能对土地增值的过高收入进行调节,并为增加国家财政收入开辟新税源。土地增值收入属于地方财政收入,地方可集中财力用于地方经济建设,同时,开征土地增值税可以规范土地增值收益的分配制度,统一各地土地增值收益收费标准。

总之,开征土地增值税对于维护国家利益,合理分配国家土地资源收入,促进房地产业和房地产市场健康发展都会产生积极作用。

《国家税务总局关于印发〈土地增值税宣传提纲〉的通知》(国税函发〔1995〕110号)

6.1.2　立法原则

根据社会主义市场经济发展的客观需要,和国家对房地产市场和房地产开发进行调控的要求,在研究制定土地增值税时遵循了以下三个原则:

(1)要有效地抑制炒买炒卖"地皮""楼花"等牟取暴利的投机行为,防止扰乱房地产开发和房地产市场发展的行为。土地增值税以转让房地产的增值额为计税依据,并实行四级超率累进税率,对增值率高的多征税,增值率低的少征税,充分体现对过高增值收益进行有效调节的作用。

(2)维护国家权益,防止国家土地增值收益流失,增加国家财政收入,土地资源属国家所有,国家为整治和开发国土投入了巨额资金,国家理应参与土地增值收益分配,增加国家财政收入,用于国家经济建设。

(3)保护从事正当房地产开发者的合法利益,使其得到一定的投资回报,促进房地产开发结构的调整。制定的土地增值税政策,对正当房地产开发者从事房地产开发的投资回报率和通胀因素是有照顾的,以区别于房地产交易的投机行为,这样一方面制约和抑制了房地产的投机和炒卖,另一方面又保护了正常的房地产开发,引导房地产业健康稳定地发展。

《国家税务总局关于印发〈土地增值税宣传提纲〉的通知》(国税函发〔1995〕110号)

6.2　纳税义务人

转让国有土地使用权、地上的建筑物及其附着物(简称"转让房地产")并取得收入的单位和个人,为土地增值税的纳税义务人(简称"纳税人"),应依照《土地增值税暂行条例》缴纳土地增值税。

《中华人民共和国土地增值税暂行条例》第二条

单位,是指各类企业单位、事业单位、国家机关和社会团体及其他组织。

个人,包括个体经营者。

《中华人民共和国土地增值税暂行条例实施细则》第六条

土地增值税的纳税义务人是有偿转让国有土地使用权、地上的建筑物及其附着物的单位和个人。包括各类企业单位、事业单位、机关、社会团体、个体工商户以及其他单位和个人。根据《国务院关于外商投资企业和外国企业适用增值税、消费税等税收暂行条例的有关问题的通知》(国发〔1994〕10 号)的规定,土地增值税也同样适用于涉外企业、单位和个人。因此,外商投资企业、外国企业、外国驻华机构、外国公民、华侨,以及港澳台同胞等,只要转让房地产并取得收入,就是土地增值税的纳税义务人,均应按《土地增值税暂行条例》的规定照章纳税。

《国家税务总局关于印发〈土地增值税宣传提纲〉的通知》(国税函发〔1995〕110 号)

6.3 征税范围

根据《土地增值税暂行条例》的规定,凡转让国有土地使用权、地上的建筑物及其附着物并取得收入的行为都应缴纳土地增值税。这样界定有三层含意:

一是土地增值税仅对转让国有土地使用权的征收,对转让集体土地使用权的不征税。这是因为,根据《中华人民共和国土地管理法》的规定,国家为了公共利益,可以依照法律规定对集体土地实行征用,依法被征用后的土地属于国家所有。未经国家征用的集体土地不得转让,如要自行转让是一种违法行为。对这种违法行为应由有关部门依照相关法律来处理,而不应纳入土地增值税的征税范围。

二是只对转让的房地产征收土地增值税,不转让的不征税。如房地产的出租,虽然取得了收入,但没有发生房地产的产权转让,不应属于土地增值税的征收范围。

三是对转让房地产并取得收入的征税,对发生转让行为,而未取得收入的不征税。如通过继承、赠与方式转让房地产的,虽然发生了转让行为,但未取得收入,就不能征收土地增值税。

《国家税务总局关于印发〈土地增值税宣传提纲〉的通知》（国税函发〔1995〕110 号）

6.3.1　转让国有土地使用权

转让国有土地使用权、地上的建筑物及其附着物取得收入，是指以出售或者其他方式有偿转让房地产的行为。不包括以继承、赠与方式无偿转让房地产的行为。

《中华人民共和国土地增值税暂行条例实施细则》第二条

6.3.1.1　国有土地、地上建筑物附着物

国有土地，是指按国家法律规定属于国家所有的土地。

地上的建筑物，是指建于土地上的一切建筑物，包括地上地下的各种附属设施。

附着物，是指附着于土地上的不能移动，一经移动即遭损坏的物品。

《中华人民共和国土地增值税暂行条例实施细则》第三条、第四条

6.3.1.2　地上基础设施建筑物

根据《土地增值税暂行条例》规定，对转让码头泊位、机场跑道等基础设施性质的建筑物行为，应当征收土地增值税。

《国家税务总局关于转让地上建筑物土地增值税征收问题的批复》（国税函〔2010〕347 号）

6.3.1.3　实质性转让处理

土地使用者转让、抵押或置换土地，无论其是否取得了该土地的使用权属证书，无论其在转让、抵押或置换土地过程中是否与对方当事人办理了土地使用权属证书变更登记手续，只要土地使用者享有占有、使用、收益或处分该土地的权利，且有合同等证据表明其实质转让、抵押或置换了土地并取得了相应的经济利益，土地使用者及其对方当事人应当依照税法规定缴纳增值税、土地增值税等相关税收。

《国家税务总局关于未办理土地使用权证转让土地有关税收问题的批复》（国税函〔2007〕645 号）

6.3.2　有偿

收入，包括转让房地产的全部价款及有关的经济收益。

《中华人民共和国土地增值税暂行条例实施细则》第五条

6.3.3 赠与不征土地增值税

《土地增值税实施细则》所称的"赠与"是指如下情况：

（1）房产所有人、土地使用权所有人将房屋产权、土地使用权赠与直系亲属或承担直接赡养义务人的。

（2）房产所有人、土地使用权所有人通过中国境内非营利的社会团体、国家机关将房屋产权、土地使用权赠与教育、民政和其他社会福利、公益事业的。

上述社会团体是指中国青少年发展基金会、希望工程基金会、宋庆龄基金会、减灾委员会、中国红十字会、中国残疾人联合会、全国老年基金会、老区促进会以及经民政部门批准成立的其他非营利的公益性组织。

《财政部 国家税务总局关于土地增值税一些具体问题规定的通知》（财税字〔1995〕48号）

6.3.4 自用或出租不征土地增值税

房地产开发企业将开发的部分房地产转为企业自用或用于出租等商业用途时，如果产权未发生转移，不征收土地增值税，在税款清算时不列收入，不扣除相应的成本和费用。

《国家税务总局关于房地产开发企业土地增值税清算管理有关问题的通知》（国税发〔2006〕187号）、《土地增值税清算管理规程》（国税发〔2009〕91号）

6.3.5 视同销售

房地产开发企业将开发产品用于职工福利、奖励、对外投资、分配给股东或投资人、抵偿债务、换取其他单位和个人的非货币性资产等，发生所有权转移时应视同销售房地产。

《国家税务总局关于房地产开发企业土地增值税清算管理有关问题的通知》（国税发〔2006〕187号）

6.3.6 股权转让

鉴于深圳市能源集团有限公司和深圳能源投资股份有限公司一次性共同转让深圳能源（钦州）实业有限公司100%的股权，且这些以股权形式表现的资产主要是土地使用权、地上建筑物及附着物,经研究,对此应按土地增值税的规定征税。

《国家税务总局关于以转让股权名义转让房地产行为征收土地增值税问题的批复》(国税函〔2000〕687号)

鉴于广西玉柴营销有限公司在2007年10月30日将房地产作价入股后,于2007年12月6日、18日办理了房地产过户手续,同月25日即将股权进行了转让,且股权转让金额等同于房地产的评估值。

因此,我局认为这一行为实质上是房地产交易行为,应按规定征收土地增值税。

《国家税务总局关于土地增值税相关政策问题的批复》(国税函〔2009〕387号)

经研究,同意天津税务局关于"北京国泰恒生投资有限公司利用股权转让方式让渡土地使用权,实质是房地产交易行为"的认定,应依照《土地增值税暂行条例》的规定,征收土地增值税。

《国家税务总局关于天津泰达恒生转让土地使用权土地增值税征缴问题的批复》(国税函〔2011〕415号)

解读▶ 土地增值税征税的前提是国有土地使用权有偿转让,在股权转让中,国有土地使用权仍然在原企业,只是企业的持股人发生变化,土地权属并没有转移,因此,现在大部分省、市对股权转让并没有征收土地增值税。我们认为,总局对上述文件的答复是针对个案情形,政策执行层面上没有办法统一处理。税务机关在征管实际中,应牢牢抓住土地使用权所属企业的土地原值不得变化这个基本原理,在再次转让国有土地使用权时按原值作为扣除项目计算征收土地增值税。

6.3.7　企业改制重组

政策执行期限为2021年1月1日至2023年12月31日。

改制重组有关土地增值税政策不适用于房地产转移任意一方为房地产开发企业的情形。

《财政部　税务总局关于继续实施企业改制重组有关土地增值税政策的公告》(财政部　税务总局公告2021年第21号)

解读▶ 根据《中华人民共和国城市房地产管理法》(简称《城市房地产管理法》)

第三十条的规定,房地产开发企业是以营利为目的,从事房地产开发和经营的企业。设立房地产开发企业,应当具备下列条件:

(1) 有自己的名称和组织机构。

(2) 有固定的经营场所。

(3) 有符合国务院规定的注册资本。

(4) 有足够的专业技术人员。

(5) 法律、行政法规规定的其他条件。

设立房地产开发企业,应当向工商行政管理部门申请设立登记。工商行政管理部门对符合《城市房地产管理法》规定条件的,应当予以登记,发给营业执照;对不符合《城市房地产管理法》规定条件的,不予登记。设立有限责任公司、股份有限公司,从事房地产开发经营的,还应当执行公司法的有关规定。

房地产开发企业在领取营业执照后的一个月内,应当到登记机关所在地的县级以上地方人民政府规定的部门备案。

6.3.7.1　整体改制

整体改制是指不改变原企业的投资主体,并承继原企业权利、义务的行为。不改变原企业投资主体是指企业改制重组前后出资人不发生变动,出资人的出资比例可以发生变动。

企业按照《中华人民共和国公司法》有关规定整体改制,包括非公司制企业改制为有限责任公司或股份有限公司,有限责任公司变更为股份有限公司,股份有限公司变更为有限责任公司,对改制前的企业将国有土地使用权、地上的建筑物及其附着物(简称"房地产")转移、变更到改制后的企业,暂不征土地增值税。

《财政部 税务总局关于继续实施企业改制重组有关土地增值税政策的公告》(财政部 税务总局公告 2021 年第 21 号)

6.3.7.2　企业合并

按照法律规定或者合同约定,两个或两个以上企业合并为一个企业,且原企业投资主体存续的,对原企业将房地产转移、变更到合并后的企业,暂不征土地增值税。

投资主体存续,是指原企业出资人必须存在于改制重组后的企业,出资人的出资比例可以发生变动。

《财政部　税务总局关于继续实施企业改制重组有关土地增值税政策的公告》（财政部　税务总局公告 2021 年第 21 号）

6.3.7.3　企业分立

按照法律规定或者合同约定,企业分设为两个或两个以上与原企业投资主体相同的企业,对原企业将房地产转移、变更到分立后的企业,暂不征土地增值税。

投资主体相同,是指企业改制重组前后出资人不发生变动,出资人的出资比例可以发生变动。

《财政部　税务总局关于继续实施企业改制重组有关土地增值税政策的公告》（财政部　税务总局公告 2021 年第 21 号）

6.3.7.4　投资

单位、个人在改制重组时以房地产作价入股进行投资,对其将房地产转移、变更到被投资的企业,暂不征土地增值税。

《财政部　税务总局关于继续实施企业改制重组有关土地增值税政策的公告》（财政部　税务总局公告 2021 年第 21 号）

热点问题　A 公司为 B 自然人 100％控股的一人有限公司,因资产重组需要,拟将 B 自然人名下一房产以非货币性资产出资方式投资进入 A 公司,产权变更为 A 公司。请问 B 个人向 A 公司投资的行为,可否适用上述政策?

答:根据财政部、税务总局公告 2021 年第 21 号第四条:"单位、个人在改制重组时以房地产作价入股进行投资,对其将房地产转移、变更到被投资的企业,暂不征土地增值税。"第五条:"上述改制重组有关土地增值税政策不适用于房地产转移任意一方为房地产开发企业的情形。"因此,如是属个人以房地产投资入股,所投资企业为非房地产开发企业的,可按规定享受暂不征土地增值税优惠政策。

6.3.7.5　重组改制政策办理

纳税人享受上述重组改制税收政策,应按税务机关规定办理。

《财政部　税务总局关于继续实施企业改制重组有关土地增值税政策的公告》（财政部　税务总局公告 2021 年第 21 号）

解读▶ 享受重组改制暂不征土地增值税政策,不是免税,纳税人应准备好相关资料作为不征税证明材料,包括房地产转移双方营业执照、改制重组协议或等效文件,相关房地产权属和价值证明、转让方改制重组前取得土地使用权所支付地价款的凭据(复印件)等书面材料。

6.4 计税依据

土地增值税按照纳税人转让房地产所取得的增值额和规定的税率(详见"6.5.1四级超率累进税率")计算征收。

纳税人转让房地产所取得的收入减除规定扣除项目(详见"6.4.2扣除项目")金额后的余额,为增值额。

《中华人民共和国土地增值税暂行条例》第三条、第四条

计算增值额需要把握两个关键:一是转让房地产的收入,二是扣除项目金额。转让房地产的收入包括货币收入、实物收入和其他收入,即与转让房地产有关的经济利益。对纳税人申报的转让房地产的收入,税务机关要进行核实,对隐瞒收入等情况要按评估价格确定其转让收入。

《国家税务总局关于印发〈土地增值税宣传提纲〉的通知》(国税函发〔1995〕110号)

6.4.1 收入

纳税人转让房地产所取得的收入,包括货币收入、实物收入和其他收入。

《中华人民共和国土地增值税暂行条例》第五条

6.4.1.1 关于营改增后土地增值税应税收入确认问题

土地增值税纳税人转让房地产取得的收入为不含增值税收入。

免征增值税的,确定计税依据时,成交价格、租金收入、转让房地产取得的收入不扣减增值税额。

税务机关核定的计税价格或收入不含增值税。

《财政部 国家税务总局关于营改增后契税 房产税 土地增值税 个人所得税计税依据问题的通知》(财税〔2016〕43号)

营改增后,纳税人转让房地产的土地增值税应税收入不含增值税。适用增

值税一般计税方法的纳税人,其转让房地产的土地增值税应税收入不含增值税销项税额;适用简易计税方法的纳税人,其转让房地产的土地增值税应税收入不含增值税应纳税额。

为方便纳税人,简化土地增值税预征税款计算,房地产开发企业采取预收款方式销售自行开发的房地产项目的,可按照以下方法计算土地增值税预征计征依据:

$$土地增值税预征的计征依据 = 预收款 - 应预缴增值税税款$$

《国家税务总局关于营改增后土地增值税若干征管规定的公告》(国家税务总局公告 2016 年第 70 号)

6.4.1.2 政府代收费用处理

对于县级及县级以上人民政府要求房地产开发企业在售房时代收的各项费用,如果代收费用是计入房价中向购买方一并收取的,可作为转让房地产所取得的收入计税;如果代收费用未计入房价中,而是在房价之外单独收取的,可以不作为转让房地产的收入。

对于代收费用作为转让收入计税的,在计算扣除项目金额时,可予以扣除,但不允许作为加计 20% 扣除的基数;对于代收费用未作为转让房地产的收入计税的,在计算增值额时不允许扣除代收费用。

《财政部 国家税务总局关于土地增值税一些具体问题规定的通知》(财税字〔1995〕48 号)

解读 对于房地产开发企业向有关部门缴纳的住房专项维修基金,比照上述规定处理,如作为转让收入计税的,在计算扣除项目金额时,可予以扣除,但不允许作为加计 20% 扣除的基数。

6.4.1.3 视同销售收入确认

房地产开发企业将开发产品用于职工福利、奖励、对外投资、分配给股东或投资人、抵偿债务、换取其他单位和个人的非货币性资产等,发生所有权转移时应视同销售房地产,其收入按下列方法和顺序确认:

(1)按本企业在同一地区、同一年度销售的同类房地产的平均价格确定。

(2)由主管税务机关参照当地当年、同类房地产的市场价格或评估价值确定。

《国家税务总局关于房地产开发企业土地增值税清算管理有关问题的通知》（国税发〔2006〕187号）、《土地增值税清算管理规程》（国税发〔2009〕91号印发）

关于营改增后视同销售房地产的土地增值税应税收入确认问题

纳税人将开发产品用于职工福利、奖励、对外投资、分配给股东或投资人、抵偿债务、换取其他单位和个人的非货币性资产等，发生所有权转移时应视同销售房地产，其收入应按照《国家税务总局关于房地产开发企业土地增值税清算管理有关问题的通知》（国税发〔2006〕187号）第三条规定执行。纳税人安置回迁户，其拆迁安置用房应税收入和扣除项目的确认，应按照《国家税务总局关于土地增值税清算有关问题的通知》（国税函〔2010〕220号）第六条规定（详见"6.4.4.1土地征用及拆迁补偿费"）执行。

《国家税务总局关于营改增后土地增值税若干征管规定的公告》（国家税务总局公告2016年第70号）

6.4.1.4 关于土地增值税清算时收入确认的问题

土地增值税清算时，已全额开具商品房销售发票的，按照发票所载金额确认收入；未开具发票或未全额开具发票的，以交易双方签订的销售合同所载的售房金额及其他收益确认收入。销售合同所载商品房面积与有关部门实际测量面积不一致，在清算前已发生补、退房款的，应在计算土地增值税时予以调整。

《国家税务总局关于土地增值税清算有关问题的通知》（国税函〔2010〕220号）

房地产开发企业在营改增后进行房地产开发项目土地增值税清算时，土地增值税应税收入＝营改增前转让房地产取得的收入＋营改增后转让房地产取得的不含增值税收入。

《国家税务总局关于营改增后土地增值税若干征管规定的公告》（国家税务总局公告2016年第70号）

6.4.1.5 收入以外币结算处理

土地增值税以人民币为计算单位。转让房地产所取得的收入为外国货币的，以取得收入当天或当月1日国家公布的市场汇价折合成人民币，据以计算应纳土地增值税税额。

《中华人民共和国土地增值税暂行条例实施细则》第二十条

对于取得的收入为外国货币的，依照《土地增值税实施细则》规定，以取得收入当天或当月1日国家公布的市场汇价折合人民币,据以计算土地增值税税额。对于以分期收款形式取得的外币收入,也应按实际收款日或收款当月1日国家公布的市场汇价折合人民币。

《财政部　国家税务总局关于土地增值税一些具体问题规定的通知》(财税字〔1995〕48号)

6.4.1.6　转让加油站房地产有关土地增值税计税收入确认问题

《成品油市场管理办法》(商务部令2006年第23号)第三十六条规定:成品油经营批准证书不得伪造、涂改,不得买卖、出租、转借或者以任何其他形式转让;第二十九条规定:经营单位投资主体发生变化的,原经营单位应办理相应经营资格的注销手续,新经营单位应重新申办成品油经营资格。

因此,对依法不得转让的成品油零售特许经营权作价或评估作价不应从转让加油站整体资产的收入金额中扣除。

《国家税务总局关于纳税人转让加油站房地产有关土地增值税计税收入确认问题的批复》(税总函〔2017〕513号)

6.4.2　扣除项目

计算增值额的扣除项目:
(1)取得土地使用权所支付的金额。
(2)开发土地的成本、费用。
(3)新建房及配套设施的成本、费用,或者旧房及建筑物的评估价格。
(4)与转让房地产有关的税金。
(5)财政部规定的其他扣除项目。

《中华人民共和国土地增值税暂行条例》第六条

热点问题　某房地产公司根据政府要求在审批的项目规划外,所建的幼儿园所发生支出是否能作为扣除项目扣除?

答:房地产开发企业在项目建设用地边界外(国家有关部门审批的项目规划外,即"红线"外)承诺为政府或其他单位建设公共设施或其他工程的,房地产开发企业在计算本项目土地增值税时,其在项目建设用地边界外为政府或其他单位建设公共设施或其他工程所发生的支出,不得计入本项目扣除项目金额。

《土地增值税暂行条例》等规定的土地增值税扣除项目涉及的增值税进项

税额,允许在销项税额中计算抵扣的,不计入扣除项目,不允许在销项税额中计算抵扣的,可以计入扣除项目。

《财政部 国家税务总局关于营改增后契税 房产税 土地增值税 个人所得税计税依据问题的通知》(财税〔2016〕43号)

6.4.3 取得土地使用权所支付的金额

取得土地使用权所支付的金额,是指纳税人为取得土地使用权所支付的地价款和按国家统一规定交纳的有关费用。

《中华人民共和国土地增值税暂行条例实施细则》第七条

解读▶ 关于按国家统一规定交纳的有关费用的扣除问题,一般来说,房地产开发企业在取得土地使用权时,按国家统一规定交纳的有关费用,凡能取得财政专用票据的,记入"取得土地使用权所支付的金额"项目扣除,不能取得财政专用票据的,记入"房地产开发费用"项目扣除。

热点问题 某房地产公司2015年通过公开拍卖方式取得土地,对应的土地拍卖佣金直接支付给政府委托主持拍卖的拍卖公司而并非政府,且取得的佣金发票为"税务局通用机打发票",发票项目和内容分别为其他服务——佣金,收款方也为该拍卖公司。现项目进行土地增值税清算,请问该笔佣金是否可在土增清算时扣除?

答:根据《土地增值税实施细则》第七条的规定:"条例第六条所列的计算增值额的扣除项目,具体为:(一)取得土地使用权所支付的金额,是指纳税人为取得土地使用权所支付的地价款和按国家统一规定交纳的有关费用。"由于《土地增值税实施细则》是1995年出台的,当时政府出让土地方式还没有"招拍挂"方式。随着土地管理的进一步规范,"招拍挂"作为政府出让土地的一种方式,土地拍卖佣金直接支付给政府委托主持拍卖的拍卖公司,如果不支付就不能参与土地"招拍挂"取得不了土地,从某种意义上说,土地拍卖佣金是政府统一规定交纳的费用,只不过不是政府直接收取。因此,笔者认为,对纳税人在土地出让环节支付的"招拍挂"佣金可视为"按国家统一规定交纳的有关费用",作为"取得土地使用权所支付的金额"在土地增值税清算时据实扣除。

注意,对该问题的处理全国各地有不同的意见。《广西壮族自治区税务局关于发布〈广西壮族自治区房地产开发项目土地增值税管理办法(试行)〉的公告》(广西壮族自治区税务局公告2018年第1号)、《常州市地方税务局税政处关于土地增值税若干征税问题的处理意见》(常地税一便函〔2012〕5号)等文件,以及国家税务总局福建省12366纳税服务中心2021年1月25日答复的意见是:由于拍卖佣金不属于国家统一规定交纳的有关费用,拍卖佣金不可列入作为取得土地使用权所支付的金额扣除,但可以列入管理费,作为房地产开发费用,在规定比例内扣除。而《国家税务总局海南省税务局关于发布〈国家税务总局海南省税务局土地增值税清算审核管理办法〉的公告》(2021年第7号)明确:为取得土地使用权所支付的契税、"招拍挂"佣金,视同"按国家统一规定交纳的有关费用",允许扣除。

因此,纳税人遇到此类问题时应与当地主管税务机关做好沟通。

6.4.3.1 取得土地使用权所支付的金额内涵

取得土地使用权所支付的金额,包括纳税人为取得土地使用权所支付的地价款和按国家统一规定交纳的有关费用。具体如下:以出让方式取得土地使用权的,为支付的土地出让金;以行政划拨方式取得土地使用权的,为转让土地使用权时按规定补交的出让金;以转让方式取得土地使用权的,为支付的地价款。

《国家税务总局关于印发〈土地增值税宣传提纲〉的通知》(国税函发〔1995〕110号)

解读 ▶ 一般来说,地方政府、财政部门为了招商引资,会以各种名义向房地产开发项目返还土地出让金、城市建设配套费、税金等,在计算土地增值税扣除项目金额时应抵减相应项目的扣除项目金额。对不能区分科目的返还资金,抵减土地出让金。

6.4.3.2 房地产企业逾期开发缴纳的土地闲置费的扣除问题

房地产开发企业逾期开发缴纳的土地闲置费不得扣除。

《国家税务总局关于土地增值税清算有关问题的通知》(国税函〔2010〕220号)

6.4.3.3 房地产开发企业取得土地使用权时支付的契税扣除问题

房地产开发企业为取得土地使用权所支付的契税,应视同"按国家统一规定交纳的有关费用",计入"取得土地使用权所支付的金额"中扣除。

《国家税务总局关于土地增值税清算有关问题的通知》(国税函〔2010〕220号)

6.4.4 房地产开发成本

开发土地和新建房及配套设施(简称"房地产开发")的成本,是指纳税人房地产开发项目实际发生的成本(简称"房地产开发成本"),包括土地征用及拆迁补偿费、前期工程费、建筑安装工程费、基础设施费、公共配套设施费、开发间接费用。

《中华人民共和国土地增值税暂行条例实施细则》第七条

开发土地和新建房及配套设施的成本(简称"房地产开发成本")。包括土地征用及拆迁补偿费、前期工程费、建筑安装工程费、基础设施费、公共设施配套费、开发间接费用。这些成本允许按实际发生额扣除。

《国家税务总局关于印发〈土地增值税宣传提纲〉的通知》(国税函发〔1995〕110号)

6.4.4.1 土地征用及拆迁补偿费

土地征用及拆迁补偿费,包括土地征用费、耕地占用税、劳动力安置费及有关地上、地下附着物拆迁补偿的净支出、安置动迁用房支出等。

《中华人民共和国土地增值税暂行条例实施细则》第七条

拆迁安置土地增值税计算问题如下:

(1)房地产企业用建造的本项目房地产安置回迁户的,安置用房视同销售处理,按《国家税务总局关于房地产开发企业土地增值税清算管理有关问题的通知》(国税发〔2006〕187号)第三条第(一)款规定(详见"6.4.1.3视同销售收入确认")确认收入,同时将此确认为房地产开发项目的拆迁补偿费。房地产开发企业支付给回迁户的补差价款,计入拆迁补偿费;回迁户支付给房地产开发企业的补差价款,应抵减本项目拆迁补偿费。

(2)开发企业采取异地安置,异地安置的房屋属于自行开发建造的,房屋价值按国税发〔2006〕187号第三条第(一)款的规定(详见"6.4.1.3视同销售收入确认")计算,计入本项目的拆迁补偿费;异地安置的房屋属于购入的,以实际支付的购房支出计入拆迁补偿费。

(3)货币安置拆迁的,房地产开发企业凭合法有效凭据计入拆迁补偿费。

《国家税务总局关于土地增值税清算有关问题的通知》(国税函〔2010〕220号)

6.4.4.2 前期工程费

前期工程费,包括规划、设计、项目可行性研究和水文、地质、测绘、"三通一平"等支出。

《中华人民共和国土地增值税暂行条例实施细则》第七条

6.4.4.3 建筑安装工程费

建筑安装工程费,是指以出包方式支付给承包单位的建筑安装工程费,以自营方式发生的建筑安装工程费。

《中华人民共和国土地增值税暂行条例实施细则》第七条

(一)装修费用扣除问题

房地产开发企业销售已装修的房屋,其装修费用可以计入房地产开发成本。

《国家税务总局关于房地产开发企业土地增值税清算管理有关问题的通知》(国税发〔2006〕187号)

热点问题 A公司是房地产公司,开发了拎包入住的精装修商品房销售,并配备家用电器、家具、日用品、窗帘、装饰画等,请问由于房屋销售收入中包含了这类物品,这类物品是否一并作为装修费用扣除?

答:房地产开发企业销售精装修房,其装修费用可以计入房地产开发成本。装修费用不包括房地产开发企业自行采购或委托装修公司购买的家用电器、可移动家具、日用品、可移动装饰用品(如窗帘、装饰画等)所发生的支出。

房地产开发企业销售精装修房时,如其销售收入包括销售家用电器、可移动家具、日用品、可移动装饰用品(如窗帘、装饰画等)等取得的收入,应以总销售收入减去家用电器等的采购价格作为房地产销售收入计算土地增值税。

(二)房地产开发企业未支付的质量保证金处理

房地产开发企业在工程竣工验收后,根据合同约定,扣留建筑安装施工企业一定比例的工程款,作为开发项目的质量保证金,在计算土地增值税时,建筑安装施工企业就质量保证金对房地产开发企业开具发票的,按发票所载金额予以扣除;未开具发票的,扣留的质保金不得计算扣除。

《国家税务总局关于土地增值税清算有关问题的通知》(国税函〔2010〕220号)

解读▶ 建设工程质量保证金(简称"保证金")是指发包人与承包人在建设工程承包合同中约定,从应付的工程款中预留,用以保证承包人在缺陷责任期内对建设工程出现的缺陷进行维修的资金。缺陷是指建设工程质量不符合工程建设强制性标准、设计文件,以及承包合同的约定。缺陷责任期一般为1年,最长不超过 2 年,由发、承包双方在合同中约定。质保期满,工程没有质量问题或者有质量问题承包人已按约定进行维修,扣留的质保金需返还给承包人,承包人开具工程发票方可扣除。

(三)营改增后建筑安装工程费支出的发票确认问题

营改增后,土地增值税纳税人接受建筑安装服务取得的增值税发票,应按照《国家税务总局关于全面推开营业税改征增值税试点有关税收征收管理事项的公告》(国家税务总局公告 2016 年第 23 号)规定,在发票的备注栏注明建筑服务发生地县(市、区)名称及项目名称,否则不得计入土地增值税扣除项目金额。

《国家税务总局关于营改增后土地增值税若干征管规定的公告》(国家税务总局公告 2016 年第 70 号)

6.4.4.4 基础设施费

基础设施费,包括开发小区内道路、供水、供电、供气、排污、排洪、通信、照明、环卫、绿化、等工程发生的支出。

《中华人民共和国土地增值税暂行条例实施细则》第七条

6.4.4.5 公共配套设施费

公共配套设施费,包括不能有偿转让的开发小区内公共配套设施发生的支出。

《中华人民共和国土地增值税暂行条例实施细则》第七条

房地产开发企业开发建造的与清算项目配套的居委会和派出所用房、会所、停车场(库)、物业管理场所、变电站、热力站、水厂、文体场馆、学校、幼儿园、托儿所、医院、邮电通信等公共设施,按以下原则处理:

(1)建成后产权属于全体业主所有的,其成本、费用可以扣除。

(2)建成后无偿移交给政府、公用事业单位用于非营利性社会公共事业的,其成本、费用可以扣除。

(3)建成后有偿转让的,应计算收入,并准予扣除成本、费用。

《国家税务总局关于房地产开发企业土地增值税清算管理有关问题的通知》(国税发〔2006〕187 号)

6.4.4.6 开发间接费用

开发间接费用,是指直接组织、管理开发项目发生的费用,包括工资、职工福利费、折旧费、修理费、办公费、水电费、劳动保护费、周转房摊销等。

《中华人民共和国土地增值税暂行条例实施细则》第七条

6.4.5　房地产开发费用

开发土地和新建房及配套设施的费用（简称"房地产开发费用"），是指与房地产开发项目有关的销售费用、管理费用、财务费用。

《中华人民共和国土地增值税暂行条例实施细则》第七条

根据新会计制度规定，与房地产开发有关的费用直接计入当年损益，不按房地产项目进行归集或分摊。

《国家税务总局关于印发〈土地增值税宣传提纲〉的通知》（国税函发〔1995〕110号）

6.4.5.1　利息支出

财务费用中的利息支出，凡能够按转让房地产项目计算分摊并提供金融机构证明的，允许据实扣除，但最高不能超过按商业银行同类同期贷款利率计算的金额。其他房地产开发费用，按取得土地使用权所支付的金额（详见"6.4.3取得土地使用权所支付的金额"）及房地产开发成本（详见"6.4.4房地产开发成本"）规定计算的金额之和的5%以内计算扣除。

凡不能按转让房地产项目计算分摊利息支出或不能提供金融机构证明的，房地产开发费用按取得土地使用权所支付的金额（详见"6.4.3取得土地使用权所支付的金额"）及房地产开发成本（详见"6.4.4房地产开发成本"）规定计算的金额之和的10%以内计算扣除。

上述计算扣除的具体比例，由各省、自治区、直辖市人民政府规定。

《中华人民共和国土地增值税暂行条例实施细则》第七条

为了便于计算操作，《土地增值税实施细则》规定，财务费用中的利息支出，凡能够按转让房地产项目计算分摊，并提供金融机构证明的，允许据实扣除，但最高不能超过按商业银行同类同期贷款利率计算的金额。房地产开发费用按取得土地使用权所支付的金额及房地产开发成本之和的5%以内予以扣除。凡不能提供金融机构证明的，利息不单独扣除，三项费用的扣除按取得土地使用权所支付的金额（详见"6.4.3取得土地使用权所支付的金额"）及房地产开发成本（详见"6.4.4房地产开发成本"）的10%以内计算扣除。

《国家税务总局关于印发〈土地增值税宣传提纲〉的通知》（国税函发〔1995〕

110 号）

利息的上浮幅度按国家的有关规定执行,超过上浮幅度的部分不允许扣除;

对于超过贷款期限的利息部分和加罚的利息不允许扣除。

《财政部 国家税务总局关于土地增值税一些具体问题规定的通知》(财税字〔1995〕48 号)

(1)财务费用中的利息支出,凡能够按转让房地产项目计算分摊并提供金融机构证明的,允许据实扣除,但最高不能超过按商业银行同类同期贷款利率计算的金额。其他房地产开发费用,在按照"取得土地使用权所支付的金额"(详见"6.4.3 取得土地使用权所支付的金额")与"房地产开发成本"(详见"6.4.4 房地产开发成本")金额之和的 5% 以内计算扣除。

(2)凡不能按转让房地产项目计算分摊利息支出或不能提供金融机构证明的,房地产开发费用在按"取得土地使用权所支付的金额"(详见"6.4.3 取得土地使用权所支付的金额")与"房地产开发成本"(详见"6.4.4 房地产开发成本")金额之和的 10% 以内计算扣除。

全部使用自有资金,没有利息支出的,按照以上方法扣除。

上述具体适用的比例按省级人民政府此前规定的比例执行。

(3)房地产开发企业既向金融机构借款,又有其他借款的,其房地产开发费用计算扣除时不能同时适用本条(1)(2)项所述两种办法。

(4)土地增值税清算时,已经计入房地产开发成本的利息支出,应调整至财务费用中计算扣除。

《国家税务总局关于土地增值税清算有关问题的通知》(国税函〔2010〕220 号)

6.4.5.2　预提费用

房地产开发企业的预提费用,除另有规定外,不得扣除。

《国家税务总局关于房地产开发企业土地增值税清算管理有关问题的通知》(国税发〔2006〕187 号)

6.4.6　旧房及建筑物的评估价格

6.4.6.1　关于新建房与旧房的界定问题

新建房是指建成后未使用的房产。凡是已使用一定时间或达到一定磨损程度的房产均属旧房。使用时间和磨损程度标准可由各省、自治区、直辖市财政厅（局）和税务局具体规定。

《财政部　国家税务总局关于土地增值税一些具体问题规定的通知》（财税字〔1995〕48号）

6.4.6.2　旧房及建筑物的评估价格

旧房及建筑物的评估价格，是指在转让已使用的房屋及建筑物时，由政府批准设立的房地产评估机构评定的重置成本价乘以成新度折扣率后的价格。评估价格须经当地税务机关确认。

《中华人民共和国土地增值税暂行条例实施细则》第七条

旧房及建筑物的评估价格，是指在转让已使用的房屋及建筑物时，由政府批准设立的房地产评估机构评定的重置成本价乘以成新度折扣率后的价值，并由当地税务机关参考评估机构的评估而确认的价格。

《国家税务总局关于印发〈土地增值税宣传提纲〉的通知》（国税函发〔1995〕110号）

6.4.6.3　转让旧房扣除项目金额的确定

（一）房屋建筑物评估价格

转让旧房的，应按房屋及建筑物的评估价格、取得土地使用权所支付的地价款和按国家统一规定交纳的有关费用以及在转让环节缴纳的税金作为扣除项目金额计征土地增值税。对取得土地使用权时未支付地价款或不能提供已支付的地价款凭据的，不允许扣除取得土地使用权所支付的金额。

《财政部　国家税务总局关于土地增值税一些具体问题规定的通知》（财税字〔1995〕48号）

（二）发票价格并加计扣除

纳税人转让旧房及建筑物，凡不能取得评估价格，但能提供购房发票的，经当地税务部门确认，《土地增值税暂行条例》第六条"取得土地使用权所支付的金额""旧房及建筑物的评估价格"规定的扣除项目的金额，可按发票所载金额并从购买年度起至转让年度止每年加计5％计算。对纳税人购房时缴纳的契税，凡能提供契税完税凭证的，准予作为"与转让房地产有关的税金"予以扣除，但不作为加计5％的基数。

《财政部　国家税务总局关于土地增值税若干问题的通知》（财税〔2006〕21号）

热点问题 M公司是非房地产开发企业,其购入某市T企业工业厂房,经批准进行改造后准备再转让,请问如何进行扣除?

答:国家税务总局曾在2012年10月《国家税务总局关于土地增值税若干具体问题的公告(征求意见稿)》第七条中提及,经房地产主管部门批准,非房地产开发企业取得毛坯房及其他存量房,进行局部改造、装修装饰后再转让的,计算扣除项目时,其取得该房产所支付的价款及税金、改造过程中发生的开发成本以及与转让房地产有关的税金允许据实扣除,但不得再按照《财政部 国家税务总局关于土地增值税若干问题的通知》(财税〔2006〕21号)第二条的规定(详见"(二)发票价格并加计扣除")加计扣除。

上述规定各地是否执行,需要纳税人主动与当地税务机关沟通。

关于转让旧房准予扣除项目的加计问题如下:

《财政部 国家税务总局关于土地增值税若干问题的通知》(财税〔2006〕21号)第二条第一款规定"纳税人转让旧房及建筑物,凡不能取得评估价格,但能提供购房发票的,经当地税务部门确认,《土地增值税暂行条例》第六条"取得土地使用权所支付的金额""旧房及建筑物的评估价格"规定的扣除项目的金额,可按发票所载金额并从购买年度起至转让年度止每年加计5%计算"。计算扣除项目时"每年"按购房发票所载日期起至售房发票开具之日止,每满12个月计1年;超过1年,未满12个月但超过6个月的,可以视同为1年。

《国家税务总局关于土地增值税清算有关问题的通知》(国税函〔2010〕220号)

营改增后旧房转让时的扣除计算问题如下:

营改增后,纳税人转让旧房及建筑物,凡不能取得评估价格,但能提供购房发票的,《土地增值税暂行条例》第六条第一项、第三项规定的扣除项目的金额按照下列方法计算:

(1)提供的购房凭据为营改增前取得的营业税发票的,按照发票所载金额(不扣减营业税)并从购买年度起至转让年度止每年加计5%计算。

(2)提供的购房凭据为营改增后取得的增值税普通发票的,按照发票所载价税合计金额从购买年度起至转让年度止每年加计5%计算。

(3)提供的购房发票为营改增后取得的增值税专用发票的,按照发票所载不含增值税金额加上不允许抵扣的增值税进项税额之和,并从购买年度起至转让年度止每年加计5%计算。

《国家税务总局关于营改增后土地增值税若干征管规定的公告》(国家税务总局公告2016年第70号)

(三) 核定征收

对于转让旧房及建筑物,既没有评估价格,又不能提供购房发票的,税务机关可以根据《税收征收管理法》第三十五条的规定,实行核定征收。

《财政部　国家税务总局关于土地增值税若干问题的通知》(财税〔2006〕21号)

6.4.6.4　已缴纳的契税扣除问题

对于个人购入房地产再转让的,其在购入时已缴纳的契税,在旧房及建筑物的评估价中已包括了此项因素,在计征土地增值税时,不另作为"与转让房地产有关的税金"予以扣除。

《财政部　国家税务总局关于土地增值税一些具体问题规定的通知》(财税字〔1995〕48号)

6.4.6.5　评估费用扣除问题

纳税人转让旧房及建筑物时因计算纳税的需要而对房地产进行评估,其支付的评估费用允许在计算增值额时予以扣除。对《土地增值税暂行条例》第九条规定的纳税人隐瞒、虚报房地产成交价格等情形(详见"6.4.10 房地产评估价格")而按房地产评估价格计算征收土地增值税所发生的评估费用,不允许在计算土地增值税时予以扣除。

《财政部　国家税务总局关于土地增值税一些具体问题规定的通知》(财税字〔1995〕48号)

6.4.7　与转让房地产有关的税金

与转让房地产有关的税金,是指在转让房地产时缴纳的营业税(营改增以前项目已经缴纳的)、城市维护建设税、印花税。因转让房地产交纳的教育费附加,也可视同税金予以扣除。

《中华人民共和国土地增值税暂行条例实施细则》第七条

与转让房地产有关的税金,这是指在转让房地产时缴纳的营业税(营改增以前项目已经缴纳的)、城市维护建设税、印花税。因转让房地产交纳的教育费附加,也可视同税金予以扣除。

《国家税务总局关于印发〈土地增值税宣传提纲〉的通知》(国税函发〔1995〕110号)

解读▶ 房地产开发企业交纳的地方教育附加,比照教育费附加计入与转让房地产有关的税金计算扣除。

6.4.7.1 关于计算增值额时扣除已缴纳印花税的问题

《土地增值税实施细则》中规定允许扣除的印花税,是指在转让房地产时缴纳的印花税。房地产开发企业按照《施工、房地产开发企业财务制度》的有关规定,其缴纳的印花税列入管理费用,已相应予以扣除。其他的土地增值税纳税义务人在计算土地增值税时允许扣除在转让时缴纳的印花税。

《财政部 国家税务总局关于土地增值税一些具体问题规定的通知》(财税字〔1995〕48号)

6.4.7.2 营改增后税金扣除问题

(1)营改增后,计算土地增值税增值额的扣除项目中"与转让房地产有关的税金"不包括增值税。

(2)营改增后,房地产开发企业实际缴纳的城市维护建设税(简称"城建税")、教育费附加,凡能够按清算项目准确计算的,允许据实扣除。凡不能按清算项目准确计算的,则按该清算项目预缴增值税时实际缴纳的城建税、教育费附加扣除。

其他转让房地产行为的城建税、教育费附加扣除比照上述规定执行。

(3)房地产开发企业在营改增后进行房地产开发项目土地增值税清算时,与转让房地产有关的税金=营改增前实际缴纳的营业税、城建税、教育费附加＋营改增后允许扣除的城建税、教育费附加。

《国家税务总局关于营改增后土地增值税若干征管规定的公告》(国家税务总局公告2016年第70号)

6.4.8 财政部规定的其他扣除项目

根据《土地增值税暂行条例》第六条(五)项规定,对从事房地产开发的纳税人可按取得土地使用权所支付的金额(详见"6.4.3 取得土地使用权所支付的金额")与开发土地的成本、费用(详见"6.4.2 房地产开发成本")计算的金额之和,加计20%的扣除。

《中华人民共和国土地增值税暂行条例实施细则》第七条

加计扣除,对从事房地产开发的纳税人,可按取得土地使用权所支付的金额(详见"6.4.3 取得土地使用权所支付的金额")与房地产开发成本(详见"6.4.2 房地产开发成本")之和加计 20％的扣除。

《国家税务总局关于印发〈土地增值税宣传提纲〉的通知》(国税函发〔1995〕110 号)

热点问题　G 房地产公司购买 H 房地产公司的在建房地产开发项目后进行继续建设,项目建成后再销售,购买在建项目所支付的价款是否可以加计扣除?

答:国家税务总局曾在 2012 年《国家税务总局关于土地增值税若干具体问题的公告(征求意见稿)》中第八条明确,企业购买在建房地产开发项目后,继续投入资金进行后续建设,达到销售条件进行商品房销售的,其购买在建项目所支付的价款及税金允许扣除,但不得作为取得土地使用权所支付的金额和房地产开发成本加计 20％的扣除;后续建设支出扣除项目的处理按照《土地增值税暂行条例》第六条及《土地增值税实施细则》第七条相关规定执行。

笔者认为,上述征求意见稿中对此问题处理不符合《土地增值税实施细则》第七条的规定,对从事房地产开发的纳税人可按取得土地使用权所支付的金额与开发土地的成本、费用计算的金额之和,加计 20％的扣除,这是针对纳税主体,不是针对房地产项目。此问题中,H 房地产公司转让在建工程项目,虽然对取得的土地成本以及投入的房地产开发成本进行了加计扣除,但享受加计扣除的主体是 H 公司;而 G 房地产公司购买的是在建项目,对 G 房地产公司而言,其取得土地和部分房地产的开发成本就是支付的全部价款,如果其继续开发完成后销售,只允许加计扣除后续建设支出部分,其同样作为房地产开发主体,支付的土地和部分开发成本却不能加计扣除是不公平的。

因此,纳税人遇到此类问题,建议与主管税务机关进行充分沟通。

6.4.9　成本核算单位及分配方法

6.4.9.1　成本核算单位

土地增值税以纳税人房地产成本核算的最基本的核算项目或核算对象为单位计算。

《中华人民共和国土地增值税暂行条例实施细则》第八条

根据《土地增值税实施细则》第八条"土地增值税以纳税人房地产成本核算的最基本的核算项目或核算对象为单位计算"的规定,对武汉宝安房地产开发有限公司一次性购入的土地,分别转让土地的行为,应按最基本的核算项目,分次分别计征土地增值税。

《国家税务总局关于武汉宝安房地产开发有限公司缴纳土地增值税的批复》(国税函〔2003〕922号)

6.4.9.2　扣除项目分配方法

纳税人成片受让土地使用权后,分期分批开发、转让房地产的,其扣除项目金额的确定,可按转让土地使用权的面积占总面积的比例计算分摊,或按建筑面积计算分摊,也可按税务机关确认的其他方式计算分摊。

《中华人民共和国土地增值税暂行条例实施细则》第九条

《土地增值税实施细则》第九条的"总面积"是指可转让土地使用权的土地总面积。在土地开发中,因道路、绿化等公共设施用地是不能转让的,按《土地增值税实施细则》第七条法规,这些不能有偿转让的公共配套设施的费用是计算增值额的扣除项目。

因此,在计算转让土地的增值额时,按实际转让土地的面积占可转让土地总面积来计算分摊,即可转让土地面积为开发土地总面积减除不能转让的公共设施用地面积后的剩余面积。

《国家税务总局关于广西土地增值税计算问题请示的批复》(国税函〔1999〕112号)

属于多个房地产项目共同的成本费用,应按清算项目可售建筑面积占多个项目可售总建筑面积的比例或其他合理的方法,计算确定清算项目的扣除金额。

《国家税务总局关于房地产开发企业土地增值税清算管理有关问题的通知》(国税发〔2006〕187号)

6.4.10　房地产评估价格

房地产评估价格,是指由政府批准设立的房地产评估机构根据相同地段、同类房地产进行综合评定的价格。评估价格须经当地税务机关确认。

《中华人民共和国土地增值税暂行条例实施细则》第十三条

在征税中,对发生下列情况的,需要进行房地产评估:

(1)出售旧房及建筑物的(详见"6.4.6旧房及建筑物的评估价格")。

(2)隐瞒、虚报房地产成交价格的。

(3)提供扣除项目金额不实的。

（4）转让房地产的成交价格低于房地产评估价格，又无正当理由的。

房地产评估价格，是指由政府批准设立的房地产评估机构根据相同地段、同类房地产进行综合评定的价格，税务机关根据评估价格，确定其转让房地产的收入、扣除项目金额等，及计算房地产转让时所要缴纳的土地增值税。对评估价与市场交易价差距较大的转让项目，税务机关有权不予确认，要求其重新评估。纳税人交纳的评估费用，允许作为扣除项目金额予以扣除。采用评估办法，符合市场经济的原则，有利于维护税收法纪，加强征管。

《国家税务总局关于印发〈土地增值税宣传提纲〉的通知》（国税函发〔1995〕110号）

6.4.10.1　隐瞒、虚报房地产成交价格

隐瞒、虚报房地产成交价格的，按照房地产评估价格计算征收。

《中华人民共和国土地增值税暂行条例》第九条

隐瞒、虚报房地产成交价格，是指纳税人不报或有意低报转让土地使用权、地上建筑物及其附着物价款的行为。

隐瞒、虚报房地产成交价格，应由评估机构参照同类房地产的市场交易价格进行评估。税务机关根据评估价格确定转让房地产的收入。

《中华人民共和国土地增值税暂行条例实施细则》第十四条

6.4.10.2　扣除项目金额不实

提供扣除项目金额不实的，按照房地产评估价格计算征收。

《中华人民共和国土地增值税暂行条例》第九条

提供扣除项目金额不实的，是指纳税人在纳税申报时不据实提供扣除项目金额的行为。

提供扣除项目金额不实的，应由评估机构按照房屋重置成本价乘以成新度折扣率计算的房屋成本价和取得土地使用权时的基准地价进行评估。税务机关根据评估价格确定扣除项目金额。

《中华人民共和国土地增值税暂行条例实施细则》第十四条

6.4.10.3　转让价格明显偏低且无正当理由

转让房地产的成交价格低于房地产评估价格，又无正当理由的，按照房地产评估价格计算征收。

《中华人民共和国土地增值税暂行条例》第九条

转让房地产的成交价格低于房地产评估价格，又无正当理由的，是指纳税人申报的转让房地产的实际成交价低于房地产评估机构评定的交易价，纳税人又不能提供凭据或无正当理由的行为。

转让房地产的成交价格低于房地产评估价格，又无正当理由的，由税务机关参照房地产评估价格确定转让房地产的收入。

《中华人民共和国土地增值税暂行条例实施细则》第十四条

6.4.10.4　评估价格管理

（1）凡转让国有土地使用权、地上建筑物及其附属物（简称"房地产"）的纳税人，按照土地增值税的有关规定，需要根据房地产的评估价格计税的，可委托经政府批准设立、并按照《国有资产评估管理办法》规定的由省以上国有资产管理部门授予评估资格的资产评估事务所、会计师事务所等各类资产评估机构受理有关转让房地产的评估业务。

（2）对于涉及土地增值税的国有房地产价格评估，各评估机构必须严格按照《土地增值税暂行条例》和《土地增值税实施细则》中规定的方法进行应纳税房地产的价格评估。其评估结果经同级国有资产管理部门审核验证后作为房地产转让的底价，并按税务部门的要求按期报送房地产所在地主管税务机关，作为确认计税依据的参考。

房地产所在地主管税务机关要求从事房地产评估的资产评估机构提供与房地产评估有关的评估资料的，资产评估机构应无偿提供，不得以任何借口予以拒绝。

房地产所在地主管税务机关应按照《土地增值税暂行条例》和《土地增值税实施细则》的有关规定，对应纳税房地产的评估结果进行严格审核及确认，对不符合实际情况的评估结果不予采用。

（3）房地产评估机构在执业过程中必须遵守职业道德，坚持独立、客观、公正的原则，对评估结果的真实性、合理性负法律责任。任何房地产评估机构在房地产转让的评估过程中有隐瞒事实，提供虚假评估结果，或与有关当事人串通作弊等违法行为，一经发现坚决取消执业资格。

房地产评估机构因不向主管税务机关提供有关的、真实的房地产评估资料，或有意提供虚假评估结果，造成纳税人不缴或少缴土地增值税的，房地产评估机构应承担相应的法律和经济责任；对因上述行为而造成国家税收和国有资产严重流失的,要提请司法机关追究有关当事人的刑事责任。

（4）各级财政、税务和国有资产管理部门要密切配合、相互协作,加强土地增值税的各项征收管理工作。为此,各有关部门应对各房地产评估机构进一步加强监督管理,使房地产评估为保证国家税收收入和维护国有资产权益发挥应有的作用。

《财政部　国家税务总局　国家国有资产管理局关于转让国有房地产征收土地增值税中有关房地产价格评估问题的通知》(财税字〔1995〕61号)

6.4.11　区分土地开发情况计算增值额

在具体计算增值额时,要区分以下几种情况进行处理:

（1）对取得土地或房地产使用权后,未进行开发即转让的,计算其增值额时,只允许扣除取得土地使用权时支付的地价款,交纳的有关费用,以及在转让环节缴纳的税金。这样规定,其目的主要是抑制"炒"买"炒"卖地皮的行为。

（2）对取得土地使用权后投入资金,将生地变为熟地转让的,计算其增值额时,允许扣除取得土地使用权时支付的地价款、交纳的有关费用,和开发土地所需成本再加计开发成本的20％以及在转让环节缴纳的税金。这样规定,是鼓励投资者将更多的资金投向房地产开发。

（3）对取得土地使用权后进行房地产开发建造的,在计算其增值额时,允许扣除取得土地使用权时支付的地价款和有关费用、开发土地和新建房及配套设施的成本和规定的费用、转让房地产有关的税金,并允许加计20％的扣除。这可以使从事房地产开发的纳税人有一个基本的投资回报,以调动其从事正常房地产开发的积极性。

（4）转让旧房及建筑物的,在计算其增值额时,允许扣除由税务机关参照评估价格确定的扣除项目金额(即房屋及建筑物的重置成本价乘以成新度折扣率后的价值),以及在转让时交纳的有关税金。这主要是考虑到如果按原成本价作为扣除项目金额,不尽合理。而采用评估的重置成本价能够相对消除通货膨胀因素的影响,比较合理。

《国家税务总局关于印发〈土地增值税宣传提纲〉的通知》(国税函发〔1995〕110号)

6.4.12　改制重组后再转让房地产处理

改制重组后再转让房地产并申报缴纳土地增值税时,对"取得土地使用权所支付的金额"，按照改制重组前取得该宗国有土地使用权所支付的地价款和按国家统一规定缴纳的有关费用确定；经批准以国有土地使用权作价出资入股的，为作价入股时县级及以上自然资源部门批准的评估价格。按购房发票确定扣除项目金额的，按照改制重组前购房发票所载金额并从购买年度起至本次转让年度止每年加计 5% 计算扣除项目金额，购买年度是指购房发票所载日期的当年。

《财政部 税务总局关于继续实施企业改制重组有关土地增值税政策的公告》（财政部 税务总局公告 2021 年第 21 号）

6.5 税率和税额计算

6.5.1 四级超率累进税率

土地增值税实行四级超率累进税率：

增值额未超过扣除项目金额 50% 的部分，税率为 30%。

增值额超过扣除项目金额 50%、未超过扣除项目金额 100% 的部分，税率为 40%。

增值额超过扣除项目金额 100%、未超过扣除项目金额 200% 的部分，税率为 50%。

增值额超过扣除项目金额 200% 的部分，税率为 60%。

《中华人民共和国土地增值税暂行条例》第七条

上述所列四级超率累进税率，每级"增值额未超过扣除项目金额"的比例，均包括本比例数。

《中华人民共和国土地增值税暂行条例实施细则》第十条

土地增值税采用四级超率累进税率，最低税率为 30%，最高税率为 60%。超率累进税率是以征税对象数额的相对率为累进依据，按超累方式计算和确定适用税率。在确定适用税率时，首先要确定征税对象数额的相对率。以增值额与扣除项目金额的比率（增值率）从低到高划分为 4 个级次：增值额未超过扣除项目金额 50% 的部分；增值额超过扣除项目金额 50%，未超过 100% 的部分；增值额超过扣除项目金额 100%，未超过 200% 的部分；增值额超过扣除项目金额

200％的部分,并分别适用 30％、40％、50％、60％的税率。

土地增值税四级超率累进税率中每级增值额未超过扣除项目金额的比例,均包括本比例数。如增值额未超过项目金额 50％的部分,包括 50％在内,均适用 30％的税率。

《国家税务总局关于印发〈土地增值税宣传提纲〉的通知》(国税函发〔1995〕110 号)

6.5.2 税额计算

计算土地增值税税额,可按增值额乘以适用的税率减去扣除项目金额乘以速算扣除系数的简便方法计算,具体公式如下:

(1) 增值额未超过扣除项目金额 50％:

$$土地增值税税额＝增值额×30％$$

(2) 增值额超过扣除项目金额 50％,未超过 100％的:

$$土地增值税税额＝增值额×40％－扣除项目金额×5％$$

(3) 增值额超过扣除项目金额 100％,未超过 200％:

$$土地增值税税额＝增值额×50％－扣除项目金额×15％$$

(4) 增值额超过扣除项目金额 200％:

$$土地增值税税额＝增值税×60％－扣除项目金额×35％$$

公式中的 5％、15％、35％为速算扣除系数。

《中华人民共和国土地增值税暂行条例实施细则》第十条

应纳土地增值税税额等于增值额乘以适用税率。

如果增值额超过扣除项目金额 50％以上,在计算增值额时,需要分别用各级增值额乘以适用税率,得出各级税额,然后再将各级税额相加,得出总税额。在实际征收中,为了方便计算,可按增值额乘以适用税率减去扣除项目金额乘以速算扣除系数的简便方法计算土地增值税税额,具体计算公式如下:

(1) 增值额未超过扣除项目金额 50％的土地增值税税额等于增值额乘以 30％。

(2) 增值额超过扣除项目金额 50％,未超过 100％的土地增值税税额等于增值额乘以 40％减去扣除项目金额乘以 5％。

（3）增值额超过扣除项目金额 100％，未超过 200％的土地增值税税额等于增值额乘以 50％减去扣除项目金额乘以 15％。

（4）增值额超过扣除项目金额 200％的土地增值税税额等于增值额乘以 60％减去扣除项目金额乘以 35％。

《国家税务总局关于印发〈土地增值税宣传提纲〉的通知》（国税函发〔1995〕110 号）

6.6 税收优惠

6.6.1 建造普通标准住宅

纳税人建造普通标准住宅出售，增值额未超过扣除项目金额 20％的，免征土地增值税。

《中华人民共和国土地增值税暂行条例》第八条

6.6.1.1 普通标准住宅

普通标准住宅，是指按所在地一般民用住标准建造的居住用住宅。高级公寓、别墅、度假村等不属于普通标准住宅。普通准住宅与其他住宅的具体划分界限由各省、自治区、直辖市人民政府规定。

《中华人民共和国土地增值税暂行条例实施细则》第十一条

"普通标准住宅"的认定，一律按各省、自治区、直辖市人民政府根据《国务院办公厅转发建设部等部门关于做好稳定住房价格工作意见的通知》（国办发〔2005〕26 号）制定并对社会公布的"中小套型、中低价位普通住房"的标准执行。纳税人既建造普通住宅，又建造其他商品房的，应分别核算土地增值额。

《财政部 国家税务总局关于土地增值税若干问题的通知》（财税〔2006〕21 号）

对中小套型、中低价位普通住房给予优惠政策支持，享受优惠政策的住房原则上应同时满足以下条件：住宅小区建筑容积率在 1.0 以上、单套建筑面积在 120 平方米以下、实际成交价格低于同级别土地上住房平均交易价格 1.2 倍以下。各省、自治区、直辖市要根据实际情况，制定本地区享受优惠政策普通住房的具体标准。允许单套建筑面积和价格标准适当浮动，但向上浮动的比例不得超过上述标准的 20％。

《国务院办公厅转发建设部等部门关于做好稳定住房价格工作意见的通知》（国办发〔2005〕26号）

"普通标准住宅"的认定，可在各省、自治区、直辖市人民政府根据《国务院办公厅转发建设部等部门关于做好稳定住房价格工作意见的通知》（国办发〔2005〕26号）制定的"普通住房标准"的范围内从严掌握。

《财政部 国家税务总局关于土地增值税普通标准住宅有关政策的通知》（财税〔2006〕141号）

6.6.1.2 增值率超过20%处理

纳税人建造普通标准住宅出售，增值额未超过规定的扣除项目金额之和20%的，免征土地增值税；增值额超过扣除项目金额之和20%的，应就其全部增值额按规定计税。

《中华人民共和国土地增值税暂行条例实施细则》第十一条

纳税人建造普通标准住宅出售，增值额未超过扣除项目金额20%的（含20%），免征土地增值税。但增值额超过扣除项目金额20%的，应对其全部增值额计税（包括未超过扣除项目金额20%的部分）。这是考虑到我国人民居住条件仍然较差，对建造普通标准住宅而增值较低的予以免税，而对增值较高的就全部增值额征税，有利于控制普通标准住宅售价，促进和保证其健康发展。

《国家税务总局关于印发〈土地增值税宣传提纲〉的通知》（国税函发〔1995〕110号）

6.6.1.3 既建普通标准住宅又搞其他类型房地产开发的征免税问题

对纳税人既建普通标准住宅又搞其他房地产开发的，应分别核算增值额。不分别核算增值额或不能准确核算增值额的，其建造的普通标准住宅不能适用《土地增值税暂行条例》第八条（一）项（详见"6.6.1 建造普通标准住宅"）的免税规定。

《财政部 国家税务总局关于土地增值税一些具体问题规定的通知》（财税字〔1995〕48号）

6.6.2 因国家建设、城市规划依法征用、转让的房地产

因国家建设需要依法征用、收回的房地产，免征土地增值税。

《中华人民共和国土地增值税暂行条例》第八条

因国家建设需要依法征用、收回的房地产,是指因城市实施规划、国家建设的需要而被政府批准征用的房产或收回的土地使用权。

因城市实施规划、国家建设的需要而搬迁,由纳税人自行转让原房地产的,比照上述规定免征土地增值税。

符合上述免税规定的单位和个人,须向房地产所在地税务机关提出免税申请,经税务机关审核后,免予征收土地增值税。

《中华人民共和国土地增值税暂行条例实施细则》第十一条

因国家建设需要依法征用、收回的房地产,免征土地增值税。这是因为,政府在进行城市建设和改造时需要收回一些土地使用权或征用一些房产,国家要给予纳税人适当的经济补偿,免予征收土地增值税是应该的。

因城市市政规划、国家建设的需要而搬迁,由纳税人自行转让原房地产而取得的收入,免征土地增值税。根据城市规划,污染、扰民企业(主要是指企业产生的过量废气、废水、废渣和噪音,使城市居民生活受到一定的危害)需要陆续搬迁到城外,有些企业因国家建设需要也要进行搬迁。这些企业要搬迁不是以盈利为目的,而是为城市规划需要,存在许多困难,如人员安置、搬迁资金不足等,并且大都是一些老企业,上述问题就更突出。为了使这些企业能够易地重建或重购房地产,对其自行转让原有房地产的增值收益,给予免征土地增值税是必要的。

《国家税务总局关于印发〈土地增值税宣传提纲〉的通知》(国税函发〔1995〕110号)

因"城市实施规划"而搬迁,是指因旧城改造或因企业污染、扰民(指产生过量废气、废水、废渣和噪音,使城市居民生活受到一定危害),而由政府或政府有关主管部门根据已审批通过的城市规划确定进行搬迁的情况;因"国家建设的需要"而搬迁,是指因实施国务院、省级人民政府、国务院有关部委批准的建设项目而进行搬迁的情况。

《财政部 国家税务总局关于土地增值税若干问题的通知》(财税〔2006〕21号)

6.6.3　个人转让住宅

对个人之间互换自有居住用房地产的,经当地税务机关核实,可以免征土地增值税。

《财政部 国家税务总局关于土地增值税一些具体问题规定的通知》(财税字

〔1995〕48 号）

对居民个人拥有的普通住宅,在其转让时暂免征收土地增值税。

《财政部　国家税务总局关于土地增值税若干问题的通知》(财税〔2006〕21 号)

对个人销售住房暂免征收土地增值税。

《财政部　国家税务总局关于调整房地产交易环节税收政策》(财税〔2008〕137 号)

6.6.4　合作建房的征免税问题

对于一方出地,一方出资金,双方合作建房,建成后按比例分房自用的,暂免征收土地增值税;建成后转让的,应征收土地增值税。

《财政部　国家税务总局关于土地增值税一些具体问题规定的通知》(财税字〔1995〕48 号)

6.6.5　被撤销金融机构清理和处置财产

对被撤销金融机构财产用来清偿债务时,免征被撤销金融机构转让货物、不动产、无形资产、有价证券、票据等应缴纳的增值税、城市维护建设税、教育费附加和土地增值税。

享受税收优惠政策的主体是指经中国人民银行依法决定撤销的金融机构及其分设于各地的分支机构,包括被依法撤销的商业银行、信托投资公司、财务公司、金融租赁公司、城市信用社和农村信用社。除另有规定者外,被撤销的金融机构所属、附属企业,不享受上述规定的被撤销金融机构税收优惠政策。

《财政部　国家税务总局关于被撤销金融机构有关税收政策问题的通知》(财税〔2003〕141 号)

6.6.6　公共租赁住房

自 2019 年 1 月 1 日至 2023 年 12 月 31 日,对企事业单位、社会团体以及其他组织转让旧房作为公租房房源,且增值额未超过扣除项目金额 20% 的,免征土地增值税。

公租房是指纳入省、自治区、直辖市、计划单列市人民政府及新疆生产建设兵团批准的公租房发展规划和年度计划,或者市、县人民政府批准建设(筹集),并按照《关于加快发展公共租赁住房的指导意见》(建保〔2010〕87 号)和市、县人民政府制定的具体管理办法进行管理的公租房。

纳税人享受规定的优惠政策,应按规定进行免税申报,并将不动产权属证明、载有房产原值的相关材料、纳入公租房及用地管理的相关材料、配套建设管理公租房相关材料、购买住房作为公租房相关材料、公租房租赁协议等留存备查。

《财政部 税务总局关于公共租赁住房税收优惠政策的公告》(财政部 税务总局公告 2019 年第 61 号)、《财政部 税务总局关于延长部分税收优惠政策执行期限的公告》(财政部 税务总局公告 2021 年第 6 号)

6.6.7 经济适用住房

企事业单位、社会团体以及其他组织转让旧房作为经济适用住房房源且增值额未超过扣除项目金额 20% 的,免征土地增值税。

《财政部 国家税务总局关于廉租住房、经济适用住房和住房租赁有关税收政策的通知》(财税〔2008〕24 号)

6.6.8 棚户区改造

6.6.8.1 棚户区相关概念

棚户区是指简易结构房屋较多、建筑密度较大、房屋使用年限较长、使用功能不全、基础设施简陋的区域,具体包括城市棚户区、国有工矿(含煤矿)棚户区、国有林区棚户区和国有林场危旧房、国有垦区危房。

棚户区改造是指列入省级人民政府批准的棚户区改造规划或年度改造计划的改造项目。

改造安置住房是指相关部门和单位与棚户区被征收人签订的房屋征收(拆迁)补偿协议或棚户区改造合同(协议)中明确用于安置被征收人的住房或通过改建、扩建、翻建等方式实施改造的住房。

《财政部 国家税务总局关于棚户区改造有关税收政策的通知》(财税〔2013〕101 号)

6.6.8.2 土地增值税优惠政策

企事业单位、社会团体以及其他组织转让旧房作为改造安置住房房源且增值额未超过扣除项目金额 20% 的,免征土地增值税。

《财政部 国家税务总局关于棚户区改造有关税收政策的通知》(财税〔2013〕101 号)

6.6.9 北京 2022 年冬奥会和冬残奥会税收政策

对北京冬奥组委再销售所获捐赠物品和赛后出让资产取得收入,免征应缴纳的增值税、消费税和土地增值税。

《财政部 税务总局 海关总署关于北京 2022 年冬奥会和冬残奥会税收政策的通知》(财税〔2017〕60 号)

6.6.10 第七届世界军人运动会税收政策

对 2019 年武汉第七届世界军人运动会(简称"武汉军运会")执行委员会(简称"执委会")赛后出让资产取得的收入,免征应缴纳的增值税、土地增值税。

《财政部 税务总局 海关总署关于第七届世界军人运动会税收政策的通知》(财税〔2018〕119 号)

6.6.11 杭州 2022 年亚运会和亚残运会税收政策

对 2022 年亚运会和亚残运会及其测试赛(统称"杭州亚运会")组委会(简称"组委会")赛后出让资产取得的收入,免征增值税和土地增值税。

《财政部 税务总局 海关总署关于杭州 2022 年亚运会和亚残运会税收政策的公告》(财政部 税务总局 海关总署公告 2020 年第 18 号)

6.6.12 三项国际综合运动会税收政策

2020 年晋江第 18 届世界中学生运动会、2020 年三亚第 6 届亚洲沙滩运动会、2021 年成都第 31 届世界大学生运动会等三项国际综合运动会(统称"三项国际综合运动会")的执行委员会、组委会(统称"组委会")赛后出让资产取得的收入,免征增值税和土地增值税。

《财政部 税务总局 海关总署关于第 18 届世界中学生运动会等三项国际综合运动会税收政策的公告》(财政部 税务总局 海关总署公告 2020 年第 19 号)

6.6.13 东方资产管理公司处置港澳国际(集团)有限公司资产政策

6.6.13.1 享受税收优惠政策的主体

(1)负责接收和处置港澳国际(集团)有限公司资产的中国东方资产管理公

司及其经批准分设于各地的分支机构(简称"东方资产管理公司")。

(2) 港澳国际(集团)有限公司所属的东北国际投资有限公司、海国投集团有限公司、海南港澳国际信托投资公司(简称"港澳国际(集团)内地公司")。

(3) 在我国境内(不包括港澳台)拥有资产并负有纳税义务的港澳国际(集团)有限公司集团本部及其中国香港8家子公司(简称"港澳国际(集团)香港公司")。港澳国际(集团)有限公司在中国香港的8家子公司名单为新港澳有限公司、煌天投资有限公司、海佳发展有限公司、港澳国际置业有限公司、金富运发展有限公司、港澳国际财务有限公司、恒琪发展有限公司、集富置业有限公司。

6.6.13.2　相关土地增值税优惠政策

对东方资产管理公司接收港澳国际(集团)有限公司的资产包括货物、不动产、有价证券等,免征东方资产管理公司销售转让该货物、不动产、有价证券等资产以及利用该货物、不动产从事融资租赁业务应缴纳的增值税、城市维护建设税、教育费附加和土地增值税。

对港澳国际(集团)内地公司的资产,包括货物、不动产、有价证券、股权、债权等,在清理和被处置时,免征港澳国际(集团)内地公司销售转让该货物、不动产、有价证券、股权、债权等资产应缴纳的增值税、城市维护建设税、教育费附加和土地增值税。

对港澳国际(集团)香港公司在中国境内的资产,包括货物、不动产、有价证券、股权、债权等,在清理和被处置时,免征港澳国际(集团)香港公司销售转让该货物、不动产、有价证券、股权、债权等资产应缴纳的增值税、预提所得税和土地增值税。

港澳国际(集团)内地公司、港澳国际(集团)香港公司在清算期间发生未规定免税的应税行为以及东方资产管理公司除接收、处置不良资产业务外从事其他经营业务,应一律依法纳税。

上述规定自港澳国际(集团)内地公司、港澳国际(集团)香港公司开始清算之日起执行,规定发布前,属免征事项的应纳税款不再追缴,已征税款不予退还。

《财政部　国家税务总局关于中国东方资产管理公司处置港澳国际(集团)有限公司有关资产税收政策问题的通知》(财税〔2003〕212号)

6.6.14　中国信达等 4 家金融资产管理公司税收政策

对资产公司转让房地产取得的收入，免征土地增值税。

享受税收优惠政策的主体为经国务院批准成立的中国信达资产管理公司、中国华融资产管理公司、中国长城资产管理公司和中国东方资产管理公司，以及经其批准分设于各地的分支机构。除另有规定者外，资产公司所属、附属企业，不享受资产公司的税收优惠政策。

收购、承接不良资产是指资产公司按照国务院法规的范围和额度，对相关国有银行不良资产，以账面价值进行收购，同时继续债权、行使债权主体权利。具体包括资产公司承接、收购相关国有银行的逾期、呆滞、呆账贷款及其相应的抵押品；处置不良资产是指资产公司按照有关法律、法规，为使不良资产的价值得到实现而采取的债权转移的措施。具体包括运用出售、置换、资产重组、债转股、证券化等方法对贷款及其抵押品进行处置。

资产公司除收购、承接、处置不良资产业务外，从事其他经营业务或发生未规定免税的应税行为，应一律依法纳税。

《财政部 国家税务总局关于中国信达等 4 家金融资产管理公司税收政策问题的通知》（财税〔2001〕10 号）

6.7　征收管理

土地增值税的征收管理，依据《税收征收管理法》及《土地增值税暂行条例》有关规定执行。

《中华人民共和国土地增值税暂行条例》第十三条

6.7.1　办理纳税手续

纳税人应自转让房地产合同签订之日起 7 日内向房地产所在地主管税务机关办理纳税申报，并在税务机关核定的期限内缴纳土地增值税。

《中华人民共和国土地增值税暂行条例》第十条

纳税人应按照下列程序办理纳税手续：

（1）纳税人应在转让房地产合同签订后的 7 日内，到房地产所在地主管税务机关办理纳税申报,并向税务机关提交房屋及建筑物产权、土地使用权证书、土地转让、房产买卖合同,房地产评估报告及其他与转让房地产有关的资料。

纳税人因经常发生房地产转让而难以在每次转让后申报的,可以定期进行纳税申报,具体期限由税务机关根据情况确定。

纳税人因经常发生房地产转让而难以在每次转让后申报,是指房地产开发企业开发建造的房地产、因分次转让而频繁发生纳税义务、难以在每次转让后申报纳税的情况,土地增值税可按月或按各省、自治区、直辖市和计划单列市税务局规定的期限申报缴纳。

(2)纳税人按照税务机关核定的税额及规定的期限缴纳土地增值税。

《中华人民共和国土地增值税暂行条例实施细则》第十五条、《国家税务总局关于加强土地增值税管理工作的通知》(国税函〔2004〕938号,国家税务总局公告2018年第31号修改)

(1)纳税人在转让房地产合同签订后7日内,到房地产所在地税务机关办理纳税申报,并向税务机关提交房屋及建筑物产权、土地使用权证书、土地转让、房产买卖合同、房地产评估报告及其他与转让房地产有关的资料。

对因经常发生房地产转让而难以在每次转让后申报的纳税人,可以定期进行纳税申报,具体期限由税务机关根据情况确定。

对预售商品房的纳税人,在签订预售合同7日内,也须到税务机关备案,并提供有关资料。

(2)税务机关根据纳税人的申报,核定应纳税额并规定纳税期限。对有些需要进行评估的,要求纳税人先进行评估,然后再根据评估结果确认评估价格。

(3)纳税人按照税务机关核定的税额及规定的期限缴纳土地增值税。

《国家税务总局关于印发〈土地增值税宣传提纲〉的通知》(国税函发〔1995〕110号)

6.7.1.1 房地产所在地

房地产所在地,是指房地产的坐落地。纳税人转让房地产坐落在两个或两个以上地区的,应按房地产所在地分别申报纳税。

《中华人民共和国土地增值税暂行条例实施细则》第十七条

6.7.1.2 土地增值税预征

(一)预征税款法律依据

纳税人在项目全部竣工结算前转让房地产取得的收入,由于涉及成本确定或其他原因,而无法据以计算土地增值税的,可以预征土地增值税,待该项目全部竣工、办理结算后再进行清算,多退少补。具体办法由各省、自治区、直辖市税务局根据当地情况制定。

《中华人民共和国土地增值税暂行条例实施细则》第十六条

对纳税人在项目全部竣工结算前转让房地产取得的收入,税务机关可以预征土地增值税。纳税人应按照税务机关规定的期限和税额预缴土地增值税。

《国家税务总局关于印发〈土地增值税宣传提纲〉的通知》(国税函发〔1995〕110号)

(二)关于预售房地产所取得的收入是否申报纳税的问题

根据《土地增值税实施细则》的规定,对纳税人在项目全部竣工结算前转让房地产取得的收入可以预征土地增值税。具体办法由各省、自治区、直辖市税务局根据当地情况制定。因此,对纳税人预售房地产所取得的收入,当地税务机关规定预征土地增值税的,纳税人应当到主管税务机关办理纳税申报,并按规定比例预交,待办理决算后,多退少补;当地税务机关规定不预征土地增值税的,也应在取得收入时先到税务机关登记或备案。

《财政部 国家税务总局关于土地增值税一些具体问题规定的通知》(财税字〔1995〕48号)

(三)预征税款滞纳金问题

对未按预征规定期限预缴税款的,应根据《税收征收管理法》及其实施细则的有关规定,从限定的缴纳税款期限届满的次日起,加收滞纳金。

《财政部 国家税务总局关于土地增值税若干问题的通知》(财税〔2006〕21号)

(四)科学合理制定预征率

预征是土地增值税征收管理工作的基础,是实现土地增值税调节功能、保障税收收入均衡入库的重要手段。各级税务机关要全面加强土地增值税的预征工作,把土地增值税预征和房地产项目管理工作结合起来,把土地增值税预征和销售不动产增值税结合起来;把预征率的调整和土地增值税清算的实际税负结合起来;把预征率的调整与房价上涨的情况结合起来,使预征率更加接近实际税负水平,改变目前部分地区存在的预征率偏低,与房价快速上涨不匹配的情况。通过科学、精细的测算,研究出预征率调整与房价上涨的挂钩机制。

为了发挥土地增值税在预征阶段的调节作用,各地须对目前的预征率进行调整。除保障性住房外,东部地区省份预征率不得低于2%,中部和东北地区省份不得低于1.5%,西部地区省份不得低于1%,各地要根据不同类型房地产确定适当的预征率(地区的划分按照国务院有关文件的规定执行)。对尚未预征或暂缓预征的地区,应切实按照税收法律法规开展预征,确保土地增值税在预征阶段及时、充分发挥调节作用。

《国家税务总局关于加强土地增值税征管工作的通知》(国税发〔2010〕53号)

6.7.1.3 关于纳税期限的问题

根据《土地增值税暂行条例》第十条、第十二条和《土地增值税实施细则》第十五条的规定(详见"6.7.1 办理纳税手续"),税务机关核定的纳税期限,应在纳税人签订房地产转让合同之后、办理房地产权属转让(即过户及登记)手续之前。

《财政部 国家税务总局关于土地增值税一些具体问题规定的通知》(财税字〔1995〕48号)

6.7.1.4 房地产项目前期管理

主管税务机关应加强房地产开发项目的日常税收管理,实施项目管理。主管税务机关应从纳税人取得土地使用权开始,按项目分别建立档案、设置台账,对纳税人项目立项、规划设计、施工、预售、竣工验收、工程结算、项目清盘等房地产开发全过程情况实行跟踪监控,做到税务管理与纳税人项目开发同步。

主管税务机关对纳税人项目开发期间的会计核算工作应当积极关注,对纳税人分期开发项目或者同时开发多个项目的,应督促纳税人根据清算要求按不同期间和不同项目合理归集有关收入、成本、费用。

对纳税人分期开发项目或者同时开发多个项目的,有条件的地区,主管税务机关可结合发票管理规定,对纳税人实施项目专用票据管理措施。

《土地增值税清算管理规程》(国税发〔2009〕91号)

6.7.1.5 纳税申报

纳税人申报缴纳城镇土地使用税、房产税、车船税、印花税、耕地占用税、资源税、土地增值税、契税、环境保护税、烟叶税中一个或多个税种时,使用《财产和行为税纳税申报表》(详见"1.8.2 纳税申报")。纳税人新增税源或税源变化时,需先填报《财产和行为税税源明细表》如表6-1所示。

表 6-1 财产和行为税税源明细表

土地增值税税源明细表

税款所属期限：自 年 月 日至 年 月 日

纳税人识别号(统一社会信用代码)：□□□□□□□□□□□□□□□□□□

纳税人名称： 金额单位：人民币元(列至角分)；面积单位：平方米

土地增值税项目登记表(从事房地产开发的纳税人适用)			
项目名称		项目地址	
土地使用权受让(行政划拨)合同号		受让(行政划拨)时间	
建设项目起讫时间	总预算成本		单位预算成本
项目详细坐落地点			
开发土地面积	开发建筑总面积		房地产转让合同名称
转让次序	转让土地面积(按次填写)	转让建筑面积(按此填写)	转让合同签订日期(按此填写)
第 1 次			
第 2 次			
……			
备注			

土地增值税申报计算及减免信息
申报类型：
1. 从事房地产开发的纳税人预缴适用 □
2. 从事房地产开发的纳税人清算适用 □
3. 从事房地产开发的纳税人按核定征收方式清算适用 □
4. 纳税人整体转让在建工程适用□
5. 从事房地产开发的纳税人清算后尾盘销售适用 □
6. 转让旧房及建筑物的纳税人适用 □
7. 转让旧房及建筑物的纳税人核定征收适用 □

（续表）

项目名称			项目编码			
项目地址						
项目总可售面积			自用和出租面积			
已售面积		其中：普通住宅已售面积		其中：非普通住宅已售面积		其中：其他类型房地产已售面积
清算时已售面积			清算后剩余可售面积			

申报类型	项目	序号	金额			
			普通住宅	非普通住宅	其他类型房地产	总额
1. 从事房地产开发的纳税人预缴适用	一、房产类型子目	1				
	二、应税收入	2＝3＋4＋5				
	1. 货币收入	3				
	2. 实物收入及其他收入	4				
	3. 视同销售收入	5				
	三、预征率（％）	6				
2. 从事房地产开发的纳税人清算适用 3. 从事房地产开发的纳税人按核定征收方式清算适用 4. 纳税人整体转让在建工程适用	一、转让房地产收入总额	1＝2＋3＋4				
	1. 货币收入	2				
	2. 实物收入及其他收入	3				
	3. 视同销售收入	4				
	二、扣除项目金额合计	5＝6＋7＋14＋17＋21＋22				
	1. 取得土地使用权所支付的金额	6				
	2. 房地产开发成本	7＝8＋9＋10＋11＋12＋13				
	其中：土地征用及拆迁补偿费	8				
	前期工程费	9				
	建筑安装工程费	10				
	基础设施费	11				

（续表）

申报类型	项目		序号	金额			
				普通住宅	非普通住宅	其他类型房地产	总额
	公共配套设施费		12				
	开发间接费用		13				
	3. 房地产开发费用		14＝15＋16				
	其中：利息支出		15				
	其他房地产开发费用		16				
	4. 与转让房地产有关的税金等		17＝18＋19＋20				
	其中：营业税		18				
	城市维护建设税		19				
	教育费附加		20				
	5.财政部规定的其他扣除项目		21				
	6. 代收费用（纳税人整体转让在建工程不填此项）		22				
	三、增值税		23＝1－5				
	四、增值额与扣除项目金额之比(%)		24＝23÷5				
	五、适用税率(核定征收率)(%)		25				
	六、速算扣除系数(%)		26				
	七、减免税额		27＝29＋31＋33				
	其中：减免税(1)	减免性质代码和项目名称(1)	28				
		减免税额(1)	29				
	减免税(2)	减免性质代码和项目名称(2)	30				
		减免税额(2)	31				
	减免税(3)	减免性质代码和项目名称(3)	32				
		减免税额(3)	33				

(续表)

申报类型	项目		序号	金额			总额
				普通住宅	非普通住宅	其他类型房地产	
5. 从事房地产开发的纳税人清算后尾盘销售适用	一、转让房地产收入总额		1＝2＋3＋4				
	1. 货币收入		2				
	2. 实物收入及其他收入		3				
	3. 视同销售收入		4				
	二、扣除项目金额合计		5＝6×7＋8				
	1. 本次清算后尾盘销售的销售面积		6				
	2. 单位成本费用		7				
	3. 本次与转让房地产有关的税金		8＝9＋10＋11				
	其中：营业税		9				
	城市维护建设税		10				
	教育费附加		11				
	三、增值额		12＝1－5				
	四、增值额与扣除项目金额之比（％）		13＝12÷5				
	五、适用税率（核定征收率）（％）		14				
	六、速算扣除系数（％）		15				
	七、减免税额		16＝18＋20＋22				
	其中：减免税（1）	减免性质代码和项目名称（1）	17				
		减免税额（1）	18				
	减免税（2）	减免性质代码和项目名称（2）	19				
		减免税额（2）	20				
	减免税（3）	减免性质代码和项目名称（3）	21				
		减免税额（3）	22				

（续表）

申报类型	项目	序号	金额			
			普通住宅	非普通住宅	其他类型房地产	总额
6. 转让旧房及建筑物的纳税人适用 7. 转让旧房及建筑物的纳税人核定征收适用	一、转让房地产收入总额	1＝2＋3＋4				
	1. 货币收入	2				
	2. 实物收入	3				
	3. 其他收入	4				
	二、扣除项目金额合计	(1)5＝6＋7＋10＋15 (2)5＝11＋12＋14＋15				
	(1) 提供评估价格					
	1. 取得土地使用权所支付的金额	6				
	2. 旧房及建筑物的评估价格	7＝8×9				
	其中：旧房及建筑物的重置成本价	8				
	成新度折扣率	9				
	3. 评估费用	10				
	(2) 提供购房发票					
	1. 购房发票金额	11				
	2. 发票加计扣除金额	12＝11×5%×13				
	其中：房产实际持有年数	13				
	3. 购房契税	14				
	4. 与转让房地产有关的税金等	15＝16＋17＋18＋19				
	其中：营业税	16				
	城市维护建设税	17				
	印花税	18				
	教育费附加	19				
	三、增值额	20＝1－5				
	四、增值额与扣除项目金额之比（%）	21＝20÷5				
	五、适用税率（核定征收）（%）	22				
	六、速算扣除系数（%）	23				
	七、减免税额	24＝26＋28＋30				

（续表）

申报类型	项目		序号	金额			总额
				普通住宅	非普通住宅	其他类型房地产	
其中：减免税(1)	减免税(1)	减免性质代码和项目名称(1)	25				
		减免税额(1)	26				
	减免税(2)	减免性质代码和项目名称(2)	27				
		减免税额(2)	28				
	减免税(3)	减免性质代码和项目名称(3)	29				
		减免税额(3)	30				

填表说明：

土地增值税项目登记表部分：

1. 本表适用于从事房地产开发的纳税人，在立项后及每次转让时填报。

2. 凡从事新建房及配套设施开发的纳税人，均应在规定的期限内，据实向主管税务机关填报本表所列内容。

3. 本表栏目的内容如果没有，可以空置不填。

4. 纳税人填报本表时，应同时向主管税务机关提交土地使用权受让合同、房地产转让合同等有关资料。

土地增值税申报计算及减免信息如下：

申报类型：必填。由纳税人根据申报业务种类以及适用的征收方式进行选择。

一、从事房地产开发的纳税人预缴适用

（一）表头项目

1. 本表适用于从事房地产开发并转让的土地增值税纳税人。

2. 纳税人应在自首次取得预收收入起至办理项目清算申报止的期间内，在每次转让时填报，也可按月或按各省、自治区、直辖市和计划单列市税务局规定的期限汇总填报。

3. 本表栏目的内容如果没有，可以空置不填。

4. 纳税人填报预缴信息表时，应同时向主管税务机关提交《土地增值税项目登记表》等有关资料。

5. 项目名称填写纳税人所开发并转让的且经国家有关部门审批的房地产开发项

目全称;项目编码为纳税人进行房地产项目登记时,税务机关按照一定的规则赋予的编码,此编码跟随项目的预缴清算尾盘销售全过程。

(二)表中项目

1. 第 1 栏"房产类型子目":主管税务机关规定的预征率类型,每一个子目唯一对应一个房产类型。

2. 第 3 栏"货币收入":按纳税人转让房地产开发项目所取得的货币形态的收入额(不含增值税)填写。

3. 第 4 栏"实物收入及其他收入":按纳税人转让房地产开发项目所取得的实物形态的收入和无形资产等其他形式的收入额(不含增值税)填写。

4. 第 5 栏"视同销售收入":纳税人将开发产品用于职工福利、奖励、对外投资、分配给股东或投资人、抵偿债务、换取其他单位和个人的非货币性资产等,发生所有权转移时应视同销售房地产,其确认收入不含增值税。

二、从事房地产开发的纳税人清算适用

(一)表头项目

1. 本表适用于从事房地产开发并转让的土地增值税纳税人。

2. 税款所属期是项目预缴开始的时间,截止日期是税务机关规定(通知)申报期限的最后一日(应清算项目达到清算条件起 90 天的最后一日/可清算项目税务机关通知书送达起 90 天的最后一日)。

3. 项目名称填写纳税人所开发并转让的且经国家有关部门审批的房地产开发项目全称;项目编码为纳税人进行房地产项目登记时,税务机关按照一定的规则赋予的编码,此编码跟随项目的预缴清算尾盘销售全过程。

(二)表中项目

1. 第 1 栏"转让房地产收入总额",按纳税人转让房地产开发项目所取得的全部收入额(不含增值税)填写。

2. 第 2 栏"货币收入",按纳税人转让房地产开发项目所取得的货币形态的收入额(不含增值税)填写。

3. 第 3 栏"实物收入及其他收入",按纳税人转让房地产开发项目所取得的实物形态的收入和无形资产等其他形式的收入额(不含增值税)填写。

4. 第 4 栏"视同销售收入",纳税人将开发产品用于职工福利、奖励、对外投资、分配给股东或投资人、抵偿债务、换取其他单位和个人的非货币性资产等,发生所有权转移时应视同销售房地产,其确认收入不含增值税。

5. 第 6 栏"取得土地使用权所支付的金额",按纳税人为取得该房地产开发项目所需要的土地使用权而实际支付(补交)的土地出让金(地价款)及按国家统一规定交纳的有关费用的数额填写。

6. 第8栏至13栏,应根据《土地增值税暂行条例实施细则》(财法字〔1995〕6号,以下简称《细则》)规定的从事房地产开发所实际发生的各项开发成本的具体数额填写。

7. 第15栏"利息支出",按纳税人进行房地产开发实际发生的利息支出中符合《细则》第七条第(三)项规定的数额填写。如果不单独计算利息支出的,则本栏数额填写为"0"。

8. 第16栏"其他房地产开发费用",应根据《细则》第七条第(三)项的规定填写。

9. 第18栏至20栏,按纳税人转让房地产时所实际缴纳的税金数额(不包括增值税)填写。

10. 第21栏"财政部规定的其他扣除项目",是指根据《土地增值税暂行条例》(国务院令第138号,以下简称《条例》)和《细则》等有关规定所确定的财政部规定的扣除项目的合计数。

11. 第22栏"代收费用",应根据《财政部 国家税务总局关于土地增值税一些具体问题规定的通知》(财税字〔1995〕48号)第六条"关于地方政府要求房地产开发企业代收的费用如何计征土地增值税的问题"规定填写。

12. 第25栏"适用税率(核定征收率)",适用查账征收方式的纳税人应根据《条例》规定的四级超率累进税率,按所适用的最高一级税率填写;适用核定征收方式的纳税人应根据主管税务机关确定的核定征收率填写。

13. 第26栏"速算扣除系数",应根据《细则》第十条的规定找出相关速算扣除系数填写。

14. 第28、30、32栏"减免性质代码和项目名称":按照税务机关最新制发的减免税政策代码表中最细项减免性质代码填报。表第29、31、33栏"减免税额"填写相应"减免性质代码和项目名称"对应的减免税金额,纳税人同时享受多个减免税政策应分别填写,不享受减免税的,不填写此项。

15. 表中每栏按照"普通住宅、非普通住宅、其他类型房地产"分别填写。

三、从事房地产开发的纳税人按核定征收方式清算适用

1. 本表适用于从事房地产开发并转让的纳税人清算方式为核定征收时填报,各行次应按不同房产类型分别填写。

2. 税款所属期是项目预缴开始的时间,截止日期是税务机关规定(通知)申报期限的最后一日。纳税人在填报本表时,应同时提交税务机关出具的核定文书。

3. 项目名称填写纳税人所开发并转让的且经国家有关部门审批的房地产开发项目全称；项目编码为纳税人进行房地产项目登记时，税务机关按照一定的规则赋予的编码，此编码跟随项目的预缴清算尾盘销售全过程。

4. 表中项目按税务机关出具的核定文书要求填写。

四、纳税人整体转让在建工程适用

（一）表头项目

1. 本表适用于从事房地产开发并转让的纳税人，及非从事房地产开发的纳税人，在整体转让在建工程时填报，数据应填列至其他类型房地产中。

2. 税款所属期：从事房地产开发并转让的纳税人是项目预缴开始的时间，截止日期是开发项目整体转让在建工程合同（协议）签订时间；非房地产开发纳税人是整体转让在建工程合同（协议）签订时间。

3. 项目名称：从事房地产开发并转让的纳税人填写纳税人所开发并转让的且经国家有关部门审批的房地产开发项目全称，项目编码为纳税人进行房地产项目登记时，税务机关按照一定的规则赋予的编码，此编码跟随项目的预缴清算尾盘销售全过程。

（二）表中项目

1. 第1栏"转让房地产收入总额"，按纳税人在转让房地产开发项目所取得的全部收入额（不含增值税）填写。

2. 第2栏"货币收入"，按纳税人转让房地产开发项目所取得的货币形态的收入额（不含增值税）填写。

3. 第3栏"实物收入及其他收入"，按纳税人转让房地产开发项目所取得的实物形态的收入和无形资产等其他形式的收入额（不含增值税）填写。

4. 第4栏"视同销售收入"，纳税人将开发产品用于职工福利、奖励、对外投资、分配给股东或投资人、抵偿债务、换取其他单位和个人的非货币性资产等，发生所有权转移时应视同销售房地产，其确认收入不含增值税。

5. 第6栏"取得土地使用权所支付的金额"，按纳税人为取得该房地产开发项目所需要的土地使用权而实际支付（补交）的土地出让金（地价款）及按国家统一规定交纳的有关费用的数额填写。

6. 第8栏至13栏，应根据《细则》规定的从事房地产开发所实际发生的各项开发成本的具体数额填写。

7. 第15栏"利息支出"，按纳税人进行房地产开发实际发生的利息支出中符合《细则》第七条第（三）项规定的数额填写。如果不单独计算利息支出的，则本栏数额填写为"0"。

8. 第16栏"其他房地产开发费用",应根据《细则》第七条第(三)项的规定填写。

9. 第18栏至20栏,按纳税人转让房地产时所实际缴纳的税金数额(不包括增值税)填写。

10. 第21栏"财政部规定的其他扣除项目",是指根据《条例》《细则》等有关规定所确定的财政部规定的扣除项目的合计数。

11. 第22栏"代收费用",纳税人整体转让在建工程时,不填写本项。

12. 第25栏"适用税率(核定征收率)",适用查账征收方式的纳税人应根据《条例》规定的四级超率累进税率,按所适用的最高一级税率填写;适用核定征收方式的纳税人应根据主管税务机关确定的核定征收率填写。

13. 第26栏"速算扣除系数",应根据《细则》第十条的规定找出相关速算扣除系数填写。

14. 第28、30、32栏"减免性质代码和项目名称":按照税务机关最新制发的减免税政策代码表中最细项减免性质代码填报。表中第29、31、33栏"减免税额"填写相应"减免性质代码和项目名称"对应的减免税金额,纳税人同时享受多个减免税政策应分别填写,不享受减免税的,不填写此项。

五、从事房地产开发的纳税人清算后尾盘销售适用

(一)表头项目

1. 本表适用于从事房地产开发并转让的纳税人,在清算后尾盘销售时填报,各行次应按不同房产类型分别填写。

2. 税款所属期是房地产开发项目尾盘销售收入的纳税义务发生时间。

3. 项目名称填写纳税人所开发并转让的且经国家有关部门审批的房地产开发项目全称;项目编码为纳税人进行房地产项目登记时,税务机关按照一定的规则赋予的编码,此编码会跟随项目的预缴清算尾盘销售全过程。

4. 项目总可售面积应与纳税人清算时填报的总可售面积一致。

5. 清算时已售面积应与纳税人清算时填报的已售面积一致。

6. 清算后剩余可售面积=项目总可售面积-清算时已售面积。

(二)表中项目

1. 第1栏"转让房地产收入总额",按纳税人在转让房地产开发项目所取得的全部收入额(不含增值税)填写。

2. 第2栏"货币收入",按纳税人转让房地产开发项目所取得的货币形态的收入额(不含增值税)填写。

3. 第 3 栏"实物收入及其他收入",按纳税人转让房地产开发项目所取得的实物形态的收入和无形资产等其他形式的收入额(不含增值税)填写。

4. 第 4 栏"视同销售收入",纳税人将开发产品用于职工福利、奖励、对外投资、分配给股东或投资人、抵偿债务、换取其他单位和个人的非货币性资产等,发生所有权转移时应视同销售房地产,其确认收入不含增值税。

5. 第 6 栏"本次清算后尾盘销售的销售面积",按申报税款所属期纳税人尾盘销售的建筑面积填报。

6. 第 7 栏"单位成本费用"。单位成本费用＝清算申报时或清算审核确定的扣除项目金额÷清算的总已售面积。公式中的"扣除项目金额"不包括清算时扣除的"与转让房地产有关的税金"。

7. 第 14 栏"适用税率(核定征收率)",适用查账征收方式的纳税人应根据《条例》规定的四级超率累进税率,按所适用的最高一级税率填写;适用核定征收方式的纳税人应根据主管税务机关确定的核定征收率填写。

8. 第 15 栏"速算扣除系数",应根据《细则》第十条的规定找出相关速算扣除系数填写。

9. 第 17、19、21 栏"减免性质代码和项目名称":按照税务机关最新制发的减免税政策代码表中最细项减免性质代码填报。表第 18、20、22 栏"减免税额"填写相应"减免性质代码和项目名称"对应的减免税金额,纳税人同时享受多个减免税政策应分别填写,不享受减免税的,不填写此项。

10. 表中每栏按照"普通住宅、非普通住宅、其他类型房地产"分别填写。

六、转让旧房及建筑物的纳税人适用

(一)表头项目

1. 本表适用于转让旧房及建筑物的纳税人,纳税人应在签订房地产转让合同后的七日内,向房地产所在地主管税务机关填报土地增值税纳税申报表。本表还适用于从事房地产开发的纳税人将开发产品转为自用、出租等用途且已达到主管税务机关旧房界定标准后,又将该旧房对外出售的。

2. 项目名称:从事房地产开发并转让的纳税人填写纳税人所开发并转让的且经国家有关部门审批的房地产开发项目全称,项目编码为纳税人进行房地产项目登记时,税务机关按照一定的规则赋予的编码,此编码会跟随项目的预缴清算尾盘销售全过程。

(二)表中项目

本表的各主要项目内容,应根据纳税人转让的房地产项目作为填报对象。纳税人如果同时转让两个或两个以上房地产的,应分别填报。

1. 第1栏"转让房地产收入总额",按纳税人转让房地产所取得的全部收入额(不含增值税)填写。

2. 第2栏"货币收入",按纳税人转让房地产所取得的货币形态的收入额(不含增值税)填写。

3. 第3、4栏"实物收入""其他收入",按纳税人转让房地产所取得的实物形态的收入和无形资产等其他形式的收入额(不含增值税)填写。

4. 第6栏"取得土地使用权所支付的金额",按纳税人为取得该房地产项目所需要的土地使用权而实际支付(补交)的土地出让金(地价款)及按国家统一规定交纳的有关费用的数额填写。

5. 第7栏"旧房及建筑物的评估价格",是指根据《条例》《细则》等有关规定,按重置成本法评估旧房及建筑物并经当地税务机关确认的评估价格的数额。本栏由第8栏与第9栏相乘得出。如果本栏数额能够直接根据评估报告填报,则本表第8、9栏可以不必再填报。

6. 第8栏"旧房及建筑物的重置成本价",是指按照《条例》和《细则》规定,由政府批准设立的房地产评估机构评定的重置成本价。

7. 第9栏"成新度折扣率",是指按照《条例》和《细则》规定,由政府批准设立的房地产评估机构评定的旧房及建筑物的新旧程度折扣率。

8. 第10栏"评估费用",是指纳税人转让旧房及建筑物时因计算纳税的需要而对房地产进行评估,其支付的评估费用允许在计算增值额时予以扣除。

9. 第11栏"购房发票金额",区分以下情形填写:提供营业税销售不动产发票的,按发票所载金额填写;提供增值税专用发票的,按发票所载金额与不允许抵扣进项税额合计金额数填写;提供增值税普通发票的,按照发票所载价税合计金额数填写。

10. 第12栏"发票加计扣除金额",是指购房发票金额乘以房产实际持有年数乘以5%的积数。

11. 第13栏"房产实际持有年数",是指按购房发票所载日期起至售房发票开具之日止,每满12个月计一年;未满12个月但超过6个月的,可以视同为一年。

12. 第14栏"购房契税"是指购房时支付的契税。

13. 第15栏"与转让房地产有关的税金等"为第16栏至19栏的合计数。

14. 第16栏至19栏,按纳税人转让房地产时实际缴纳的有关税金的数额填写。开具营业税发票的,按转让房地产时缴纳的营业税数额填写;开具增值税发票的,第16栏营业税为0。

15．第22栏"适用税率(核定征收率)"，适用查账征收方式的纳税人应根据《条例》规定的四级超率累进税率，按所适用的最高一级税率填写；适用核定征收方式的纳税人应根据主管税务机关确定的核定征收率填写。

16．第23栏"速算扣除系数"，应根据《细则》第十条的规定找出相关速算扣除系数填写。

17．第25、27、29栏"减免性质代码和项目名称"：按照税务机关最新制发的减免税政策代码表中的最细项减免性质代码填报。表第26、28、30栏"减免税额"填写相应"减免性质代码和项目名称"对应的减免税金额，纳税人同时享受多个减免税政策应分别填写，不享受减免税的，不填写此项。

七、转让旧房及建筑物的纳税人核定征收适用

1．本表适用于转让旧房及建筑物的纳税人采用核定征收方式时填报。纳税人应在签订房地产转让合同后的七日内，向房地产所在地主管税务机关填报本表。本表还适用于从事房地产开发的纳税人将开发产品转为自用、出租等用途且已达到主管税务机关旧房界定标准后，又将该旧房对外出售的。纳税人在填报本表时，应同时提交税务机关出具的核定文书。

2．项目名称：从事房地产开发并转让的纳税人填写纳税人所开发并转让的且经国家有关部门审批的房地产开发项目全称，项目编码为纳税人进行房地产项目登记时，税务机关按照一定的规则赋予的编码，此编码会跟随项目的预缴清算尾盘销售全过程；非从事房地产开发的纳税人填写纳税人进行房地产项目登记时税务机关赋予的项目名称及项目编码。

3．表中项目按税务机关出具的核定文书要求填写。

《国家税务总局关于简并税费申报有关事项的公告》(国家税务总局公告2021年第9号)

6.7.1.6　未按规定申报法律责任

纳税人未按规定提供房屋及建筑物产权、土地使用权证书，土地使用权转让、房产买卖合同，房地产评估报告及其他与转让房地产有关资料的，按照《税收征收管理法》第六十二条的规定进行处理。

《中华人民共和国土地增值税暂行条例实施细则》第十九条

解读▶《税收征收管理法》第六十二条：纳税人未按照规定的期限办理纳税申报和报送纳税资料的，或者扣缴义务人未按照规定的期限向税务机关报送代扣代缴、代收代缴税款报告表和有关资料的，由税务机关责令限期改正，可以处两

千元以下的罚款;情节严重的,可以处 2 000 元以上 10 000 元以下的罚款。

纳税人不如实申报房地产交易额及规定扣除项目金额造成少缴或未缴税款的,按照《税收征收管理法》第六十三条、六十四条的规定进行处理。

《中华人民共和国土地增值税暂行条例实施细则》第十九条

解读 《税收征收管理法》第六十三条:纳税人伪造、变造、隐匿、擅自销毁账簿、记账凭证,或者在账簿上多列支出或者不列、少列收入,或者经税务机关通知申报而拒不申报或者进行虚假的纳税申报,不缴或者少缴应纳税款的,是偷税。对纳税人偷税的,由税务机关追缴其不缴或者少缴的税款、滞纳金,并处不缴或者少缴的税款 50% 以上 5 倍以下的罚款;构成犯罪的,依法追究刑事责任。

《税收征收管理法》第六十四条:纳税人、扣缴义务人编造虚假计税依据的,由税务机关责令限期改正,并处 5 万元以下的罚款。

6.7.1.7　清算要求

各地要进一步完善土地增值税预征办法,根据本地区房地产业增值水平和市场发展情况,区别普通住房、非普通住房和商用房等不同类型,科学合理地确定预征率,并适时调整。工程项目竣工结算后,应及时进行清算,多退少补。

对已竣工验收的房地产项目,凡转让的房地产的建筑面积占整个项目可售建筑面积的比例在 85% 以上的,税务机关可以要求纳税人按照转让房地产的收入与扣除项目金额配比的原则,对已转让的房地产进行土地增值税的清算。具体清算办法由各省、自治区、直辖市和计划单列市地方税务局规定。

《财政部 国家税务总局关于土地增值税若干问题的通知》(财税〔2006〕21 号)

6.7.2　信息交换机制

土地增值税由税务机关征收。土地管理部门、房产管理部门应当向税务机关提供有关资料,并协助税务机关依法征收土地增值税。

《中华人民共和国土地增值税暂行条例》第十一条

土地管理部门、房产管理部门应当向税务机关提供有关资料,是指向房地产所在地主管税务机关提供有关房屋及建筑物产权、土地使用权、土地出让金数额、土地基准地价、房地产市场交易价格及权属变更等方面的资料。

《中华人民共和国土地增值税暂行条例实施细则》第十八条

土地管理和房产管理等部门应当协助税务机关依法征收土地增值税,向税务机关提供有关房屋及建筑物产权、土地使用权、土地出让金数额、土地基准地价、房地产市场交易价格以及权属变更等方面的资料。积极支持税务部门搞好土地增值税的征收管理工作。

《国家税务总局关于印发〈土地增值税宣传提纲〉的通知》（国税函发〔1995〕110号）

土地增值税是国家为了规范土地、房地产市场交易秩序，合理调节土地增值收益，维护国家权益而开征的税种。各地税务主管部门应当在当地建设、房地产管理等有关部门的支持和配合下，根据当地实际情况，建立起一套完善的土地增值税的征收管理制度。

各级房地产管理部门要根据建设部的统一部署，依照《中华人民共和国城市房地产管理法》的规定，做好房地产交易管理和权属登记工作，根据需要向税务部门提供全面准确的房地产权属及转让时间、价格等征税资料，并按照有关规定严格核算房地产的开发成本和费用，配合税务部门做好土地增值税扣除项目金额的审查工作，防止由于成本费用不实等原因造成土地增值税的流失。

《国家税务总局　建设部关于土地增值税征收管理有关问题的通知》（国税发〔1996〕48号）

6.7.3　税收前置机制

纳税人未按照《土地增值税暂行条例》缴纳土地增值税的，土地管理部门、房产管理部门不得办理有关的权属变更手续。

《中华人民共和国土地增值税暂行条例》第十二条

凡是转让房地产的纳税人，应当根据土地增值税的有关规定，在规定的期限内到主管税务机关办理土地增值税的纳税登记和申报手续，经主管税务机关审核后，按照规定的期限缴纳土地增值税。对于已经完税的纳税人，由主管税务机关发给完税证明；对于不属于征税范围或应予免税的，由主管税务机关发给免税证明。凡没有取得主管税务部门发放的完税（或免税）证明的，房地产管理机关不予办理有关的权属变更手续，不予发放房地产权属证书。

《国家税务总局　建设部关于土地增值税征收管理有关问题的通知》（国税发〔1996〕48号）

6.8　土地增值税清算

6.8.1　清算的概念

土地增值税清算,是指纳税人在符合土地增值税清算条件后,依照税收法律、法规及土地增值税有关政策规定,计算房地产开发项目应缴纳的土地增值税税额,并填写《土地增值税清算申报表》(详见"6.7.1.5 纳税申报"),向主管税务机关提供有关资料,办理土地增值税清算手续,结清该房地产项目应缴纳土地增值税税款的行为。

《土地增值税清算管理规程》(国税发〔2009〕91 号)

6.8.1.1　纳税人义务

纳税人应当如实申报应缴纳的土地增值税税额,保证清算申报的真实性、准确性和完整性。

《土地增值税清算管理规程》(国税发〔2009〕91 号)

6.8.1.2　税务机关责任

税务机关应当为纳税人提供优质纳税服务,加强土地增值税政策宣传辅导。

主管税务机关应及时对纳税人清算申报的收入、扣除项目金额、增值额、增值率以及税款计算等情况进行审核,依法征收土地增值税。

《土地增值税清算管理规程》(国税发〔2009〕91 号)

6.8.2　清算单位

土地增值税以国家有关部门审批的房地产开发项目为单位进行清算,对于分期开发的项目,以分期项目为单位清算。

开发项目中同时包含普通住宅和非普通住宅的,应分别计算增值额。

《国家税务总局关于房地产开发企业土地增值税清算管理有关问题的通知》(国税发〔2006〕187 号)

6.8.3 清算条件

6.8.3.1 应清算条件及办理清算时间

符合下列情形之一的,纳税人应进行土地增值税的清算:

(1)房地产开发项目全部竣工、完成销售的。

(2)整体转让未竣工决算房地产开发项目的。

(3)直接转让土地使用权的。

对于符合上述规定,应进行土地增值税清算的项目,纳税人应当在满足条件之日起 90 日内到主管税务机关办理清算手续。

《国家税务总局关于房地产开发企业土地增值税清算管理有关问题的通知》(国税发〔2006〕187 号)、《土地增值税清算管理规程》(国税发〔2009〕91 号)

6.8.3.2 可清算条件及办理清算时间

符合下列情形之一的,主管税务机关可要求纳税人进行土地增值税清算:

(1)已竣工验收的房地产开发项目,已转让的房地产建筑面积占整个项目可售建筑面积的比例在 85% 以上,或该比例虽未超过 85%,但剩余的可售建筑面积已经出租或自用的。

(2)取得销售(预售)许可证满 3 年仍未销售完毕的。

解读▶ "取得销售(预售)许可证满 3 年仍未销售完毕的",其中"取得销售(预售)许可证满 3 年"是指清算单位取得的最后一张销售(预售)许可证满 3 年的情形。

(3)纳税人申请注销税务登记但未办理土地增值税清算手续的。

对此类情形,应在办理注销登记前进行土地增值税清算。

(4)省(自治区、直辖市、计划单列市)税务机关规定的其他情况。

对于符合上述规定税务机关可要求纳税人进行土地增值税清算的项目,由主管税务机关确定是否进行清算;对于确定需要进行清算的项目,由主管税务机关下达清算通知,纳税人应当在收到清算通知之日起 90 日内办理清算手续。

主管税务机关进行项目管理(详见"6.7.1.4 房地产项目前期管理")时,对符合税务机关可要求纳税人进行清算情形的,应当作出评估,并经分管领导批准,确定何时要求纳税人进行清算的时间。对确定暂不通知清算的,应继续做好项目管理,每年作出评估,及时确定清算时间并通知纳税人办理清算。

《国家税务总局关于房地产开发企业土地增值税清算管理有关问题的通知》（国税发〔2006〕187号）、《土地增值税清算管理规程》（国税发〔2009〕91号）

解读▶ "已竣工验收的房地产开发项目，已转让的房地产建筑面积占整个项目可售建筑面积的比例在85％以上，或该比例虽未超过85％，但剩余的可售建筑面积已经出租或自用的"，主管税务机关可以要求纳税人进行清算，其中"该比例虽未超过85％，但剩余的可售建筑面积已经出租或自用的"各地在理解上有两种：

第一种理解是指已转让的房地产建筑面积与出租或自用的可售建筑面积合计占清算单位可售建筑面积比例在85％以上的。

第二种理解是指剩余的可售建筑面积应全部已经出租或自用。

国家税务总局曾在2012年《国家税务总局关于土地增值税若干具体问题的公告（征求意见稿）》中第十二条明确为第一种理解，笔者认为第二种理解更有利于纳税人，更符合立法主旨，已转让的房地产建筑面积与出租或自用的可售建筑面积合计占清算单位可售建筑面积比例在85％以上就达到可清算条件，完全有可能存在公共配套设施未建设完毕等情形，清算后发生的成本将不再能扣除，对纳税人不公平。

6.8.3.3　拒不清算法律责任

应进行土地增值税清算的纳税人或经主管税务机关确定需要进行清算的纳税人，在上述规定的期限内拒不清算或不提供清算资料的，主管税务机关可依据《税收征收管理法》有关规定处理。

《土地增值税清算管理规程》（国税发〔2009〕91号）

6.8.4　核定征收清算方式

6.8.4.1　核定征收情形

房地产开发企业有下列情形之一的，税务机关可以参照与其开发规模和收入水平相近的当地企业的土地增值税税负情况，按不低于预征率的征收率核定征收土地增值税：

（1）依照法律、行政法规的规定应当设置但未设置账簿的。

（2）擅自销毁账簿或者拒不提供纳税资料的。

（3）虽设置账簿，但账目混乱或者成本资料、收入凭证、费用凭证残缺不全,难以确定转让收入或扣除项目金额的。

（4）符合土地增值税清算条件,未按照规定的期限办理清算手续,经税务机关责令限期清算,逾期仍不清算的。

（5）申报的计税依据明显偏低,又无正当理由的。

《国家税务总局关于房地产开发企业土地增值税清算管理有关问题的通知》（国税发〔2006〕187号）、《土地增值税清算管理规程》（国税发〔2009〕91号）

6.8.4.2 分期开发项目清算方式一致

在土地增值税清算过程中,发现纳税人符合核定征收条件的,应按核定征收方式对房地产项目进行清算。

符合上述核定征收条件的,由主管税务机关发出核定征收的税务事项告知书后,税务人员对房地产项目开展土地增值税核定征收核查,经主管税务机关审核合议,通知纳税人申报缴纳应补缴税款或办理退税。

对于分期开发的房地产项目,各期清算的方式应保持一致。

《土地增值税清算管理规程》（国税发〔2009〕91号）

6.8.4.3 规范核定征收,堵塞税收征管漏洞

核定征收必须严格依照税收法律法规规定的条件进行,任何单位和个人不得擅自扩大核定征收范围,严禁在清算中出现"以核定为主、一核了之""求快图省"的做法。凡擅自将核定征收作为本地区土地增值税清算主要方式的,必须立即纠正。对确需核定征收的,要严格按照税收法律法规的要求,从严、从高确定核定征收率。为了规范核定工作,核定征收率原则上不得低于5%,各省级税务机关要结合本地实际,区分不同房地产类型制定核定征收率。

《国家税务总局关于加强土地增值税征管工作的通知》（国税发〔2010〕53号）

6.8.5 清算申报材料及清算受理

6.8.5.1 清算应提供材料

纳税人清算土地增值税时应提供的清算资料:

（1）土地增值税清算表及其附表（详见"6.7.15纳税申报"）。

（2）房地产开发项目清算说明,主要内容应包括房地产开发项目立项、用地、开发、销售、关联方交易、融资、税款缴纳等基本情况及主管税务机关需要了解的其他情况。

（3）项目竣工决算报表、取得土地使用权所支付的地价款凭证、国有土地使用权出让合同、银行贷款利息结算通知单、项目工程合同结算单、商品房购销合同统计表、销售明细表、预售许可证等与转让房地产的收入、成本和费用有关的证明资料。主管税务机关需要相应项目记账凭证的，纳税人还应提供记账凭证复印件。

（4）主管税务机关要求报送的其他与土地增值税清算有关的证明资料等。纳税人委托税务中介机构审核鉴证的清算项目，还应报送中介机构出具的《土地增值税清算税款鉴证报告》。

《土地增值税清算管理规程》（国税发〔2009〕91号）、《国家税务总局关于房地产开发企业土地增值税清算管理有关问题的通知》（国税发〔2006〕187号）

6.8.5.2　税务机关清算受理

主管税务机关收到纳税人清算资料后，对符合清算条件的项目，且报送的清算资料完备的，予以受理；对纳税人符合清算条件、但报送的清算资料不全的，应要求纳税人在规定限期内补报，纳税人在规定的期限内补齐清算资料后，予以受理；对不符合清算条件的项目，不予受理。上述具体期限由各省、自治区、直辖市、计划单列市税务机关确定。主管税务机关已受理的清算申请，纳税人无正当理由不得撤销。

主管税务机关受理纳税人清算资料后，应在一定期限内及时组织清算审核。具体期限由各省、自治区、直辖市、计划单列市税务机关确定。

《土地增值税清算管理规程》（国税发〔2009〕91号）

6.8.6　清算审核

6.8.6.1　审核方式

清算审核包括案头审核、实地审核。

案头审核是指对纳税人报送的清算资料进行数据、逻辑审核，重点审核项目归集的一致性、数据计算准确性等。

实地审核是指在案头审核的基础上，通过对房地产开发项目实地查验等方式，对纳税人申报情况的客观性、真实性、合理性进行审核。

《土地增值税清算管理规程》（国税发〔2009〕91号）

6.8.6.2　项目审核

清算审核时，应审核房地产开发项目是否以国家有关部门审批、备案的项目为单位进行清算;对于分期开发的项目,是否以分期项目为单位清算;对不同类型房地产是否分别计算增值额、增值率,缴纳土地增值税。

《土地增值税清算管理规程》(国税发〔2009〕91 号)

6.8.6.3　收入审核

审核收入情况时,应结合销售发票、销售合同(含房管部门网上备案登记资料)、商品房销售(预售)许可证、房产销售分户明细表及其他有关资料,重点审核销售明细表、房地产销售面积与项目可售面积的数据关联性,以核实计税收入;对销售合同所载商品房面积与有关部门实际测量面积不一致,而发生补、退房款的收入调整情况进行审核;对销售价格进行评估,审核有无价格明显偏低情况。

必要时,主管税务机关可通过实地查验,确认有无少计、漏计事项,确认有无将开发产品用于职工福利、奖励、对外投资、分配给股东或投资人、抵偿债务、换取其他单位和个人的非货币性资产等情况。

《土地增值税清算管理规程》(国税发〔2009〕91 号)

6.8.6.4　扣除项目审核

(一)扣除项目审核的内容

(1)取得土地使用权所支付的金额。

(2)房地产开发成本,包括土地征用及拆迁补偿费、前期工程费、建筑安装工程费、基础设施费、公共配套设施费、开发间接费用。

(3)房地产开发费用。

(4)与转让房地产有关的税金。

(5)国家规定的其他扣除项目。

《土地增值税清算管理规程》(国税发〔2009〕91 号)

(二)扣除项目审核的总体要求

(1)在土地增值税清算中,计算扣除项目金额时,其实际发生的支出应当取得但未取得合法凭据的不得扣除。

(2)扣除项目金额中所归集的各项成本和费用,必须是实际发生的。

(3)扣除项目金额应当准确地在各扣除项目中分别归集,不得混淆。

(4)扣除项目金额中所归集的各项成本和费用必须是在清算项目开发中直接发生的或应当分摊的。

（5）纳税人分期开发项目或者同时开发多个项目的，或者同一项目中建造不同类型房地产的，应按照受益对象，采用合理的分配方法，分摊共同的成本费用。

（6）对同一类事项，应当采取相同的会计政策或处理方法。会计核算与税务处理规定不一致的，以税务处理规定为准。

《土地增值税清算管理规程》（国税发〔2009〕91号）

（三）审核取得土地使用权支付金额和土地征用及拆迁补偿费

审核取得土地使用权支付金额和土地征用及拆迁补偿费时应当重点关注：

（1）同一宗土地有多个开发项目，是否予以分摊，分摊办法是否合理、合规，具体金额的计算是否正确。

（2）是否存在将房地产开发费用记入取得土地使用权支付金额以及土地征用及拆迁补偿费的情形。

（3）拆迁补偿费是否实际发生，尤其是支付给个人的拆迁补偿款、拆迁（回迁）合同和签收花名册或签收凭证是否一一对应。

《土地增值税清算管理规程》（国税发〔2009〕91号）

（四）审核前期工程费、基础设施费

审核前期工程费、基础设施费时应当重点关注：

（1）前期工程费、基础设施费是否真实发生，是否存在虚列情形。

（2）是否将房地产开发费用记入前期工程费、基础设施费。

（3）多个（或分期）项目共同发生的前期工程费、基础设施费，是否按项目合理分摊。

《土地增值税清算管理规程》（国税发〔2009〕91号）

（五）审核公共配套设施费

审核公共配套设施费时应当重点关注：

（1）公共配套设施的界定是否准确，公共配套设施费是否真实发生，有无预提的公共配套设施费情况。

（2）是否将房地产开发费用记入公共配套设施费。

（3）多个（或分期）项目共同发生的公共配套设施费，是否按项目合理分摊。

《土地增值税清算管理规程》（国税发〔2009〕91号）

（六）审核建筑安装工程费

审核建筑安装工程费时应当重点关注：

（1）发生的费用是否与决算报告、审计报告、工程结算报告、工程施工合同记载的内容相符。

（2）房地产开发企业自购建筑材料时，自购建材费用是否重复计算扣除项目。

（3）参照当地当期同类开发项目单位平均建安成本或当地建设部门公布的单位定额成本，验证建筑安装工程费支出是否存在异常。

（4）房地产开发企业采用自营方式自行施工建设的，还应当关注有无虚列、多列施工人工费、材料费、机械使用费等情况。

（5）建筑安装发票是否在项目所在地税务机关开具。

解读▶ 营改增以前需审核建筑安装发票是否在项目所在地税务机关开具，营改增后，需审核土地增值税纳税人接受建筑安装服务取得的增值税发票，是否在发票的备注栏注明建筑服务发生地县（市、区）名称及项目名称，否则不得计入土地增值税扣除项目金额。

《土地增值税清算管理规程》（国税发〔2009〕91号）

（七）审核开发间接费用

审核开发间接费用时应当重点关注：

（1）是否存在将企业行政管理部门（总部）为组织和管理生产经营活动而发生的管理费用记入开发间接费用的情形。

（2）开发间接费用是否真实发生，有无预提开发间接费用的情况，取得的凭证是否合法有效。

《土地增值税清算管理规程》（国税发〔2009〕91号）

（八）审核利息支出

审核利息支出时应当重点关注：

（1）是否将利息支出从房地产开发成本中调整至开发费用。

（2）分期开发项目或者同时开发多个项目的，其取得的一般性贷款的利息支出，是否按照项目合理分摊。

（3）利用闲置专项借款对外投资取得收益，其收益是否冲减利息支出。

《土地增值税清算管理规程》（国税发〔2009〕91号）

6.8.6.5　代收费用审核

对于县级以上人民政府要求房地产开发企业在售房时代收的各项费用,审核其代收费用是否计入房价并向购买方一并收取;当代收费用计入房价时,审核有无将代收费用计入加计扣除以及房地产开发费用计算基数的情形。

《土地增值税清算管理规程》(国税发〔2009〕91号)

6.8.6.6　关联交易行为审核

在审核收入和扣除项目时,应重点关注关联企业交易是否按照公允价值和营业常规进行业务往来。

应当关注企业大额应付款余额,审核交易行为是否真实。

《土地增值税清算管理规程》(国税发〔2009〕91号)

6.8.6.7　清算鉴证审核

税务中介机构受托对清算项目审核鉴证时,应按税务机关规定的格式对审核鉴证情况出具鉴证报告。对符合要求的鉴证报告,税务机关可以采信。

税务机关要对从事土地增值税清算鉴证工作的税务中介机构在准入条件、工作程序、鉴证内容、法律责任等方面提出明确要求,并做好必要的指导和管理工作。

《国家税务总局关于房地产开发企业土地增值税清算管理有关问题的通知》(国税发〔2006〕187号)

纳税人委托中介机构审核鉴证的清算项目,主管税务机关应当采取适当方法对有关鉴证报告的合法性、真实性进行审核。

对纳税人委托中介机构审核鉴证的清算项目,主管税务机关未采信或部分未采信鉴证报告的,应当告知其理由。

《土地增值税清算管理规程》(国税发〔2009〕91号)

6.8.6.8　清算结果及滞纳金问题

土地增值税清算审核结束,主管税务机关应当将审核结果书面通知纳税人,并确定办理补、退税期限。

《土地增值税清算管理规程》(国税发〔2009〕91号)

土地增值税清算后应补缴的土地增值税加收滞纳金问题

纳税人按规定预缴土地增值税后,清算补缴的土地增值税,在主管税务机关规定的期限内补缴的,不加收滞纳金。

《国家税务总局关于土地增值税清算有关问题的通知》(国税函〔2010〕220号)

6.8.7　清算资料管理

土地增值税清算资料应按照档案化管理的要求,妥善保存。

《土地增值税清算管理规程》(国税发〔2009〕91号)

6.8.8　清算后再转让房地产的处理

在土地增值税清算时未转让的房地产,清算后销售或有偿转让的,纳税人应按规定进行土地增值税的纳税申报,扣除项目金额按清算时的单位建筑面积成本费用乘以销售或转让面积计算。

单位建筑面积成本费用＝清算时的扣除项目总金额÷清算的总建筑面积

《国家税务总局关于房地产开发企业土地增值税清算管理有关问题的通知》(国税发〔2006〕187号)

热点问题　清算后继续转让房地产应如何计算增值额和应缴纳税款?

答:国家税务总局曾在2012年《国家税务总局关于土地增值税若干具体问题的公告(征求意见稿)》中第八条明确,清算后再转让的房地产在计算时按每笔合同计算增值额和应缴纳税款,并于次月税务机关规定的期限内申报缴纳。

练 习 自 测 题

【单项选择题】

1. 选择土地增值税适用税率的依据是(　　)。

　　A. 转让房地产的收入额与扣除项目金额之比

　　B. 增值额与转让房地产的收入额之比

　　C. 增值额与扣除项目金额之比

　　D. 扣除项目金额与增值额之比

【参考答案】　C

【答案解析】　《土地增值税暂行条例》第七条规定,土地增值税实行四级超率累进税率:

增值额未超过扣除项目金额50%的部分,税率为30%;增值额超过扣除项目金额 50%、未超过扣除项目金额 100% 的部分,税率为 40%;增值额超过扣除项目金额 100%、未超过扣除项目金额 200% 的部分,税率为 50%;增值额超过扣除项目金额 200% 的部分,税率为 60%。

【多项选择题】

2. 房地产开发公司支付的下列相关费用,属于土地增值税加计 20% 扣除范围的有( )。

A. 安置动迁用房支出

B. 支付项目现场管理人员的工资福利费

C. 开发小区内的道路建设费用

D. 销售过程中发生的销售费用

【参考答案】 ABC

【答案解析】 《土地增值税暂行条例实施细则》第七条规定,对从事房地产开发的纳税人可按取得土地使用权所支付的金额与开发土地的成本、费用计算的金额之和,加计 20% 的扣除。选项 ABC 属于房地产开发的成本费用。第七条还规定,开发土地和新建房及配套设施的费用(简称房地产开发费用),是指与房地产开发项目有关的销售费用、管理费用、财务费用。因此,选项 D 不属于加计扣除范围。

【判断题】

3. 对取得土地使用权后投入资金,将生地变为熟地转让的,计算其增值额时,允许扣除取得土地使用权时支付的地价款、交纳的有关费用,以及开发土地所需成本再加计土地价款和开发成本的 20% 以及在转让环节缴纳的税金。

( )

【参考答案】 ✕

【答案解析】 对取得土地使用权后投入资金,将生地变为熟地转让的,计算其增值额时,允许扣除取得土地使用权时支付的地价款、交纳的有关费用,和开发土地所需成本再加计开发成本的 20% 以及在转让环节缴纳的税金。

第七章　车　船　税

车船税是依照法律法规规定,对在我国境内的应税车辆、船舶,按照规定的税目、计税单位和年税额标准计算征收的一种税。

《中华人民共和国车船税法》(简称《车船税法》)于 2011 年 2 月 25 日由中华人民共和国第十一届全国人民代表大会常务委员会第十九次会议通过,并以主席令 2011 年第 73 号予以公布,自 2012 年 1 月 1 日起施行。2006 年 12 月 29 日国务院公布的《中华人民共和国车船税暂行条例》同时废止。《中华人民共和国车船税法实施条例》(简称《车船税法实施条例》)于 2011 年 12 月 5 日以国务院令第 611 号颁布,与《车船税法》同日实施。

2019 年 4 月 23 日,根据第十三届全国人民代表大会常务委员会第十次会议《关于修改〈中华人民共和国建筑法〉等八部法律的决定》,《车船税法》进行了修正。

7.1　纳税人和扣缴义务人

7.1.1　纳税人

在中华人民共和国境内属于《车船税税目税额表》(详见"7.2.1 应税车船")规定的车辆、船舶(简称"车船")的所有人或者管理人,为车船税的纳税人,应当依照《车船税法》缴纳车船税。

《中华人民共和国车船税法》第一条

解读▶ 车船的所有人或者管理人是车船税的纳税义务人。其中,所有人是指在我国境内拥有车船的单位和个人;管理人是指对车船具有管理权或者使用权,不具有所有权的单位。上述单位,包括在中国境内成立的行政机关、企事业单位、社会团体以及其他组织;上述个人,包括个体工商户以及其他个人。

7.1.2　扣缴义务人

从事机动车第三者责任强制保险业务的保险机构为机动车车船税的扣缴义务人,应当在收取保险费时依法代收车船税,并出具代收税款凭证。

《中华人民共和国车船税法》第六条

解读▶ 从事机动车交通事故责任强制保险(简称"交强险")业务的保险机构为机动车车船税的扣缴义务人,应当在收取保险费时按照规定的税目税额代收车船税,并在机动车交强险的保险单以及保费发票上注明已收税款的信息,作为代收税款凭证。

由保险机构在办理机动车交强险业务时代收代缴机动车的车船税,可以方便纳税人缴纳车船税,节约征纳双方的成本,实现车辆车船税的源泉控管。

7.2　征税范围

7.2.1　应税车船

《车船税法》第一条所称车辆、船舶,是指:

(1)依法应当在车船登记管理部门登记的机动车辆和船舶。

(2)依法不需要在车船登记管理部门登记的在单位内部场所行驶或者作业的机动车辆和船舶。

《中华人民共和国车船税法实施条例》第二条

7.2.2　车船税税目税额表

车船税税目税额表如表7-1所示。

表7-1　车船税税目税额表

税目		计税单位	年基准税额	备注
乘用车[按发动机汽缸容量(排气量)分档]	1.0升(含)以下的	每辆	60元至360元	核定载客人数9人(含)以下
	1.0升以上至1.6升(含)的		300元至540元	
	1.6升以上至2.0升(含)的		360元至660元	

（续表）

税目		计税单位	年基准税额	备注
乘用车［按发动机汽缸容量（排气量）分档］	2.0升以上至2.5升（含）的	每辆	660元至1 200元	核定载客人数9人（含）以下
	2.5升以上至3.0升（含）的		1 200元至2 400元	
	3.0升以上至4.0升（含）的		2 400元至3 600元	
	4.0升以上的		3 600元至5 400元	
商用车	客车	每辆	480元至1 440元	核定载客人数9人以上，包括电车
	货车	整备质量每吨	16元至120元	包括半挂牵引车、三轮汽车和低速载货汽车等
挂车		整备质量每吨	按照货车税额的50%计算	
其他车辆	专业作业车	整备质量每吨	16元至120元	不包括拖拉机
	轮式专用机械车		16元至120元	
摩托车		每辆	36元至180元	
船舶	机动船舶	净吨位每吨	3元至6元	拖船、非机动驳船分别按照机动船舶税额的50%计算
	游艇	艇身长度每米	600元至2 000元	

《中华人民共和国车船税法》附件

7.2.2.1 《车船税税目税额表》中车辆含义

（1）乘用车，是指在设计和技术特性上主要用于载运乘客及随身行李，核定载客人数包括驾驶员在内不超过9人的汽车。

（2）商用车，是指除乘用车外，在设计和技术特性上用于载运乘客、货物的汽车，划分为客车和货车。

（3）半挂牵引车，是指装备有特殊装置用于牵引半挂车的商用车。

（4）三轮汽车，是指最高设计车速不超过每小时50公里，具有三个车轮的货车。

（5）低速载货汽车，是指以柴油机为动力，最高设计车速不超过每小时70公里，具有四个车轮的货车。

（6）挂车，是指就其设计和技术特性需由汽车或者拖拉机牵引，才能正常使用的一种无动力的道路车辆。

（7）专用作业车，是指在其设计和技术特性上用于特殊工作的车辆。

对于在设计和技术特性上用于特殊工作，并装置有专用设备或器具的汽车，应认定为专用作业车，如汽车起重机、消防车、混凝土泵车、清障车、高空作业车、洒水车、扫路车等。以载运人员或货物为主要目的的专用汽车，如救护车，不属于专用作业车。

（8）轮式专用机械车，是指有特殊结构和专门功能，装有橡胶车轮可以自行行驶，最高设计车速大于每小时 20 公里的轮式工程机械车。

（9）摩托车，是指无论采用何种驱动方式，最高设计车速大于每小时 50 公里，或者使用内燃机，其排量大于 50 毫升的两轮或者三轮车辆。

《中华人民共和国车船税法实施条例》第二十六条、《国家税务总局关于车船税征管若干问题的公告》（国家税务总局公告 2013 年第 42 号）

7.2.2.2 《车船税税目税额表》中船舶含义

船舶，是指各类机动、非机动船舶以及其他水上移动装置，但是船舶上装备的救生艇筏和长度小于 5 米的艇筏除外。其中：

机动船舶是指用机器推进的船舶；

拖船是指专门用于拖（推）动运输船舶的专业作业船舶；

非机动驳船，是指在船舶登记管理部门登记为驳船的非机动船舶；

游艇是指具备内置机械推进动力装置，长度在 90 米以下，主要用于游览观光、休闲娱乐、水上体育运动等活动，并应当具有船舶检验证书和适航证书的船舶。

《中华人民共和国车船税法实施条例》第二十六条

7.2.2.3 《车船税税目税额表》中相关参数标准确定

《车船税法》和《车船税法实施条例》所涉及的排气量、整备质量、核定载客人数、净吨位、千瓦、艇身长度，以车船登记管理部门核发的车船登记证书或者行驶证所载数据为准。

依法不需要办理登记的车船和依法应当登记而未办理登记或者不能提供车船登记证书、行驶证的车船，以车船出厂合格证明或者进口凭证标注的技术参数、数据为准；不能提供车船出厂合格证明或者进口凭证的，由主管税务机关参照国家相关标准核定,没有国家相关标准的参照同类车船核定。

《中华人民共和国车船税法实施条例》第六条

保险机构在计算机动车应纳税额时,机动车的相关技术信息以车辆登记证书或行驶证书所载相应数据为准。

对于纳税人无法提供车辆登记证书的乘用车,保险机构可以参照税务机关提供的汽车管理部门发布的车辆生产企业及产品公告确定乘用车的排气量。在车辆生产企业及产品公告中未纳入的老旧车辆,纳税人应提请保险机构所在地的税务机关核定排气量。

购置的新机动车,相关技术信息以机动车整车出厂合格证或进口车辆的车辆一致性证书所载相应数据为准。

《国家税务总局 中国保险监督管理委员会关于机动车车船税代收代缴有关事项的公告》(国家税务总局公告 2011 年第 75 号)

7.2.3 临时入境车船处理

临时入境的外国车船和中国香港特别行政区、澳门特别行政区、台湾地区的车船,不征收车船税。

《中华人民共和国车船税法实施条例》第二十四条

7.2.4 纯电动车处理

对于纯电动乘用车、燃料电池乘用车,因没有排气量,不属于车船税征税范围。

这类机动车认定比较困难,通过财政部、国家税务总局和工业和信息化部联合发布相关车型目录的办法解决。

《国家税务总局财产和行为税司关于贯彻落实车船税代收代缴有关事项公告的通知》(财行便函〔2011〕86 号)

7.2.5 关于境内外租赁船舶征税的问题

境内单位和个人租入外国籍船舶的,不征收车船税。境内单位和个人将船舶出租到境外的,应依法征收车船税。

《国家税务总局关于车船税征管若干问题的公告》(国家税务总局公告 2013 年第 42 号)

解读 ▶ 境内单位和个人租入的外国籍船舶不需要在船舶管理部门办理所有权登记和船舶国籍登记,财产权仍属于境外,不属于车船税征收范围。境内单位和个人出租到境外的船舶仍属我国船舶,仍需在我国船舶管理部门办理所有权登记和船舶国籍登记,应征收车船税。

7.3 适用税额和应纳税额计算

车船的适用税额依照《车船税税目税额表》(详见"7.2.1 应税车船")执行。

车辆的具体适用税额由省、自治区、直辖市人民政府依照《车船税税目税额表》(详见"7.2.1 应税车船")规定的税额幅度和国务院的规定确定。

《中华人民共和国车船税法》第二条

7.3.1 适用税额确定原则

省、自治区、直辖市人民政府根据《车船税法》所附《车船税税目税额表》确定车辆具体适用税额,应当遵循以下原则:

(1)乘用车依排气量从小到大递增税额。

(2)客车按照核定载客人数 20 人以下和 20 人(含)以上两档划分,递增税额。

省、自治区、直辖市人民政府确定的车辆具体适用税额,应当报国务院备案。

船舶的具体适用税额由国务院在《车船税税目税额表》规定的税额幅度内确定。

《中华人民共和国车船税法实施条例》第三条

7.3.2 车辆适用税额确定

车辆车船税的纳税人按照纳税地点(详见"7.5.6 纳税地点")所在的省、自治区、直辖市人民政府确定的具体适用税额缴纳车船税。

《中华人民共和国车船税法实施条例》第十七条

7.3.3 客货两用车的税额确定问题

客货两用车,又称多用途货车,是指在设计和结构上主要用于载运货物,但在驾驶员座椅后带有固定或折叠式座椅,可运载 3 人以上乘客的货车。客货两用车依照货车的计税单位和年基准税额计征车船税。

《国家税务总局关于车船税征管若干问题的公告》(国家税务总局公告 2013 年第 42 号)

7.3.4　机动船舶适用税额

机动船舶具体适用税额为:

(1) 净吨位不超过 200 吨的,每吨 3 元。

(2) 净吨位超过 200 吨但不超过 2 000 吨的,每吨 4 元。

(3) 净吨位超过 2 000 吨但不超过 10 000 吨的,每吨 5 元。

(4) 净吨位超过 10 000 吨的,每吨 6 元。

拖船按照发动机功率每 1 千瓦折合净吨位 0.67 吨计算征收车船税。

《中华人民共和国车船税法实施条例》第四条

7.3.5　游艇适用税额

游艇具体适用税额为:

(1) 艇身长度不超过 10 米的,每米 600 元。

(2) 艇身长度超过 10 米但不超过 18 米的,每米 900 元。

(3) 艇身长度超过 18 米但不超过 30 米的,每米 1 300 元。

(4) 艇身长度超过 30 米的,每米 2 000 元。

(5) 辅助动力帆艇,每米 600 元。

《中华人民共和国车船税法实施条例》第五条

7.3.6　车船税应纳税额的计算

《车船税法》及其实施条例涉及的整备质量、净吨位、艇身长度等计税单位,有尾数的一律按照含尾数的计税单位据实计算车船税应纳税额。计算得出的应纳税额小数点后超过两位的可四舍五入保留两位小数。

乘用车以车辆登记管理部门核发的机动车登记证书或者行驶证书所载的排气量毫升数确定税额区间。

《国家税务总局关于车船税征管若干问题的公告》(国家税务总局公告 2013 年第 42 号)

7.4 税收优惠

7.4.1 法定免征优惠

7.4.1.1 捕捞、养殖渔船

捕捞、养殖渔船,是指在渔业船舶登记管理部门登记为捕捞船或者养殖船的船舶。

《中华人民共和国车船税法》第三条、《中华人民共和国车船税法实施条例》第七条

7.4.1.2 军队、武装警察部队专用的车船

军队、武装警察部队专用的车船,是指按照规定在军队、武装警察部队车船登记管理部门登记,并领取军队、武警牌照的车船。

《中华人民共和国车船税法》第三条、《中华人民共和国车船税法实施条例》第八条

7.4.1.3 警用车船

警用车船,是指公安机关、国家安全机关、监狱、劳动教养管理机关和人民法院、人民检察院领取警用牌照的车辆和执行警务的专用船舶。

《中华人民共和国车船税法》第三条、《中华人民共和国车船税法实施条例》第九条

7.4.1.4 应急救援专用车船

悬挂应急救援专用号牌的国家综合性消防救援车辆和国家综合性消防救援专用船舶。

《中华人民共和国车船税法》第三条、《全国人民代表大会常务委员会关于修改〈中华人民共和国建筑法〉等八部法律的决定》(中华人民共和国主席令第二十九号)

7.4.1.5 国际组织车船

依照法律规定应当予以免税的外国驻华使领馆、国际组织驻华代表机构及其有关人员的车船。

《中华人民共和国车船税法》第三条

对于拥有公安交通管理部门核发的外国使馆、领事馆专用号牌的机动车,保险机构销售交强险时,不代收代缴车船税。

对于外国驻华使馆、领事馆和国际组织驻华机构及其有关人员的车辆,因保险机构通过车辆号牌难以判别是否属于免税范围,税务机关应审查纳税人提供的本机构或个人身份的证明文件和车辆所有权证明文件,以及国际组织驻华机构及其有关人员提供的相关国际条约或协定。对符合免税规定的,税务机关应向纳税人开具免税证明,并将免税证明的相关信息传递给保险机构。

《国家税务总局　中国保险监督管理委员会关于机动车车船税代收代缴有关事项的公告》(国家税务总局公告 2011 年第 75 号)

7.4.2　授权国务院优惠

7.4.2.1　减征或免征车船

对节约能源、使用新能源的车船可以减征或者免征车船税;对受严重自然灾害影响纳税困难以及有其他特殊原因确需减税、免税的,可以减征或者免征车船税。具体办法由国务院规定,并报全国人民代表大会常务委员会备案。

《中华人民共和国车船税法》第四条

节约能源、使用新能源的车船可以免征或者减半征收车船税。免征或者减半征收车船税的车船的范围,由国务院财政、税务主管部门商国务院有关部门制订,报国务院批准。

对受地震、洪涝等严重自然灾害影响纳税困难以及其他特殊原因确需减免税的车船,可以在一定期限内减征或者免征车船税。具体减免期限和数额由省、自治区、直辖市人民政府确定,报国务院备案。

《中华人民共和国车船税法实施条例》第十条

在财政部、国家税务总局会同汽车行业主管部门公布了享受车船税优惠政策的节约能源、使用新能源的车型目录后,对纳入车型目录的机动车,保险机构销售交强险时,根据车型目录的规定免征或减征车船税。

《国家税务总局　中国保险监督管理委员会关于机动车车船税代收代缴有关事项的公告》(国家税务总局公告 2011 年第 75 号)

7.4.2.2　机动船舶和依法不需要登记车船处理

按照规定缴纳船舶吨税的机动船舶,自车船税法实施之日起 5 年内免征车船税。

依法不需要在车船登记管理部门登记的机场、港口、铁路站场内部行驶或者作业的车船,自车船税法实施之日起5年内免征车船税。

《中华人民共和国车船税法实施条例》第二十五条

7.4.2.3 节能和新能源车船优惠政策

自2018年7月10日起,节约能源、使用新能源(简称"节能、新能源")车船的车船税优惠政策。

(一)节能汽车减半征收车船税

(1)减半征收车船税的节能乘用车应同时符合以下标准:

① 获得许可在中国境内销售的排量为1.6升以下(含1.6升)的燃用汽油、柴油的乘用车(含非插电式混合动力、双燃料和两用燃料乘用车)。

② 综合工况燃料消耗量应符合标准,具体要求见《节能乘用车综合工况燃料消耗量限值标准》,如表7-2所示。

表7-2 节能乘用车综合工况燃料消耗量限值标准　　单位:L/100 km

整车整备质量(CM)kg	2018年		2019年		2020年	
	两排及以下座椅	三排或以上座椅	两排及以下座椅	三排或以上座椅	两排及以下座椅	三排或以上座椅
CM≤750	4.4	4.7	4.2	4.6	4.0	4.3
750<CM≤865	4.6	4.8	4.5	4.7	4.2	4.4
865<CM≤980	4.7	5.0	4.6	4.8	4.3	4.5
980<CM≤1 090	5.0	5.2	4.8	5.0	4.5	4.7
1 090<CM≤1 205	5.2	5.4	5.0	5.2	4.7	4.9
CM>1 205	5.4	5.4	5.2	5.2	4.9	4.9

(2)减半征收车船税的节能商用车应同时符合以下标准:

① 获得许可在中国境内销售的燃用天然气、汽油、柴油的轻型和重型商用车(含非插电式混合动力、双燃料和两用燃料轻型和重型商用车)。

② 燃用汽油、柴油的轻型和重型商用车综合工况燃料消耗量应符合标准,具体标准见《节能轻型商用车综合工况燃料消耗量限值标准》《节能重型商用车综合工况燃料消耗量限值标准》。

节能轻型商用车综合工况燃料消耗量限值标准如表7-3至表7-9所示。

表 7-3　N1 类车辆　　　　　　　　　　　　单位：L/100 km

整车整备质量（CM）kg	2018 年		2019 年		2020 年	
	汽油	柴油	汽油	柴油	汽油	柴油
CM≤750	5.0	4.5	4.7	4.3	4.5	4.1
750＜CM≤865	5.2	4.7	5.0	4.4	4.7	4.2
865＜CM≤980	5.5	5.0	5.2	4.7	5.0	4.5
980＜CM≤1 090	5.8	5.2	5.5	5.0	5.2	4.7
1 090＜CM≤1 205	6.0	5.5	5.7	5.2	5.4	5.0
1 205＜CM≤1 320	6.4	5.8	6.1	5.5	5.8	5.2
1 320＜CM≤1 430	6.8	6.0	6.4	5.7	6.1	5.4
1 430＜CM≤1 540	7.1	6.3	6.8	6.0	6.4	5.7
1 540＜CM≤1 660	7.5	6.6	7.1	6.2	6.7	5.9
1 660＜CM≤1 770	7.8	6.8	7.4	6.5	7.1	6.2
1770＜CM≤1880	8.2	7.1	7.8	6.8	7.4	6.4
1 880＜CM≤2 000	8.6	7.5	8.2	7.1	7.8	6.7
2 000＜CM≤2 110	9.1	7.8	8.6	7.4	8.2	7.1
2 110＜CM≤2 280	9.5	8.2	9.1	7.8	8.6	7.4
2 280＜CM≤2 510	10.0	8.6	9.5	8.1	9.0	7.7
2 510＜CM	10.5	9.0	10.0	8.6	9.5	8.1

表 7-4　最大设计总质量不大于 3 500 kg 的 M2 类车辆　单位：L/100 km

整车整备质量（CM）kg	2018 年		2019 年		2020 年	
	汽油	柴油	汽油	柴油	汽油	柴油
CM≤750	4.5	4.2	4.3	4.0	4.1	3.8
750＜CM≤865	4.9	4.5	4.6	4.3	4.4	4.1
865＜CM≤980	5.2	4.8	5.0	4.5	4.7	4.3
980＜CM≤1 090	5.6	5.0	5.3	4.8	5.0	4.5
1 090＜CM≤1 205	5.9	5.3	5.6	5.0	5.4	4.8
1 205＜CM≤1 320	6.3	5.6	6.0	5.3	5.7	5.0

（续表）

整车整备质量（CM）kg	2018 年		2019 年		2020 年	
	汽油	柴油	汽油	柴油	汽油	柴油
1 320＜CM≤1 430	6.7	5.9	6.3	5.6	6.0	5.3
1 430＜CM≤1 540	7.0	6.1	6.7	5.8	6.3	5.5
1 540＜CM≤1 660	7.4	6.4	7.0	6.1	6.7	5.8
1 660＜CM≤1 770	7.7	6.7	7.4	6.3	7.0	6.0
1 770＜CM≤1 880	8.1	6.9	7.7	6.6	7.3	6.3
1 880＜CM≤2 000	8.6	7.2	8.1	6.8	7.7	6.5
2 000＜CM≤2 110	9.0	7.6	8.6	7.2	8.1	6.8
2 110＜CM≤2 280	9.5	7.9	9.0	7.5	8.5	7.1
2 280＜CM≤2 510	9.9	8.3	9.4	7.9	8.9	7.5
2 510＜CM	10.4	8.6	9.8	8.2	9.3	7.8

表 7-5　节能重型商用车综合工况燃料消耗量限值标准货车

单位：L/100 km

最大设计总质量（GVW）kg	2018 年	2019 年	2020 年
3 500＜GVW≤4 500	11.5[a]	10.9[a]	10.4[a]
4 500＜GVW≤5 500	12.2[a]	11.6[a]	11.0[a]
5 500＜GVW≤7 000	13.8[a]	13.1[a]	12.5[a]
7 000＜GVW≤8 500	16.3[a]	15.5[a]	14.7[a]
8 500＜GVW≤10 500	18.3[a]	17.4[a]	16.5[a]
10 500＜GVW≤12 500	21.3[a]	20.2[a]	19.2[a]
12 500＜GVW≤16 000	24.0	22.8	21.7
16 000＜GVW≤20 000	27.0	25.7	24.4
20 000＜GVW≤25 000	32.5	30.9	29.3
25 000＜GVW≤31 000	37.5	35.6	33.8
31 000＜GVW	38.5	36.6	34.7
a 对于汽油车，其限值是表中相应限值乘以 1.2，求得的数值圆整（四舍五入）至小数点后一位			

表 7-6　节能重型商用车综合工况燃料消耗量限值标准半挂牵引车

单位：L/100 km

最大设计总质量（GCW） kg	2018 年	2019 年	2020 年
GCW≤18 000	28.0	26.6	25.3
18 000＜GCW≤27 000	30.5	29.0	27.5
27 000＜GCW≤35 000	32.0	30.4	28.9
35 000＜GCW≤40 000	34.0	32.3	30.7
40 000＜GCW≤43 000	35.5	33.7	32.0
43 000＜GCW≤46 000	38.0	36.1	34.3
46 000＜GCW≤49 000	40.0	38.0	36.1
49 000＜GCW	40.5	38.5	36.6

表 7-7　节能重型商用车综合工况燃料消耗量限值标准客车

单位：L/100 km

最大设计总质量（GVW） kg	2018 年	2019 年	2020 年
3 500＜GVW≤4 500	10.6[a]	10.1[a]	9.6[a]
4 500＜GVW≤5 500	11.5[a]	10.9[a]	10.4[a]
5 500＜GVW≤7 000	13.3[a]	12.6[a]	12.0[a]
7 000＜GVW≤8 500	14.5	13.8	13.1
8 500＜GVW≤10 500	16.0	15.2	14.4
10 500＜GVW≤12 500	17.7	16.8	16.0
12 500＜GVW≤14 500	19.1	18.1	17.2
14 500＜GVW≤16 500	20.1	19.1	18.1
16 500＜GVW≤18 000	21.3	20.2	19.2
18 000＜GVW≤22 000	22.3	21.2	20.1
22 000＜GVW≤25 000	24.0	22.8	21.7
25 000＜GVW	25.0	23.8	22.6
a 对于汽油车，其限值是表中相应限值乘以 1.2，求得的数值圆整（四舍五入）至小数点后一位			

表 7-8　节能重型商用车综合工况燃料消耗量限值标准自卸汽车

单位：L/100 km

最大设计总质量（GVW） kg	2018 年	2019 年	2020 年
3 500＜GVW≤4 500	13.0	12.4	11.7
4 500＜GVW≤5 500	13.5	12.8	12.2
5 500＜GVW≤7 000	15.0	14.3	13.5
7 000＜GVW≤8 500	17.5	16.6	15.8
8 500＜GVW≤10 500	19.5	18.5	17.6
10 500＜GVW≤12 500	22.0	20.9	19.9
12 500＜GVW≤16 000	25.0	23.8	22.6
16 000＜GVW≤20 000	29.5	28.0	26.6
20 000＜GVW≤25 000	37.5	35.6	33.8
25 000＜GVW≤31 000	41.0	39.0	37.0
31 000＜GVW	41.5	39.4	37.5

表 7-9　节能重型商用车综合工况燃料消耗量限值标准城市客车

单位：L/100 km

最大设计总质量（GVW） kg	2018 年	2019 年	2020 年
3 500＜GVW≤4 500	11.5	10.9	10.4
4 500＜GVW≤5 500	13.0	12.4	11.7
5 500＜GVW≤7 000	14.7	14.0	13.3
7 000＜GVW≤8 500	16.7	15.9	15.1
8 500＜GVW≤10 500	19.4	18.4	17.5
10 500＜GVW≤12 500	22.3	21.2	20.1
12 500＜GVW≤14 500	25.5	24.2	23.0
14 500＜GVW≤16 500	28.0	26.6	25.3
16 500＜GVW≤18 000	31.0	29.5	28.0
18 000＜GVW≤22 000	34.5	32.8	31.1
22 000＜GVW≤25 000	38.5	36.6	34.7
25 000＜GVW	41.5	39.4	37.5

《财政部关于节能新能源车船享受车船税优惠政策的通知》（财税〔2018〕74 号）

(二)新能源车船免征车船税

(1)免征车船税的新能源汽车是指纯电动商用车、插电式(含增程式)混合动力汽车、燃料电池商用车。纯电动乘用车和燃料电池乘用车不属于车船税征税范围,对其不征车船税。

(2)免征车船税的新能源汽车应同时符合以下标准:

① 获得许可在中国境内销售的纯电动商用车、插电式(含增程式)混合动力汽车、燃料电池商用车。

② 符合新能源汽车产品技术标准。

②—1 新能源汽车纯电动续驶里程标准如表 7-10 所示。

表 7-10 新能源汽车产品技术标准 单位:km

类 别	乘用车	客车	货车	专用车	测试方法
纯电动		≥200	≥80	≥80	M1、N1 类采用工况法,其他暂采用 40 km/h 等速法
插电式(含增程式)混合动力	≥50(工况法)	≥50	≥50	≥50	M1、N1 类采用工况法或 60 km/h 等速法,其他暂采用 40 km/h 等速法
	≥70(等速法)				
燃料电池		≥300	≥300	≥300	M1、N1 类采用工况法,其他暂采用 40 km/h 等速法

注:超级电容、钛酸锂快充纯电动客车无纯电动续驶里程要求。

M1 类是指包括驾驶员座位在内,座位数不超过九座的载客车辆。

N1 类是指最大设计总质量不超过 3 500 kg 的载货车辆。

②—2 新能源乘用车技术标准:

纯电动乘用车和燃料电池乘用车不属于车船税征税范围。免征车船税的插电式混合动力(含增程式)乘用车应符合以下标准:

工况纯电续驶里程低于 80 km 的插电式混合动力(含增程式)乘用车 B 状态燃料消耗量(不含电能转化的燃料消耗量)与现行的常规燃料消耗量国家标准中对应限值相比小于 70%。工况纯电续驶里程大于等于 80 km 的插电式混合动力(含增程式)乘用车,按整车整备质量(m)不同,其 A 状态百公里耗电量(Y)应满足以下要求:$m \leqslant 1\,000$ kg 时,$Y \leqslant 0.014 \times m + 0.5$;$1\,000$ kg $< m \leqslant 1\,600$ kg 时,$Y \leqslant 0.012 \times m + 2.5$;$m > 1\,600$ kg 时,$Y \leqslant 0.005 \times m + 13.7$。

②—3 新能源客车技术标准:

免征车船税的新能源客车应同时符合以下标准:

单位载质量能量消耗量(E_{kg})不高于 0.24 Wh/km · kg；

非快充类纯电动客车电池系统质量能量密度要高于 95 Wh/kg，快充类纯电动客车快充倍率要高于 3C，插电式混合动力（含增程式）客车节油率大于 40%。

②—4 新能源货车和专用车技术标准：

免征车船税的新能源货车和专用车应同时符合以下标准：

装载动力电池系统质量能量密度不低于 95 Wh/kg；

纯电动货车、运输类专用车单位载质量能量消耗量(E_{kg})不高于0.49 Wh/km · kg，其他类纯电动专用车吨百公里电耗（按试验质量）不超过 10 kWh。

②—5 燃料电池商用车技术标准：

免征车船税的燃料电池汽车应符合以下标准：

燃料电池系统的额定功率不低于驱动电机额定功率的 30%，且商用车燃料电池系统额定功率不小于 30 kW。

③ 通过新能源汽车专项检测，符合新能源汽车标准，具体标准略。

④ 新能源汽车生产企业或进口新能源汽车经销商在产品质量保证、产品一致性、售后服务、安全监测、动力电池回收利用等方面符合相关要求。

新能源汽车企业要求

提出申请的新能源汽车生产企业或进口汽车经销商（简称"企业"）须符合以下条件：

（1）企业应对消费者提供动力电池等储能装置、驱动电机、电机控制器质量保证，其中乘用车企业应提供不低于 8 年或 12 万公里（以先到者为准，下同）的质保期限，商用车企业（含客车、专用车、货车等）应提供不低于 5 年或 20 万公里的质保期限。

（2）企业应当持续满足生产一致性相关规定，确保新能源汽车产品安全保障体系正常运行。

（3）企业应当建立新能源汽车产品售后服务承诺制度。售后服务承诺应当包括新能源汽车产品质量保证承诺、售后服务项目及内容、备件提供及质量保证期限、售后服务过程中发现问题的反馈、零部件（如电池）回收，出现产品质量、安全、环保等严重问题时的应对措施以及索赔处理等内容，并在本企业网站上向社会发布。

（4）企业应当建立新能源汽车产品运行安全状态监测平台，按照与新能源汽车产品用户的协议,对已销售的全部新能源汽车产品的运行安全状态进行监测。企业监测平台应当与地方和国家的新能源汽车推广应用监测平台对接。

企业及其工作人员应当妥善保管新能源汽车产品运行安全状态信息,不得泄露、篡改、毁损、出售或者非法向他人提供,不得监测与产品运行安全状态无关的信息。

（5）企业应当在产品全生命周期内,为每一辆新能源汽车产品建立档案,跟踪记录汽车使用、维护、维修情况,实施新能源汽车动力电池溯源信息管理,跟踪记录动力电池回收利用情况。

（6）对企业已销售的新能源汽车产品,在使用中存在安全隐患、发生安全事故的,企业应提交产品事故检测报告、后续改进措施等材料,完善新能源汽车安全运行保障体系。

（3）免征车船税的新能源船舶应符合以下标准：

船舶的主推进动力装置为纯天然气发动机。发动机采用微量柴油引燃方式且引燃油热值占全部燃料总热值的比例不超过 5% 的,视同纯天然气发动机。

《财政部　税务总局　工业和信息化部　交通运输部关于节能新能源车船享受车船税优惠政策的通知》（财税〔2018〕74 号）

（三）减免税车型按《目录》享受

符合上述标准的节能、新能源汽车,由工业和信息化部、国家税务总局不定期联合发布《享受车船税减免优惠的节约能源使用新能源汽车车型目录》（简称《目录》）予以公告。

《财政部　税务总局　工业和信息化部　交通运输部关于节能新能源车船享受车船税优惠政策的通知》（财税〔2018〕74 号）

（四）优惠目录申报管理系统

汽车生产企业或进口汽车经销商（简称“汽车企业”）可通过工业和信息化部节能与新能源汽车财税优惠目录申报管理系统,自愿提交节能车型报告、新能源车型报告（报告样本略）,申请将其产品列入《目录》,并对申报资料的真实性负责。

工业和信息化部、国家税务总局委托工业和信息化部装备工业发展中心负责《目录》组织申报、宣传培训及具体技术审查、监督检查工作。工业和信息化部装备工业发展中心审查结果在工业和信息化部网站公示 5 个工作日,没有异议的,列入《目录》予以发布。对产品与申报材料不符、产品性能指标未达到标准或者汽车企业提供其他虚假信息,以及列入《目录》后12个月内无产量或进口量的车型,在工业和信息化部网站公示5个工作日,没有异议的,从《目录》中予以撤销。

《财政部 税务总局 工业和信息化部 交通运输部关于节能新能源车船享受车船税优惠政策的通知》(财税〔2018〕74号)

(五)"纯天然气动力船舶"船舶检验证书

船舶检验机构在核定检验船舶主推进动力装置时,对满足新能源船舶标准的,在其船用产品证书上标注"纯天然气发动机"字段;在船舶建造检验时,对船舶主推进动力装置船用产品证书上标注有"纯天然气发动机"字段的,在其检验证书服务簿中标注"纯天然气动力船舶"字段。

对使用未标记"纯天然气发动机"字段主推进动力装置的船舶,船舶所有人或者管理人认为符合新能源船舶标准的,在船舶年度检验时一并向船舶检验机构提出认定申请,同时提交支撑材料,并对提供信息的真实性负责。船舶检验机构通过审核材料和现场检验予以确认,符合新能源船舶标准的,在船舶检验证书服务簿中标注"纯天然气动力船舶"字段。

纳税人凭标注"纯天然气动力船舶"字段的船舶检验证书享受车船税免税优惠。

《财政部 税务总局 工业和信息化部 交通运输部关于节能新能源车船享受车船税优惠政策的通知》(财税〔2018〕74号)

(六)节能、新能源车船认定法律责任

财政部、国家税务总局、工业和信息化部、交通运输部根据汽车和船舶技术进步、产业发展等因素适时调整节能、新能源车船的认定标准。在开展享受车船税减免优惠的节能、新能源车船审查和认定等相关管理工作过程中,相关部门及其工作人员存在玩忽职守、滥用职权、徇私舞弊等违法行为的,按照《公务员法》《行政监察法》《财政违法行为处罚处分条例》等有关国家规定追究相应责任;涉嫌犯罪的,移送司法机关处理。

对提供虚假信息骗取列入《目录》资格的汽车企业,以及提供虚假资料的船舶所有人或者管理人,应依照相关法律法规予以处理。

《财政部 税务总局 工业和信息化部 交通运输部关于节能新能源车船享受车船税优惠政策的通知》(财税〔2018〕74号)

(七)新旧《目录》衔接

列入新公告的各批次《目录》(简称"新《目录》")的节能、新能源汽车,自新

《目录》公告之日起,按新《目录》和上述相关规定享受车船税减免优惠政策。新《目录》公告后,第一批、第二批、第三批车船税优惠车型目录同时废止;新《目录》公告前已取得的列入第一批、第二批、第三批车船税优惠车型目录的节能、新能源汽车,不论是否转让,可继续享受车船税减免优惠政策。

《财政部 税务总局 工业和信息化部 交通运输部关于节能新能源车船享受车船税优惠政策的通知》(财税〔2018〕74号)

7.4.3 授权省级政府优惠

省、自治区、直辖市人民政府根据当地实际情况,可以对公共交通车船,农村居民拥有并主要在农村地区使用的摩托车、三轮汽车和低速载货汽车定期减征或者免征车船税。

《中华人民共和国车船税法》第五条

对于按照省级人民政府根据《车船税法》及其实施条例的规定予以减免车船税的机动车,由各省、自治区、直辖市税务机关规定保险机构销售交强险时的具体操作方法。

《国家税务总局 中国保险监督管理委员会关于机动车车船税代收代缴有关事项的公告》(国家税务总局公告2011年第75号)

7.4.4 税收优惠管理

7.4.4.1 减免税证明的印制

(1)《车船税减免税证明》的格式由国家税务总局统一规定。各省、自治区、直辖市和计划单列市税务机关自行印制《车船税减免税证明》,具体格式如表7-11所示。

表 7-11 车船税减免税证明

开具日期: 年 月 日   证明号码:

纳税人名称		纳税人识别号	
减免税车船基本情况			
车辆种类	号牌号码	厂牌型号	
车辆识别代码 (车架号)		发动机号码	
船舶种类	船舶名称	船舶识别号	

（续表）

年应纳税额		年减（免）税额		实际年应纳税额	
减（免）税期限		年　月　至　年　月			
减（免）税依据					

经办人：　　　　　审核人：　　　　　批准人：　　　　　主管税务机关（公章）

说明：

（1）一车（船）一证，不得转借。

（2）证明号码：由十五位数构成：前六位为省、市、县六位行政区域码；中间四位为开具减免税证明年度；后五位为顺序码，由开具减免税证明的税务机关按开具顺序编制。

（3）纳税人识别号：按纳税人税务登记的识别号填写；不需要办理税务登记的，填写组织机构代码或者个人身份证号码。

（4）车辆种类：①乘用车；②客车；③货车；④挂车；⑤其他车辆；⑥摩托车。

（5）船舶种类：①机动船舶；②拖船、非机动船舶；③游艇。

（6）车辆的号牌号码、厂牌型号、车辆识别代码、发动机号码以及船舶名称、船舶识别号等根据车船的登记证书或行驶证书填写；购置的新车船或依法不需在车船管理部门登记的车船，上述数据项目根据车船出厂合格证书或进口相应凭证填写。

（7）实际年应纳税额为年应纳税额与年减（免）税额的差额。

（8）免（减）税期限：按减免税起止年度填写。

（2）《车船税减免税证明》一式三联：第一联（存根），由税务机关留存；第二联（证明），由纳税人在购买机动车交通事故责任强制保险（简称"交强险"）时交保险机构或者在办理车船登记、检验手续时交车船管理部门留存；第三联（备查），纳税人留存备查。各省、自治区、直辖市和计划单列市税务机关也可根据工作需要增加联次。

（3）各地税务机关要根据相关征管文书的管理规定，做好《车船税减免税证明》的印制、保管、发放、存档等工作。

《国家税务总局关于加强〈车船税减免税证明〉管理有关工作的通知》（国税发〔2011〕130号）

7.4.4.2　减免税证明的办理

（1）对符合车船税减免税有关规定且需要纳税人办理减免税事项的，税务机关应在审查纳税人提供的相关资料后，向纳税人开具减免税证明。

税务机关与扣缴义务人、车船管理部门已实现车船税信息联网的地区,可以不开具纸质减免税证明,但税务机关应通过网络将减免税证明的相关信息及时传递给扣缴义务人和相关车船管理部门。纳税人因到异地办理机动车交强险等原因需要开具纸质证明的,税务机关应予以办理。

(2)需要纳税人到税务机关办理减免税事项的车船范围,纳税人办理减免税事项需要提供的相关资料,哪级税务机关受理、批准减免税申请和开具减免税证明,由各省、自治区、直辖市和计划单列市税务机关根据《车船税法》及其实施条例及相关规定确定。

《国家税务总局关于加强〈车船税减免税证明〉管理有关工作的通知》(国税发〔2011〕130号)

7.4.4.3　免税车船不代征代收税款

税务机关应当依法减免车船税。保险机构、代征单位对已经办理减免税手续的车船不再代收代征车船税。

税务机关、保险机构、代征单位应当严格执行财政部、国家税务总局、工业和信息化部公布的节约能源、使用新能源车船减免税政策。对不属于车船税征税范围的纯电动乘用车和燃料电池乘用车,应当积极获取车辆的相关信息予以判断,对其征收了车船税的应当及时予以退税。

税务机关应当将本地区车船税减免涉及的具体车船明细信息和相关减免税额存档备查。

《车船税管理规程(试行)》(国家税务总局公告2015年第83号)

7.5　征收管理

7.5.1　征收机关及征管要求

车船税的征收管理,依照《车船税法》和《税收征收管理法》的规定执行。

《中华人民共和国车船税法》第十一条

车船税由税务机关负责征收。

《中华人民共和国车船税法实施条例》第十一条

车船税管理应当坚持依法治税原则,按照法定权限与程序,严格执行相关法律法规和税收政策,坚决维护税法的权威性和严肃性,切实保护纳税人合法权益。

税务机关应当根据车船税法和相关法律法规要求,提高税收征管质效,减轻纳税人办税负担,优化纳税服务,加强部门协作,实现信息管税。

《车船税管理规程(试行)》(国家税务总局公告 2015 年第 83 号)

7.5.2 扣缴义务人扣缴税款管理

机动车车船税扣缴义务人在代收车船税时,应当在机动车交通事故责任强制保险的保险单以及保费发票上注明已收税款的信息,作为代收税款凭证。

已完税或者依法减免税的车辆,纳税人应当向扣缴义务人提供登记地的主管税务机关出具的完税凭证或者减免税证明。

《中华人民共和国车船税法实施条例》第十二条、第十三条

7.5.2.1 先税后交单

除免税、不征税或已缴纳税款等不代收代缴车船税的情形外,保险机构在销售交强险时一律按照保险机构所在地的车船税税额标准和所在地税务机关的具体规定代收代缴车船税;投保人无法立即足额缴纳车船税的,保险机构不得将保单、保险标志和保费发票等票据交给投保人,直至投保人缴纳车船税或提供税务机关出具的完税证明或免税证明。纳税人对保险机构代收代缴税款数额有异议的,根据本地区代收代缴管理办法规定的受理程序和期限进行处理。

《国家税务总局 中国保险监督管理委员会关于机动车车船税代收代缴有关事项的公告》(国家税务总局公告 2011 年第 75 号)

7.5.2.2 信息录入

保险机构在销售交强险时,要严格按照有关规定代收代缴车船税,并将相关信息据实录入交强险业务系统中。不得擅自多收、少收或不收机动车车船税,不得以任何形式擅自减免、赠送机动车车船税,不得遗漏应录入的信息或录入虚假信息。各保险机构不得将代收代缴的机动车车船税计入交强险保费收入,不得向保险中介机构支付代收车船税的手续费。

《国家税务总局 中国保险监督管理委员会关于机动车车船税代收代缴有关事项的公告》（国家税务总局公告 2011 年第 75 号）

7.5.2.3　代收税款凭证

保险机构在代收代缴机动车车船税时，应向投保人开具注明已收税款信息的交强险保险单和保费发票，作为代收税款凭证。纳税人需要另外开具完税凭证的，保险机构应告知纳税人凭交强险保单到保险机构所在地的税务机关开具。

对纳税人通过保险机构代收代缴方式缴纳车船税后需要另外开具完税凭证的，由保险机构所在地的税务机关办理。在办理完税凭证时，税务机关应根据纳税人所持注明已收税款信息的保险单，开具《税收转账专用完税证》，并在保险单上注明"完税凭证已开具"字样。《税收转账专用完税证》的第一联（存根）和保险单复印件由税务机关留存备查，第二联（收据）由纳税人收执，作为纳税人缴纳车船税的完税凭证。

《国家税务总局 中国保险监督管理委员会关于机动车车船税代收代缴有关事项的公告》（国家税务总局公告 2011 年第 75 号）

保险机构应当在收取机动车第三者责任强制保险费时依法代收车船税，并将注明已收税款信息的机动车第三者责任强制保险单及保费发票作为代收税款凭证。

《车船税管理规程（试行）》（国家税务总局公告 2015 年第 83 号）

自 2016 年 5 月 1 日起，保险机构作为车船税扣缴义务人，在代收车船税并开具增值税发票时，应在增值税发票备注栏中注明代收车船税税款信息。具体包括保险单号、税款所属期（详细至月）、代收车船税金额、滞纳金金额、金额合计等。该增值税发票可作为纳税人缴纳车船税及滞纳金的会计核算原始凭证。

《国家税务总局关于保险机构代收车船税开具增值税发票问题的公告》（国家税务总局公告 2016 年第 51 号）

7.5.2.4　代收代缴欠缴税款滞纳金处理

纳税人没有按照规定期限缴纳车船税的，扣缴义务人在代收代缴税款时，可以一并代收代缴欠缴税款的滞纳金。

《中华人民共和国车船税法实施条例》第十四条

车船税扣缴义务人代收代缴欠缴税款的滞纳金，从各省、自治区、直辖市人民政府规定的申报纳税期限截止日期的次日起计算。

《国家税务总局关于车船税征管若干问题的公告》（国家税务总局公告 2013 年第 42 号）

7.5.2.5 纳税人异议处理

纳税人对保险机构代收代缴税款数额有异议的,可以直接向税务机关申报缴纳,也可以在保险机构代收代缴税款后向税务机关提出申诉,税务机关应在接到纳税人申诉后按照本地区代收代缴管理办法规定的程序和期限受理。

《国家税务总局 中国保险监督管理委员会关于机动车车船税代收代缴有关事项的公告》（国家税务总局公告 2011 年第 75 号）

纳税人对保险机构代收代缴税款数额有异议的,可以直接向税务机关申报缴纳,也可以在保险机构代收代缴税款后向税务机关提出申诉,税务机关应在接到纳税人申诉后按照本地区代收代缴管理办法规定的受理程序和期限进行处理。

《车船税管理规程(试行)》（国家税务总局公告 2015 年第 83 号）

7.5.3 扣缴义务人不扣缴税款认定依据

7.5.3.1 法定免税和不征税车辆

对军队和武警专用车辆、警用车辆、拖拉机、临时入境的外国机动车和中国香港特别行政区、澳门特别行政区、台湾地区的机动车,保险机构在销售交强险时不代收代缴车船税。其中:

军队、武警专用车辆以军队、武警车船管理部门核发的军车号牌和武警号牌作为认定依据。

警用车辆以公安机关核发的警车号牌(最后一位登记编号为红色的"警"字)作为认定依据。

拖拉机以在农业(农业机械)部门登记、并拥有拖拉机登记证书或拖拉机行驶证书作为认定依据。

临时入境的外国机动车以中国海关等部门出具的准许机动车入境的凭证作为认定依据。

中国香港特别行政区、澳门特别行政区、台湾地区的机动车根据公安交通管理部门核发的批准文书作为认定依据,具体操作办法由进入内地或大陆口岸所在地税务机关制定。

《国家税务总局 中国保险监督管理委员会关于机动车车船税代收代缴有关事项的公告》(国家税务总局公告 2011 年第 75 号)

7.5.3.2 已完税车辆

对已经向主管税务机关申报缴纳车船税的纳税人,保险机构在销售交强险时,不再代收代缴车船税,但应根据纳税人出示的完税凭证原件,将上述车辆的完税凭证号和出具该凭证的税务机关名称录入交强险业务系统。

《国家税务总局 中国保险监督管理委员会关于机动车车船税代收代缴有关事项的公告》(国家税务总局公告 2011 年第 75 号)

对已经向主管税务机关申报缴纳车船税的纳税人,保险机构在销售机动车第三者责任强制保险时,不再代收车船税,但应当根据纳税人的完税凭证原件,将车辆的完税凭证号和出具该凭证的税务机关名称录入交强险业务系统。

《车船税管理规程(试行)》(国家税务总局公告 2015 年第 83 号)

7.5.3.3 出具免税证明车辆

对税务机关出具减免税证明的车辆,保险机构在销售交强险时,对免税车辆不代收代缴车船税;对减税车辆根据减税证明的规定处理。保险机构应将减免税证明号和出具该证明的税务机关名称录入交强险业务系统。

《国家税务总局 中国保险监督管理委员会关于机动车车船税代收代缴有关事项的公告》(国家税务总局公告 2011 年第 75 号)

对出具税务机关减免税证明的车辆,保险机构在销售机动车第三者责任强制保险时,不代收车船税,保险机构应当将减免税证明号和出具该证明的税务机关名称录入交强险业务系统。

《车船税管理规程(试行)》(国家税务总局公告 2015 年第 83 号)

7.5.4 扣缴义务人扣缴申报管理

扣缴义务人应当及时解缴代收代缴的税款和滞纳金,并向主管税务机关申报。扣缴义务人向税务机关解缴税款和滞纳金时,应当同时报送明细的税款和滞纳金扣缴报告。扣缴义务人解缴税款和滞纳金的具体期限,由省、自治区、直辖市地方税务机关依照法律、行政法规的规定确定。

《中华人民共和国车船税法实施条例》第十八条

各保险机构应按照本地区代收代缴管理办法规定的期限和方式,及时向保险机构所在地的税务机关办理申报、结报手续,报送代收代缴报告表,报告投保、缴税机动车的明细信息。有条件的地区,要积极探索保险机构向地(市)或省税务机关申报、结报的模式。对保险机构和税务机关已实现信息联网的地区,税务机关可根据当地实际自行确定保险机构报送代收代缴报告表的方式。

各级税务机关要严格审查保险机构报送的车船税代收代缴信息。有条件的地区,要探索利用信息化的手段对代收代缴信息进行审核。

对于保险监管部门和保险机构提供的信息,各级税务机关应予保密,除办理涉税事项外,不得用于其他目的。

《国家税务总局 中国保险监督管理委员会关于机动车车船税代收代缴有关事项的公告》(国家税务总局公告 2011 年第 75 号)

保险机构应当按照本地区车船税代收代缴管理办法规定的期限和方式,及时向保险机构所在地的税务机关办理申报、结报手续,报送代收代缴税款报告表和投保机动车缴税的明细信息。

《车船税管理规程(试行)》(国家税务总局公告 2015 年第 83 号)

7.5.5　扣缴义务人信息和档案管理

各保险机构要做好机动车投保、缴税信息以及其他相关信息的档案保存、整理工作,并接受税务机关和保险监管部门的检查。对于税务机关提供的信息,保险机构应予保密,除办理涉税事项外,不得用于其他目的。

保险机构委托保险中介机构销售交强险的,应加强对中介机构的培训,并要求中介机构根据本公告的要求在销售交强险时代收车船税,录入相关信息,保存相关涉税凭证的复印件。保险中介机构应自觉接受税务机关和保险监管部门的检查。

《国家税务总局 中国保险监督管理委员会关于机动车车船税代收代缴有关事项的公告》(国家税务总局公告 2011 年第 75 号)

7.5.6　纳税地点

车船税的纳税地点为车船的登记地或者车船税扣缴义务人所在地。依法不需要办理登记的车船,车船税的纳税地点为车船的所有人或者管理人所在地。

《中华人民共和国车船税法》第七条

扣缴义务人已代收代缴车船税的,纳税人不再向车辆登记地的主管税务机关申报缴纳车船税。

没有扣缴义务人的,纳税人应当向主管税务机关自行申报缴纳车船税。

《中华人民共和国车船税法实施条例》第十五条

纳税人在购买"交强险"时,由扣缴义务人代收代缴车船税的,凭注明已收税款信息的"交强险"保险单,车辆登记地的主管税务机关不再征收该纳税年度的车船税。再次征收的,车辆登记地主管税务机关应予退还。

《国家税务总局关于车船税征管若干问题的公告》(国家税务总局公告 2013 年第 42 号)

纳税人在车辆登记地之外购买机动车第三者责任强制保险,由保险机构代收代缴车船税的,凭注明已收税款信息的机动车第三者责任强制保险单或保费发票,车辆登记地的主管税务机关不再征收该纳税年度的车船税,已经征收的应予退还。

《车船税管理规程(试行)》(国家税务总局公告 2015 年第 83 号)

7.5.7 纳税申报

7.5.7.1 按年申报

车船税按年申报缴纳。具体申报纳税期限由省、自治区、直辖市人民政府规定。

《中华人民共和国车船税法》第九条

车船税按年申报,分月计算,一次性缴纳。纳税年度为公历 1 月 1 日至 12 月 31 日。

《中华人民共和国车船税法实施条例》第二十三条

解读▶ 车船税按年申报缴纳。具体申报纳税期限由省、自治区、直辖市人民政府规定。由保险机构代收代缴机动车车船税的,纳税人应当在购买机动车交强险的同时缴纳车船税。

纳税人申报缴纳城镇土地使用税、房产税、车船税、印花税、耕地占用税、资源税、土地增值税、契税、环境保护税、烟叶税中一个或多个税种时,使用《财产和行为税纳税申报表》(详见"1.8.2 纳税申报")。纳税人新增税源或税源变化时,需先填报《财产和行为税税源明细表》(表 7-12)。

表 7-12　财产和行为税税源明细表
车船税税源明细表

纳税人识别号(统一社会信用代码):□□□□□□□□□□□□□□□□□□

纳税人名称:　　　　　　　　　体积单位:升;质量单位:吨;功率单位:千瓦;长度单位:米

车辆税源明细											
序号	车牌号码	*车辆识别代码(车架号)	*车辆类型	车辆品牌	车辆型号	*车辆发票日期或注册登记日期	排(气)量	核定载客	整备质量	*单位税额	减免性质代码和项目名称	纳税义务终止时间
1											
2											
3											

船舶税源明细														
序号	船舶登记号	*船舶识别号	*船舶种类	*中文船名	初次登记号码	船籍港	发证日期	取得所有权日期	建成日期	净吨位	主机功率	艇身长度(总长)	*单位税额	减免性质代码和项目名称	纳税义务终止时间
1															
2															
3															

填表说明:

车辆税源明细:

1. 车牌号码:在车辆登记管理部门登记的车辆,必填。根据车辆悬挂号牌填写。

2. 车辆识别代码(车架号):必填。根据整车合格证、机动车登记证书和机动车行驶证等材料填写。

3. 车辆类型:必填。根据整车合格证、机动车登记证书和机动车行驶证等材料所载信息,按照《车船税法》所附《车船税税目税额表》填写。

4. 车辆品牌：节约能源、使用新能源车辆，必填。根据机动车行驶证同名栏目所载信息，或整车合格证、机动车登记证书所载车辆品牌填写。

5. 车辆型号：节约能源、使用新能源车辆，必填。根据机动车行驶证同名栏目所载信息，或整车合格证、机动车登记证书所载车辆型号填写。

6. 车辆发票日期或注册登记日期：必填。有机动车销售发票的，填写销售发票日期；确无销售发票的，填写机动车登记证书的注册登记日期。

7. 排（气）量：乘用车，必填。根据整车合格证、机动车登记证书和机动车行驶证等材料填写。

8. 核定载客：客车，必填。根据整车合格证、机动车登记证书和机动车行驶证等材料填写。

9. 整备质量：货车、挂车、专用作业车、轮式专用机械车，必填。根据整车合格证、机动车登记证书和机动车行驶证等材料填写。

10. 单位税额：按照《车船税法》所附《车船税税目税额表》填写。

11. 减免性质代码和项目名称：有减免税情况的，必填。按照税务机关最新制发的减免税政策代码表中最细项减免性质代码填写。

12. 纳税义务终止时间：发生盗抢、报废、灭失等情况的，必填。填写盗抢、报废、灭失的当月。

船舶税源明细：

1. 船舶登记号：在船舶登记管理部门登记的船舶，必填。根据船舶检验证书、船舶所有权登记证书、船舶国籍证书和船舶最低安全配员证书等材料填写。

2. 船舶识别号：必填。根据船舶检验证书、船舶所有权登记证书、船舶国籍证书和船舶最低安全配员证书等材料填写。

3. 船舶种类：必填。根据船舶检验证书、船舶所有权登记证书、船舶国籍证书和船舶最低安全配员证书等材料，按照《中华人民共和国车船税法》所附《车船税税目税额表》填写。

4. 中文船名：必填。根据船舶检验证书、船舶所有权登记证书、船舶国籍证书和船舶最低安全配员证书等材料填写。

5. 初次登记号码：选填。根据船舶所有权登记证书等材料填写。

6. 船籍港：在船舶登记管理部门登记的船舶，必填。根据船舶所有权登记证书、船舶国籍证书等材料填写。

7. 发证日期：在船舶登记管理部门登记的船舶，必填。根据船舶所有权登记证书等材料填写。

8. 取得所有权日期：必填。填写取得船舶所有权的日期。

9. 建成日期：选填。填写船舶建成的日期。

10. 净吨位：机动船舶、非机动驳船，必填。根据船舶检验证书、船舶所有权登记证书、船舶国籍证书和船舶最低安全配员证书等材料填写。

11. 主机功率：拖船，必填。拖船按照发动机功率每 1 千瓦折合净吨位 0.67 吨计算征收车船税。

12. 艇身长度（总长）：游艇，必填。根据船舶检验证书、船舶所有权登记证书、船舶国籍证书和船舶最低安全配员证书等材料填报。

13. 单位税额：按照《车船税法》所附《车船税税目税额表》填写。

14. 减免性质代码和项目名称：有减免税情况的必填。按照税务机关最新制发的减免税政策代码表中最细项减免性质代码填写。

15. 纳税义务终止时间：发生盗抢、报废、灭失等情况的，必填。填写盗抢、报废、灭失的当月。

《国家税务总局关于简并税费申报有关事项的公告》（国家税务总局公告 2021 年第 9 号）

7.5.7.2　提供资料

纳税人缴纳车船税时，应当提供反映排气量、整备质量、核定载客人数、净吨位、千瓦、艇身长度等与纳税相关信息的相应凭证以及税务机关根据实际需要要求提供的其他资料。

纳税人以前年度已经提供前款所列资料信息的，可以不再提供。

《中华人民共和国车船税法实施条例》第十六条

7.5.7.3　纳税人直接向税务机关申报处理

对于纳税人直接向税务机关申报缴纳车船税的，税务机关应向纳税人开具含有车辆号牌号码等机动车信息的完税凭证。纳税人一次缴纳多辆机动车车船税的，可合并开具一张完税凭证，分行填列每辆机动车的完税情况；也可合并开具一张完税凭证，同时附缴税车辆的明细表，列明每辆缴税机动车的完税情况，并加盖征税专用章。税务机关应将相关纳税信息及时传递给保险机构。

《国家税务总局　中国保险监督管理委员会关于机动车车船税代收代缴有关事项的公告》（国家税务总局公告 2011 年第 75 号）

纳税人向税务机关申报车船税，税务机关应当受理，并向纳税人开具含有车船信息的完税凭证。

税务机关按上述规定征收车船税的,应当严格依据车船登记地确定征管范围。依法不需要办理登记的车船,应当依据车船的所有人或管理人所在地确定征管范围。车船登记地或车船所有人或管理人所在地以外的车船税,税务机关不应征收。

《车船税管理规程(试行)》(国家税务总局公告 2015 年第 83 号)

7.5.8 纳税义务发生时间

车船税纳税义务发生时间为取得车船所有权或者管理权的当月。

《中华人民共和国车船税法》第八条

取得车船所有权或者管理权的当月,应当以购买车船的发票或者其他证明文件所载日期的当月为准。

《中华人民共和国车船税法实施条例》第二十一条

7.5.8.1 新购置车船处理

购置的新车船,购置当年的应纳税额自纳税义务发生的当月起按月计算。应纳税额为年应纳税额除以 12 再乘以应纳税月份数。

《中华人民共和国车船税法实施条例》第十九条

购置的新机动车,购置当年的应纳税款从购买日期的当月起至该年度终了按月计算。对于在国内购买的机动车,购买日期以《机动车销售统一发票》所载日期为准;对于进口机动车,购买日期以《海关关税专用缴款书》所载日期为准。

《国家税务总局 中国保险监督管理委员会关于机动车车船税代收代缴有关事项的公告》(国家税务总局公告 2011 年第 75 号)

7.5.8.2 车船灭失处理

在一个纳税年度内,已完税的车船被盗抢、报废、灭失的,纳税人可以凭有关管理机关出具的证明和完税凭证,向纳税所在地的主管税务机关申请退还自被盗抢、报废、灭失月份起至该纳税年度终了期间的税款。

已办理退税的被盗抢车船失而复得的,纳税人应当从公安机关出具相关证明的当月起计算缴纳车船税。

《中华人民共和国车船税法实施条例》第十九条

保险机构向税务机关办理申报、结报手续后,完税车辆被盗抢、报废、灭失而申请车船税退税的,由保险机构所在地的税务机关按照有关规定办理。

《国家税务总局 中国保险监督管理委员会关于机动车车船税代收代缴有关事项的公告》(国家税务总局公告 2011 年第 75 号)

完税船舶被盗抢、报废、灭失而申请车船税退税的,由税务机关按照有关规定办理。

《船舶车船税委托代征管理办法》(国家税务总局 交通运输部公告 2013 年第 1 号发布)

已完税车辆被盗抢、报废、灭失而申请车船税退税的,由纳税人纳税所在地的主管税务机关按照有关规定办理。

《车船税管理规程(试行)》(国家税务总局公告 2015 年第 83 号)

7.5.8.3 车船转让处理

已缴纳车船税的车船在同一纳税年度内办理转让过户的,不另纳税,也不退税。

《中华人民共和国车船税法实施条例》第二十条

7.5.8.4 车船因质量问题发生退货的处理

已经缴纳车船税的车船,因质量原因,车船被退回生产企业或者经销商的,纳税人可以向纳税所在地的主管税务机关申请退还自退货月份起至该纳税年度终了期间的税款。退货月份以退货发票所载日期的当月为准。

车船税退税管理应当按照税款缴库退库有关规定执行。

《国家税务总局关于车船税征管若干问题的公告》(国家税务总局公告 2013 年第 42 号)、《车船税管理规程(试行)》(国家税务总局公告 2015 年第 83 号)

7.5.9 船舶车船税的委托征收

船舶车船税委托代征,是指税务机关根据有利于税收管理和方便纳税的原则,委托交通运输部门海事管理机构代为征收船舶车船税税款的行为。

《船舶车船税委托代征管理办法》(国家税务总局 交通运输部公告 2013 年第 1 号)

7.5.9.1 受托代征单位

在交通运输部直属海事管理机构(简称"海事管理机构")登记的应税船舶,其车船税由船籍港所在地的税务机关委托当地海事管理机构代征。

地方海事管理机构开展船舶车船税代征工作的,适用《船舶车船税委托代征管理办法》。

《船舶车船税委托代征管理办法》(国家税务总局 交通运输部公告 2013 年第 1 号)

税务机关可以根据有利于税收管理和方便纳税的原则,委托交通运输部门的海事管理机构等单位在办理车船登记手续或受理车船年度检验信息报告时代征车船税,同时向纳税人出具代征税款凭证。

《车船税管理规程(试行)》(国家税务总局公告 2015 年第 83 号)

7.5.9.2 委托代征协议

税务机关与海事管理机构应签订委托代征协议书,明确代征税种、代征范围、完税凭证领用要求、代征税款的解缴要求、代征手续费比例和支付方式、纳税人拒绝纳税时的处理措施等事项,并向海事管理机构发放委托代征证书。

海事管理机构依法履行委托代征税款职责时,纳税人不得拒绝。纳税人拒绝的,海事管理机构应当及时报告税务机关。

《船舶车船税委托代征管理办法》(国家税务总局 交通运输部公告 2013 年第 1 号)

代征单位依法履行委托代征税款职责时,纳税人不得拒绝。纳税人拒绝的,代征单位应当及时报告税务机关。

《车船税管理规程(试行)》(国家税务总局公告 2015 年第 83 号)

7.5.9.3 委托代征税款计算

海事管理机构受税务机关委托,在办理船舶登记手续或受理年度船舶登记信息报告时代征船舶车船税。

海事管理机构应根据车船税法律、行政法规和相关政策规定代征车船税,不得违反规定多征或少征。

海事管理机构代征船舶车船税的计算方法:

(1)船舶按一个年度计算车船税。计算公式为:

$$年应纳税额＝计税单位×年基准税额$$

其中:机动船舶、非机动驳船、拖船的计税单位为净吨位每吨;游艇的计税单位为艇身长度每米;年基准税额按照《车船税法》及其实施条例的相关规定执行。

（2）购置的新船舶，购置当年的应纳税额自纳税义务发生时间起至该年度终了按月计算。计算公式为：

$$应纳税额＝年应纳税额×应纳税月份数÷12$$
$$应纳税月份数＝12－纳税义务发生时间（取月份）＋1$$

其中，纳税义务发生时间为纳税人取得船舶所有权或管理权的当月，以购买船舶的发票或者其他证明文件所载日期的当月为准。

海事管理机构在计算船舶应纳税额时，船舶的相关技术信息以船舶登记证书所载相应数据为准。

《船舶车船税委托代征管理办法》（国家税务总局　交通运输部公告2013年第1号）

7.5.9.4　免税或完税船舶处理

税务机关出具减免税证明和完税凭证的船舶，海事管理机构对免税和完税船舶不代征车船税，对减税船舶根据减免税证明规定的实际年应纳税额代征车船税。海事管理机构应记录上述凭证的凭证号和出具该凭证的单位名称，并将上述凭证的复印件存档备查。

《船舶车船税委托代征管理办法》（国家税务总局　交通运输部公告2013年第1号）

代征单位对出具税务机关减免税证明或完税凭证的车船，不再代征车船税。代征单位应当记录上述凭证的凭证号和出具该凭证的税务机关名称，并将上述凭证的复印件存档备查。

《车船税管理规程（试行）》（国家税务总局公告2015年第83号）

7.5.9.5　以前年度未完税船舶处理

对于以前年度未依照《车船税法》及其实施条例的规定缴纳船舶车船税的，海事管理机构应代征欠缴税款，并按规定代加收滞纳金。

《船舶车船税委托代征管理办法》（国家税务总局　交通运输部公告2013年第1号）

7.5.9.6　完税船舶转让过户处理

已经缴纳船舶车船税的船舶在同一纳税年度内办理转让过户的，在原登记地不予退税，在新登记地凭完税凭证不再纳税，新登记地海事管理机构应记录上述船舶的完税凭证号和出具该凭证的税务机关或海事管理机构名称，并将完税凭证的复印件存档备查。

《船舶车船税委托代征管理办法》（国家税务总局　交通运输部公告2013年第1号）

7.5.9.7　完税凭证

海事管理机构在代征税款时,应向纳税人开具税务机关提供的完税凭证。完税凭证的管理应当遵守税务机关的相关规定。

《船舶车船税委托代征管理办法》(国家税务总局 交通运输部公告 2013 年第 1 号)

7.5.9.8　委托代征税款解缴

海事管理机构应将代征的车船税单独核算、管理。

海事管理机构应根据委托代征协议约定的方式、期限及时将代征税款解缴入库,并向税务机关提供代征船舶名称、代征金额及税款所属期等情况,不得占压、挪用、截留船舶车船税。

《船舶车船税委托代征管理办法》(国家税务总局 交通运输部公告 2013 年第 1 号)

代征单位应当根据委托代征协议约定的方式、期限及时将代征税款解缴入库,并向税务机关提供代征车船明细信息。

《车船税管理规程(试行)》(国家税务总局公告 2015 年第 83 号)

7.5.9.9　协作配合机制和信息保密规定

税务机关查询统计船舶登记的有关信息,海事管理机构应予以配合。

税务机关应按委托代征协议的规定及时、足额向海事管理机构支付代征税款手续费。海事管理机构取得的手续费收入纳入预算管理,专项用于委托代征船舶车船税的管理支出,也可以适当奖励相关工作人员。

各级税务机关应主动与海事管理机构协调配合,协助海事管理部门做好船舶车船税委托代征工作。税务机关要及时向海事管理机构通报车船税政策变化情况,传递直接征收车船税和批准减免车船税的船舶信息。

税务机关和海事管理机构应对对方提供的涉税信息予以保密,除办理涉税事项外,不得用于其他目的。

《船舶车船税委托代征管理办法》(国家税务总局 交通运输部公告 2013 年第 1 号)

7.5.10　征管协作机制

7.5.10.1　公安交通等部门协作机制

公安、交通运输、农业、渔业等车船登记管理部门、船舶检验机构和车船税扣缴义务人的行业主管部门应当在提供车船有关信息等方面,协助税务机关加强车船税的征收管理。

车辆所有人或者管理人在申请办理车辆相关登记、定期检验手续时,应当向公安机关交通管理部门提交依法纳税或者免税证明。公安机关交通管理部门核查后办理相关手续。

《中华人民共和国车船税法》第十条

税务机关可以在车船登记管理部门、车船检验机构的办公场所集中办理车船税征收事宜。

公安机关交通管理部门在办理车辆相关登记和定期检验手续时,经核查,对没有提供依法纳税或者免税证明的,不予办理相关手续。

《中华人民共和国车船税法实施条例》第二十二条

7.5.10.2　保险机构协作机制

各地保险监管部门要与当地税务机关和各保险机构积极沟通,协助税务机关做好代收代缴车船税的监督管理工作。

(1)各地保险监管部门要督促各保险机构做好贯彻落实《车船税法》及其实施条例的各项准备工作,并会同税务机关对各保险机构的准备情况进行检查。

(2)各地保险监管部门要加大对保险机构交强险业务和机动车代收代缴车船税工作的监管力度,保障机动车车船税按时入库。对于以任何形式诱导、怂恿投保人不缴、少缴或缓缴车船税进行恶性竞争、扰乱保险市场秩序的,保险监管部门应依据相关规定对该机构及其责任人进行严肃处理。

(3)各地保险监管部门要加强与税务机关的联系,及时配合税务机关向保险机构传达车船税的有关政策精神,并向税务机关如实反映保险机构的意见和要求,使代收代缴工作顺利开展。

保险机构在销售交强险时代收代缴机动车车船税,加强了车船税税源控管力度,提高了车船税征管的科学化、精细化水平,方便了纳税人。各级税务机关、各地保险监管部门和各保险机构要充分认识代收代缴机动车车船税的重要意义,高度重视该项工作,要指定人员负责代收代缴车船税的相关工作,并相互通报人员的确定和变更情况。对于代收代缴工作中出现的问题,要加强沟通和协调,积极予以解决;无法解决的,要及时向各自的上级机关报告。

各级税务机关要与当地保险监管部门协调配合,建立工作协调机制和信息交换机制,联合对保险机构代收代缴情况进行监督和检查。对于违反车船税政策和相关征管规定的保险机构,税务机关要按照《税收征收管理法》的有关规定进行处理,并将处理情况以书面形式及时通报当地保险监管部门。

（4）税务机关应按照规定向各保险机构及时足额支付手续费。

《国家税务总局　中国保险监督管理委员会关于机动车车船税代收代缴有关事项的公告》（国家税务总局公告2011年第75号）

7.5.10.3　采集第三方信息

税务机关应当积极同相关部门建立联席会议、合作框架等制度,采集以下第三方信息：

（1）保险机构代收车船税车辆的涉税信息。

（2）公安交通管理部门车辆登记信息。

（3）海事部门船舶登记信息。

（4）公共交通管理部门车辆登记信息。

（5）渔业船舶登记管理部门船舶登记信息。

（6）其他相关部门车船涉税信息。

《车船税管理规程（试行）》（国家税务总局公告2015年第83号）

7.5.11　税源数据库

税务机关应当按照《车船税税源明细申报表》数据指标建立车船税税源数据库。

税务机关、保险机构和代征单位应当在受理纳税人申报或者代收代征车船税时,根据相关法律法规及委托代征协议要求,整理《车船税税源明细申报表》《车船税代收代缴报告表》的涉税信息,并及时共享。

税务机关应当将自行征收车船税信息和获取的车船税第三方信息充实到车船税税源数据库中。同时要定期进行税源数据库数据的更新、校验、清洗等工作,保障车船税税源数据库的完整性和准确性。

车船税联网征收系统已上线地区税务机关应当及时将征收信息、减免税信息、保险机构和代征单位汇总解缴信息等传递至车船税联网征收系统,与税源数据库历史信息进行比对核验,实现税源数据库数据的实时更新、校验、清洗,以确保车船税足额收缴。

《车船税管理规程（试行）》（国家税务总局公告2015年第83号）

7.5.12 风险管理

7.5.12.1 构建风险管理指标体系

税务机关应当加强车船税风险管理,构建车船税风险管理指标体系,依托现代化信息技术,对车船税管理的风险点进行识别、监控、预警,做好风险应对处置工作。

税务机关应当根据国家税务总局关于财产行为税风险管理工作的要求开展车船税风险管理工作。

《车船税管理规程(试行)》(国家税务总局公告 2015 年第 83 号)

7.5.12.2 风险筛查方式

税务机关重点可以通过以下方式加强车船税风险管理:

(1) 将申报已缴纳车船税车船的排量、整备质量、载客人数、吨位、艇身长度等信息与税源数据库中对应的信息进行比对,防范少征、错征税款风险。

(2) 将保险机构、代征单位申报解缴税款与实际入库税款进行比对,防范少征、漏征风险。

(3) 将车船税联网征收系统车辆完税信息与本地区车辆完税信息进行比对,防范少征、漏征、重复征税风险等。

税务机关应当根据本地区车船税征管实际情况,设计适应本地区征管实际的车船税风险指标。

《车船税管理规程(试行)》(国家税务总局公告 2015 年第 83 号)

练 习 自 测 题

【单项选择题】

1. 根据现行车船税政策,下列车船应缴纳车船税的是(　　)。

  A. 燃料电池商用车

  B. 非机动驳船

  C. 纯电动商用车

  D. 用于耕地的拖拉机

【参考答案】 B

【答案解析】《财政部关于节能新能源车船享受车船税优惠政策的通知》（财税〔2018〕74号）规定，免征车船税的新能源汽车是指纯电动商用车、插电式（含增程式）混合动力汽车、燃料电池商用车。《车船税税目税额表》中明确，其他车辆不包括拖拉机；拖船、非机动驳船分别按照机动船舶税额的50%计算。因此，选项AC免税，选项D不属于征税范围。

【多项选择题】

2. 车船税的计税单位为（ ）。

    A. 乘用车以辆为计税单位

    B. 载货汽车以整备质量吨位为计税单位

    C. 商用车以净吨位为计税单位

    D. 机动车船以载重吨位为计税单位

【参考答案】 AB

【判断题】

《车船税税目税额表》规定，乘用车以每辆为计税单位，商用车分为客车和货车，客车以每辆为计税单位，货车以整备质量每吨为计税单位，机动车船以净重吨位为计税单位。AB项符合规定。

3. 车船税的纳税地点为车船的所有人或者管理人所在地。 （ ）

【参考答案】 ×

【答案解析】《中华人民共和国车船税法》第七条规定，车船税的纳税地点为车船的登记地或者车船税扣缴义务人所在地。依法不需要办理登记的车船，车船税的纳税地点为车船的所有人或者管理人所在地。

第八章　耕地占用税

耕地占用税是国家为加强土地管理，保护耕地，促进土地资源合理利用而对在境内占用耕地建设建筑物、构筑物或者从事非农业建设的单位和个人征收的一种税。

《中华人民共和国耕地占用税法》（简称《耕地占用税法》）于2018年12月29日第十三届全国人民代表大会常务委员会第七次会议通过，自2019年9月1日实施，《中华人民共和国耕地占用税法实施办法》（财政部 税务总局 自然资源部 农业农村部 生态环境部公告2019年第81号，简称《耕地占用税法实施办法》）同步实施。2007年12月1日，国务院公布的《中华人民共和国耕地占用税暂行条例》同时废止。

8.1　纳税义务人

在中华人民共和国境内占用耕地建设建筑物、构筑物或者从事非农业建设的单位和个人，为耕地占用税的纳税人，应当依照《耕地占用税法》规定缴纳耕地占用税。

《中华人民共和国耕地占用税法》第二条

8.1.1　经批准占用耕地纳税人

经批准占用耕地的，纳税人为农用地转用审批文件中标明的建设用地人；农用地转用审批文件中未标明建设用地人的，纳税人为用地申请人，其中用地申请人为各级人民政府的，由同级土地储备中心、自然资源主管部门或政府委托的其他部门、单位履行耕地占用税申报纳税义务。

《中华人民共和国耕地占用税法实施办法》第二条

解读 ▶ 经批准占用耕地,根据《中华人民共和国土地管理法》第四十六条规定,征收下列土地的,由国务院批准:

（一）永久基本农田;

（二）永久基本农田以外的耕地超过35公顷的;

（三）其他土地超过70公顷的。

征收上述规定以外的土地的,由省、自治区、直辖市人民政府批准。

征收农用地的,应当依照《中华人民共和国土地管理法》第四十四条的规定先行办理农用地转用审批。其中,经国务院批准农用地转用的,同时办理征地审批手续,不再另行办理征地审批;经省、自治区、直辖市人民政府在征地批准权限内批准农用地转用的,同时办理征地审批手续,不再另行办理征地审批,超过征地批准权限的,应当依照规定另行办理征地审批。

8.1.2　未经批准占用耕地纳税人

未经批准占用耕地的,纳税人为实际用地人。

《中华人民共和国耕地占用税法实施办法》第二条

案例8-1 ▶ 某村委会为获取经营收益,决定2020年10月8日起将农村集体所有的种植林地租赁给生产加工企业A公司,A公司占用林地建房并从事木业生产加工。2021年2月,A公司由于新冠肺炎疫情影响,决定缩小规模不再承租林地;2021年5月,某村委会又将该林地连同房屋一并租赁给生产加工企业B公司。假设2021年7月税务机关对A公司进行税务检查,发现A公司2020年10月占用林地未经自然资源管理部门批准,经自然资源管理部门认定,占用此林地从事生产加工系未经批准占用农用地,要求A公司补缴2020年10月8日占用林地应缴纳的耕地占用税,A公司不服,认为林地不是A公司所有,如占用也不应是本公司,应找当前实际占用的B公司缴纳。请问该种植林地是否涉及耕地占用税? 纳税人应该是A公司还是B公司?

解析 ▶ 根据《耕地占用税法》第十二条的规定,占用园地、林地、草地、农田水利用地、养殖水面、渔业水域滩涂以及其他农用地建设建筑物、构筑物或者从事非农业建设的,依照本法的规定缴纳耕地占用税。占用林地从事加工生产应缴纳耕地占用税。由于耕地占用税是一次性税收,因此,纳税义务人应为首次占用的单位或个人缴纳,A公司应为纳税义务人。

8.2 征税范围

8.2.1 耕地

耕地,是指用于种植农作物的土地。

在中华人民共和国境内占用耕地建设建筑物、构筑物或者从事非农业建设的单位和个人,为耕地占用税的纳税人,应当依照《耕地占用税法》规定缴纳耕地占用税。

《中华人民共和国耕地占用税法》第二条

8.2.2 耕地以外的农用地

占用园地、林地、草地、农田水利用地、养殖水面、渔业水域滩涂以及其他农用地建设建筑物、构筑物或者从事非农业建设的,依照《耕地占用税法》规定缴纳耕地占用税。

《中华人民共和国耕地占用税法》第十二条

8.2.2.1 园地

园地,包括果园、茶园、橡胶园、其他园地。

其他园地包括种植桑树、可可、咖啡、油棕、胡椒、药材等其他多年生作物的园地。

《中华人民共和国耕地占用税法实施办法》第二十条

8.2.2.2 林地

林地,包括乔木林地、竹林地、红树林地、森林沼泽、灌木林地、灌丛沼泽、其他林地,不包括城镇村庄范围内的绿化林木用地,铁路、公路征地范围内的林木用地,以及河流、沟渠的护堤林用地。

其他林地包括疏林地、未成林地、迹地、苗圃等林地。

《中华人民共和国耕地占用税法实施办法》第二十一条

8.2.2.3 草地

草地,包括天然牧草地、沼泽草地、人工牧草地,以及用于农业生产并已由相关行政主管部门发放使用权证的草地。

《中华人民共和国耕地占用税法实施办法》第二十二条

8.2.2.4　农田水利用地

农田水利用地,包括农田排灌沟渠及相应附属设施用地。

《中华人民共和国耕地占用税法实施办法》第二十三条

8.2.2.5　养殖水面

养殖水面,包括人工开挖或者天然形成的用于水产养殖的河流水面、湖泊水面、水库水面、坑塘水面及相应附属设施用地。

《中华人民共和国耕地占用税法实施办法》第二十四条

8.2.2.6　渔业水域滩涂

渔业水域滩涂,包括专门用于种植或者养殖水生动植物的海水潮浸地带和滩地,以及用于种植芦苇并定期进行人工养护管理的苇田。

《中华人民共和国耕地占用税法实施办法》第二十五条

【涉税风险提示】　实际征管中,需要注意两种情况:一是纳税人占用园地、林地、草地、农田水利用地、养殖水面、渔业水域滩涂以及其他农用地建设建筑物、构筑物或者从事非农业建设的认为不是耕地,未申报缴纳耕地占用税。二是纳税人占用园地、林地、草地、农田水利用地、养殖水面、渔业水域滩涂以及其他农用地建设的生产设施不属于直接为农业生产服务的列举范围,如以建设农业生产者从事农业生产必需的食宿和管理设施为名占用农用地,而实际建设的是对外开放的"农家乐"。

8.2.3　不征税情形

8.2.3.1　占用耕地建设农田水利设施

占用耕地建设农田水利设施的,不缴纳耕地占用税。

《中华人民共和国耕地占用税法》第二条

8.2.3.2　占用农用地建设直接为农业生产服务设施

占用园地、林地、草地、农田水利用地、养殖水面、渔业水域滩涂以及其他农用地建设直接为农业生产服务的生产设施的,不缴纳耕地占用税。

《中华人民共和国耕地占用税法》第十二条

直接为农业生产服务的生产设施,是指直接为农业生产服务而建设的建筑物和构筑物。

具体包括储存农用机具和种子、苗木、木材等农业产品的仓储设施;培育、生产种子、种苗的设施;畜禽养殖设施;木材集材道、运材道;农业科研、试验、示范基地;野生动植物保护、护林、森林病虫害防治、森林防火、木材检疫的设施;专为农业生产服务的灌溉排水、供水、供电、供热、供气、通信基础设施;农业生产者从事农业生产必需的食宿和管理设施;其他直接为农业生产服务的生产设施。

《中华人民共和国耕地占用税法实施办法》第二十六条

【涉税风险提示】 占用耕地建设直接为农业生产服务的生产设施未缴纳耕地占用税。很多纳税人认为占用耕地建设直接为农业生产服务的生产设施不属于征税范围,如占用耕地建设养鸡场或者建设农产品仓储设施,认为没有脱离农业生产,就没有按规定申报缴纳耕地占用税。

案例8-2 2020年4月,某市税务稽查局在对一奶牛养殖场进行税务稽查时,发现其2019年11月"在建工程"借方发生额增加13 576.8元,经了解系其扩大养殖场面积建设围栏支出。检查人员对养殖场扩大部分的土地属性进行实地调查,发现这块土地紧邻耕地,要求企业提供农用地转用审批文件。审批文件显示,纳税人系建设用地申请人,占用的土地系耕地,且审批占用时间是2019年10月15日。而2019年11月至今,纳税人并没有耕地占用税纳税记录。检查人员要求纳税人依法缴纳耕地占用税。纳税人不服,认为奶牛养殖场是为农业生产服务的设施,属于不征税范围,不应当缴纳耕地占用税。

解析 根据《耕地占用税法》第二条的规定,占用耕地建设农田水利设施的,不缴纳耕地占用税。第十二条第三款规定,占用园地、林地、草地、农田水利用地、养殖水面、渔业水域滩涂以及其他农用地建设直接为农业生产服务的生产设施的,不缴纳耕地占用税。

奶牛养殖场虽属于《耕地占用税法实施办法》第二十六条列举的直接为农业生产服务的生产设施,但由于其占用的是耕地,不是园地、林地、草地、农田水利用地、养殖水面、渔业水域滩涂以及其他农用地,因此仍然应当缴纳耕地占用税。

8.2.4 综合性水利工程占用耕地和农用地处理

按照《土地利用现状分类》,综合性水利工程占地不属于农田水利用地,对其建设过程中库区、淹没区以及安置移民建房占用的耕地、园地、坡地、林地和牧草地等其他农用地,应按照规定(详见"8.4.2 减税优惠")征收耕地占用税。

《国家税务总局关于红岭水利枢纽工程占地耕地占用税问题的批复》(国税函〔2010〕490 号)、《中华人民共和国耕地占用税法》第七条

8.2.5　绿化隔离地区占用耕地和农用地处理

为贯彻国家严格保护耕地的有关政策精神,对在绿化隔离地区内将农村集体耕地征为国家建设用地的,以及占用耕地建房或者从事其他非农业建设的,应照章征收耕地占用税。

《财政部 农业部 国家税务总局关于对北京市绿化隔离地区建设中有关耕地占用税问题的批复》(财税〔2004〕60 号)

8.2.6　临时占用耕地处理

8.2.6.1　临时占用耕地概念

临时占用耕地,是指经自然资源主管部门批准,在一般不超过 2 年内临时使用耕地并且没有修建永久性建筑物的行为。

《中华人民共和国耕地占用税法实施办法》第十八条

8.2.6.2　因建设项目施工或者地质勘查临时占用耕地

纳税人因建设项目施工或者地质勘查临时占用耕地,应当依照本法的规定缴纳耕地占用税。纳税人在批准临时占用耕地期满之日起 1 年内依法复垦,恢复种植条件的,全额退还已经缴纳的耕地占用税。

《中华人民共和国耕地占用税法》第十一条

依法复垦应由自然资源主管部门会同有关行业管理部门认定并出具验收合格确认书。

《中华人民共和国耕地占用税法实施办法》第十八条

8.2.6.3　损毁耕地处理

因挖损、采矿塌陷、压占、污染等损毁耕地属于《耕地占用税法》所称的非农业建设,应依照税法规定缴纳耕地占用税;自自然资源、农业农村等相关部门认定损毁耕地之日起 3 年内依法复垦或修复,恢复种植条件的,比照税法第十一条规定(详见"8.2.6.2 因建设项目施工或者地质勘查临时占用耕地")办理退税。

《中华人民共和国耕地占用税法实施办法》第十九条

8.2.6.4 退税办理

纳税人符合《耕地占用税法》第十一条(详见"8.2.6.2 因建设项目施工或者地质勘查临时占用耕地")、《耕地占用税法实施办法》第十九条(详见"8.2.6.3 损毁耕地处理")的规定申请退税的,纳税人应提供身份证明查验,并提交以下材料复印件:

(1)税收缴款书、税收完税证明。

(2)复垦验收合格确认书。

《国家税务总局关于耕地占用税征收管理有关事项的公告》(国家税务总局公告 2019 年第 30 号)

8.3 计税依据

8.3.1 实际占用耕地面积

耕地占用税以纳税人实际占用的耕地面积为计税依据,按照规定的适用税额一次性征收,应纳税额为纳税人实际占用的耕地面积(平方米)乘以适用税额。

《中华人民共和国耕地占用税法》第三条

实际占用的耕地面积,包括经批准占用的耕地面积和未经批准占用的耕地面积。

《中华人民共和国耕地占用税法实施办法》第三条

耕地占用税以纳税人实际占用的属于耕地占用税征税范围的土地(简称"应税土地")面积为计税依据,按应税土地当地适用税额计税,实行一次性征收。

耕地占用税计算公式为:

$$应纳税额＝应税土地面积×适用税额$$

应税土地面积包括经批准占用面积和未经批准占用面积,以平方米为单位。

当地适用税额是指省、自治区、直辖市人民代表大会常务委员会决定的应税土地所在地县级行政区的现行适用税额。

《国家税务总局关于耕地占用税征收管理有关事项的公告》（国家税务总局公告2019 年第 30 号）

8.3.2 税额

8.3.2.1 基本税额标准

耕地占用税的税额如下：

（1）人均耕地不超过一亩的地区（以县、自治县、不设区的市、市辖区为单位，下同），每平方米为 10 元至 50 元。

（2）人均耕地超过一亩但不超过二亩的地区，每平方米为 8 元至 40 元。

（3）人均耕地超过二亩但不超过三亩的地区，每平方米为 6 元至 30 元。

（4）人均耕地超过三亩的地区，每平方米为 5 元至 25 元。

《中华人民共和国耕地占用税法》第四条

8.3.2.2 各地区税额确定程序

各地区耕地占用税的适用税额，由省、自治区、直辖市人民政府根据人均耕地面积和经济发展等情况，在上述规定的税额幅度内提出，报同级人民代表大会常务委员会决定，并报全国人民代表大会常务委员会和国务院备案。各省、自治区、直辖市耕地占用税适用税额的平均水平，不得低于《耕地占用税法》所附《各省、自治区、直辖市耕地占用税平均税额表》（表 8-1）规定的平均税额。

表 8-1　各省、自治区、直辖市耕地占用税平均税额表

省、自治区、直辖市	平均税额（元/平方米）
上海	45
北京	40
天津	35
江苏、浙江、福建、广东	30
辽宁、湖北、湖南	25
河北、安徽、江西、山东、河南、重庆、四川	22.5
广西、海南、贵州、云南、陕西	20
山西、吉林、黑龙江	17.5
内蒙古、西藏、甘肃、青海、宁夏、新疆	12.5

8.3.2.3　人均耕地低于 0.5 亩地区

在人均耕地低于零点五亩的地区,省、自治区、直辖市可以根据当地经济发展情况,适当提高耕地占用税的适用税额,但提高的部分不得超过确定的适用税额(详见"8.3.2.1 基本税额标准")的 50%。具体适用税额按照规定的程序(详见"8.3.2.2 各地区税额确定程序")确定。

《中华人民共和国耕地占用税法》第五条

8.3.2.4　占用基本农田适用税额确定

占用基本农田的,应当按照本法第四条第二款或者第五条确定的当地适用税额,加按 150% 征收。

《中华人民共和国耕地占用税法》第六条

基本农田,是指依据《基本农田保护条例》划定的基本农田保护区范围内的耕地。

《中华人民共和国耕地占用税法实施办法》第四条

按照《耕地占用税法》第六条规定,加按 150% 征收耕地占用税的计算公式为:应纳税额＝应税土地面积×适用税额×150%。

《国家税务总局关于耕地占用税征收管理有关事项的公告》(国家税务总局公告 2019 年第 30 号)

8.3.2.5　占用农用地适用税额确定

占用园地、林地、草地、农田水利用地、养殖水面、渔业水域滩涂以及其他农用地的,适用税额可以适当低于本地区确定的适用税额,但降低的部分不得超过 50%。具体适用税额由省、自治区、直辖市人民政府提出,报同级人民代表大会常务委员会决定,并报全国人民代表大会常务委员会和国务院备案。

《中华人民共和国耕地占用税法》第十二条

【涉税风险提示】 (1)纳税人申报耕地占用税应税面积时未包括公共设施占用耕地或农用地面积。土地管理部门征地批复中的土地面积包括公路和绿化带等公共设施面积,而企业土地使用权证上面积不包括公路和绿化带等公共设施面积,申报缴纳耕地占用税应税面积时仅按土地使用权证上面积进行申报。

(2)纳税人未经批准占用耕地或农用地未申报缴纳耕地占用税。一是实际占用耕地或农用地面积超过批准占地面积,未按实际占用面积申报缴纳耕地占用税。二是未经批准占用耕地或农用地，未申报缴纳耕地占用税。

（3）纳税人占用基本农田保护区范围内的耕地未按规定加征税额而少缴纳耕地占用税。

8.4 税收优惠

8.4.1 免税优惠

军事设施、学校、幼儿园、社会福利机构、医疗机构占用耕地，免征耕地占用税。

《中华人民共和国耕地占用税法》第七条

8.4.1.1 军事设施

（一）免税的军事设施范围

免税的军事设施，具体范围为《中华人民共和国军事设施保护法》规定的军事设施。

《中华人民共和国耕地占用税法实施办法》第五条

免税的军事设施，是指《中华人民共和国军事设施保护法》第二条所列建筑物、场地和设备。具体包括指挥机关，地面和地下的指挥工程、作战工程；军用机场、港口、码头；营区、训练场、试验场；军用洞库、仓库；军用通信、侦察、导航、观测台站，测量、导航、助航标志；军用公路、铁路专用线，军用通信、输电线路，军用输油、输水管道；边防、海防管控设施；国务院和中央军事委员会规定的其他军事设施。

《国家税务总局关于耕地占用税征收管理有关事项的公告》（国家税务总局公告2019 年第 30 号）

（二）人民法院系统法警训练基地征免税问题

根据《耕地占用税法》及其实施办法，免税的军事设施，具体范围为《中华人民共和国军事设施保护法》规定的军事设施。人民法院所属的法警不属于武警部队建制之列。因此，人民法院系统修建的法警训练基地（固定刑场）占用耕地，不在耕地占用税免税范围，应照章征收耕地占用税。

《财政部 国家税务总局关于对法警训练基地建设用地征收耕地占用税问题的复

函》(财税字〔1997〕24 号)

（三）预备役部队营房建设征免税问题

根据《中华人民共和国国防法》第二十二条"中华人民共和国的武装力量，由中国人民解放军现役部队和预备役部队、中国人民武装警察部队、民兵组成"的规定，中国人民解放军预备役部队是中国人民解放军的组成部分。预备役部队占用耕地用于军事设施建设属现行耕地占用税政策规定的免税范围。

按照上述政策规定，对预备役 141 师高炮团占用你省咸阳市秦都区耕地修建营房应免征耕地占用税。

《国家税务总局关于免征预备役部队营房建设所涉耕地占用税、契税的批复》(国税函〔2002〕956 号)

8.4.1.2　学校

免税的学校，具体范围包括县级以上人民政府教育行政部门批准成立的大学、中学、小学，学历性职业教育学校和特殊教育学校，以及经省级人民政府或其人力资源社会保障行政部门批准成立的技工院校。

学校内经营性场所和教职工住房占用耕地的，按照当地适用税额缴纳耕地占用税。

《中华人民共和国耕地占用税法实施办法》第六条

8.4.1.3　幼儿园

免税的幼儿园，具体范围限于县级以上人民政府教育行政部门批准成立的幼儿园内专门用于幼儿保育、教育的场所。

《中华人民共和国耕地占用税法实施办法》第七条

8.4.1.4　社会福利机构

免税的社会福利机构，具体范围限于依法登记的养老服务机构、残疾人服务机构、儿童福利机构、救助管理机构、未成年人救助保护机构内，专门为老年人、残疾人、未成年人、生活无着的流浪乞讨人员提供养护、康复、托管等服务的场所。

《中华人民共和国耕地占用税法实施办法》第八条

（1）养老服务机构，是指为老年人提供养护、康复、托管等服务的老年人社会福利机构。具体包括老年社会福利院、养老院（或老人院）、老年公寓、护老院、护养院、敬老院、托老所、老年人服务中心等。

（2）残疾人服务机构,是指为残疾人提供养护、康复、托管等服务的社会福利机构。具体包括为肢体、智力、视力、听力、语言、精神方面有残疾的人员提供康复和功能补偿的辅助器具,进行康复治疗、康复训练,承担教育、养护和托管服务的社会福利机构。

（3）儿童福利机构,是指为孤、弃、残儿童提供养护、康复、医疗、教育、托管等服务的儿童社会福利服务机构。具体包括儿童福利院、社会福利院、SOS 儿童村、孤儿学校、残疾儿童康复中心、社区特教班等。

（4）社会救助机构,是指为生活无着的流浪乞讨人员提供寻亲、医疗、未成年人教育、离站等服务的救助管理机构。具体包括县级以上人民政府设立的救助管理站、未成年人救助保护中心等专门机构。

《国家税务总局关于耕地占用税征收管理有关事项的公告》（国家税务总局公告2019 年第 30 号）

8.4.1.5　医疗机构

免税的医疗机构,具体范围限于县级以上人民政府卫生健康行政部门批准设立的医疗机构内专门从事疾病诊断、治疗活动的场所及其配套设施。

医疗机构内职工住房占用耕地的,按照当地适用税额缴纳耕地占用税。

《中华人民共和国耕地占用税法实施办法》第九条

免税的医疗机构,是指县级以上人民政府卫生健康行政部门批准设立的医疗机构内专门从事疾病诊断、治疗活动的场所及其配套设施。

《国家税务总局关于耕地占用税征收管理有关事项的公告》（国家税务总局公告2019 年第 30 号）

8.4.1.6　北京 2022 年冬奥会场馆及其配套设施

对北京 2022 年冬奥会场馆及其配套设施建设占用耕地,免征耕地占用税。

《财政部　税务总局　海关总署关于北京 2022 年冬奥会和冬残奥会税收政策的通知》（财税〔2017〕60 号）

8.4.1.7　国家石油储备基地

对国家石油储备基地第一期、第二期项目建设过程中涉及的耕地占用税予以免征。

上述免税范围仅限于应由国家石油储备基地缴纳的税收。

国家石油储备基地第一期项目包括大连、黄岛、镇海、舟山 4 个储备基地。

《财政部 国家税务总局关于国家石油储备基地建设有关税收政策的通知》(财税〔2005〕23号)、《财政部 国家税务总局关于国家石油储备基地有关税收政策的通知》(财税〔2011〕80号)

8.4.2　减税优惠

铁路线路、公路线路、飞机场跑道、停机坪、港口、航道、水利工程占用耕地,减按每平方米二元的税额征收耕地占用税。

《中华人民共和国耕地占用税法》第七条

8.4.2.1　铁路线路

减税的铁路线路,具体范围限于铁路路基、桥梁、涵洞、隧道及其按照规定两侧留地、防火隔离带。

专用铁路和铁路专用线占用耕地的,按照当地适用税额缴纳耕地占用税。

《中华人民共和国耕地占用税法实施办法》第十条

8.4.2.2　公路线路

减税的公路线路,具体范围限于经批准建设的国道、省道、县道、乡道和属于农村公路的村道的主体工程以及两侧边沟或者截水沟。

具体包括高速公路、一级公路、二级公路、三级公路、四级公路和等外公路的主体工程及两侧边沟或者截水沟。

专用公路和城区内机动车道占用耕地的,按照当地适用税额缴纳耕地占用税。

《中华人民共和国耕地占用税法实施办法》第十一条、《国家税务总局关于耕地占用税征收管理有关事项的公告》(国家税务总局公告2019年第30号)

8.4.2.3　飞机场跑道、停机坪

减税的飞机场跑道、停机坪,具体范围限于经批准建设的民用机场专门用于民用航空器起降、滑行、停放的场所。

《中华人民共和国耕地占用税法实施办法》第十二条

案例8-3 某机场建设管理公司获批占用耕地550 000平方米,企业在收到批准文件一个月内申报缴纳耕地占用税1 100 000元。而该企业国有土地使用权出让合同、机场建设规划及建设许可等相关资料显示:飞机场跑道占地面积250 000平方米,停机坪占地面积150 000平方米,其余耕地面积系其他设施用途占用。

当地耕地占用税税额为20元/平方米,纳税人存在少申报耕地占用税的行为。

解析▶ 根据《耕地占用税法》第七条第二款的规定:飞机场跑道、停机坪减按每平方米2元的税额征收耕地占用税,《耕地占用税法实施办法》第十二条规定减税的飞机场跑道、停机坪,具体范围限于经批准建设的民用机场专门用于民用航空器起降、滑行、停放的场所。因此,纳税人存在自行扩大减征税额享受范围的情形,应按规定补缴耕地占用税:

$$[550\,000-(250\,000+150\,000)]\times(20-2)=2\,700\,000(元)$$

8.4.2.4　港口

减税的港口,具体范围限于经批准建设的港口内供船舶进出、停靠以及旅客上下、货物装卸的场所。

《中华人民共和国耕地占用税法实施办法》第十三条

8.4.2.5　航道

减税的航道,具体范围限于在江、河、湖泊、港湾等水域内供船舶安全航行的通道。

《中华人民共和国耕地占用税法实施办法》第十四条

8.4.2.6　水利工程

减税的水利工程,具体范围限于经县级以上人民政府水行政主管部门批准建设的防洪、排涝、灌溉、引(供)水、滩涂治理、水土保持、水资源保护等各类工程及其配套和附属工程的建筑物、构筑物占压地和经批准的管理范围用地。

《中华人民共和国耕地占用税法实施办法》第十五条

8.4.2.7　支持小微企业"六税两费"减征

详见"1.7.2.27 支持小微企业'六税两费'减征"。

8.4.3　农村居民减免优惠

农村居民在规定用地标准以内占用耕地新建自用住宅,按照当地适用税额减半征收耕地占用税;其中农村居民经批准搬迁,新建自用住宅占用耕地不超过原宅基地面积的部分,免征耕地占用税。

农村烈士遗属、因公牺牲军人遗属、残疾军人以及符合农村最低生活保障条件的农村居民,在规定用地标准以内新建自用住宅,免征耕地占用税。

《中华人民共和国耕地占用税法》第七条

因搬迁绿化隔离地区内村庄而占用不属于基本农田的耕地,且原宅基地开垦为耕地的,新建住宅占用耕地面积少于原宅基地的,免征耕地占用税;超过原宅基地的,其超过部分征收耕地占用税。因搬迁绿化隔离地区内企业和其他单位而占用耕地的,应照章征收耕地占用税。

《财政部 农业部 国家税务总局关于对北京市绿化隔离地区建设中有关耕地占用税问题的批复》(财税〔2004〕60号)

【涉税风险提示】 (1)免税单位内经营场所同时占用耕地未申报缴纳耕地占用税。占用耕地建设的学校、医院以及军事设施内的经营场所,如小型超市、经营性理发店、浴室等未按规定申报耕地占用税。

(2)免税或减税单位占用耕地减免税后改变原占地用途未申报缴纳耕地占用税。免征或者减征耕地占用税后,纳税人改变原占地用途,不再属于免征或者减征耕地占用税情形的,或者在规定用途以外将多余用途的土地或房屋挪作他用,如出租、作为职工住房或经营场所等未申报缴纳耕地占用税。

(3)减免税主体不符合规定要求。耕地占用税的减免中对享受主体都具有特定的资质与范围,而纳税人往往会忽略主体资质条件。对没有学历教育资质的培训学校占用耕地违规享受免税优惠。再如普惠性政策中,增值税一般纳税人中的非小微企业享受了耕地占用税等税种减半征收的优惠。

8.4.4 税收优惠管理

8.4.4.1 减免税制定权限

根据国民经济和社会发展的需要,国务院可以规定免征或者减征耕地占用税的其他情形,报全国人民代表大会常务委员会备案。

《中华人民共和国耕地占用税法》第七条

8.4.4.2 办理方式及备查资料

纳税人符合税法规定情形(详见"8.4.1免税优惠"和"8.4.2减税优惠"),享受免征或者减征耕地占用税的,应当留存相关证明资料备查。

《中华人民共和国耕地占用税法实施办法》第十六条

耕地占用税减免优惠实行"自行判别、申报享受、有关资料留存备查"办理方式。纳税人根据政策规定自行判断是否符合优惠条件,符合条件的,纳税人申报享受税收优惠,并将有关资料留存备查。纳税人对留存材料的真实性和合法性承担法律责任。

符合耕地占用税减免条件的纳税人,应留存下列材料:

(1)军事设施占用应税土地的证明材料。

(2)学校、幼儿园、社会福利机构、医疗机构占用应税土地的证明材料。

(3)铁路线路、公路线路、飞机场跑道、停机坪、港口、航道、水利工程占用应税土地的证明材料。

(4)农村居民建房占用土地及其他相关证明材料。

(5)其他减免耕地占用税情形的证明材料。

《国家税务总局关于耕地占用税征收管理有关事项的公告》(国家税务总局公告2019年第30号)

8.4.4.3　免税环节与退税申请

在农用地转用环节,用地申请人能证明建设用地人符合上述规定的免税情形的,免征用地申请人的耕地占用税;在供地环节,建设用地人使用耕地用途符合上述规定免税情形的,由用地申请人和建设用地人共同申请,按退税管理的规定退还用地申请人已经缴纳的耕地占用税。

《中华人民共和国耕地占用税法实施办法》第二十九条

纳税人、建设用地人符合上述规定共同申请退税的,纳税人、建设用地人应提供身份证明查验,并提交以下材料复印件:

(1)纳税人应提交税收缴款书、税收完税证明。

(2)建设用地人应提交使用耕地用途符合免税规定的证明材料。

《国家税务总局关于耕地占用税征收管理有关事项的公告》(国家税务总局公告2019年第30号)

8.4.4.4　改变占地用途处理

依照《耕地占用税法》规定免征(详见"8.4.1 免税优惠")或者减征耕地占用税(详见"8.4.2 减税优惠")后,纳税人改变原占地用途,不再属于免征或者减征耕地占用税情形的,应当按照当地适用税额补缴耕地占用税。

《中华人民共和国耕地占用税法》第八条

免征或减征耕地占用税后,纳税人改变原占地用途,不再属于免税或减税情形的,应按办理减免税时依据的适用税额对享受减免税的纳税人补征耕地占用税。

《财政部 国家税务总局关于耕地占用税减免税补征税款等问题的批复》（财税〔2009〕19号）

8.5 纳税地点与纳税义务发生时间

8.5.1 纳税地点

纳税人占用耕地，应当在耕地所在地申报纳税。

《中华人民共和国耕地占用税法实施办法》第二十八条

8.5.2 纳税义务发生时间

8.5.2.1 经批准用地纳税义务发生时间

耕地占用税的纳税义务发生时间为纳税人收到自然资源主管部门办理占用耕地手续的书面通知的当日。纳税人应当自纳税义务发生之日起30日内申报缴纳耕地占用税。

自然资源主管部门凭耕地占用税完税凭证或者免税凭证和其他有关文件发放建设用地批准书。

《中华人民共和国耕地占用税法》第十条

【涉税风险提示】 用地申请人为各级人民政府的，同级土地储备中心、自然资源主管部门未按规定时间申报耕地占用税，而是待土地通过招拍挂出让时再缴纳耕地占用税。

8.5.2.2 未经批准用地纳税义务发生时间

未经批准占用耕地的，耕地占用税纳税义务发生时间为自然资源主管部门认定的纳税人实际占用耕地的当日。

《中华人民共和国耕地占用税法实施办法》第二十七条

未经批准占用应税土地的纳税人，其纳税义务发生时间为自然资源主管部门认定其实际占地的当日。

《国家税务总局关于耕地占用税征收管理有关事项的公告》（国家税务总局公告2019年第30号）

【涉税风险提示】　实际征管中,有纳税人已申请用地但尚未获得批准先行占地开工或者未履行报批手续擅自占用应税土地等情形,未按照规定申报耕地占用税,从而形成税收风险。

8.5.2.3　损毁耕地纳税义务发生时间

因挖损、采矿塌陷、压占、污染等损毁耕地的纳税义务发生时间为自然资源、农业农村等相关部门认定损毁耕地的当日。

《中华人民共和国耕地占用税法实施办法》第二十七条

8.5.2.4　改变占地用途纳税义务发生时间

根据《耕地占用税法》第八条的规定(详见"8.4.4.3 改变占地用途处理"),纳税人改变原占地用途,不再属于免征或减征情形的,应自改变用途之日起 30 日内申报补缴税款,补缴税款按改变用途的实际占用耕地面积和改变用途时当地适用税额计算。

《中华人民共和国耕地占用税法实施办法》第十七条

根据《耕地占用税法》第八条的规定,纳税人改变原占地用途,需要补缴耕地占用税的,其纳税义务发生时间为改变用途当日,具体为:经批准改变用途的,纳税义务发生时间为纳税人收到批准文件的当日;未经批准改变用途的,纳税义务发生时间为自然资源主管部门认定纳税人改变原占地用途的当日。

《国家税务总局关于耕地占用税征收管理有关事项的公告》(国家税务总局公告 2019 年第 30 号)

8.6　征收管理

8.6.1　征收机关及征管依据

耕地占用税由税务机关负责征收。

耕地占用税的征收管理,依照《耕地占用税法》和《税收征收管理法》的规定执行。

《中华人民共和国耕地占用税法》第九条、第十四条

8.6.2　纳税申报

8.6.2.1　申报应提交资料

耕地占用税纳税人依法纳税申报时,应填报《耕地占用税税源明细表》(表8-2)后自动生成《财产和行为税纳税申报表》及《财产和行为税减免税明细申报附表》(详见"1.8.2纳税申报"),同时依占用应税土地的不同情形分别提交下列材料:

(1)农用地转用审批文件复印件。

(2)临时占用耕地批准文件复印件。

(3)未经批准占用应税土地的,应提供实际占地的相关证明材料复印件。

其中第(1)项和第(2)项,纳税人提交的批准文书信息能够通过政府信息共享获取的,纳税人只需要提供上述材料的名称、文号、编码等信息供查询验证,不再提交材料复印件。

表8-2　耕地占用税税源明细表

纳税人识别号(统一社会信用代码):□□□□□□□□□□□□□□□□□□

纳税人名称:　　　　　　　　　　　面积单位:平方米;金额单位:人民币元(列至角分)

占地方式	1. 经批准按批次转用□ 2.经批准单独选址转用□ 3.经批准临时占用□	项目(批次)名称		批准占地文号	
		批准占地部门		经批准占地面积	
		收到书面通知日期(或收到经批准改变原占地用途日期)	年　月　日	批准时间	年　月　日
	4. 未批先占□	认定的实际占地日期(或认定的未经批准改变原占地用途日期)	年　月　日		认定的实际占地面积
损毁耕地	挖损□　采矿塌陷□ 压占□　　污染□	认定的损毁耕地日期	年　月　日		认定的损毁耕地面积
税源编号	占地位置	占地用途	征收品目	适用税额	计税面积	减免性质代码和项目名称	减免税面积

填表说明：

1．本申报表适用于在中华人民共和国境内占用耕地建设建筑物、构筑物或者从事非农业建设的单位和个人。耕地占用税纳税人应当在纳税义务发生之日起30日内填报本表，向耕地所在地税务机关申报纳税。

2．占地方式：必选。根据实际情况选择"经批准按批次转用""经批准单独选址转用""经批准临时占用""未批先占"四项之一，限选一项。当选择"经批准按批次转用""经批准单独选址转用""经批准临时占用"三项时，项目（批次）名称、批准占地文号、批准占地部门、经批准占地面积、收到书面通知日期（或收到经批准改变原占地用途日期）、批准时间为必填项；选择"未批先占"时，认定的实际占地日期（或认定的未经批准改变原占地用途日期）、认定的实际占地面积为必填项。

3．项目（批次）名称：经批准按批次转用、经批准单独选址转用、经批准临时占用等占地方式，必填。按照农用地转用审批文件中标明的项目或批次名称填写。

4．批准占地文号：经批准按批次转用、经批准单独选址转用、经批准临时占用等占地方式，必填。填写批准占地的农用地转用审批文件的文号。

5．批准占地部门：经批准按批次转用、经批准单独选址转用、经批准临时占用等占地方式，必填。填写批准占地的审批农用地转用的政府部门名称。

6．经批准占地面积：经批准按批次转用、经批准单独选址转用、经批准临时占用等占地方式，必填。填写农用地转用审批文件中批准的农用地转用面积。

7．收到书面通知日期（或收到经批准改变原占地用途日期）：经批准按批次转用、经批准单独选址转用、经批准临时占用等占地方式，必填。收到书面通知日期是指纳税人收到自然资源主管部门办理占用耕地手续的书面通知的当日；收到经批准改变原占地用途日期是指纳税人收到经批准改变原占地用途的批准文件的当日。

8．批准时间：经批准按批次转用、经批准单独选址转用、经批准临时占用等占地方式，必填。填写农用地转用审批文件的批准日期。

9．认定的实际占地日期（或认定的未经批准改变原占地用途日期）：未批先占的，必填。按照《耕地占用税法实施办法》（简称《实施办法》）第二十七条规定自然资源主管部门认定的纳税人实际占用耕地的当日填写；认定的未经批准改变原占地用途日期是指未经批准改变原占地用途的，经自然资源主管部门认定的纳税人改变原占地用途的当日。

10．认定的实际占地面积：未批先占的，必填。按照《实施办法》第三十一条规定自然资源等相关部门认定的纳税人实际占用的面积填写。

11．损毁耕地：选填。按照《实施办法》第十九条确定的挖损、采矿塌陷、压占、污染四项损毁耕地行为进行选择,可多选。

12. 认定的损毁耕地日期:损毁耕地的,必填。按照《实施办法》第二十七条规定自然资源、农业农村等相关部门认定损毁耕地的日期填写。

13. 认定的损毁耕地面积:损毁耕地的,必填。按照《实施办法》第三十一条规定自然资源等相关部门认定的纳税人损毁耕地的面积填写。

14. 税源编号:系统自动生成,纳税人无需填写。

15. 占地位置:必填。占用应税土地所在的市、县、乡(镇)、村、组、路详细地址位置。

16. 占地用途:必填。①经批准占用:土地储备、交通基础设施建设、水利工程、工业建设、商业建设、住宅建设、农村居民建房、军事设施、学校、幼儿园、社会福利机构、医疗机构、其他;②未经批准占用:交通基础设施建设、工业建设、商业建设、住宅建设、农村居民建房、军事设施、学校、幼儿园、社会福利机构、医疗机构、其他。

17. 征收品目:必填。按被占用土地的占地类型选择:耕地—基本农田、耕地—非基本农田、园地、林地、草地、农田水利用地、养殖水面、渔业水域滩涂、苇田、其他。

18. 适用税额:指该地类在当地适用的单位税额,按征收品目和征收子目对应的单位适用税额填写,由各省税务机关自行配置。

19. 计税面积:必填。按被占用土地的占地位置、占地用途、征收品目划分,填写本条税源对应的应税土地面积,单位为平方米。

20. 减免性质代码和项目名称:有减免税情况的,必填。按照税务机关最新制发的减免税政策代码表中最细项减免性质代码填写。

21. 减免税面积:有减免税情况的,必填。填写本条税源对应的符合减免税政策的占地面积。

《国家税务总局关于耕地占用税征收管理有关事项的公告》(国家税务总局公告2019年第30号)、《国家税务总局关于简并税费申报有关事项的公告》(国家税务总局公告2021年第9号)

8.6.2.2 税务机关受理审核

主管税务机关接收纳税人申报资料后,应审核资料是否齐全、是否符合法定形式、填写内容是否完整、项目间逻辑关系是否相符。审核无误的即时受理;审核发现问题的当场一次性告知应补正资料或不予受理原因。

《国家税务总局关于耕地占用税征收管理有关事项的公告》(国家税务总局公告2019年第30号)

纳税人占地类型、占地面积和占地时间等纳税申报数据材料以自然资源等相关部门提供的相关材料为准；未提供相关材料或者材料信息不完整的，经主管税务机关提出申请，由自然资源等相关部门自收到申请之日起30日内出具认定意见。

《中华人民共和国耕地占用税法实施办法》第三十一条

8.6.2.3 申报数据异常处理

税务机关发现纳税人的纳税申报数据资料异常或者纳税人未按照规定期限申报纳税的，可以提请相关部门进行复核，相关部门应当自收到税务机关复核申请之日起30日内向税务机关出具复核意见。

《中华人民共和国耕地占用税法》第十三条

纳税人的纳税申报数据资料异常或者纳税人未按照规定期限申报纳税的，包括下列情形：

（1）纳税人改变原占地用途，不再属于免征或者减征耕地占用税情形，未按照规定进行申报的。

（2）纳税人已申请用地但尚未获得批准先行占地开工，未按照规定进行申报的。

（3）纳税人实际占用耕地面积大于批准占用耕地面积，未按照规定进行申报的。

（4）纳税人未履行报批程序擅自占用耕地，未按照规定进行申报的。

（5）其他应提请相关部门复核的情形。

《中华人民共和国耕地占用税法实施办法》第三十二条

8.6.3 信息共享机制

税务机关应当与相关部门建立耕地占用税涉税信息共享机制和工作配合机制。县级以上地方人民政府自然资源、农业农村、水利等相关部门应当定期向税务机关提供农用地转用、临时占地等信息，协助税务机关加强耕地占用税征收管理。

《中华人民共和国耕地占用税法》第十三条

县级以上地方人民政府自然资源、农业农村、水利、生态环境等相关部门向税务机关提供的农用地转用、临时占地等信息，包括农用地转用信息、城市和村庄集镇按批次建设用地转而未供信息、经批准临时占地信息、改变原占地用途信息、未批先占农用地查处信息、土地损毁信息、土壤污染信息、土地复垦信息、草场使用和渔业养殖权证发放信息等。

各省、自治区、直辖市人民政府应当建立健全本地区跨部门耕地占用税部门协作和信息交换工作机制。

《中华人民共和国耕地占用税法实施办法》第三十条

8.6.4　法律责任

纳税人、税务机关及其工作人员违反《耕地占用税法》规定的,依照《税收征收管理法》和有关法律法规的规定追究法律责任。

《中华人民共和国耕地占用税法》第十五条

练 习 自 测 题

【单项选择题】

1. 某县政府作为用地申请人向省自然资源管理厅申请并获准在该县征用耕地 25 000 平方米,其中 1 000 平方米修建幼儿园,20 000 平方米给当地知名企业 A 公司用作建设仓储用地,4 000 平方米留县土地储备中心储备待出让,如该地区耕地占用税适用的税额为 20 元/平方米。则该占用耕地行为应缴纳的耕地占用税税额为(　　)万元。

　A. 36　　　　　B. 40　　　　　C. 48　　　　　D. 50

【参考答案】　C

【答案解析】　幼儿园占用的耕地免征耕地占用税。应缴纳耕地占用税＝(25 000－1 000)×20＝480 000(元)。

2. 根据现行税收政策规定,以下占用耕地的行为不属于免征耕地占用税的是(　　)。

　A. 水利工程占用耕地

　B. 学校、幼儿园占用耕地

　C. 社会福利机构占用耕地

　D. 医疗机构占用耕地

【参考答案】　A

【答案解析】《耕地占用税法》第七条规定,军事设施、学校、幼儿园、社会福利机构、医疗机构占用耕地,免征耕地占用税。

铁路线路、公路线路、飞机场跑道、停机坪、港口、航道、水利工程占用耕地,减按每平方米2元的税额征收耕地占用税。

【多项选择题】

3. 下列各项中,属于耕地占用税征税范围的有( )。
    A. 占用林地开发花圃
    B. 占用农用土地建造住宅区
    C. 占用耕地开发食品加工厂
    D. 占用鱼塘经营"农家乐"
    E. 占用耕地建设农田水利设施

【参考答案】 BCD

【答案解析】 占用耕地建设农田水利设施的,不缴纳耕地占用税。占用园地、林地、草地、农田水利用地、养殖水面、渔业水域滩涂以及其他农用地建设直接为农业生产服务的生产设施的,不缴纳耕地占用税。

4. 下列情形,属于耕地占用税减征情形的有( )。
    A. 农民在规定标准内占用耕地建房
    B. 农民占用林地建鸡鸭养殖场
    C. 占用耕地建飞机场
    D. 占用耕地建幼儿园
    E. 占用耕地建学校

【参考答案】 AC

【答案解析】 农村居民在规定用地标准以内占用耕地新建自用住宅,按照当地适用税额减半征收耕地占用税;飞机场跑道、停机坪占用耕地,减按每平方米2元的税额征收耕地占用税;选项B属于不征税情形;选项D、E属于免税情形。

【判断题】

5. 占用耕地建设直接为农业生产服务的设施不缴纳耕地占用税。( )

【参考答案】 ×

【答案解析】 占用耕地只有建设农田水利设施的,不缴纳耕地占用税。占用园地、林地、草地、农田水利用地、养殖水面、渔业水域滩涂以及其他农用地建设直接为农业生产服务的生产设施的,不缴纳耕地占用税。

6. 基本农田,是指依据《基本农田保护条例》划定的基本农田保护区范围内的所有农用地。 （　　）

【参考答案】 ✕

【答案解析】 基本农田,是指依据《基本农田保护条例》划定的基本农田保护区范围内的耕地。

第 九 章　环 境 保 护 税

环境保护税是为了保护和改善环境,减少污染物排放,推进生态文明建设而对直接向我国领域和管辖的其他海域排放应税污染物的生产经营者征收的一种税。

《中华人民共和国环境保护税法》(简称《环境保护税法》)于 2016 年 12 月 25 日第十二届全国人民代表大会常务委员会第二十五次会议通过,并以中华人民共和国主席令第六十一号颁布,《中华人民共和国环境保护税法实施条例》(简称《环境保护税法实施条例》)于 2017 年 12 月 25 日以中华人民共和国国务院令第 693 号颁布,均自 2018 年 1 月 1 日起施行。2003 年 1 月 2 日,国务院公布的《排污费征收使用管理条例》同时废止。

9.1　纳税人

在中华人民共和国领域和中华人民共和国管辖的其他海域,直接向环境排放应税污染物的企业事业单位和其他生产经营者为环境保护税的纳税人,应当依照本法规定缴纳环境保护税。

《中华人民共和国环境保护税法》第二条

解读▶《环境保护税法》明确界定的环境保护税纳税人是指在生产经营过程中直接向环境排放应税污染物的企事业单位和其他生产经营者,注意不包括不具有生产经营行为的自然人和行政机关。

《海洋工程环境保护税申报征收办法》(简称《海洋环保税征收办法》)适用于在中华人民共和国内水、领海、毗连区、专属经济区、大陆架以及中华人民共和国管辖的其他海域内从事海洋石油、天然气勘探开发生产等作业活动,并向海洋环境排放应税污染物的企事业单位和其他生产经营者(简称"海洋工程纳税人")。

《海洋工程环境保护税申报征收办法》(国家税务总局公告 2017 年第 50 号)

解读▶ 基于《环境保护税法》对"其他海域"未作明确定义,为了与《中华人民共和国海洋环境保护法》相衔接,《海洋环保税征收办法》将其细化为"中华人民共和国内水、领海、毗连区、专属经济区、大陆架以及中华人民共和国管辖的其他海域"。并与现行海洋工程排污费制度相衔接,明确《海洋环保税征收办法》适用于上述海域范围内从事海洋石油、天然气勘探开发生产等作业活动,并向海洋环境排放应税污染物的企业事业单位和其他生产经营者。

9.2 征税范围

9.2.1 应税污染物

应税污染物,是指《环境保护税法》所附《环境保护税税目税额表》《应税污染物和当量值表》(详见"9.3.1 税目税额表及应税污染物和当量值表")规定的大气污染物、水污染物、固体废物和噪声。

《中华人民共和国环境保护税法》第三条

纳税人从事海洋工程向中华人民共和国管辖海域排放应税大气污染物、水污染物或者固体废物,申报缴纳环境保护税的具体办法,由国务院税务主管部门会同国务院生态环境主管部门规定。

《中华人民共和国环境保护税法》第二十二条

应税污染物,是指大气污染物、水污染物和固体废物。

《海洋工程环境保护税申报征收办法》(国家税务总局公告 2017 年第 50 号)

9.2.2 不征税情形

有下列情形之一的,不属于直接向环境排放污染物,不缴纳相应污染物的环境保护税:

(1)企事业单位和其他生产经营者向依法设立的污水集中处理、生活垃圾集中处理场所排放应税污染物的。

(2)企事业单位和其他生产经营者在符合国家和地方环境保护标准的设施、场所贮存或者处置固体废物的。

《中华人民共和国环境保护税法》第四条

9.2.3 贮存或者处置固体废物不符合环保标准的征税问题

企事业单位和其他生产经营者贮存或者处置固体废物不符合国家和地方环境保护标准的,应当缴纳环境保护税。

《中华人民共和国环境保护税法》第五条

9.2.4 畜禽养殖场征税问题

达到省级人民政府确定的规模标准并且有污染物排放口的畜禽养殖场,应当依法缴纳环境保护税;依法对畜禽养殖废弃物进行综合利用和无害化处理的,不属于直接向环境排放污染物,不缴纳环境保护税。

《中华人民共和国环境保护税法实施条例》第四条

9.3 税目税额

环境保护税的税目、税额,依照《环境保护税税目税额表》执行。

《中华人民共和国环境保护税法》第六条

9.3.1 税目税额表及应税污染物和当量值表

环境保护税税目税额表如表 9-1 所示,应税污染物和当量值表如表 9-2 至表 9-6 所示。

表 9-1 环境保护税税目税额表

税目		计税单位	税额	备注
大气污染物		每污染当量	1.2~12 元	
水污染物		每污染当量	1.4~14 元	
固体废物	煤矸石	每吨	5 元	
	尾矿	每吨	15 元	
	危险废物	每吨	1 000 元	
	冶炼渣、粉煤灰、炉渣、其他固体废物(含半固态、液态废物)	每吨	25 元	

（续表）

税目		计税单位	税额	备注
噪声	工业噪声	超标 1～3 分贝	每月 350 元	1. 一个单位边界上有多处噪声超标,根据最高一处超标声级计算应纳税额;当沿边界长度超过 100 米有两处以上噪声超标,按照两个单位计算应纳税额 2. 一个单位有不同地点作业场所的,应当分别计算应纳税额,合并计征 3. 昼、夜均超标的环境噪声,昼、夜分别计算应纳税额,累计计征 4. 声源一个月内超标不足 15 天的,减半计算应纳税额 5. 夜间频繁突发和夜间偶然突发厂界超标噪声,按等效声级和峰值噪声两种指标中超标分贝值高的一项计算应纳税额
		超标 4～6 分贝	每月 700 元	
		超标 7～9 分贝	每月 1 400 元	
		超标 10～12 分贝	每月 2 800 元	
		超标 13～15 分贝	每月 5 600 元	
		超标 16 分贝以上	每月 11 200 元	

表 9-2　第一类水污染物污染当量值

污染物	污染当量值（千克）
1. 总汞	0.000 5
2. 总镉	0.005
3. 总铬	0.04
4. 六价铬	0.02
5. 总砷	0.02
6. 总铅	0.025
7. 总镍	0.025
8. 苯并(a)芘	0.000 000 3
9. 总铍	0.01
10. 总银	0.02

表 9-3 第二类水污染物污染当量值

污染物	污染当量值(千克)	备注
11. 悬浮物(SS)	4	
12. 生化需氧量(BOD₅)	0.5	同一排放口中的化学需氧量、生化需氧量和总有机碳,只征收一项
13. 化学需氧量(COD)	1	
14. 总有机碳(TOC)	0.49	
15. 石油类	0.1	
16. 动植物油	0.16	
17. 挥发酚	0.08	
18. 总氰化物	0.05	
19. 硫化物	0.125	
20. 氨氮	0.8	
21. 氟化物	0.5	
22. 甲醛	0.125	
23. 苯胺类	0.2	
24. 硝基苯类	0.2	
25. 阴离子表面活性剂(LAS)	0.2	
26. 总铜	0.1	
27. 总锌	0.2	
28. 总锰	0.2	
29. 彩色显影剂(CD-2)	0.2	
30. 总磷	0.25	
31. 元素磷(以 P 计)	0.05	
32. 有机磷农药(以 P 计)	0.05	
33. 乐果	0.05	
34. 甲基对硫磷	0.05	
35. 马拉硫磷	0.05	
36. 对硫磷	0.05	

（续表）

污染物	污染当量值（千克）	备注
37. 五氯酚及五氯酚钠（以五氯酚计）	0.25	
38. 三氯甲烷	0.04	
39. 可吸附有机卤化物（AOX）（以 Cl 计）	0.25	
40. 四氯化碳	0.04	
41. 三氯乙烯	0.04	
42. 四氯乙烯	0.04	
43. 苯	0.02	
44. 甲苯	0.02	
45. 乙苯	0.02	
46. 邻-二甲苯	0.02	
47. 对-二甲苯	0.02	
48. 间-二甲苯	0.02	
49. 氯苯	0.02	
50. 邻二氯苯	0.02	
51. 对二氯苯	0.02	
52. 对硝基氯苯	0.02	
53. 2.4-二硝基氯苯	0.02	
54. 苯酚	0.02	
55. 间-甲酚	0.02	
56. 2.4-二氯酚	0.02	
57. 2.4.6-三氯酚	0.02	
58. 邻苯二甲酸二丁酯	0.02	
59. 邻苯二甲酸二辛酯	0.02	
60. 丙烯腈	0.125	
61. 总硒	0.02	

表 9-4　pH 值、色度、大肠菌群数、余氯量水污染物污染当量值

污染物		污染当量值	备注
1. pH 值	1.0~1,13~14 2.1~2,12~13 3.2~3,11~12 4.3~4,10~11 5.4~5,9~10 6.5~6	0.06 吨污水 0.125 吨污水 0.25 吨污水 0.5 吨污水 1 吨污水 5 吨污水	pH 值 5~6 指大于等于 5,小于 6; pH 值 9~10 指大于 9,小于等于 10,其余类推
2. 色度		5 吨水·倍	
3. 大肠菌群数(超标)		3.3 吨污水	大肠菌群数和余氯量只征收一项
4. 余氯量(用氯消毒的医院废水)		3.3 吨污水	

表 9-5　禽畜养殖业、小型企业和第三产业水污染物污染当量值

类型		污染当量值	备注
禽畜养殖场	1. 牛	0.1 头	仅对存栏规模大于 50 头牛、500 头猪、5 000 羽鸡鸭等的禽畜养殖场征收
	2. 猪	1 头	
	3. 鸡、鸭等家禽	30 羽	
4. 小型企业		1.8 吨污水	
5.饮食娱乐服务业		0.5 吨污水	
6.医院	消毒	0.14 床	医院病床数大于 20 张的按照本表计算污染当量数
		2.8 吨污水	
	不消毒	0.07 床	
		1.4 吨污水	

注：表 9-5 仅适用于计算无法进行实际监测或者物料衡算的禽兽养殖业、小型企业和第三产业等小型排污者的水污染物污染当量数。

表 9-6　大气污染物污染当量值

污染物	污染当量值(千克)
1. 二氧化硫	0.95
2. 氮氧化物	0.95
3. 一氧化碳	16.7
4. 氯气	0.34

（续表）

污染物	污染当量值（千克）
5. 氯化氢	10.75
6. 氟化物	0.87
7. 氰化氢	0.005
8. 硫酸雾	0.6
9. 铬酸雾	0.000 7
10. 汞及其化合物	0.000 1
11. 一般性粉尘	4
12. 石棉尘	0.53
13. 玻璃棉尘	2.13
14. 碳黑尘	0.59
15. 铅及其化合物	0.02
16. 镉及其化合物	0.03
17. 铍及其化合物	0.000 4
18. 镍及其化合物	0.13
19. 锡及其化合物	0.27
20. 烟尘	2.18
21. 苯	0.05
22. 甲苯	0.18
23. 二甲苯	0.27
24. 苯并(a)芘	0.000 002
25. 甲醛	0.09
26. 乙醛	0.45
27. 丙烯醛	0.06
28. 甲醇	0.67
29. 酚类	0.35
30. 沥青烟	0.19

（续表）

污染物	污染当量值（千克）
31. 苯胺类	0.21
32. 氯苯类	0.72
33. 硝基苯	0.17
34. 丙烯腈	0.22
35. 氯乙烯	0.55
36. 光气	0.04
37. 硫化氢	0.29
38. 氨	9.09
39. 三甲胺	0.32
40. 甲硫醇	0.04
41. 甲硫醚	0.28
42. 二甲二硫	0.28
43. 苯乙烯	25
44. 二硫化碳	20

《中华人民共和国环境保护税法》附件

9.3.2　需确定具体适用税额和具体范围的程序

9.3.2.1　应税大气污染物和水污染物的具体适用税额

应税大气污染物和水污染物的具体适用税额的确定和调整，由省、自治区、直辖市人民政府统筹考虑本地区环境承载能力、污染物排放现状和经济社会生态发展目标要求，在上述《环境保护税税目税额表》规定的税额幅度内提出，报同级人民代表大会常务委员会决定，并报全国人民代表大会常务委员会和国务院备案。

《中华人民共和国环境保护税法》第六条

9.3.2.2　其他固体废物具体范围

《环境保护税税目税额表》所称其他固体废物的具体范围，依照《环境保护税法》第六条第二款规定(详见"9.3.2.1 应税大气污染物和水污染物的具体适用税额")的程序确定。

《中华人民共和国环境保护税法实施条例》第二条

9.3.3 关于应税污染物适用问题

燃烧产生废气中的颗粒物,按照烟尘征收环境保护税。排放的扬尘、工业粉尘等颗粒物,除可以确定为烟尘、石棉尘、玻璃棉尘、炭黑尘的外,按照一般性粉尘征收环境保护税。

《财政部 税务总局 生态环境部关于明确环境保护税应税污染物适用等有关问题的通知》(财税〔2018〕117 号)

解读▶ 颗粒物包括烟尘、石棉尘、玻璃棉尘、炭黑尘、一般性粉尘。烟尘是因物理化学过程而产生的微细固体粒子,如在冶炼、燃烧、金属焊接等过程中由于升华及冷凝而形成的粒子。烟尘的特点是粒度大都比较细,在 1 μm 以下。粉尘是因机械过程(破碎、筛分、运输等)而产生的微细粒子,能在气体中分散(悬浮)一定时间的固体粒子,粉尘的粒径范围很广,由细至 1/10 μm 到数百微米。烟尘的污染当量值为 2.18;粉尘的污染当量值为 4,在同等质量情况下,烟尘对环境的危害比粉尘大。财税〔2018〕117 号文件根据颗粒物产生的原因将其分为烟尘和一般性粉尘,方便了征管操作。

9.3.4 海洋工程适用税额

海洋工程环境保护税的具体适用税额按照负责征收环境保护税的海洋石油税务(收)管理分局所在地适用的税额标准执行。

生活垃圾按照《环境保护税法》"其他固体废物"税额标准执行。

《海洋工程环境保护税申报征收办法》(国家税务总局公告 2017 年第 50 号)

9.4 计税依据和应纳税额

9.4.1 计税依据确定方法

应税污染物的计税依据,按照下列方法确定:

（1）应税大气污染物按照污染物排放量折合的污染当量数确定。

（2）应税水污染物按照污染物排放量折合的污染当量数确定。

（3）应税固体废物按照固体废物的排放量确定。

（4）应税噪声按照超过国家规定标准的分贝数确定。

《中华人民共和国环境保护税法》第七条

9.4.2　污染当量

污染当量，是指根据污染物或者污染排放活动对环境的有害程度以及处理的技术经济性，衡量不同污染物对环境污染的综合性指标或者计量单位。同一介质相同污染当量的不同污染物，其污染程度基本相当。

《中华人民共和国环境保护税法》第二十五条

9.4.2.1　应税大气污染物、水污染物的污染当量数确定

应税大气污染物、水污染物的污染当量数，以该污染物的排放量除以该污染物的污染当量值计算。每种应税大气污染物、水污染物的具体污染当量值，依照《应税污染物和当量值表》（详见"9.3.1 税目税额表及应税污染物和当量值表"）执行。

《中华人民共和国环境保护税法》第八条

关于应税水污染物污染当量数的计算问题如下：

应税水污染物的污染当量数，以该污染物的排放量除以该污染物的污染当量值计算。其中，色度的污染当量数，以污水排放量乘以色度超标倍数再除以适用的污染当量值计算。畜禽养殖业水污染物的污染当量数，以该畜禽养殖场的月均存栏量除以适用的污染当量值计算。畜禽养殖场的月均存栏量按照月初存栏量和月末存栏量的平均数计算。

《财政部　税务总局　生态环境部关于环境保护税有关问题的通知》（财税〔2018〕23 号）

9.4.2.2　应税污染物项目确定

每一排放口或者没有排放口的应税大气污染物，按照污染当量数从大到小排序，对前三项污染物征收环境保护税。

每一排放口的应税水污染物，按照《应税污染物和当量值表》，区分第一类水污染物和其他类水污染物，按照污染当量数从大到小排序，对第一类水污染

物按照前五项征收环境保护税,对其他类水污染物按照前三项征收环境保护税。

省、自治区、直辖市人民政府根据本地区污染物减排的特殊需要,可以增加同一排放口征收环境保护税的应税污染物项目数,报同级人民代表大会常务委员会决定,并报全国人民代表大会常务委员会和国务院备案。

《中华人民共和国环境保护税法》第九条

9.4.2.3　两个以上排放口污染物确定

从两个以上排放口排放应税污染物的,对每一排放口排放的应税污染物分别计算征收环境保护税;纳税人持有排污许可证的,其污染物排放口按照排污许可证载明的污染物排放口确定。

《中华人民共和国环境保护税法实施条例》第八条

9.4.2.4　污染物产生量作为排放量情形

应税大气污染物、水污染物的计税依据,按照污染物排放量折合的污染当量数确定。

纳税人有下列情形之一的,以其当期应税大气污染物、水污染物的产生量作为污染物的排放量:

(1)未依法安装使用污染物自动监测设备或者未将污染物自动监测设备与生态环境主管部门的监控设备联网。

(2)损毁或者擅自移动、改变污染物自动监测设备。

(3)篡改、伪造污染物监测数据。

(4)通过暗管、渗井、渗坑、灌注或者稀释排放以及不正常运行防治污染设施等方式违法排放应税污染物。

(5)进行虚假纳税申报。

《中华人民共和国环境保护税法实施条例》第七条

9.4.3　应税固体废物排放量

9.4.3.1　应税固体废物的贮存量、处置量、综合利用量

应税固体废物的计税依据,按照固体废物的排放量确定。固体废物的排放量为当期应税固体废物的产生量减去当期应税固体废物的贮存量、处置量、综合利用量的余额。

固体废物的贮存量、处置量,是指在符合国家和地方环境保护标准的设施、场所贮存或者处置的固体废物数量;固体废物的综合利用量,是指按照发展改革委、工业和信息化主管部门关于资源综合利用要求以及国家和地方环境保护标准进行综合利用的固体废物数量。

《中华人民共和国环境保护税法实施条例》第五条

9.4.3.2 应税固体废物排放量计算

应税固体废物的排放量为当期应税固体废物的产生量减去当期应税固体废物贮存量、处置量、综合利用量的余额。纳税人应当准确计量应税固体废物的贮存量、处置量和综合利用量,未准确计量的,不得从其应税固体废物的产生量中减去。纳税人依法将应税固体废物转移至其他单位和个人进行贮存、处置或者综合利用的,固体废物的转移量相应计入其当期应税固体废物的贮存量、处置量或者综合利用量;纳税人接收的应税固体废物转移量,不计入其当期应税固体废物的产生量。纳税人对应税固体废物进行综合利用的,应当符合工业和信息化部制定的工业固体废物综合利用评价管理规范。

《财政部 税务总局 生态环境部关于环境保护税有关问题的通知》(财税〔2018〕23号)

9.4.3.3 应税固体废物产生量为排放量情形

纳税人有下列情形之一的,以其当期应税固体废物的产生量作为固体废物的排放量:

(1)非法倾倒应税固体废物。

(2)进行虚假纳税申报。

《中华人民共和国环境保护税法实施条例》第六条

9.4.4 排放量和分贝数计算方法和顺序

应税大气污染物、水污染物、固体废物的排放量和噪声的分贝数,按照下列方法和顺序计算。

9.4.4.1 安装使用符合国家规定的自动监测设备

纳税人安装使用符合国家规定和监测规范的污染物自动监测设备的,按照污染物自动监测数据计算。

《中华人民共和国环境保护税法》第十条

纳税人按照规定须安装污染物自动监测设备并与生态环境主管部门联网的,当自动监测设备发生故障、设备维护、启停炉、停运等状态时,应当按照相关法律法规和《固定污染源烟气(SO$_2$、NO$_x$、颗粒物)排放连续监测技术规范》《水污染源在线监测系统数据有效性判别技术规范》等规定,对数据状态进行标记,以及对数据缺失、无效时段的污染物排放量进行修约和替代处理,并按标记、处理后的自动监测数据计算应税污染物排放量。相关纳税人当月不能提供符合国家规定和监测规范的自动监测数据的,应当按照排污系数、物料衡算方法计算应税污染物排放量。纳入排污许可管理行业的纳税人,其应税污染物排放量的监测计算方法按照排污许可管理要求执行。

纳税人主动安装使用符合国家规定和监测规范的污染物自动监测设备,但未与生态环境主管部门联网的,可以按照自动监测数据计算应税污染物排放量;不能提供符合国家规定和监测规范的自动监测数据的,应当按照监测机构出具的符合监测规范的监测数据或者排污系数、物料衡算方法计算应税污染物排放量。

《财政部 税务总局 生态环境部关于明确环境保护税应税污染物适用等有关问题的通知》(财税〔2018〕117号)

9.4.4.2 委托监测机构出具数据

纳税人未安装使用污染物自动监测设备的,按照监测机构出具的符合国家有关规定和监测规范的监测数据计算。

《中华人民共和国环境保护税法》第十条

纳税人自行对污染物进行监测所获取的监测数据,符合国家有关规定和监测规范的,视同上述规定的监测机构出具的监测数据。

《中华人民共和国环境保护税法实施条例》第九条

纳税人委托监测机构对应税大气污染物和水污染物排放量进行监测时,其当月同一个排放口排放的同一种污染物有多个监测数据的,应税大气污染物按照监测数据的平均值计算应税污染物的排放量;应税水污染物按照监测数据以流量为权的加权平均值计算应税污染物的排放量。在环境保护主管部门规定的监测时限内当月无监测数据的,可以跨月沿用最近一次的监测数据计算应税污染物排放量。纳入排污许可管理行业的纳税人,其应税污染物排放量的监测计算方法按照排污许可管理要求执行。

《财政部 税务总局 生态环境部关于环境保护税有关问题的通知》(财税〔2018〕23号)

纳税人委托监测机构监测应税污染物排放量的,应当按照国家有关规定制定监测方案,并将监测数据资料及时报送生态环境主管部门。监测机构实施的监测项目、方法、时限和频次应当符合国家有关规定和监测规范要求。监测机构出具的监测报告应当包括应税水污染物种类、浓度值和污水流量;应税大气污染物种类、浓度值、排放速率和烟气量;执行的污染物排放标准和排放浓度限值等信息。监测机构对监测数据的真实性、合法性负责,凡发现监测数据弄虚作假的,依照相关法律法规的规定追究法律责任。

纳税人采用委托监测方式,在规定监测时限内当月无监测数据的,可以沿用最近一次的监测数据计算应税污染物排放量,但不得跨季度沿用监测数据。

有关污染物监测浓度值低于生态环境主管部门规定的污染物检出限的,除有特殊管理要求外,视同该污染物排放量为零。

生态环境主管部门、计量主管部门发现委托监测数据失真或者弄虚作假的,税务机关应当按照同一纳税期内的监督性监测数据或者排污系数、物料衡算方法计算应税污染物排放量。

《财政部 税务总局 生态环境部关于明确环境保护税应税污染物适用等有关问题的通知》(财税〔2018〕117号)

9.4.4.3 不具备监测条件

因排放污染物种类多等原因不具备监测条件的,按照国务院生态环境主管部门规定的排污系数、物料衡算方法计算。

排污系数,是指在正常技术经济和管理条件下,生产单位产品所应排放的污染物量的统计平均值。

物料衡算,是指根据物质质量守恒原理对生产过程中使用的原料、生产的产品和产生的废物等进行测算的一种方法。

《中华人民共和国环境保护税法》第十条、第二十五条

自2021年5月1日起,属于排污许可管理的排污单位,适用生态环境部发布的排污许可证申请与核发技术规范中规定的排(产)污系数、物料衡算方法计算应税污染物排放量;排污许可证申请与核发技术规范未规定相关排(产)污系

数的,适用生态环境部发布的排放源统计调查制度规定的排(产)污系数方法计算应税污染物排放量。

不属于排污许可管理的排污单位,适用生态环境部发布的排放源统计调查制度规定的排(产)污系数方法计算应税污染物排放量。

生态环境部将适时对排污许可证申请与核发技术规范、排放源统计调查制度规定的排(产)污系数、物料衡算方法进行制修订,排污单位自制修订后的排(产)污系数、物料衡算方法实施之日的次月起(未明确实施日期的,以发布日期为实施日期),依据新的系数和方法计算应税污染物排放量。

《生态环境部 财政部 税务总局关于发布计算环境保护税应税污染物排放量的排污系数和物料衡算方法的公告》(生态环境部 财政部 税务总局公告2021年第16号)

在建筑施工、货物装卸和堆存过程中无组织排放应税大气污染物的,按照生态环境部规定的排污系数、物料衡算方法计算应税污染物排放量;不能按照生态环境部规定的排污系数、物料衡算方法计算的,按照省、自治区、直辖市生态环境主管部门规定的抽样测算的方法核定计算应税污染物排放量。

《财政部 税务总局 生态环境部关于明确环境保护税应税污染物适用等有关问题的通知》(财税〔2018〕117号)

9.4.4.4　抽样测算方法核定计算

不能按照上述规定的方法计算的,按照省、自治区、直辖市人民政府生态环境主管部门规定的抽样测算的方法核定计算。

核定计算污染物排放量的,由税务机关会同生态环境主管部门核定污染物排放种类、数量和应纳税额。

《中华人民共和国环境保护税法》第十条、第二十一条

上述情形中仍无相关计算方法的,由各省、自治区、直辖市生态环境主管部门结合本地实际情况,科学合理制定抽样测算方法。

《生态环境部 财政部 税务总局关于发布计算环境保护税应税污染物排放量的排污系数和物料衡算方法的公告》(生态环境部 财政部 税务总局公告2021年第16号)

9.4.4.5　环境违法行政处罚排放量确认

纳税人因环境违法行为受到行政处罚的,应当依据相关法律法规和处罚信息计算违法行为所属期的应税污染物排放量。生态环境主管部门发现纳税人申报信息有误的,应当通知税务机关处理。

《财政部 税务总局 生态环境部关于明确环境保护税应税污染物适用等有关问题的通知》(财税〔2018〕117号)

9.4.5 海洋工程计税依据

9.4.5.1 计征方法

海洋工程纳税人排放应税污染物,按照下列方法计征环境保护税:

(1)大气污染物。对向海洋环境排放大气污染物的,按照每一排放口或者没有排放口的应税污染物排放量折合的污染当量数从大到小排序后的前三项污染物计征。

(2)水污染物。对向海洋水体排放生产污水和机舱污水、钻井泥浆(包括水基泥浆和无毒复合泥浆,下同)和钻屑及生活污水的,按照应税污染物排放量折合的污染当量数计征。其中,生产污水和机舱污水,按照生产污水和机舱污水中石油类污染物排放量折合的污染当量数计征;钻井泥浆和钻屑按照泥浆和钻屑中石油类、总镉、总汞的污染物排放量折合的污染当量数计征;生活污水按照生活污水中化学需氧量(CODcr)排放量折合的污染当量数计征。

(3)固体废物。对向海洋水体排放生活垃圾的,按照排放量计征。

《海洋工程环境保护税申报征收办法》(国家税务总局公告2017年第50号)

9.4.5.2 排放监测管理

(1)国家海洋行政主管部门应当建立健全污染物监测规范,加强应税污染物排放的监测管理。

(2)海洋工程纳税人应当使用符合国家环境监测、计量认证规定和技术规范的污染物流量自动监控仪器对大气污染物和水污染物的排放进行计量,其计量数据作为应税污染物排放数量的依据。

海洋工程纳税人对生活垃圾排放量应当建立台账管理,留存备查。

(3)从事海洋石油勘探开发生产的纳税人,应当按规定对生产污水和机舱污水的含油量进行检测,并使用化学需氧量(CODcr)自动检测仪对生活污水的化学需氧量(CODcr)进行检测。其检测值作为计算应税污染物排放量的依据。

(4)纳税人应当留取钻井泥浆和钻屑的排放样品,按规定定期进行污染物含量检测,其检测值作为计算应税污染物排放量的依据。

《海洋工程环境保护税申报征收办法》(国家税务总局公告 2017 年第 50 号)

9.4.6　应纳税额计算

9.4.6.1　应纳税额计算方法

环境保护税应纳税额按照下列方法计算:

(1)应税大气污染物的应纳税额为污染当量数乘以具体适用税额。

(2)应税水污染物的应纳税额为污染当量数乘以具体适用税额。

(3)应税固体废物的应纳税额为固体废物排放量乘以具体适用税额。

(4)应税噪声的应纳税额为超过国家规定标准的分贝数对应的具体适用税额。

《中华人民共和国环境保护税法》第十一条

案例 9-1　某化工厂仅有 1 个污水排放口且直接向河流排放污水,已安装使用符合国家规定和监测规范的污染物自动监测设备。检测数据显示,该排放口 2022 年 6 月共排放污水 30 万吨(折合 30 万立方米),应税污染物为总铬,浓度为 0.5 毫克/升。计算该化工厂 6 月应缴纳的环境保护税(该厂所在省的水污染物税率为 3.0 元/污染当量,总铬的污染当量值为 0.04 千克)。

解析　计算过程如下:

(1)计算污染当量数:

总铬污染当量数=排放总量×浓度值÷当量值

$$=300\,000\,000×0.5÷1\,000\,000÷0.04=3\,750$$

(2)应纳税额=$3\,750×3=11\,250$(元)

9.4.6.2　应税噪声应纳税额计算

应税噪声的应纳税额为超过国家规定标准分贝数对应的具体适用税额。噪声超标分贝数不是整数值的,按四舍五入取整。一个单位的同一监测点当月有多个监测数据超标的,以最高一次超标声级计算应纳税额。声源一个月内累计昼间超标不足 15 昼或者累计夜间超标不足 15 夜的,分别减半计算应纳税额。

《财政部　税务总局　生态环境部关于环境保护税有关问题的通知》(财税〔2018〕23 号)

9.4.6.3　海洋工程应纳税额计算

海洋工程环境保护税应纳税额按照下列方法计算：

（1）应税大气污染物的应纳税额为污染当量数乘以具体适用税额。

（2）应税水污染物的应纳税额为污染当量数乘以具体适用税额。

（3）应税固体废物的应纳税额为固体废物排放量乘以具体适用税额。

《海洋工程环境保护税申报征收办法》（国家税务总局公告 2017 年第 50 号）

9.5　税收优惠

9.5.1　法定免税

9.5.1.1　农业生产

农业生产（不包括规模化养殖）排放应税污染物的，暂予免征环境保护税。

《中华人民共和国环境保护税法》第十二条

9.5.1.2　机动车等流动污染源

机动车、铁路机车、非道路移动机械、船舶和航空器等流动污染源排放应税污染物的，暂予免征环境保护税。

《中华人民共和国环境保护税法》第十二条

9.5.1.3　城乡污水生活垃圾集中处理

依法设立的城乡污水集中处理、生活垃圾集中处理场所排放相应应税污染物，不超过国家和地方规定的排放标准的，暂予免征环境保护税。

《中华人民共和国环境保护税法》第十二条

城乡污水集中处理场所，是指为社会公众提供生活污水处理服务的场所，不包括为工业园区、开发区等工业聚集区域内的企业事业单位和其他生产经营者提供污水处理服务的场所，以及企事业单位和其他生产经营者自建自用的污水处理场所。

《中华人民共和国环境保护税法实施条例》第三条

依法设立的生活垃圾焚烧发电厂、生活垃圾填埋场、生活垃圾堆肥厂，属于生活垃圾集中处理场所,其排放应税污染物不超过国家和地方规定的排放标准的,依法予以免征环境保护税。

《财政部 税务总局 生态环境部关于明确环境保护税应税污染物适用等有关问题的通知》(财税〔2018〕117 号)

依法设立的城乡污水集中处理、生活垃圾集中处理场所超过国家和地方规定的排放标准向环境排放应税污染物的,应当缴纳环境保护税。

《中华人民共和国环境保护税法》第五条

9.5.1.4　综合利用固体废物

纳税人综合利用的固体废物,符合国家和地方环境保护标准的,暂予免征环境保护税。

《中华人民共和国环境保护税法》第十二条

9.5.1.5　国务院批准的其他情形

国务院批准免税的其他情形,暂予免征环境保护税。由国务院报全国人民代表大会常务委员会备案。

《中华人民共和国环境保护税法》第十二条

9.5.2　法定减征税款

纳税人排放应税大气污染物或者水污染物的浓度值低于国家和地方规定的污染物排放标准百分之三十的,减按百分之七十五征收环境保护税。纳税人排放应税大气污染物或者水污染物的浓度值低于国家和地方规定的污染物排放标准百分之五十的,减按百分之五十征收环境保护税。

《中华人民共和国环境保护税法》第十三条

9.5.2.1　应税大气污染物或者水污染物的浓度值

应税大气污染物或者水污染物的浓度值,是指纳税人安装使用的污染物自动监测设备当月自动监测的应税大气污染物浓度值的小时平均值再平均所得数值或者应税水污染物浓度值的日平均值再平均所得数值,或者监测机构当月监测的应税大气污染物、水污染物浓度值的平均值。

依照《环境保护税法》第十三条的规定减征环境保护税的,应税大气污染物浓度值的小时平均值或者应税水污染物浓度值的日平均值,以及监测机构当月每次监测的应税大气污染物、水污染物的浓度值,均不得超过国家和地方规定的污染物排放标准。

《中华人民共和国环境保护税法实施条例》第十条

纳税人任何一个排放口排放应税大气污染物、水污染物的浓度值,以及没有排放口排放应税大气污染物的浓度值,超过国家和地方规定的污染物排放标准的,依法不予减征环境保护税。

《财政部　税务总局　生态环境部关于明确环境保护税应税污染物适用等有关问题的通知》(财税〔2018〕117号)

9.5.2.2　不同排放口处理

依照《环境保护税法》第十三条的规定减征环境保护税的,应当对每一排放口排放的不同应税污染物分别计算。

《中华人民共和国环境保护税法实施条例》第十一条

9.5.2.3　按月申报监测数据

纳税人采用监测机构出具的监测数据申报减免环境保护税的,应当取得申报当月的监测数据;当月无监测数据的,不予减免环境保护税。

《财政部　税务总局　生态环境部关于明确环境保护税应税污染物适用等有关问题的通知》(财税〔2018〕117号)

9.6　征收管理

9.6.1　征管职责

9.6.1.1　税务机关职责

环境保护税由税务机关依照《税收征收管理法》和《环境保护税法》的有关规定征收管理。

《中华人民共和国环境保护税法》第十四条

税务机关依法履行环境保护税纳税申报受理、涉税信息比对、组织税款入库等职责。

《中华人民共和国环境保护税法实施条例》第十二条

海洋工程环境保护税由纳税人所属海洋石油税务(收)管理分局负责征收。纳税人同属两个海洋石油税务(收)管理分局管理的,由国家税务总局确定征收机关。

《海洋工程环境保护税申报征收办法》(国家税务总局公告 2017 年第 50 号)

9.6.1.2 生态环境主管部门职责

生态环境主管部门依照《环境保护税法》和有关环境保护法律法规的规定负责对污染物的监测管理。

《中华人民共和国环境保护税法》第十四条

生态环境主管部门依法负责应税污染物监测管理,制定和完善污染物监测规范。

《中华人民共和国环境保护税法实施条例》第十二条

9.6.1.3 地方政府职责

县级以上地方人民政府应当建立税务机关、生态环境主管部门和其他相关单位分工协作工作机制,加强环境保护税征收管理,保障税款及时足额入库。

各级人民政府应当鼓励纳税人加大环境保护建设投入,对纳税人用于污染物自动监测设备的投资予以资金和政策支持。

《中华人民共和国环境保护税法》第十四条、第二十四条

县级以上地方人民政府应当加强对环境保护税征收管理工作的领导,及时协调、解决环境保护税征收管理工作中的重大问题。

《中华人民共和国环境保护税法实施条例》第十三条

9.6.2 征管配合机制

生态环境主管部门和税务机关应当建立涉税信息共享平台和工作配合机制。

《中华人民共和国环境保护税法》第十五条

税务机关、生态环境主管部门应当无偿为纳税人提供与缴纳环境保护税有关的辅导、培训和咨询服务。

税务机关依法实施环境保护税的税务检查,生态环境主管部门予以配合。

《中华人民共和国环境保护税法实施条例》第二十三条、第二十四条

9.6.2.1 涉税信息共享平台

国务院税务、生态环境主管部门制定涉税信息共享平台技术标准以及数据采集、存储、传输、查询和使用规范。

《中华人民共和国环境保护税法实施条例》第十四条

关于环境保护税征管协作配合问题

各级税务、生态环境主管部门要加快建设和完善涉税信息共享平台，进一步规范涉税信息交换的数据项、交换频率和数据格式，并提高涉税信息交换的及时性、准确性，保障环境保护税征管工作运转顺畅。

《财政部 税务总局 生态环境部关于明确环境保护税应税污染物适用等有关问题的通知》（财税〔2018〕117号）

9.6.2.2 生态环境主管部门交互信息

生态环境主管部门应当将排污单位的排污许可、污染物排放数据、环境违法和受行政处罚情况等环境保护相关信息，定期交送税务机关。

《中华人民共和国环境保护税法》第十五条

生态环境主管部门应当通过涉税信息共享平台向税务机关交送在环境保护监督管理中获取的下列信息：

（1）排污单位的名称、统一社会信用代码以及污染物排放口、排放污染物种类等基本信息。

（2）排污单位的污染物排放数据（包括污染物排放量以及大气污染物、水污染物的浓度值等数据）。

（3）排污单位环境违法和受行政处罚情况。

（4）对税务机关提请复核的纳税人的纳税申报数据资料异常或者纳税人未按照规定期限办理纳税申报的复核意见。

（5）与税务机关商定交送的其他信息。

生态环境主管部门发现纳税人申报的应税污染物排放信息或者适用的排污系数、物料衡算方法有误的，应当通知税务机关处理。

《中华人民共和国环境保护税法实施条例》第十五条、第二十条

9.6.2.3 税务机关交互信息

税务机关应当将纳税人的纳税申报、税款入库、减免税额、欠缴税款以及风险疑点等环境保护税涉税信息，定期交送生态环境主管部门。

《中华人民共和国环境保护税法》第十五条

税务机关应当通过涉税信息共享平台向生态环境主管部门交送下列环境保护税涉税信息：

（1）纳税人基本信息。

（2）纳税申报信息。

（3）税款入库、减免税额、欠缴税款以及风险疑点等信息。

（4）纳税人涉税违法和受行政处罚情况。

（5）纳税人的纳税申报数据资料异常或者纳税人未按照规定期限办理纳税申报的信息。

（6）与生态环境主管部门商定交送的其他信息。

税务机关应当依据生态环境主管部门交送的排污单位信息进行纳税人识别。

在生态环境主管部门交送的排污单位信息中没有对应信息的纳税人，由税务机关在纳税人首次办理环境保护税纳税申报时进行纳税人识别，并将相关信息交送生态环境主管部门。

《中华人民共和国环境保护税法实施条例》第十六条、第十九条

9.6.2.4　海洋工程涉税信息共享和协作机制

海洋行政主管部门和税务机关应当建立涉税信息共享和协作机制。

海洋行政主管部门应当将纳税人的基本信息、污染物排放数据、污染物样品检测校验结果、处理处罚等海洋工程环境保护涉税信息，定期交送税务机关。

税务机关应当将纳税人的纳税申报数据、异常申报情况等环境保护税涉税信息，定期交送海洋行政主管部门。

《海洋工程环境保护税申报征收办法》（国家税务总局公告2017年第50号）

9.6.3　纳税义务发生时间

纳税义务发生时间为纳税人排放应税污染物的当日。

《中华人民共和国环境保护税法》第十六条

9.6.4　纳税地点

纳税人应当向应税污染物排放地的税务机关申报缴纳环境保护税。

《中华人民共和国环境保护税法》第十七条

9.6.4.1　应税污染物排放地

应税污染物排放地是指：

（1）应税大气污染物、水污染物排放口所在地。

（2）应税固体废物产生地。

（3）应税噪声产生地。

《中华人民共和国环境保护税法实施条例》第十七条

9.6.4.2　纳税地点争议处理

纳税人跨区域排放应税污染物，税务机关对税收征收管辖有争议的，由争议各方按照有利于征收管理的原则协商解决；不能协商一致的，报请共同的上级税务机关决定。

《中华人民共和国环境保护税法实施条例》第十八条

9.6.4.3　海洋工程运回陆域应税污染物处理

海洋工程纳税人运回陆域处理的海洋工程应税污染物，应当按照《环境保护税法》及其相关规定，向污染物排放地税务机关申报缴纳环境保护税。

《海洋工程环境保护税申报征收办法》（国家税务总局公告 2017 年第 50 号）

9.6.5　纳税申报

9.6.5.1　申报期限

环境保护税按月计算，按季申报缴纳。不能按固定期限计算缴纳的，可以按次申报缴纳。

纳税人按季申报缴纳的，应当自季度终了之日起 15 日内，向税务机关办理纳税申报并缴纳税款。纳税人按次申报缴纳的，应当自纳税义务发生之日起 15 日内，向税务机关办理纳税申报并缴纳税款。

《中华人民共和国环境保护税法》第十八条、第十九条

海洋工程环境保护税实行按月计算，按季申报缴纳。纳税人应当自季度终了之日起 15 日内，向税务机关办理纳税申报并缴纳税款。

不能按固定期限计算缴纳的，可以按次申报缴纳。纳税人应当自纳税义务发生之日起 15 日内，向税务机关办理纳税申报并缴纳税款。

《海洋工程环境保护税申报征收办法》（国家税务总局公告 2017 年第 50 号）

9.6.5.2 申报资料

纳税人申报缴纳时,应当向税务机关报送所排放应税污染物的种类、数量、大气污染物、水污染物的浓度值,以及税务机关根据实际需要要求纳税人报送的其他纳税资料。

纳税人应当依法如实办理纳税申报,对申报的真实性和完整性承担责任。

《中华人民共和国环境保护税法》第十八条、第十九条

纳税人申报的污染物排放数据与生态环境主管部门交送的相关数据不一致的,按照生态环境主管部门交送的数据确定应税污染物的计税依据。

纳税人应当按照税收征收管理的有关规定,妥善保管应税污染物监测和管理的有关资料。

《中华人民共和国环境保护税法实施条例》第二十一条、第二十五条

关于应税固体废物纳税申报问题如下:

纳税人申报纳税时,应当向税务机关报送应税固体废物的产生量、贮存量、处置量和综合利用量,同时报送能够证明固体废物流向和数量的纳税资料,包括固体废物处置利用委托合同、受委托方资质证明、固体废物转移联单、危险废物管理台账复印件等。有关纳税资料已在环境保护税基础信息采集表中采集且未发生变化的,纳税人不再报送。纳税人应当参照危险废物台账管理要求,建立其他应税固体废物管理台账,如实记录产生固体废物的种类、数量、流向以及贮存、处置、综合利用、接收转入等信息,并将应税固体废物管理台账和相关资料留存备查。

《财政部 税务总局 生态环境部关于环境保护税有关问题的通知》(财税〔2018〕23 号)

海洋工程纳税人应根据排污许可有关规定,向税务机关如实填报纳税人及排放应税污染物的基本信息。纳税人基本信息发生变更的,应及时到税务机关办理变更手续。

海洋工程纳税人应当按照税收征收管理有关规定,妥善保存应税污染物的监测资料以及税务机关要求留存备查的其他涉税资料。

《海洋工程环境保护税申报征收办法》(国家税务总局公告 2017 年第 50 号)

纳税人申报缴纳城镇土地使用税、房产税、车船税、印花税、耕地占用税、资源税、土地增值税、契税、环境保护税、烟叶税中一个或多个税种时,使用《财产和行为税纳税申报表》(详见"1.8.2 纳税申报")。纳税人新增税源或税源变化

时,需先填报《财产和行为税税源明细表》(表 9-7)。

表 9-7 财产和行为税税源明细表

环境保护税税源明细表

纳税人识别号(统一社会信用代码): □□□□□□□□□□□□□□□□□□

纳税人名称: 金额单位:人民币元(列至角分)

1. 按次申报□	2. 从事海洋工程□		
3. 城乡污水集中处理场所□	4. 生活垃圾集中处理场所□		
＊5. 污染物类别	大气污染物□ 水污染物□ 固体废物□ 噪声□		
6. 排污许可证编号			
＊7. 生产经营所在区划			
＊8. 生态环境主管部门			
税源基础采集信息			
	新增□ 变更□ 删除□		
＊税源编号	(1)		
排放口编号	(2)		
＊排放口名称或噪声源名称	(3)		
＊生产经营所在街乡	(4)		
排放口地理坐标	＊经度	(5)	
	＊纬度	(6)	
＊有效期起止	(7)		
＊污染物类别	(8)		
水污染物种类	(9)		
＊污染物名称	(10)		
危险废物污染物子类	(11)		
＊污染物排放量计算方法	(12)		
大气、水污染物标准排放限值	＊执行标准	(13)	
	＊标准浓度值(毫克/升或毫克/标立方米)	(14)	
产(排)污系数	＊计税基数单位	(15)	
	＊污染物单位	(16)	
	＊产污系数	(17)	
	＊排污系数	(18)	

（续表）

固体废物信息	贮存情况	(19)			
	处置情况	(20)			
	综合利用情况	(21)			
噪声信息	＊是否昼夜产生	(22)			
	＊标准值——昼间（6时至22时）	(23)			
	＊标准值——夜间（22时至次日6时）	(24)			
申报计算及减免信息					
＊税源编号		(1)			
＊税款所属月份		(2)			
＊排放口名称或噪声源名称		(3)			
＊污染物类别		(4)			
＊水污染物种类		(5)			
＊污染物名称		(6)			
危险废物污染物子类		(7)			
＊污染物排放量计算方法		(8)			
大气、水污染物监测计算	＊废气（废水）排放量(万标立方米、吨)	(9)			
	＊实测浓度值(毫克/标立方米、毫克/升)	(10)			
	＊月均浓度(毫克/标立方米、毫克/升)	(11)			
	＊最高浓度(毫克/标立方米、毫克/升)	(12)			
产（排）污系数计算	＊计算基数	(13)			
	＊产污系数	(14)			
	＊排污系数	(15)			
固体废物计算	＊本月固体废物的产生量(吨)	(16)			
	＊本月固体废物的贮存量(吨)	(17)			
	＊本月固体废物的处置量(吨)	(18)			
	＊本月固体废物的综合利用量(吨)	(19)			

(续表)

噪声计算	*噪声时段	(20)			
	*监测分贝数	(21)			
	*超标不足15天	(22)			
	*两处以上噪声超标	(23)			
抽样测算计算	特征指标	(24)			
	特征单位	(25)			
	特征指标数量	(26)			
	特征系数	(27)			
污染物排放量(千克或吨)	大气、水污染物监测计算: (28)=(9)×(10)÷100(1 000) 大气、水污染物产(排)污系数计算: (28)=(13)×(14)×M (28)=(13)×(15)×M pH值、大肠菌群数、余氯量等水污染物计算: (28)=(9) 色度污染物计算: (28)=(9)×色度超标倍数固体废物排放量(含综合利用量): (28)=(16)-(17)-(18)				
*污染当量值(特征值)(千克或吨)	(29)				
*污染当量数	大气、水污染物污染当量数计算:(30)=(28)÷(29)				
减免性质代码和项目名称	(31)				
*单位税额	(32)				
*本期应纳税额	大气、水污染应纳税额计算: (33)=(30)×(32) 固体废物应纳税额计算: (33)=(28)×(32) 噪声应纳税额计算: (33)=0.5或1[(22)为是的用0.5;为否的用1]×2或1[(23)为是的用2;为否的用1]×(32) 按照税法所附表二中畜禽养殖业等水污染物当量值表计算: (33)=(26)÷(29)×(32) 采用特征系数计算: (33)=(26)×(27)÷(29)×(32) 采用特征值计算: (33)=(26)×(29)×(32)				

(续表)

本期减免税额	大气、水污染物减免税额计算 (34)＝(30)×(32)×N 固体废 物减免税额计算： (34)＝(19)×(32)			
本期已缴税额	(35)			
＊本期应补(退)税额	(36)＝(33)－(34)－(35)			

填表说明：

1. 表内带＊的为必填项。本表包括两部分，分别为税源基础信息和申报计算及减免信息。

2. "按次申报"：勾选后无须填写税源基础信息，直接进行申报计算。

3. "污染物类别"：包括大气污染物、水污染物、固体废物、噪声，可多选。

4. "排污许可证编号"：已纳入国务院生态环境主管部门发布的《固定污染源排污许可分类管理名录》且取得排污许可证的纳税人必填。具有多张排污许可证的纳税人应全部填写。

5. "生产经营所在区划"：填写纳税人实际生产经营所在行政区，应具体到县(旗、区)。

一、税源基础信息

1. "新增"：首次填报本表或新增排放口(噪声源)、固体废物的纳税人须勾选"新增"。新增排放口(噪声源)和固体废物的，应填写新增排放口(噪声源)和固体废物及其对应的全部应税污染物信息。

"变更"：变更已填报排放口(噪声源)、固体废物信息的纳税人，须勾选"变更"。变更排放口(噪声源)和固体废物的，应填写变更排放口(噪声源)和固体废物及其对应的全部应税污染物信息。

"删除"：因排放口拆除、噪声源灭失、无固体废物产生等情形，导致排放口、噪声源、固体废物不存在的，应删除排放口(噪声源)和固体废物的相关信息。

2. 第1栏"税源编号"：该项由税务机关通过征管系统根据纳税人的排放口信息或者贮存、处置或综合利用固体废物情况赋予编号。纳税人首次申报或新增排放口(噪声源)、固体废物来源的无须填写。当纳税人发生税源变更情形时须填写该项。

3. 第2栏"排放口编号"：取得排污许可证的须按排污许可证载明的大气、水污染物排放口编号填写。

4. 第3栏"排放口名称或噪声源名称"：纳税人可结合排放口位置、噪声源位置或施工项目名称等自行命名每一个排放口名称或噪声源等的名称。

5. 第4栏"生产经营所在街乡"：填写纳税人实际生产经营所在街道乡镇。

6. 第5栏"经度"：取得排污许可证的纳税人，须按照排污许可证载明的经度填写。

7. 第6栏"纬度"：取得排污许可证的纳税人，须按照排污许可证载明的纬度填写。

8. 第7栏"有效期起止"：取得排污许可证的纳税人，填写排污许可证载明的有效期起止日期，未取得排污许可证的纳税人，填写污染物排放口启用时间、噪声源所在厂区的投入生产日期或施工项目实际起止日期等。

9. 第8栏"污染物类别"：填写大气污染物、水污染物、固体废物、噪声。

10. 第9栏"水污染物种类"：填写"第一类水污染物"或"其他类水污染物"；"其他类水污染物"包括第二类水污染物、pH值、色度、大肠菌群数、余氯量。

11. 第10栏"污染物名称"：大气污染物和水污染物根据《中华人民共和国环境保护税法》附表二的污染物名称填写。从事海洋工程的纳税人排放应税大气污染物的，填写大气污染物具体名称，如"二氧化硫—海洋工程（气）""氮氧化物—海洋工程（气）""一氧化碳—海洋工程（气）"等；从事海洋工程的纳税人排放应税水污染物的，填写水污染物具体名称："石油类—海洋工程（生产污水和机舱污水）""石油类—海洋工程（钻井泥浆和钻屑）""总汞—海洋工程（钻井泥浆和钻屑）""总镉—海洋工程（钻井泥浆和钻屑）""化学需氧量（CODcr）—海洋工程（生活污水）"。固体废物和噪声根据《中华人民共和国环境保护税法》附表一填写，其中污染物名称为"固体废物（其他固体废物）"的，按照其他应税固体废物具体名称填写。产排污系数的污染物名称按照国务院生态环境主管部门发布的纳税人适用的产排污系数表中对应的"污染物指标"填写。采用《环境保护税法》第十条第四项方法计算应税污染物排放量的，按照省、自治区、直辖市人民政府生态环境主管部门规定的抽样测算污染物名称填写。适用《环境保护税法》所附《禽畜养殖业、小型企业和第三产业水污染物污染当量值》表的，按照表中"类型"填写，如"禽畜养殖场（牛）""禽畜养殖场（猪）""小型企业"等。

12. 第11栏"危险废物污染物子类"：按照国务院生态环境主管部门发布的国家危险废物名录填写。

13. 第12栏"污染物排放量计算方法"：填写"自动监测""监测机构监测""排污系数""物料衡算""抽样测算"。

14. 第13栏"执行标准"：按照孰严原则选择填写国家或地方污染物排放标准名称及编号。海洋工程纳税人排放应税大气或水污染物，无对应国家和地方标准的，本栏可不填写。

15. 第14栏"标准浓度值"：填写执行标准对应的浓度值。海洋工程纳税人排放应税大气或水污染物,无对应国家和地方标准的,本栏可不填写。

16. 第15栏"计税基数单位":按照国务院生态环境主管部门发布的纳税人适用的产排污系数表中"单位"栏的分母项填写,即填写前述适用产排污系数表中的产品产量或原材料耗用量单位。

17. 第16栏"污染物单位":按照国务院生态环境主管部门发布的纳税人适用的产排污系数表中"单位"栏的分子项填写,包括"吨""千克""克""毫克"。

18. 第17栏"产污系数":使用产污系数法计算污染物排放量的,填写国务院生态环境主管部门发布的纳税人适用的产污系数。

19. 第18栏"排污系数":使用排污系数法计算污染物排放量的,填写国务院生态环境主管部门发布的纳税人适用的排污系数。

20. 第19栏"贮存情况":填写贮存场所(设施)名称。

21. 第20栏"处置情况":填写处置单位。

22. 第21栏"综合利用情况":填写综合利用方式。综合利用方式填写"金属材料回收""非金属材料回收""能量回收"或"其他方式"。

23. 第22栏"是否昼夜产生":填写"是"或"否"。

24. 第23栏"标准值——昼间(6时至22时)":按照所属声功能区的执行标准中对应的"标准限值"填写。其中功能区类型可以分为0类、1类、2类、3类、4a类或4b类。0类声环境功能区指康复疗养区等特别需要安静的区域;1类声环境功能区指以居民住宅、医疗卫生、文化教育、科研设计、行政办公为主要功能,需要保持安静的区域;2类声环境功能区指以商业金融、集市贸易为主要功能,或者居住、商业、工业混杂,需要维护住宅安静的区域;3类声环境功能区指以工业生产、仓储物流为主要功能,需要防止工业噪声对周围环境产生严重影响的区域;4类声环境功能区指交通干线两侧一定距离之内,需要防止交通噪声对周围环境产生严重影响的区域,包括4a类和4b类,4a类为高速公路、一级公路、二级公路、城市快速路、城市主干路、城市次干路、城市轨道交通(地面段)、内河航道两侧区域,4b类为铁路干线两侧区域。

25. 第24栏"标准值——夜间(22时至次日6时)":按照所属声功能区的执行标准中对应的"标准限值"填写。其中功能区类型可以参照第23栏"标准值——昼间(6时至22时)"中的分类。

二、申报计算及减免信息

1. 第1栏"税源编号":税源基础信息采集后,填写征管系统赋予的税源编号。

2. 第2栏"税款所属月份":按税款所属期分月填写,如"1月""2月""3月"。

3. 第3栏"排放口名称或噪声源名称":填写税源基础信息采集的排放口名称或噪声源名称。

4. 第 4 栏"污染物类别"：填写税源基础信息采集的污染物类别。

5. 第 5 栏"水污染物种类"：填写税源基础信息采集的水污染物种类。

6. 第 6 栏"污染物名称"：大气污染物和水污染物根据《环境保护税法》附表二的污染物名称填写。固体废物根据《环境保护税法》附表一填写，其中污染物名称为"固体废物（其他固体废物）"的，按照其他应税固体废物具体名称填写。噪声填写"工业噪声超标 1～3 分贝""工业噪声超标 4～6 分贝""工业噪声超标 7～9 分贝""工业噪声超标 10～12 分贝""工业噪声超标 13～15 分贝""工业噪声超标 16 分贝以上"。从事海洋工程的纳税人排放应税大气污染物的，填写大气污染物具体名称，如"二氧化硫—海洋工程（气）""氮氧化物—海洋工程（气）""一氧化碳—海洋工程（气）"等；从事海洋工程的纳税人排放应税水污染物的，填写海洋工程相应水污染物名称："石油类—海洋工程（生产污水和机舱污水）""石油类—海洋工程（钻井泥浆和钻屑）""总汞—海洋工程（钻井泥浆和钻屑）""总镉—海洋工程（钻井泥浆和钻屑）""化学需氧量（CODcr）—海洋工程（生活污水）"；从事海洋工程的纳税人排放生活垃圾的，填写"生活垃圾—海洋工程"。水污染物是"pH 值"时，根据实测 pH 值对应填写"pH 值（0—1,13—14）""pH 值（1—2,12—13）""pH 值（2—3,11—12）""pH 值（3—4,10—11）""pH 值（4—5,9—10）""pH 值（5—6）"；适用《环境保护税法》所附《禽畜养殖业、小型企业和第三产业水污染物污染当量值》表的，按照表中"类型"填写，如"禽畜养殖场（牛）""禽畜养殖场（猪）""小型企业"等。采用《环境保护税法》第十条第四项方法计算应税污染物排放量的，按照省、自治区、直辖市人民政府生态环境主管部门规定的抽样测算污染物名称填写。

7. 第 7 栏"危险废物污染物子类"：填写税源基础信息采集的危险废物污染物子类。

8. 第 8 栏"污染物排放量计算方法"：填写税源基础信息采集的污染物排放量计算方法。

9. 第 9 栏"废气（废水）排放量"：污染物排放量计算方法为"自动监测"或"监测机构监测"的填写该项。

10. 第 10 栏"实测浓度值"：采用自动监测的，按自动监测仪器当月读数填写；当自动监测设备发生故障、设备维护、启停炉、停运等状态时，应当按照相关法律法规等规定，填写标记、处理后的自动监测数据。采用监测机构监测（含符合规定的自行监测）的，按监测机构出具的报告填写。

11. 第 11 栏"月均浓度"：按照《环境保护税法实施条例》第十条规定填写。有折算浓度值的，填写折算浓度值；没有折算浓度值的，填写实测浓度值。

12. 第 12 栏"最高浓度"：采用自动监测的，按照应税大气污染物浓度值的最高小时平均值,或者应税水污染物浓度值的最高日平均值填写;采用监测机构监测(含符合规定的自行监测)的,按照当月监测的应税大气污染物、水污染物的最高浓度值填写。有折算浓度值的,填写折算浓度值;没有折算浓度值的,填写实测浓度值。

13. 第13栏"计算基数":填写产品产量值或原材料耗用值。

14. 第14栏"产污系数":填写税源基础信息采集的产污系数。

15. 第15栏"排污系数":填写税源基础信息采集的排污系数。

16. 第16栏"本月固体废物的产生量":填写当月产生的应税固体废物数量。

17. 第17栏"本月固体废物的贮存量":填写当月在符合国家和地方环境保护标准的设施、场所贮存的固体废物数量。

18. 第18栏"本月固体废物的处置量":填写当月在符合国家和地方环境保护标准的设施、场所处置的固体废物数量。

19. 第19栏"本月固体废物的综合利用量":填写当月享受固体废物综合利用税收优惠的固体废物数量。

20. 第20栏"噪声时段":填写"昼间"或"夜间",同一噪声源昼、夜均超标的,应分别填写。

21. 第21栏"监测分贝数":填写实际监测的最高分贝数,不足一分贝的按"四舍五入"原则填写。

22. 第22栏"超标不足15天":超标天数区分昼、夜,分别计算。噪声源超标不足15昼(夜)的,填写"是";达到或超过15昼(夜)的,填写"否"。

23. 第23栏"两处以上噪声超标":沿边界长度超过100米有两处以上噪声超标的填写"是";其他情况填写"否"。

24. 第24栏"特征指标":按照《环境保护税法》所附《禽畜养殖业、小型企业和第三产业水污染物污染当量值》表和省、自治区、直辖市人民政府生态环境主管部门公布的抽样测算方法填写,如"牛""猪""鸡""床"等。

25. 第25栏"特征单位":填写"特征指标"的具体单位,如"头""羽""张""吨"等。

26. 第26栏"特征指标数量":填写"特征指标"的数量,若"特征指标"是"牛"的,填写具体头数,如"500"。

27. 第27栏"特征系数":填写参与污染当量数计算的系数项。

28. 第28栏"污染物排放量":采用自动监测方法计算污染物排放量的,按照自动监测仪器当月读数填写,此时,该栏可不等于第9栏×第10栏。采用监测机构监测方法计算污染物排放量的,污染物排放量＝废气(废水)排放量×实测浓度值÷100(1 000)(注:将污染物排放量换算成千克)。采用排污系数方法计算污染物排放量的,污染物排放量＝计算基数×排污系数(或产污系数)×换算值M(注:将污染物排放量换算成千克）。"污染物单位"为吨时，M 为 1 000；"污染物单位"为千克时，M 为 1；"污染物单位"为克时，M 为 0.001；"污染物单位"为毫克时，M 为 0.00 0001。采用物料衡算方法计算污染物排放量的，按纳税人适用的物料衡算方法计算填写污染物排放量（注：将污染物排放量换算成千克）。当污染物是"pH 值""大肠菌群数（超标）""余氯量（用氯消毒的医院废水）"时，污染物排放量＝废水排放量（污染物排放量换算成吨）。当污染物是"色度"时，污染物排放量＝废水排放量（污染物排放量换算成吨）×色度超标倍数。本月应税固体废物的排放量（含综合利用量）＝本月固体废物的产生量—本月固体废物的贮存量—本月固体废物的处置量。

29．第 29 栏"污染当量值（特征值）"：根据《环境保护税法》附表二中污染当量值和省、自治区、直辖市人民政府生态环境主管部门公布的特征值填写。

30．第 31 栏"减免性质代码和项目名称"：按照税务机关最新制发的减免税政策代码表中最细项减免性质代码填写。

31．第 32 栏"单位税额"：根据《环境保护税法》附表一和各省、自治区、直辖市公布的应税大气污染物、水污染物具体适用税额填写。

32．第 34 栏"本期减免税额"：享受大气污染物、水污染物减免税优惠的，本期减免税额＝"污染当量数"×"单位税额"×N（N 为减免幅度，包括 25％、50％、100％）；享受固体废物综合利用税收优惠的，本期减免税额＝"本月固体废物的综合利用量"×"单位税额"。

9.6.5.3　申报比对和申报复核

税务机关应当将纳税人的纳税申报数据资料与生态环境主管部门交送的相关数据资料进行比对。

税务机关发现纳税人的纳税申报数据资料异常或者纳税人未按照规定期限办理纳税申报的，可以提请生态环境主管部门进行复核，生态环境主管部门应当自收到税务机关的数据资料之日起 15 日内向税务机关出具复核意见。税务机关应当按照生态环境主管部门复核的数据资料调整纳税人的应纳税额。

《中华人民共和国环境保护税法》第二十条

纳税人的纳税申报数据资料异常，包括但不限于下列情形：

（1）纳税人当期申报的应税污染物排放量与上一年同期相比明显偏低，且无正当理由。

（2）纳税人单位产品污染物排放量与同类型纳税人相比明显偏低，且无正当理由。

《中华人民共和国环境保护税法实施条例》第二十二条

9.6.6 法律责任

纳税人和税务机关、生态环境主管部门及其工作人员违反《环境保护税法》规定的,依照《税收征收管理法》《环境保护法》和有关法律法规的规定追究法律责任。

直接向环境排放应税污染物的企业事业单位和其他生产经营者,除依照《环境保护税法》规定缴纳环境保护税外,应当对所造成的损害依法承担责任。

《中华人民共和国环境保护税法》第二十三条、第二十六条

9.6.7 停止征收排污费

自 2018 年 1 月 1 日起,依照《环境保护法》规定征收环境保护税,不再征收排污费。

《中华人民共和国环境保护税法》第二十七条、第二十八条

自 2018 年 1 月 1 日起,在全国范围内统一停征排污费和海洋工程污水排污费。其中,排污费包括污水排污费、废气排污费、固体废物及危险废物排污费、噪声超标排污费和挥发性有机物排污收费;海洋工程污水排污费包括:生产污水与机舱污水排污费、钻井泥浆与钻屑排污费、生活污水排污费和生活垃圾排污费。

《财政部 国家发展和改革委员会 环境保护部 国家海洋局关于停征排污费等行政事业性收费有关事项的通知》(财税〔2018〕4 号)

练 习 自 测 题

【单项选择题】

1. 根据环境保护税现行政策,下列情形中不属于环境保护税征税范围的是(   )。

 A. 规模化养殖直接排放的应税污染物

 B. 航空器排放应税污染物

 C. 企业综合利用符合环境保护标准的固体废物

 D. 某房开企业建筑工地的施工噪声

【参考答案】　D

【答案解析】　下列情形暂免征收环境保护税:(1)农业生产(不包括规模化养殖)排放应税污染物的;(2)机动车、铁路机车、非道路移动机械、船舶和航空器等流动污染源排放应税污染物的;(3)依法设立的城乡污水集中处理、生活垃圾集中处理场所排放相应应税污染物,不超过国家和地方规定的排放标准的;(4)纳税人综合利用的固体废物,符合国家和地方环境保护标准。选项B、C属于免税项目,选项A属于征税范围。选项D,建筑噪音不是工业噪音,不属于环境保护税的征税对象。

2. 纳税人排放应税大气污染物或者水污染物的浓度值低于国家和地方污染物排放标准30%的和低于国家和地方污染物排放标准50%的,征收环境保护税时应分别减按的比例是(　　)。

A. 50%、75%　　　　　　　　B. 75%、50%

C. 30%、50%　　　　　　　　D. 50%、30%

【参考答案】　B

【答案解析】　根据《环境保护税法》的规定,纳税人排放应税大气污染物或者水污染物的浓度值低于国家和地方规定的污染物排放标准30%的,减按75%征收环境保护税。纳税人排放应税大气污染物或者水污染物的浓度值低于国家和地方规定的污染物排放标准50%的,减按50%征收环境保护税。

【多项选择题】

3. 下列关于环境保护税特点说法中正确的有(　　)。

A. 征税项目为四种重点污染物(源)

B. 纳税人主要是企事业单位和其他经营者

C. 直接排放应税污染物是必要条件

D. 税额为统一定额和浮动定额税结合

E. 税收收入全部归中央

【参考答案】　ABCD

【答案解析】　环境保护税税收收入全部归地方。纳税人应当向应税污染物排放地的税务机关申报缴纳环境保护税。

4. 下列关于环境保护税征管规定正确的有(　　)。

A. 环境保护税的纳税义务发生时间是季度终了之日起15日内

B. 纳税人应当向应税污染物排放地的税务机关申报缴纳环境保护税

C. 不能按固定期限计算缴纳的,可以按次申报缴纳环境保护税

D. 生态环境主管部门和税务机关应当建立涉税信息共享平台和工作配合机制

【参考答案】 BCD

【答案解析】 选项A,混淆纳税义务发生时间与申报缴纳税款时间。环境保护税的纳税义务发生时间为纳税人排放应税污染物的当日。

【判断题】

5. 税务机关发现纳税人的纳税申报数据资料异常或者纳税人未按照规定期限办理纳税申报的,应当提请生态环境主管部门进行复核,生态环境主管部门应当自收到税务机关的数据资料之日起 10 个工作日内向税务机关出具复核意见。 （ ）

【参考答案】 ×

【答案解析】 根据《环境保护税法》第二十条的规定,税务机关发现纳税人的纳税申报数据资料异常或者纳税人未按照规定期限办理纳税申报的,可以提请生态环境主管部门进行复核,生态环境主管部门应当自收到税务机关的数据资料之日起 15 日内向税务机关出具复核意见。

6. 海洋工程纳税人运回陆域处理的海洋工程应税污染物,应当向其所属海洋石油税务(收)管理分局申报缴纳环境保护税。 （ ）

【参考答案】 ×

【答案解析】 根据《海洋工程环境保护税申报征收办法》的规定,海洋工程纳税人运回陆域处理的海洋工程应税污染物,应当按照《环境保护税法》及其相关规定,向污染物排放地税务机关申报缴纳环境保护税。

第十章 烟 叶 税

烟叶税是对在我国境内依法收购烟叶的单位征收的一种税。

《中华人民共和国烟叶税法》（简称《烟叶税法》）于 2017 年 12 月 27 日由中华人民共和国第十二届全国人民代表大会常务委员会第三十一次会议通过，并以中华人民共和国主席令第八十四号颁布，自 2018 年 7 月 1 日起施行。2006 年 4 月 28 日，国务院公布的《中华人民共和国烟叶税暂行条例》同时废止。

10.1 纳税人

在中华人民共和国境内，依照《中华人民共和国烟草专卖法》的规定收购烟叶的单位为烟叶税的纳税人。纳税人应当依照本法规定缴纳烟叶税。

《中华人民共和国烟叶税法》第一条

解读 ▶ 收购烟叶的单位是指依照《中华人民共和国烟草专卖法》的规定有权收购烟叶的烟草公司或者受其委托收购烟叶的单位。

10.2 征税范围

烟叶，是指烤烟叶、晾晒烟叶。

《中华人民共和国烟叶税法》第二条

10.3 计税依据

烟叶税的计税依据为纳税人收购烟叶实际支付的价款总额。

《中华人民共和国烟叶税法》第三条

纳税人收购烟叶实际支付的价款总额包括纳税人支付给烟叶生产销售单位和个人的烟叶收购价款和价外补贴。其中,价外补贴统一按烟叶收购价款的10%计算。

《财政部 税务总局关于明确烟叶税计税依据的通知》(财税〔2018〕75号)

10.4 税率和应纳税额

烟叶税的税率为20%。

解读 烟叶税实行全国统一的税率,主要是考虑烟叶属于特殊的专卖品,其税率不宜存在地区间的差异,否则会形成各地之间的不公平竞争,不利于烟叶种植的统一规划和烟叶市场、烟叶收购价格的统一。

烟叶税的应纳税额按照纳税人收购烟叶实际支付的价款总额乘以税率计算。

《中华人民共和国烟叶税法》第四条、第五条

案例10-1 某卷烟厂为增值税一般纳税人,2022年6月收购烟叶5 000千克,实际支付全部价款450万元,已开具烟叶收购发票。计算2022年6月应缴纳的烟叶税。

解析 烟叶税的计税依据是收购烟叶实际支付的价款总额,包括纳税人支付给烟叶生产销售单位和个人的烟叶收购价款和价外补贴。本例中,实际支付的全部价款450万元,是包含收购价款和10%价外补贴的总额。

应纳税额＝实际支付的价款总额×税率＝450×20%＝90(万元)

10.5 征收管理

烟叶税由税务机关依照《烟叶税法》和《税收征收管理法》的有关规定征收管理。

《中华人民共和国烟叶税法》第六条

10.5.1 纳税地点

纳税人应当向烟叶收购地的主管税务机关申报缴纳烟叶税。

《中华人民共和国烟叶税法》第七条

10.5.2 纳税义务发生时间

烟叶税的纳税义务发生时间为纳税人收购烟叶的当日。

《中华人民共和国烟叶税法》第八条

解读▶ 收购烟叶的当日一般是指纳税人向烟叶销售者付讫收购烟叶款项或者开具收购烟叶凭据的当日。

10.5.3 纳税申报

烟叶税按月计征,纳税人应当于纳税义务发生月终了之日起15日内申报并缴纳税款。

《中华人民共和国烟叶税法》第九条

纳税人申报缴纳城镇土地使用税、房产税、车船税、印花税、耕地占用税、资源税、土地增值税、契税、环境保护税、烟叶税中一个或多个税种时,使用《财产和行为税纳税申报表》(详见"1.8.2 纳税申报")。纳税人新增税源或税源变化时,需先填报《财产和行为税税源明细表》(表 10-1)。

表 10-1 财产和行为税税源明细表
烟叶税税源明细表

税款所属期限:自　　年　月　日至　　年　月　日

纳税人识别号(统一社会信用代码):□□□□□□□□□□□□□□□□□□

纳税人名称:　　　　　　　　　　　　　　金额单位:人民币元(列至角分)

序号	烟叶收购价款总额	税率
1		
2		
3		
4		
5		
6		

填表说明：

1. 税款所属期限：纳税人申报烟叶税所属期的起止时间，应填写具体的年、月、日。

2. 烟叶收购价款总额：必填。填写纳税人收购烟叶实际支付的价款总额。

3. 税率：填写烟叶税适用税率。烟叶税的税率为20%。

《国家税务总局关于简并税费申报有关事项的公告》（国家税务总局公告2021年第9号）

练 习 自 测 题

【单项选择题】

1. 前门烟草公司2021年1月从烟农手中收购晾晒烟叶40万元，收购烤烟烟叶20万元，并开具烟叶收购发票。该公司当月应缴纳烟叶税金额是（　　）万元。

A. 4 　　　　　 B. 8 　　　　　 C. 12 　　　　　 D. 13.2

【参考答案】 D

【答案解析】 《烟叶税法》规定，烟叶税的计税依据为纳税人收购烟叶实际支付的价款总额。《财政部 税务总局关于明确烟叶税计税依据的通知》（财税〔2018〕75号）规定，纳税人收购烟叶实际支付的价款总额包括纳税人支付给烟叶生产销售单位和个人的烟叶收购价款和价外补贴。其中，价外补贴统一按烟叶收购价款的10%计算。应纳税额＝(40＋20)×(1＋10%)×20%＝13.2(万元)。

2. 2021年5月，九五烟草公司向烟农收购一批烟叶，收购价款为150万元（不含价外补贴），另外支付的价外补贴为烟叶收购价款的10%。该烟草公司当月应缴纳的烟叶税是（　　）万元。

A. 15 　　　　　 B. 30 　　　　　 C. 33 　　　　　 D. 45

【参考答案】 C

【答案解析】 应纳税额＝150×(1＋10%)×20%＝33(万元)。

【判断题】

3. 纳税人应当向烟叶收购地的主管税务机关申报缴纳烟叶税。　　（　　）

【参考答案】　√

【答案解析】　根据《烟叶税法》第七条的规定,纳税人应当向烟叶收购地的主管税务机关申报缴纳烟叶税。

4. 烟叶税的纳税义务发生时间为纳税人销售烟叶的当日。　　　　　　（　　）

【参考答案】　×

【答案解析】　根据《烟叶税法》第七条的规定,烟叶税的纳税义务发生时间为纳税人收购烟叶的当日。

第十一章 印 花 税

印花税是对在中国境内书立应税凭证进行证券交易的单位和个人征收的一种税。1988年8月,国务院发布《中华人民共和国印花税暂行条例》,新中国正式征收印花税。1992年,国家统一对上海证券交易所、深圳证券交易所的股票交易征收印花税。2018年,国务院同意对存托凭证的出让方征收印花税。

《中华人民共和国印花税法》(简称《印花税法》)于2021年6月10日第十三届全国人民代表大会常务委员会第二十九次会议通过,并以中华人民共和国主席令第十九号颁布,自2022年7月1日起施行。1988年6月8日国务院发布的《中华人民共和国印花税暂行条例》同时废止。

11.1 纳税义务人和扣缴义务人

11.1.1 纳税义务人

在中华人民共和国境内书立应税凭证、进行证券交易的单位和个人,为印花税的纳税人,应当依照《印花税法》规定缴纳印花税。

在中华人民共和国境外书立在境内使用的应税凭证的单位和个人,应当依照《印花税法》规定缴纳印花税。

《中华人民共和国印花税法》第一条

纳税人的具体情形:

(1)书立应税凭证的纳税人,为对应税凭证有直接权利义务关系的单位和个人。

(2)采用委托贷款方式书立的借款合同纳税人,为受托人和借款人,不包括委托人。

(3)按买卖合同或者产权转移书据税目缴纳印花税的拍卖成交确认书纳税

人,为拍卖标的的产权人和买受人,不包括拍卖人。

《财政部　税务总局关于印花税若干事项政策执行口径的公告》(财政部　税务总局公告 2022 年第 22 号)

单位和个人,是指国内各类企业、事业、机关、团体、部队以及中外合资企业、合作企业、外资企业、外国公司企业和其他经济组织及其在华机构等单位和个人。

《中华人民共和国印花税暂行条例施行细则》

11.1.1.1　代办保险业务

保险公司委托其他单位或者个人代办的保险业务,在与投保方签订保险合同时,应由代办单位或者个人负责代保险公司办理计税贴花手续。

《国家税务局关于对保险公司征收印花税有关问题的通知》(国税地字〔1988〕37 号)

11.1.1.2　货运业务

在货运业务中,凡直接办理承、托运运费结算凭证的双方,均为货运凭证印花税的纳税人。

代办承、托运业务的单位负有代理纳税的义务;代办方与委托方之间办理的运费清算单据,不缴纳印花税。

《国家税务总局关于货运凭证征收印花税几个具体问题的通知》(国税发〔1990〕173 号)

铁路货运业务中运费结算凭证载明的承、托运双方,均为货运凭证印花税的纳税人。

代办托运业务的代办方在向铁路运输企业交运货物并取得运费结算凭证时,应当代托运方缴纳印花税。代办方与托运方之间办理的运费结算清单,不缴纳印花税。

《国家税务总局　铁道部关于铁路货运凭证印花税若干问题的通知》(国税发〔2006〕101 号)

11.1.2　扣缴义务人

纳税人为境外单位或者个人,在境内有代理人的,以其境内代理人为扣缴义务人;在境内没有代理人的,由纳税人自行申报缴纳印花税,具体办法由国务院税务主管部门规定。

证券登记结算机构为证券交易印花税的扣缴义务人,应当向其机构所在地的主管税务机关申报解缴税款以及银行结算的利息。

《中华人民共和国印花税法》第十四条

非交易转让股票的证券交易印花税征管问题鉴于非交易转让股票的印花税征管范围划分不够明确,上海、深圳两地做法不一的情况,现明确法规:凡是在上海、深圳证券登记公司集中托管的股票,在办理法人协议转让和个人继承、赠与等非交易转让时,其证券交易印花税统一由上海、深圳证券登记公司代扣代缴。

《国家税务总局关于加强证券交易印花税征收管理工作的通知》(国税发〔1997〕129 号)

11.2 征税范围

11.2.1 应税凭证

应税凭证,是指《印花税税目税率表》(表 11-1)列明的合同、产权转移书据和营业账簿。

表 11-1 印花税税目税率表

税目		税率	备注
合同(指书面合同)	借款合同	借款金额的万分之零点五	指银行业金融机构、经国务院银行业监督管理机构批准设立的其他金融机构与借款人(不包括同业拆借的借款合同)
	融资租赁合同	租金的万分之零点五	
	买卖合同	价款的万分之三	指动产买卖合同(不包括个人书立的动产买卖合同)
	承揽合同	报酬的万分之三	
	建设工程合同	价款的万分之三	
	运输合同	运输费用的万分之三	指货运合同和多式联运合同(不包括管道运输合同)

（续表）

税目		税率	备注
合同（指书面合同）	技术合同	价款、报酬或者使用费的万分之三	不包括专利权、专有技术使用权转让书据
	租赁合同	租金的千分之一	
	保管合同	保管费的千分之一	
	仓储合同	仓储费的千分之一	
	财产保险合同	保险费的千分之一	不包括再保险合同
产权转移书据	土地使用权出让书据	价款的万分之五	转让包括买卖（出售）、继承、赠与、互换、分割
	土地使用权、房屋等建筑物和构筑物所有权转让书据（不包括土地承包经营权和土地经营权转移）	价款的万分之五	
	股权转让书据（不包括应缴纳证券交易印花税的）	价款的万分之五	
	商标专用权、著作权、专利权、专有技术使用权转让书据	价款的万分之三	
营业账簿		实收资本（股本）、资本公积合计金额的万分之二点五	
证券交易		成交金额的千分之一	

《中华人民共和国印花税法》第三条及附表

解读▶ 税目税率基本维持《中华人民共和国印花税暂行条例》（已废止）税率水平，适当简并税目税率、减轻税负。一是借款合同、买卖合同、技术合同、证券交易等税目维持现行税率不变；二是将加工承揽合同、建设工程勘察设计合同、货物运输合同的税率由万分之五降为万分之三；三是将营业账簿的税率由万分之五降为万分之二点五；四是取消对权利、许可证照每件征收5元印花税的规定。

11.2.1.1　抵押贷款合同

借款方以财产作抵押,与贷款方签订的抵押借款合同,属于资金信贷业务,借贷双方应按"借款合同"计税贴花。因借款方无力偿还借款而将抵押财产转移给贷款方,应就双方书立的产权转移书据,按"产权转移书据"计税贴花。

《国家税务总局关于对借款合同贴花问题的具体规定》(国税地字〔1988〕30 号)

11.2.1.2　技术合同

(一)关于技术转让合同的适用税目税率问题

技术转让包括:专利权转让、专利申请权转让、专利实施许可和非专利技术转让。为这些不同类型技术转让所书立的凭证,按照印花税税目税率表的规定,分别适用不同的税目、税率。其中,专利申请权转让,非专利技术转让所书立的合同,适用"技术合同"税目;专利权转让、专利实施许可所书立的合同、书据,适用"产权转移书据"税目。

《国家税务总局关于对技术合同征收印花税问题的通知》(国税地字〔1989〕34 号)

(二)关于技术咨询合同的征税范围问题

技术咨询合同是当事人就有关项目的分析、论证、评价、预测和调查订立的技术合同。有关项目包括:①有关科学技术与经济、社会协调发展的软科学研究项目;②促进科技进步和管理现代化,提高经济效益和社会效益的技术项目;③其他专业项目。对属于这些内容的合同,均应按照"技术合同"税目的规定计税贴花。

一般的法律、法规、会计、审计等方面的咨询不属于技术咨询,其所立合同不贴印花。

《国家税务总局关于对技术合同征收印花税问题的通知》(国税地字〔1989〕34 号)

(三)关于技术服务合同的征税范围问题

技术服务合同的征税范围包括:技术服务合同、技术培训合同和技术中介合同。

技术服务合同是当事人一方委托另一方就解决有关特定技术问题,如为改进产品结构、改良工艺流程、提高产品质量、降低产品成本、保护资源环境、实现安全操作、提高经济效益等,提出实施方案,进行实施指导所订立的技术合同。以常规手段或者为生产经营目的进行一般加工、修理、修缮、广告、印刷、测绘、标准化测试以及勘察、设计等所书立的合同,不属于技术服务合同。

技术培训合同是当事人一方委托另一方对指定的专业技术人员进行特定项目的技术指导和专业训练所订立的技术合同。对各种职业培训、文化学习、职工业余教育等订立的合同,不属于技术培训合同,不贴印花。

技术中介合同是当事人一方以知识、信息、技术为另一方与第三方订立技术合同进行联系、介绍、组织工业化开发所订立的技术合同。

《国家税务总局关于对技术合同征收印花税问题的通知》(国税地字〔1989〕34号)

11.2.1.3 租赁合同

(一)租赁承包经营合同

企业与主管部门等签订的租赁承包经营合同,不属于财产租赁合同,不应贴花。

《国家税务总局关于印花税若干具体问题的规定》(国税地字〔1988〕25号)

(二)门店柜台租赁合同

企业、个人出租门店、柜台等签订的合同,属于财产租赁合同,应按照规定贴花。

《国家税务总局关于印花税若干具体问题的规定》(国税地字〔1988〕25号)

11.2.1.4 财产保险合同

目前,保险公司的财产保险分为企业财产保险、机动车辆保险、货物运输保险、家庭财产保险和农牧业保险五大类。为了支持农村保险事业的发展,照顾农牧业生产的负担,除对农林作物、牧业畜类保险合同暂不贴花外,对其他几类财产保险合同均应按照规定计税贴花。

《国家税务局关于对保险公司征收印花税有关问题的通知》(国税地字〔1988〕37号)

11.2.1.5 借款合同

(一)银行"三贷"合同征税问题

无息、贴息贷款合同是指我国的各专业银行按照国家金融政策发放的无息贷款及由各专业银行发放并按有关规定由财政部门或中国人民银行给予贴息的贷款项目所签订的贷款合同。外国政府或者国际金融组织向我国政府及国家金融机构提供优惠贷款所书立的合同,是指由外国政府或者国际金融组织提供资金,具有援助性质的优惠贷款项目所签订的政府间的协议。因此,买方信贷及混合贷款中的商业性贷款性质上不同于政府贷款。

中国银行与国内用款单位签订的转贷合同与"三贷"合同(政府贷款、买方信贷、混合贷款)所依据的法律文件不同,签订合同的当事人不同,在借贷经济业务中形成了新的权利义务关系,不是同一签约行为,而是两类不同的合同。

因此,银行的混合贷款、买方信贷合同与转贷合同均应按印花税的有关规定缴纳印花税。

《国家税务局关于中国银行为三贷业务申请免征印花税问题的复函》(国税地函发〔1992〕16号)

(二)资本金贷款合同

资本金贷款合同,不属于免税凭证范围,应按规定缴纳印花税。

《财政部 国家税务总局关于国家开发银行缴纳印花税问题的复函》(财税字〔1995〕47号)

关于农业发展银行提出的对资本金、公积金等免征印花税问题,按照国务院从严控制减免税的精神,不再给予特殊政策,一律按规定缴纳印花税。

《财政部 国家税务总局关于农业发展银行缴纳印花税问题的复函》(财税字〔1996〕55号)

(三)融资租赁合同

根据《国务院办公厅关于加快融资租赁业发展的指导意见》(国办发〔2015〕68号)有关规定,为促进融资租赁业健康发展,公平税负,现就融资租赁合同有关印花税政策明确如下:

对开展融资租赁业务签订的融资租赁合同(含融资性售后回租),统一按照其所载明的租金总额依照"借款合同"税目,按万分之零点五的税率计税贴花。

在融资性售后回租业务中,对承租人、出租人因出售租赁资产及购回租赁资产所签订的合同,不征收印花税。

《财政部 国家税务总局关于融资租赁合同有关印花税政策的通知》(财税〔2015〕144号)

11.2.1.6 单据和征订凭证征税问题

(一)既有合同又有单据处理

对货物运输、仓储保管、财产保险、银行借款等,办理一项业务既书立合同,又开立单据的,只就合同贴花;凡不书立合同,只开立单据,以单据作为合同使用的,应按照规定贴花。

《国家税务局关于印花税若干具体问题的规定》(国税地字〔1988〕25号)

（二）零星加工修理单据

对商店、门市部的零星加工修理业务开具的修理单，不贴印花。

《国家税务局关于印花税若干具体问题的规定》（国税地字〔1988〕25号）

（三）图书等征订单

根据《印花税法》及有关规定，图书、报纸、期刊以及音像制品的出版发行业务订立的征订发行合同及其订购单据（实际发生数）属于应纳印花税的经济凭证。

（1）各类出版单位与发行单位之间订立的图书、报纸、期刊以及音像制品的征订凭证（包括订购单、订数单等），应由持证双方按规定纳税。

（2）各类发行单位之间，以及发行单位与订阅单位或个人之间书立的征订凭证，暂免征印花税。

（3）征订凭证适用印花税"买卖合同"税目，计税金额按订购数量及发行单位的进货价格计算。

（4）征订凭证发生次数频繁，为简化纳税手续，可由出版发行单位采取按期汇总方式，计算缴纳印花税。实行汇总缴纳以后，购销双方个别订立的协议均不再重复计税贴花。

《国家税务局关于图书、报刊等征订凭证征免印花税问题的通知》（国税地字〔1989〕142号）

（四）订单和要货单据

企业之间书立的确定买卖关系、明确买卖双方权利义务的订单、要货单等单据，且未另外书立买卖合同的，应当按规定缴纳印花税。

《财政部　税务总局关于印花税若干事项政策执行口径的公告》（财政部　税务总局公告2022年第22号）

（五）调拨单征税问题

铁道部所属各企业之间签订的购销合同或作为合同使用的调拨单，应按规定贴花；属于企业内部的物资调拨单，不应贴花。

《财政部　国家税务总局关于铁道部所属单位恢复征收印花税问题的补充通知》（财税字〔1997〕182号）

11.2.1.7　供电相关合同

发电厂与电网之间、电网与电网之间书立的购售电合同，应当按买卖合同税目缴纳印花税。

《财政部　税务总局关于印花税若干事项政策执行口径的公告》（财政部　税务总

局公告 2022 年第 22 号）

对发电厂与电网之间、电网与电网之间（国家电网公司系统、南方电网公司系统内部各级电网互供电量除外）签订的购售电合同按"买卖合同"征收印花税。电网与用户之间签订的供用电合同不属于印花税列举征税的凭证，不征收印花税。

《财政部 国家税务总局关于印花税若干政策的通知》（财税〔2006〕162 号）

11.2.1.8 建设工程合同

（一）输变电工程合同征税问题

印花税是对列举的凭证征税，因此，天广输变电工程中签订的总承包、分包、转包合同，以及勘察设计、设备材料采购供应、货物运输等各项合同，均属于《印花税法》列举征税的凭证，应按规定缴纳印花税。这样征税并不存在对同一凭证多头、多次贴花的问题。至于印花税的负担，已考虑到同一资金在周转使用中多环节签订经济合同的情况，因而采用了低税率、轻税负、合同当事人双方负担的征收原则，一般不存在无力负担的问题。

《国家税务总局关于天广输变电工程项目有关合同缴纳印花税问题的复函》（国税地函发〔1990〕14 号）

（二）工程合同适用范围

根据《印花税法》及相关规定，建设工程承包合同（包括总包合同、分包合同和转包合同）属于印花税应纳税凭证。这一规定不仅适用于境内建设工程承包合同，也适用于在境外签订的建设工程承包合同，以及转包、分包给国内外公司的建设工程承包合同。

《财政部 国家税务总局关于中国石油工程建设公司有关印花税缴纳问题申复报告的复函》（财税字〔1995〕17 号）

（三）中国铁路总公司所属企业基建合同征税问题

铁道部（现中国铁路总公司）层层下达的基建计划，不属应税合同，不应纳税；铁道部所属各建设单位与施工企业之间签订的建筑安装工程承包合同属于应税合同，应按规定纳税；但企业内部签订的有关铁路生产经营设施基建、更新改造、大修、维修的协议或责任书，不在征收范围之内。

《财政部 国家税务总局关于铁道部所属单位恢复征收印花税问题的补充通知》（财税字〔1997〕182 号）

11.2.1.9 货运业务应税凭证

在货运业务中,凡是明确承、托运双方业务关系的运输单据均属于合同性质的凭证。鉴于目前各类货运业务使用的单据,不够规范统一,不便计税贴花,为了便于征管,现规定以运费结算凭证作为各类货运的应税凭证。

《国家税务总局关于货运凭证征收印花税几个具体问题的通知》(国税发〔1990〕173 号)

11.2.1.10 电子形式应税凭证

对纳税人以电子形式签订的各类应税凭证按规定征收印花税。

《财政部 国家税务总局关于印花税若干政策的通知》(财税〔2006〕162 号)

11.2.1.11 集团内部凭证征税界定

对于企业集团内具有平等法律地位的主体之间自愿订立、明确双方购销关系、据以供货和结算、具有合同性质的凭证,应按规定征收印花税。对于企业集团内部执行计划使用的、不具有合同性质的凭证,不征收印花税。

《国家税务总局关于企业集团内部使用的有关凭证征收印花税问题的通知》(国税函〔2009〕9 号)

11.2.1.12 不征税凭证

(一)不属于印花税征税范围情形

下列情形的凭证,不属于印花税征收范围:

(1)人民法院的生效法律文书,仲裁机构的仲裁文书,监察机关的监察文书。

(2)县级以上人民政府及其所属部门按照行政管理权限征收、收回或者补偿安置房地产书立的合同、协议或者行政类文书。

(3)总公司与分公司、分公司与分公司之间书立的作为执行计划使用的凭证。

《财政部 税务总局关于印花税若干事项政策执行口径的公告》(财政部 税务总局公告 2022 年第 22 号)

(二)成品油配置计划表

按照中央统一部署和国务院深化石油石化体制改革的要求,中国石油天然气集团和中国石油化工集团(简称"两大集团")自 1999 年开始进行了资产重组和改制上市。原有企业的性质、所属关系经过重组改制后发生了很大变化,由此涉及改制后的两大集团使用的"成品油配置计划表"如何鉴定贴花问题。鉴于两大集团使用的"成品油配置计划表"是根据国家宏观调控要求、落实国家经贸委指标而下达的石油和石油制品配置计划,根据国务院就两大集团重组改制有关税收的指示精神,本着支持企业改革、不增加企业税收负担的原则,经研究,现明确如下:

对两大集团之间、两大集团内部各子公司之间、中国石油天然气股份公司的各子公司之间、中国石油化工股份公司的各子公司之间、中国石油天然气股份公司的分公司与子公司之间、中国石油化工股份公司的分公司与子公司之间互供石油和石油制品所使用的"成品油配置计划表"(或其他名称的表、证、单、书),暂不征收印花税。

《国家税务总局关于中国石油天然气集团和中国石油化工集团使用的"成品油配置计划表"有关印花税问题的通知》(国税函〔2002〕424号)

中国海油集团与中国石油天然气集团、中国石油化工集团之间,中国海油集团内部各子公司之间,中国海油集团的各分公司和子公司之间互供石油和石油制品所使用的"成品油配置计划表"(或其他名称的表、证、单、书),暂不征收印花税。

《国家税务总局关于中国海洋石油总公司使用的"成品油配置计划表"有关印花税问题的公告》(国家税务总局公告2012年第58号)

解读 原油、成品油作为国家重点监控的战略物资之一,其生产管理、产品调拨和总量调控一直都具有较强的计划性。每年年初,国家根据石油石化行业上年度生产经营完成情况,结合当年国民经济发展的形势预测,由发展改革委根据国家对石油石化行业生产运行协调意见的指示精神,制定石油石化行业当年的总量平衡建议计划,其中包括当年国内原油生产、配置安排计划和原油加工量安排计划,并下发石油、石化、海洋执行。作为国家石油公司,中国海油集团一直承担着与中国石油天然气集团、中国石油化工集团相同的国家责任、社会责任和经济责任,在石油和石油制品的能源保障和供应上,三家石油公司均面临着相同的国家宏观调控要求和监管要求,每年都共同承担着国防军工、民航、铁路、农林渔等专项供应计划。与中国石油天然气集团、中国石油化工集团不同的是,中国海油集团成立之初是一家单纯从事油气开采的上游公司,近年来才逐步通过并购重组、资本运营实现了上中下游产业链一体化发展。2009年6月,中国海油石油总公司所属炼化公司的惠州炼厂投产。2010年1月,中国海洋石油总公司销售分公司开始统购统销惠州炼厂的成品油和化工品。目前,中国海油内部成品油和化工品的生产、批发、零售等,均通过产销衔接、内部统一计划与配置完成,不签订购销合同。

中国海油集团使用的"成品油配置计划表"属于公司内部的指令性计划,是总公司根据管理和市场的需求,指令性的订立并且要求炼厂和销售公司无条件执行的一项经营管理指令,不是一种能够明确双方经济责任的合同或协议,不具有法律约束力(炼厂和销售公司相互之间没有履行"成品油配置计划表"也不必承担法律责任),不具有合同性质,不属于印花税列举的应税凭证,不应征收印花税。

11.2.1.13 产权转移书据

对土地使用权出让合同、土地使用权转让合同按产权转移书据征收印花税。

对商品房销售合同按照产权转移书据征收印花税。

《财政部 国家税务总局关于印花税若干政策的通知》(财税〔2006〕162 号)

凡在铁路内部无偿调拨的固定资产,其调拨单据不属于产权转移书据,不应贴花。

《财政部 国家税务总局关于铁道部所属单位恢复征收印花税问题的补充通知》(财税字〔1997〕182 号)

11.2.1.14 境外书立境内使用应税凭证

在中华人民共和国境外书立在境内使用的应税凭证,应当按规定缴纳印花税。包括以下几种情形:

(1)应税凭证的标的为不动产的,该不动产在境内。

(2)应税凭证的标的为股权的,该股权为中国居民企业的股权。

(3)应税凭证的标的为动产或者商标专用权、著作权、专利权、专有技术使用权的,其销售方或者购买方在境内,但不包括境外单位或者个人向境内单位或者个人销售完全在境外使用的动产或者商标专用权、著作权、专利权、专有技术使用权。

(4)应税凭证的标的为服务的,其提供方或者接受方在境内,但不包括境外单位或者个人向境内单位或者个人提供完全在境外发生的服务。

《财政部 税务总局关于印花税若干事项政策执行口径的公告》(财政部 税务总

局公告 2022 年第 22 号）

11.2.2　证券交易

证券交易，是指转让在依法设立的证券交易所、国务院批准的其他全国性证券交易场所交易的股票和以股票为基础的存托凭证。

证券交易印花税对证券交易的出让方征收，不对受让方征收。

《中华人民共和国印花税法》第三条

11.2.2.1　沪港通深港通交易

中国香港市场投资者通过沪港通买卖、继承、赠与上交所上市 A 股，按照内地现行税制规定缴纳证券（股票）交易印花税。内地投资者通过沪港通买卖、继承、赠与香港联合交易所有限公司（简称"香港联交所"）上市股票，按照香港特别行政区现行税法规定缴纳印花税。

中国结算和香港结算可互相代收上述税款。

《财政部　国家税务总局　证监会关于沪港股票市场交易互联互通机制试点有关税收政策的通知》（财税〔2014〕81 号）

关于内地和香港市场投资者通过深港通转让股票的证券（股票）交易印花税问题如下：

中国香港市场投资者通过深港通买卖、继承、赠与深交所上市 A 股，按照内地现行税制规定缴纳证券（股票）交易印花税。内地投资者通过深港通买卖、继承、赠与香港联交所上市股票，按照香港特别行政区现行税法规定缴纳印花税。

中国结算和香港结算可互相代收上述税款。

《财政部　国家税务总局　证监会关于深港股票市场交易互联互通机制试点有关税收政策的通知》（财税〔2016〕127 号）

11.2.2.2　基金互认印花税问题

关于内地投资者通过基金互认买卖香港基金份额和中国香港市场投资者通过基金互认买卖内地基金份额的印花税问题如下：

对内地投资者通过基金互认买卖、继承、赠与香港基金份额，按照香港特别行政区现行印花税税法规定执行。

《财政部　国家税务总局　证监会关于内地与香港基金互认有关税收政策的通知》（财税〔2015〕125 号）

11.2.2.3 基金管理人运用基金买卖股票

基金管理人运用基金买卖股票按照规定税率征收印花税。

《财政部 国家税务总局关于证券投资基金税收问题的通知》(财税字〔1998〕55号)

11.2.2.4 职能调整产生国有股权转让处理

深圳市委、市政府将"深深房"和"深物业"两家上市公司国家股股权从深圳市投资管理公司无偿划转给深圳建设投资控股公司的做法,属于深圳市国有资产管理部门内部机构及职能的调整。因此,深圳市建设投资控股公司与深圳市投资管理公司之间书立的"深深房"和"深物业"两家上市公司的国家股股权转让书据,不属于证券(股票)交易印花税的征税范围,不征收证券(股票)交易印花税。

《国家税务总局关于"深深房"、"深物业"国家股行政划拨行为不征收证券交易印花税问题的批复》(国税函〔1999〕83号)

11.2.2.5 社保基金证券交易

对全国社会保障基金理事会管理的全国社会保障基金(简称"社保基金")持有的证券,在社保基金证券账户之间的划拨过户,不属于印花税的征税范围,不征收印花税。

《财政部 国家税务总局关于全国社会保障基金有关印花税政策的通知》(财税〔2003〕134号)

11.2.2.6 以上市公司股权出资

按照现行印花税政策规定,投资人以其持有的上市公司股权进行出资而发生的股权转让行为,不属于证券(股票)交易印花税的征税范围,不征收证券(股票)交易印花税。

投资人以其持有的上市公司股权进行出资发生的股权转让需要向上市公司挂牌交易所所在地的主管税务机关备案。备案的内容应包括投资人名称、地址、隶属关系、经济性质;被投资公司名称、地址、隶属关系、经济性质;股权出资的数量和金额、转让形式、批准部门。同时应附下列文件和材料:

(1)股权出资依法须经批准的,需提供有关主管部门的批准文件。

(2)投资人股东大会、总经理办公室或者董事会关于股权出资的决议报告。

(3)股权出资的协议。

(4)相关的验资报告和股权评估报告。

（5）投资人、被投资公司的公司章程。

（6）投资人、被投资公司的《企业法人营业执照》。

（7）涉及信息披露的,需提供相关的公告资料。

（8）主管税务机关要求的其他相关资料。

以上证明文件和资料需查验原件留存复印件。

《财政部 国家税务总局关于以上市公司股权出资有关证券(股票)交易印花税政策问题的通知》(财税〔2010〕7号)

11.2.2.7　中小企业股份转让系统

在全国中小企业股份转让系统买卖、继承、赠与股票所书立的股权转让书据,依书立时实际成交金额,由出让方按1‰的税率计算缴纳证券(股票)交易印花税。

《财政部 国家税务总局关于在全国中小企业股份转让系统转让股票有关证券(股票)交易印花税政策的通知》(财税〔2014〕47号)

11.2.2.8　转让优先股

在上海证券交易所、深圳证券交易所、全国中小企业股份转让系统买卖、继承、赠与优先股所书立的股权转让书据,均依书立时实际成交金额,由出让方按1‰的税率计算缴纳证券(股票)交易印花税。

《财政部 国家税务总局关于转让优先股有关证券〈股票〉交易印花税政策的通知》(财税〔2014〕46号)

11.2.3　企业改制重组

11.2.3.1　关于资金账簿的印花税

（1）实行公司制改造的企业在改制过程中成立的新企业(重新办理法人登记的),其新启用的资金账簿记载的资金或因企业建立资本纽带关系而增加的资金,凡原已贴花的部分可不再贴花,未贴花的部分和以后新增加的资金按规定贴花。

公司制改造包括国有企业依《中华人民共和国公司法》整体改造成国有独资有限责任公司;企业通过增资扩股或者转让部分产权,实现他人对企业的参股,将企业改造成有限责任公司或股份有限公司;企业以其部分财产和相应债务与他人组建新公司;企业将债务留在原企业,而以其优质财产与他人组建的新公司。

（2）以合并或分立方式成立的新企业，其新启用的资金账簿记载的资金，凡原已贴花的部分可不再贴花，未贴花的部分和以后新增加的资金按规定贴花。

合并包括吸收合并和新设合并。分立包括存续分立和新设分立。

（3）企业债权转股权新增加的资金按规定贴花。

（4）企业改制中经评估增加的资金按规定贴花。

（5）企业其他会计科目记载的资金转为实收资本或资本公积的资金按规定贴花。

《财政部　国家税务总局关于企业改制过程中有关印花税政策的通知》（财税〔2003〕183 号）

经企业主管部门批准的国营、集体企业兼并，对并入单位的资产，凡已按资金总额贴花的，接受单位对并入的资金不再补贴印花。

《国家税务局关于印花税若干具体问题的规定》（国税地字〔1988〕25 号）

11.2.3.2　关于各类应税合同的印花税

企业改制前签订但尚未履行完的各类应税合同，改制后需要变更执行主体的，对仅改变执行主体、其余条款未作变动且改制前已贴花的，不再贴花。

《财政部　国家税务总局关于企业改制过程中有关印花税政策的通知》（财税〔2003〕183 号）

11.3　计税依据

11.3.1　应税凭证

应税合同的计税依据，为合同所列的金额，不包括列明的增值税税款。

《中华人民共和国印花税法》第五条

同一应税合同、应税产权转移书据中涉及两方以上纳税人，且未列明纳税人各自涉及金额的，以纳税人平均分摊的应税凭证所列金额（不包括列明的增值税税款）确定计税依据。

《财政部　税务总局关于印花税若干事项政策执行口径的公告》（财政部　税务总局公告 2022 年第 22 号）

印花税的计税依据是合同所载金额,并不区分其资金的性质或来源。因此,合同所载金额不分内资或外资,均应按规定作为印花税的计税依据。

《国家税务局关于天广输变电工程项目有关合同缴纳印花税问题的复函》(国税地函发〔1990〕14 号)

11.3.1.1 未列明金额合同和产权转移书据

应税合同、产权转移书据未列明金额,在后续实际结算时确定金额的,纳税人应当于书立应税合同、产权转移书据的首个纳税申报期申报应税合同、产权转移书据书立情况,在实际结算后下一个纳税申报期,以实际结算金额计算申报缴纳印花税。

《国家税务总局关于实施〈中华人民共和国印花税法〉等有关事项的公告》(国家税务总局公告 2022 年第 14 号)

有些合同在签订时无法确定计税金额,如技术转让合同中的转让收入,是按销售收入的一定比例收取或是按实现利润分成的;财产租赁合同,只是规定了月(天)租金标准而却无租赁期限的。对这类合同,可在签订时先按定额 5 元贴花,以后结算时再按实际金额计税,补贴印花。

《国家税务局关于印花税若干具体问题的规定》(国税地字〔1988〕25 号)

11.3.1.2 实际结算金额与合同所载金额不一致的处理

应税合同、应税产权转移书据所列的金额与实际结算金额不一致,不变更应税凭证所列金额的,以所列金额为计税依据;变更应税凭证所列金额的,以变更后的所列金额为计税依据。已缴纳印花税的应税凭证,变更后所列金额增加的,纳税人应当就增加部分的金额补缴印花税;变更后所列金额减少的,纳税人可以就减少部分的金额向税务机关申请退还或者抵缴印花税。

纳税人因应税凭证列明的增值税税款计算错误导致应税凭证的计税依据减少或者增加的,纳税人应当按规定调整应税凭证列明的增值税税款,重新确定应税凭证计税依据。已缴纳印花税的应税凭证,调整后计税依据增加的,纳税人应当就增加部分的金额补缴印花税;调整后计税依据减少的,纳税人可以就减少部分的金额向税务机关申请退还或者抵缴印花税。

《财政部 税务总局关于印花税若干事项政策执行口径的公告》(财政部 税务总局公告 2022 年第 22 号)

11.3.1.3 未履行合同和产权转移书据处理

未履行的应税合同、产权转移书据,已缴纳的印花税不予退还及抵缴税款。

《财政部　税务总局关于印花税若干事项政策执行口径的公告》（财政部　税务总局公告 2022 年第 22 号）

根据《印花税法》规定,合同签订时即应贴花,履行完税手续。因此,不论合同是否兑现或能否按期兑现,都一律按照规定贴花。

《国家税务局关于印花税若干具体问题的规定》(国税地字〔1988〕25 号)

11.3.1.4　借款合同

（一）关于以填开借据方式取得银行借款的借据贴花问题

目前,各地银行办理信贷业务的手续不够统一,有的只签订合同,有的只填开借据,也有的既签订合同又填开借据。为此规定：凡一项信贷业务既签订借款合同又一次或分次填开借据的,只就借款合同按所载借款金额计税贴花；凡只填开借据并作为合同使用的,应按照借据所载借款金额计税,在借据上贴花。

《国家税务局关于对借款合同贴花问题的具体规定》(国税地字〔1988〕30 号)

（二）关于对流动资金周转性借款合同的贴花问题

借贷双方签订的流动资金周转性借款合同,一般按年(期)签订,规定最高限额,借款人在规定的期限和最高限额内随借随还。为此,在签订流动资金周转借款合同时,应按合同规定的最高借款限额计税贴花。以后,只要在限额内随借随还,不再签新合同的,就不另贴印花。

《国家税务局关于对借款合同贴花问题的具体规定》(国税地字〔1988〕30 号)

（三）关于对融资租赁合同的贴花问题

银行及其金融机构经营的融资租赁业务,是一种以融物方式达到融资目的的业务,实际上是分期偿还的固定资金借款。因此,对融资租赁合同,可据合同所载的租金总额暂按"借款合同"计税贴花。

《国家税务局关于对借款合同贴花问题的具体规定》(国税地字〔1988〕30 号)

（四）关于借款合同中既有应税金额又有免税金额的计税贴花问题

有些借款合同,借款总额中既有应免税的金额,也有应纳税的金额。对这类"混合"借款合同,凡合同中能划分免税金额与应税金额的,只就应税金额计税贴花；不能划分清楚的,应按借款总金额计税贴花。

《国家税务局关于对借款合同贴花问题的具体规定》(国税地字〔1988〕30 号)

（五）关于对借款方与银团"多头"签订借款合同的贴花问题

在有的信贷业务中,贷方是由若干银行组成的银团,银团各方均承担一定的贷款数额,借款合同由借款方与银团各方共同书立,各执一份合同正本。对这类借款合同,借款方与贷款银团各方应分别在所执合同正本上按各自的借贷金额计税贴花。

《国家税务局关于对借款合同贴花问题的具体规定》(国税地字〔1988〕30 号)

(六)基建贷款分合同与总合同的贴花问题

有些基本建设贷款,先按年度用款计划分年签订借款分合同,在最后一年按总概算签订借款总合同,总合同的借款金额中包括各分合同的借款金额。对这类基建借款合同,应按分合同分别贴花,最后签订的总合同,只就借款总额扣除分合同借款金额后的余额计税贴花。

《国家税务局关于对借款合同贴花问题的具体规定》(国税地字〔1988〕30 号)

11.3.1.5 财产保险合同

家庭财产保险由单位集体办理的,均按确定的个人保费金额计税。

《国家税务局关于对保险公司征收印花税有关问题的通知》(国税地字〔1988〕37 号)

签订保险合同的投保方和承保方对各自所持的保险合同,均应按其保险费金额计税贴花。

《国家税务局地方税管理司关于改变保险合同计税依据适用范围的批复》(国税地函发〔1990〕20 号)

11.3.1.6 技术合同

对各类技术合同,应当按合同所载价款、报酬、使用费的金额依率计税。

为鼓励技术研究开发,对技术开发合同,只就合同所载的报酬金额计税,研究开发经费不作为计税依据。但对合同约定按研究开发经费一定比例作为报酬的,应按一定比例的报酬金额计税贴花。

《国家税务局关于对技术合同征收印花税问题的通知》(国税地字〔1989〕34 号)

11.3.1.7 运输合同

(一)关于国内联运凭证的计税和缴纳

境内的货物多式联运,采用在起运地统一结算全程运费的,以全程运费作为运输合同的计税依据,由起运地运费结算双方缴纳印花税;采用分程结算运费的,以分程的运费作为计税依据,分别由办理运费结算的各方缴纳印花税。

《财政部 税务总局关于印花税若干事项政策执行口径的公告》(财政部 税务总局公告 2022 年第 22 号)

（二）关于国际货运凭证的征免税划分

（1）由我国运输企业运输的,不论在我国境内、境外起运或中转分程运输,我国运输企业所持的一份运费结算凭证,均按本程运费计算应纳税额;托运方所持的一份运费结算凭证,按全程运费计算应纳税额。

（2）由外国运输企业运输进出口货物的,外国运输企业所持的一份运费结算凭证免纳印花税;托运方所持的一份运费结算凭证应缴纳印花税。

（3）国际货运运费结算凭证在国外办理的,应在凭证转回我国境内时按规定缴纳印花税。

《国家税务总局关于货运凭证征收印花税几个具体问题的通知》（国税发〔1990〕173 号）

（三）铁路货运应纳税凭证和计税依据

铁路货运运费结算凭证为印花税应税凭证,包括：

（1）货票（发站发送货物时使用）。

（2）运费杂费收据（到站收取货物运费时使用）。

（3）合资、地方铁路货运运费结算凭证（合资铁路公司、地方铁路单独计算核收本单位管内运费时使用）。

上述凭证中所列运费为印花税的计税依据,包括统一运价运费、特价或加价运费、合资和地方铁路运费、新路均摊费、电力附加费。对分段计费一次核收运费的,以结算凭证所记载的全程运费为计税依据;对分段计费分别核收运费的,以分别核收运费的结算凭证所记载的运费为计税依据。

以运费金额按 3‰的税率分别计算承、托运双方的应纳税额。税额不足一角的免税,超过一角的四舍五入计算到角。

《国家税务总局 铁道部关于铁路货运凭证印花税若干问题的通知》（国税发〔2006〕101 号）

11.3.1.8　应税产权转移书据

应税产权转移书据的计税依据,为产权转移书据所列的金额,不包括列明的增值税税款。

应税合同、产权转移书据未列明金额的,印花税的计税依据按照实际结算的金额确定。计税依据按照实际结算的金额仍不能确定的,按照书立合同、产权转移书据时的市场价格确定;依法应当执行政府定价或者政府指导价的,按照国家有关规定确定。

《中华人民共和国印花税法》第五条、第六条

纳税人转让股权的印花税计税依据,按照产权转移书据所列的金额(不包括列明的认缴后尚未实际出资权益部分)确定。

《财政部 税务总局关于印花税若干事项政策执行口径的公告》(财政部 税务总局公告 2022 年第 22 号)

11.3.1.9 应税营业账簿

应税营业账簿的计税依据,为账簿记载的实收资本(股本)、资本公积合计金额。

《中华人民共和国印花税法》第五条

已缴纳印花税的营业账簿,以后年度记载的实收资本(股本)、资本公积合计金额比已缴纳印花税的实收资本(股本)、资本公积合计金额增加的,按照增加部分计算应纳税额。

《中华人民共和国印花税法》第十一条

(一)跨地区经营的分支机构营业账簿

跨地区经营的分支机构使用的营业账簿,应由各分支机构在其所在地缴纳印花税。对上级单位核拨资金的分支机构,其记载资金的账簿按核拨的账面资金数额计税额贴花;为避免对同一资金重复计税贴花,上级单位记载资金的账簿,应按扣除拨给下属机构资金数额后的其余部分计税贴花。

《国家税务局关于印花税若干具体问题的规定》(国税地字〔1988〕25 号)

(二)金融系统应税营业账簿

国家开发银行(简称"开行")各分行启用的营业账簿应缴纳的印花税,在其机构所在地缴纳。其记载资金的账簿,按开行总行核拨的账面资金数额(含资本公积)计税贴花;开行总行的资金账簿按扣除拨给开行各分行资金数额后的其余部分计税贴花。

《国家税务总局关于明确国家开发银行分行营业账簿和贷款合同印花税缴纳方式的通知》(国税函〔2000〕1060 号)

(三)保险公司自有流动资金贴花问题

按照保险公司会计制度规定,"保险总准备金"科目反映的资金即为保险公司的自有流动资金。财政拨付的部分,在总公司和省分公司核算;利润中提留的部分,分别在各级公司核算,对保险总准备金,应由各级保险公司按其账面数

额计税贴花。

《国家税务局关于对保险公司征收印花税有关问题的通知》(国税地字〔1988〕37 号)

(四)海洋石油总公司资金账簿征税问题

中国海洋石油总公司(简称"总公司")及其所属公司产权关系调整后缴纳记载资金账簿印花税问题明确如下:

总公司按账面实收资本和资本公积扣除拨付各油公司资金后的余额计税贴花。

各油公司按总公司拨入的资金就地贴花。

各专业公司按实收资本金和资本公积就地贴花。

《国家税务总局关于中国海洋石油总公司缴纳记载资金账簿印花税问题的批复》(国税函〔1999〕22 号)

11.3.1.10　应税凭证金额为外币的处理

应税凭证金额为人民币以外的货币的,应当按照凭证书立当日的人民币汇率中间价折合人民币确定计税依据。

《财政部　税务总局关于印花税若干事项政策执行口径的公告》(财政部　税务总局公告 2022 年第 22 号)

11.3.2　证券交易

证券交易的计税依据,为成交金额。

证券交易无转让价格的,按照办理过户登记手续时该证券前一个交易日收盘价计算确定计税依据;无收盘价的,按照证券面值计算确定计税依据。

《中华人民共和国印花税法》第五条、第七条

11.4　税目税率及应纳税额

11.4.1　税目税率

印花税的税目、税率,依照《印花税税目税率表》执行。

《中华人民共和国印花税法》第四条

同一应税凭证载有两个以上税目事项并分别列明金额的,按照各自适用的税目税率分别计算应纳税额;未分别列明金额的,从高适用税率。

《中华人民共和国印花税法》第九条

11.4.2 应纳税额

印花税的应纳税额按照计税依据乘以适用税率计算。

《中华人民共和国印花税法》第八条

同一应税凭证由两方以上当事人书立的,按照各自涉及的金额分别计算应纳税额。

《中华人民共和国印花税法》第十条

11.5 税收优惠

11.5.1 法定税收优惠

下列凭证免征印花税:

(1)应税凭证的副本或者抄本。

(2)依照法律规定应当予以免税的外国驻华使馆、领事馆和国际组织驻华代表机构为获得馆舍书立的应税凭证。

(3)中国人民解放军、中国人民武装警察部队书立的应税凭证。

(4)农民、家庭农场、农民专业合作社、农村集体经济组织、村民委员会购买农业生产资料或者销售农产品书立的买卖合同和农业保险合同。

(5)无息或者贴息借款合同、国际金融组织向中国提供优惠贷款书立的借款合同。

(6)财产所有权人将财产赠与政府、学校、社会福利机构、慈善组织书立的产权转移书据。

(7)非营利性医疗卫生机构采购药品或者卫生材料书立的买卖合同。

(8)个人与电子商务经营者订立的电子订单。

《中华人民共和国印花税法》第十二条

11.5.1.1　享受优惠主体

对应税凭证适用印花税减免优惠的,书立该应税凭证的纳税人均可享受印花税减免政策,明确特定纳税人适用印花税减免优惠的除外。

《财政部　税务总局关于印花税若干事项政策执行口径的公告》(财政部　税务总局公告 2022 年第 22 号)

11.5.1.2　家庭农场

享受印花税免税优惠的家庭农场,具体范围为以家庭为基本经营单元,以农场生产经营为主业,以农场经营收入为家庭主要收入来源,从事农业规模化、标准化、集约化生产经营,纳入全国家庭农场名录系统的家庭农场。

《财政部　税务总局关于印花税若干事项政策执行口径的公告》(财政部　税务总局公告 2022 年第 22 号)

11.5.1.3　赠与合同优惠

享受印花税免税优惠的学校,具体范围为经县级以上人民政府或者其教育行政部门批准成立的大学、中学、小学、幼儿园,实施学历教育的职业教育学校、特殊教育学校、专门学校,以及经省级人民政府或者其人力资源社会保障行政部门批准成立的技工院校。

享受印花税免税优惠的社会福利机构,具体范围为依法登记的养老服务机构、残疾人服务机构、儿童福利机构、救助管理机构、未成年人救助保护机构。

享受印花税免税优惠的慈善组织,具体范围为依法设立、符合《中华人民共和国慈善法》规定,以面向社会开展慈善活动为宗旨的非营利性组织。

《财政部　税务总局关于印花税若干事项政策执行口径的公告》(财政部　税务总局公告 2022 年第 22 号)

11.5.1.4　非营利性医疗机构

享受印花税免税优惠的非营利性医疗卫生机构,具体范围为经县级以上人民政府卫生健康行政部门批准或者备案设立的非营利性医疗卫生机构。

《财政部　税务总局关于印花税若干事项政策执行口径的公告》(财政部　税务总局公告 2022 年第 22 号)

11.5.1.5　电子订单

享受印花税免税优惠的电子商务经营者,具体范围按《中华人民共和国电子商务法》有关规定执行。

《财政部　税务总局关于印花税若干事项政策执行口径的公告》(财政部　税务总局公告2022年第22号)

11.5.2　授权国务院税收优惠

根据国民经济和社会发展的需要,国务院对居民住房需求保障、企业改制重组、破产、支持小型微型企业发展等情形可以规定减征或者免征印花税,报全国人民代表大会常务委员会备案。

《中华人民共和国印花税法》第十二条

11.5.2.1　特殊货运凭证免税

(1)军事物资运输。凡附有军事运输命令或使用专用的军事物资运费结算凭证,免纳印花税。

(2)抢险救灾物资运输。凡附有县级以上(含县级)人民政府抢险救灾物资运输证明文件的运费结算凭证,免纳印花税。

《国家税务总局关于货运凭证征收印花税几个具体问题的通知》(国税发〔1990〕173号)

对铁路、公路、航运、水路承运快件行李、包裹开具的托运单据,暂免贴印花。

《国家税务局关于印花税若干具体问题的规定》(国税地字〔1988〕25号)

11.5.2.2　企业改制重组

企业因改制签订的产权转移书据免予贴花。

《财政部 国家税务总局关于企业改制过程中有关印花税政策的通知》(财税〔2003〕183号)

11.5.2.3　支持小微企业融资

自2018年1月1日至2023年12月31日,对金融机构与小型企业、微型企业签订的借款合同免征印花税。

小型企业、微型企业,是指符合《中小企业划型标准规定》(工信部联企业〔2011〕300号)的小型企业和微型企业。其中,资产总额和从业人员指标均以贷款发放时的实际状态确定,营业收入指标以贷款发放前12个自然月的累计数确定,不满12个自然月的,按照以下公式计算。

营业收入(年)=企业实际存续期间营业收入÷企业实际存续月数×12

《财政部 税务总局关于支持小微企业融资有关税收政策的通知》(财税〔2017〕77号)、《财政部 税务总局关于延长部分税收优惠政策执行期限的公告》(财政部 税务总局公告2021年第6号)

解读▶ 根据《工业和信息化部 国家统计局 国家发展和改革委员会 财政部关于印发中小企业划型标准规定的通知》(工信部联企业〔2011〕300号)的规定,中小企业划分为中型、小型、微型三种类型,具体标准根据企业从业人员、营业收入、资产总额等指标,结合行业特点制定。适用的行业和各行业划型标准为:

(1)农、林、牧、渔业。营业收入20 000万元以下的为中小微型企业。其中,营业收入500万元及以上的为中型企业,营业收入50万元及以上的为小型企业,营业收入50万元以下的为微型企业。

(2)工业,包括采矿业,制造业,电力、热力、燃气及水生产和供应业。从业人员1 000人以下或营业收入40 000万元以下的为中小微型企业。其中,从业人员300人及以上,且营业收入2 000万元及以上的为中型企业;从业人员20人及以上,且营业收入300万元及以上的为小型企业;从业人员20人以下或营业收入300万元以下的为微型企业。

(3)建筑业。营业收入80 000万元以下或资产总额80 000万元以下的为中小微型企业。其中,营业收入6 000万元及以上,且资产总额5 000万元及以上的为中型企业;营业收入300万元及以上,且资产总额300万元及以上的为小型企业;营业收入300万元以下或资产总额300万元以下的为微型企业。

(4)批发业。从业人员200人以下或营业收入40 000万元以下的为中小微型企业。其中,从业人员20人及以上,且营业收入5 000万元及以上的为中型企业;从业人员5人及以上,且营业收入1 000万元及以上的为小型企业;从业人员5人以下或营业收入1 000万元以下的为微型企业。

(5)零售业。从业人员300人以下或营业收入20 000万元以下的为中小微型企业。其中,从业人员50人及以上,且营业收入500万元及以上的为中型企业;从业人员10人及以上,且营业收入100万元及以上的为小型企业;从业人员10人以下或营业收入100万元以下的为微型企业。

(6)交通运输业(不含铁路运输业)。从业人员1 000人以下或营业收入30 000万元以下的为中小微型企业。其中,从业人员300人及以上,且营业收入3 000万元及以上的为中型企业;从业人员20人及以上,且营业收入200万元及以上的为小型企业;从业人员20人以下或营业收入200万元以下的为微型企业。

（7）仓储业。从业人员 200 人以下或营业收入 30 000 万元以下的为中小微型企业。其中，从业人员 100 人及以上，且营业收入 1 000 万元及以上的为中型企业；从业人员 20 人及以上，且营业收入 100 万元及以上的为小型企业；从业人员 20 人以下或营业收入 100 万元以下的为微型企业。

（8）邮政业。从业人员 1 000 人以下或营业收入 30 000 万元以下的为中小微型企业。其中，从业人员 300 人及以上，且营业收入 2 000 万元及以上的为中型企业；从业人员 20 人及以上，且营业收入 100 万元及以上的为小型企业；从业人员 20 人以下或营业收入 100 万元以下的为微型企业。

（9）住宿业。从业人员 300 人以下或营业收入 10 000 万元以下的为中小微型企业。其中，从业人员 100 人及以上，且营业收入 2 000 万元及以上的为中型企业；从业人员 10 人及以上，且营业收入 100 万元及以上的为小型企业；从业人员 10 人以下或营业收入 100 万元以下的为微型企业。

（10）餐饮业。从业人员 300 人以下或营业收入 10 000 万元以下的为中小微型企业。其中，从业人员 100 人及以上，且营业收入 2 000 万元及以上的为中型企业；从业人员 10 人及以上，且营业收入 100 万元及以上的为小型企业；从业人员 10 人以下或营业收入 100 万元以下的为微型企业。

（11）信息传输业，包括电信、互联网和相关服务。从业人员 2 000 人以下或营业收入 100 000 万元以下的为中小微型企业。其中，从业人员 100 人及以上，且营业收入 1 000 万元及以上的为中型企业；从业人员 10 人及以上，且营业收入 100 万元及以上的为小型企业；从业人员 10 人以下或营业收入 100 万元以下的为微型企业。

（12）软件和信息技术服务业。从业人员 300 人以下或营业收入 10 000 万元以下的为中小微型企业。其中，从业人员 100 人及以上，且营业收入 1 000 万元及以上的为中型企业；从业人员 10 人及以上，且营业收入 50 万元及以上的为小型企业；从业人员 10 人以下或营业收入 50 万元以下的为微型企业。

（13）房地产开发经营。营业收入 200 000 万元以下或资产总额 10 000 万元以下的为中小微型企业。其中，营业收入 1 000 万元及以上，且资产总额 5 000 万元及以上的为中型企业；营业收入 100 万元及以上，且资产总额 2 000 万元及以上的为小型企业；营业收入 100 万元以下或资产总额 2 000 万元以下的为微型企业。

（14）物业管理。从业人员 1 000 人以下或营业收入 5 000 万元以下的为中小微型企业。其中，从业人员 300 人及以上，且营业收入 1 000 万元及以上的为中型企业；从业人员 100 人及以上，且营业收入 500 万元及以上的为小型企业；从业人员 100 人以下或营业收入 500 万元以下的为微型企业。

（15）租赁和商务服务业。从业人员 300 人以下或资产总额 120 000 万元以下的为中小微型企业。其中，从业人员 100 人及以上，且资产总额 8 000 万元及以上的为中型企业；从业人员 10 人及以上，且资产总额 100 万元及以上的为小型企业；从业人员 10 人以下或资产总额 100 万元以下的为微型企业。

（16）其他未列明行业，包括科学研究和技术服务业，水利、环境和公共设施管理业，居民服务、修理和其他服务业，社会工作，文化、体育和娱乐业等。从业人员 300 人以下的为中小微型企业。其中，从业人员 100 人及以上的为中型企业；从业人员 10 人及以上的为小型企业；从业人员 10 人以下的为微型企业。

企业类型的划分以统计部门的统计数据为依据。适用于在中华人民共和国境内依法设立的各类所有制和各种组织形式的企业。个体工商户和本规定以外的行业，参照上述规定进行划型。

11.5.2.4　商品储备管理公司

2022 年 1 月 1 日至 2023 年 12 月 31 日，对商品储备管理公司及其直属库资金账簿免征印花税；对其承担商品储备业务过程中书立的购销合同免征印花税，对合同其他各方当事人应缴纳的印花税照章征收。

商品储备管理公司及其直属库，是指接受县级以上人民政府有关部门委托，承担粮（含大豆）、食用油、棉、糖、肉 5 种商品储备任务，取得财政储备经费或者补贴的商品储备企业。

承担中央政府有关部门委托商品储备业务的储备管理公司及其直属库，包括中国储备粮管理集团有限公司及其分公司、直属库，华商储备商品管理中心有限公司及其管理的国家储备糖库、国家储备肉库。

承担地方政府有关部门委托商品储备业务的储备管理公司及其直属库，由省、自治区、直辖市财政、税务部门会同有关部门明确或者制定具体管理办法，并报省、自治区、直辖市人民政府批准。

企业享受上述规定的免税政策，应按规定进行免税申报，并将不动产权属证明、房产原值、承担商品储备业务情况、储备库建设规划等资料留存备查。

《财政部 税务总局关于延续执行部分国家商品储备税收优惠政策的公告》(财政部 税务总局公告 2022 年第 8 号)

11.5.2.5　支持农村集体产权制度改革

对因农村集体经济组织以及代行集体经济组织职能的村民委员会、村民小组进行清产核资收回集体资产而签订的产权转移书据,免征印花税。

《财政部 国家税务总局关于支持农村集体产权制度改革有关税收政策的通知》(财税〔2017〕55 号)

11.5.2.6　农村饮水安全工程

自 2019 年 1 月 1 日至 2023 年 12 月 31 日,对饮水工程运营管理单位为建设饮水工程取得土地使用权而签订的产权转移书据,以及与施工单位签订的建设工程承包合同,免征印花税。

对于既向城镇居民供水,又向农村居民供水的饮水工程运营管理单位,依据向农村居民供水量占总供水量的比例免征印花税。无法提供具体比例或所提供数据不实的,不得享受上述税收优惠政策。

饮水工程,是指为农村居民提供生活用水而建设的供水工程设施。饮水工程运营管理单位,是指负责饮水工程运营管理的自来水公司、供水公司、供水(总)站(厂、中心)、村集体、农民用水合作组织等单位。

符合上述条件的饮水工程运营管理单位自行申报享受减免税优惠,相关材料留存备查。

《财政部 国家税务总局关于继续实行农村饮水安全工程税收优惠政策的公告》(财政部 税务总局公告 2019 年第 67 号)、《财政部 税务总局关于延长部分税收优惠政策执行期限的公告》(财政部 税务总局公告 2021 年第 6 号)

11.5.2.7　易地扶贫搬迁税收优惠政策

(1)对易地扶贫搬迁项目实施主体(简称"项目实施主体")取得用于建设安置住房的土地,免征印花税。

(2)对安置住房建设和分配过程中应由项目实施主体、项目单位缴纳的印花税,予以免征。

(3)在商品住房等开发项目中配套建设安置住房的,按安置住房建筑面积占总建筑面积的比例,计算应予免征的项目实施主体、项目单位相关的印花税。

（4）对项目实施主体购买商品住房或者回购保障性住房作为安置住房房源的，免征印花税。

易地扶贫搬迁项目、项目实施主体、易地扶贫搬迁贫困人口、相关安置住房等信息由易地扶贫搬迁工作主管部门确定。县级易地扶贫搬迁工作主管部门应当将上述信息及时提供给同级税务部门。

上述政策执行期限自 2018 年 1 月 1 日至 2025 年 12 月 31 日。

《财政部　国家税务总局关于易地扶贫搬迁税收优惠政策的通知》（财税〔2018〕135 号）、《财政部　税务总局关于延长部分税收优惠政策执行期限的公告》（财政部　税务总局公告 2021 年第 6 号）

11.5.2.8　公共租赁住房

对公租房经营管理单位免征建设、管理公租房涉及的印花税。在其他住房项目中配套建设公租房，按公租房建筑面积占总建筑面积的比例免征建设、管理公租房涉及的印花税。

对公租房经营管理单位购买住房作为公租房，免征契税、印花税；对公租房租赁双方免征签订租赁协议涉及的印花税。

公租房是指纳入省、自治区、直辖市、计划单列市人民政府及新疆生产建设兵团批准的公租房发展规划和年度计划，或者市、县人民政府批准建设（筹集），并按照《关于加快发展公共租赁住房的指导意见》（建保〔2010〕87 号）和市、县人民政府制定的具体管理办法进行管理的公租房。

纳税人享受规定的优惠政策，应按规定进行免税申报，并将不动产权属证明、载有房产原值的相关材料、纳入公租房及用地管理的相关材料、配套建设管理公租房相关材料、购买住房作为公租房相关材料、公租房租赁协议等留存备查。

政策执行期限为 2019 年 1 月 1 日至 2023 年 12 月 31 日。

《财政部　税务总局关于公共租赁住房税收优惠政策的公告》（财政部　税务总局公告 2019 年第 61 号）、《财政部　税务总局关于延长部分税收优惠政策执行期限的公告》（财政部　税务总局公告 2021 年第 6 号）

11.5.2.9　经济适用住房

对经济适用住房经营管理单位与经济适用住房相关的印花税以及经济适用住房购买人涉及的印花税予以免征。

开发商在经济适用住房、在商品住房项目中配套建造经济适用住房，如能提供政府部门出具的相关材料,可按经济适用住房建筑面积占总建筑面积的比例免征开发商应缴纳的印花税。

经济适用住房、经济适用住房购买人须符合《国务院关于解决城市低收入家庭住房困难的若干意见》(国发〔2007〕24 号)及《经济适用住房管理办法》(建住房〔2007〕258 号)的规定;经济适用住房经营管理单位为县级以上人民政府主办或确定的单位。

《财政部 国家税务总局关于廉租住房、经济适用住房和住房租赁有关税收政策的通知》(财税〔2008〕24 号)

11.5.2.10　个人住房相关政策

对房地产管理部门与个人订立的租房合同,凡用于生活居住的,暂免贴花;用于生产经营的,应按法规贴花。

《国家税务局关于印花税若干具体问题的规定》(国税地字〔1988〕25 号)

对个人出租、承租住房签订的租赁合同,免征印花税。

《财政部 国家税务总局关于廉租住房、经济适用住房和住房租赁有关税收政策的通知》(财税〔2008〕24 号)

对个人销售或购买住房暂免征收印花税。

《财政部 国家税务总局关于调整房地产交易环节税收政策》(财税〔2008〕137 号)

11.5.2.11　高校学生公寓

高校学生公寓,是指为高校学生提供住宿服务,按照国家规定的收费标准收取住宿费的学生公寓。

自 2019 年 1 月 1 日至 2023 年 12 月 31 日,对与高校学生签订的高校学生公寓租赁合同,免征印花税。

企业享受上述规定的免税政策,应按规定进行免税申报,并将不动产权属证明、房产用途证明、租赁合同等资料留存备查。

《财政部 税务总局关于高校学生公寓房产税印花税政策的通知》(财税〔2019〕14 号)、《财政部 国家税务总局关于延长部分税收优惠政策执行期限的公告》(财政部税务总局公告 2022 年第 4 号)

11.5.2.12　棚户区改造

(一)棚户区相关概念

棚户区是指简易结构房屋较多、建筑密度较大、房屋使用年限较长、使用功能不全、基础设施简陋的区域,具体包括城市棚户区、国有工矿(含煤矿)棚户区、国有林区棚户区和国有林场危旧房、国有垦区危房。

棚户区改造是指列入省级人民政府批准的棚户区改造规划或年度改造计划的改造项目。

改造安置住房是指相关部门和单位与棚户区被征收人签订的房屋征收(拆迁)补偿协议或棚户区改造合同(协议)中明确用于安置被征收人的住房或通过改建、扩建、翻建等方式实施改造的住房。

《财政部 国家税务总局关于棚户区改造有关税收政策的通知》(财税〔2013〕101号)

(二)印花税优惠政策

对改造安置住房经营管理单位、开发商与改造安置住房相关的印花税以及购买安置住房的个人涉及的印花税予以免征。

在商品住房等开发项目中配套建造安置住房的,依据政府部门出具的相关材料、房屋征收(拆迁)补偿协议或棚户区改造合同(协议),按改造安置住房建筑面积占总建筑面积的比例免征印花税。

《财政部 国家税务总局关于棚户区改造有关税收政策的通知》(财税〔2013〕101号)

11.5.2.13 青藏铁路公司及其所属单位优惠政策

对青藏铁路公司及其所属单位营业账簿免征印花税;对青藏铁路公司签订的货物运输合同免征印花税,对合同其他各方当事人应缴纳的印花税照章征收。

青藏铁路公司所属单位名单:①西宁车站;②西宁车务段;③德令哈车务段;④格尔木车务段;⑤西宁供电段;⑥西宁机务段;⑦西宁工务段;⑧格尔木工务段;⑨西宁工务机械段;⑩西宁电务段;⑪西宁车辆段;⑫西宁客运段;⑬西宁房建生活段;⑭格尔木房建生活段;⑮西宁物资采购供应中心;⑯青藏铁路公安局;⑰西宁铁路公安处;⑱格尔木铁路公安处;⑲拉萨公安处;⑳拉萨车站(拉萨办事处);㉑西宁疾病预防控制所;㉒青藏铁路公司党校;㉓西宁乘务员公寓;㉔青藏铁道资金结算所;㉕建设项目管理所;㉖青藏铁路公司装卸管理所;㉗青藏铁路公司驻北京办事处。

《财政部 国家税务总局关于青藏铁路公司运营期间有关税收等政策问题的通知》(财税〔2007〕11号)

11.5.2.14　北京 2022 年冬奥会和冬残奥会税收政策

（1）对北京 2022 年冬奥会和冬残奥会组织委员会（简称"北京冬奥组委"）使用的营业账簿和签订的各类合同等应税凭证,免征北京冬奥组委应缴纳的印花税。

（2）对国际奥委会、中国奥委会签订的与北京 2022 年冬奥会有关的各类合同,免征国际奥委会和中国奥委会应缴纳的印花税。

（3）对国际残奥委会取得的与北京 2022 年冬残奥会有关的收入免征印花税。

（4）对中国残奥委会根据《联合市场开发计划协议》取得的由北京冬奥组委分期支付的收入免征印花税。

（5）北京冬奥会测试赛赛事组委会取得的收入及发生的涉税支出比照执行北京冬奥组委的税收政策。

（6）对财产所有人将财产（物品）捐赠给北京冬奥组委所书立的产权转移书据免征应缴纳的印花税。

《财政部　税务总局　海关总署关于北京 2022 年冬奥会和冬残奥会税收政策的通知》（财税〔2017〕60 号）

11.5.2.15　杭州 2022 年亚运会和亚残运会税收政策

对 2022 年亚运会和亚残运会及其测试赛（统称"杭州亚运会"）组委会（简称"组委会"）使用的营业账簿和签订的各类合同等应税凭证,免征组委会应缴纳的印花税。

对财产所有人将财产（物品）捐赠给组委会所书立的产权转移书据,免征印花税。

《财政部　税务总局　海关总署关于杭州 2022 年亚运会和亚残运会税收政策的公告》（财政部　税务总局　海关总署公告 2020 年第 18 号）

11.5.2.16　三项国际综合运动会税收政策

自 2020 年 1 月 1 日起,对 2020 年晋江第 18 届世界中学生运动会、2020 年三亚第 6 届亚洲沙滩运动会、2021 年成都第 31 届世界大学生运动会等三项国际综合运动会（统称"三项国际综合运动会"）的执行委员会、组委会（统称"组委会"）使用的营业账簿和签订的各类合同等应税凭证,免征组委会应缴纳的印花税。

对财产所有人将财产(物品)捐赠给组委会所书立的产权转移书据,免征印花税。

《财政部　税务总局　海关总署关于第 18 届世界中学生运动会等三项国际综合运动会税收政策的公告》(财政部公告 2020 年第 19 号)

11.5.2.17　中国信达等 4 家金融资产管理公司税收政策

享受税收优惠政策的主体为经国务院批准成立的中国信达资产管理公司、中国华融资产管理公司、中国长城资产管理公司和中国东方资产管理公司,以及经其批准分设于各地的分支机构。除另有规定者外,资产公司所属、附属企业,不享受资产公司的税收优惠政策。

（一）收购承接和处置不良资产

对资产公司成立时设立的资金账簿免征印花税。对资产公司收购、承接和处置不良资产,免征购销合同和产权转移书据应缴纳的印花税。对涉及资产公司资产管理范围内的上市公司国有股权持有人变更的事项,免征印花税参照《国家税务总局关于办理上市公司国有股权无偿转让暂不征收证券(股票)交易印花税有关审批事项的通知》(国税函〔2004〕941 号)的有关法规(详见"11.5.2.25 上市公司国有股权无偿转让")执行。

收购、承接不良资产是指资产公司按照国务院法规的范围和额度,对相关国有银行不良资产,以账面价值进行收购,同时继续债权、行使债权主体权利。具体包括资产公司承接、收购相关国有银行的逾期、呆滞、呆账贷款及其相应的抵押品;处置不良资产是指资产公司按照有关法律、法规,为使不良资产的价值得到实现而采取的债权转移的措施。具体包括运用出售、置换、资产重组、债转股、证券化等方法对贷款及其抵押品进行处置。

资产公司除收购、承接、处置不良资产业务外,从事其他经营业务或发生未规定免税的应税行为,应一律依法纳税。

《财政部　国家税务总局关于中国信达等 4 家金融资产管理公司税收政策问题的通知》(财税〔2001〕10 号)

（二）收购承接和处置上市公司股权

资产公司依据《财政部　国家税务总局关于中国信达等 4 家金融资产管理公司税收政策问题的通知》(财税〔2001〕10 号)的规定,在其收购、承接和处置的国有银行不良资产范围内的上市公司股权受让或出让行为,可以报请审核免征证券(股票)交易印花税。

资产公司在其收购、承接和处置国有银行不良资产范围外从事其他经营业务的应税行为,即对不属于上述范围的股权受让或出让行为,仍应按规定征收证券(股票)交易印花税。

办理股权受让或者出让免税事项,由资产公司向证券登记结算公司办理备案,说明从银行不良债权到现有资产形态的形成过程和受让或出让股票的数量、价值金额,并附下列证明文件和材料:

股权受让方、出让方的《企业法人营业执照》副本复印件。

财政部关于股权转让的批复或其他生效的法律文书。

受让方和出让方签订的股权转让协议。

国家税务总局要求提供的其他证明股权资产属于其收购、承接和处置的银行不良资产范围内的相关材料。

《国家税务总局关于中国信达等四家金融资产管理公司受让或出让上市公司股权免征证券(股票)交易印花税有关问题的通知》(国税发〔2002〕94 号)

根据《国家税务总局关于公布已取消的 22 项税务非行政许可审批事项的公告》(国家税务总局公告 2015 年第 58 号)的规定,中国信达等四家金融资产管理公司出让上市公司股权免征证券(股票)交易印花税非行政许可审批取消后有关管理问题:

(1)证券市场所在地主管税务机关(北京、上海、深圳市税务局)在证券登记结算公司营业部柜台建立《上市公司国有股权无偿转让免征证券(股票)交易印花税股权过户情况登记簿》和《四家金融资产管理公司出让上市公司股权免征证券(股票)交易印花税股权过户情况登记簿》(表 11-2,简称《登记簿 1》)。

(2)具体操作规程如下:①申请人(转让方)负责填写股权变更的相关事项内容;②证券市场所在地主管税务机关委托当地证券登记结算公司对申请人登记填写内容逐笔验证后再办理相关手续;③证券市场所在地主管税务机关定期核对《登记簿 1》填写的内容;④年度终了后,证券登记结算公司将《登记簿 1》交由所在地主管税务机关备查。

(3)自 2015 年起,证券市场所在地主管税务机关应当在年度终了后 1 个月内,按照上述要求对《登记簿 1》登记的内容进行汇总和分析,并将主要情况书面上报国家税务总局。

表 11-2 四家金融资产管理公司出让上市公司股权免征证券(股票)交易印花税股权过户情况登记簿

序号	申请人名称	申请人税务登记证号码	申请人所在地	批准文号	出让方名称	受让方名称	出让股票名称	出让股数	申请人的经办人签字	申办日期	过户日期	登记结算公司经办人签字	备注
	1	2	3	4	5	6	7	8	9	10	11	12	13
1													
2													
3													
……	……	……	……	……	……	……	……	……	……	……	……	……	……
10													

注：① 申请人须填写 1～10 栏,要求全面、准确、清楚。证券登记结算公司验证,填写 11～12 栏。

② 具体操作规程：第一步,由申请人(转让方)负责填写；第二步,由证券登记结算公司逐笔验证；第三步,主管税务机关定期(按月)核对；第四步,年度终了后,证券登记结算公司将登记簿交付主管税务机关备查。

《国家税务总局关于两项证券(股票)交易印花税非行政许可审批取消后有关管理问题的公告》(国家税务总局公告 2015 年第 63 号)

（三）接收资本项下资产

按照国务院办公厅《转发人民银行、财政部、证监会关于组建中国信达资产管理公司意见的通知》(国办发〔1999〕33 号)和《转发人民银行、财政部、证监会关于组建中国华融资产管理公司、中国长城资产管理公司和中国东方资产管理公司意见的通知》(国办发〔1999〕66 号)的规定,财政部从中国建设银行、中国工商银行、中国农业银行、中国银行(简称"国有商业银行")无偿划转了部分资产(包括现金、投资、固定资产及随投资实体划转的贷款)给中国信达资产管理公司、中国华融资产管理公司、中国长城资产管理公司和中国东方资产管理公司(简称"金融资产管理公司"),作为其组建时的资本金。上述金融资产管理公司接收资本金项下的资产在办理过户时有关税收政策：

(1) 金融资产管理公司按财政部核定的资本金数额,接收国有商业银行的资产,在办理过户手续时,免征印花税。

(2) 国有商业银行按财政部核定的数额,划转给金融资产管理公司的资产,在办理过户手续时,免征印花税。

《财政部 国家税务总局关于 4 家资产管理公司接收资本金项下的资产在办理过

户时有关税收政策问题的通知》(财税〔2003〕21号)

11.5.2.18 东方资产管理公司处置港澳国际(集团)有限公司资产政策

(一)享受税收优惠政策的主体

(1)负责接收和处置港澳国际(集团)有限公司资产的中国东方资产管理公司及其经批准分设于各地的分支机构(简称"东方资产管理公司")。

(2)港澳国际(集团)有限公司所属的东北国际投资有限公司、海国投集团有限公司、海南港澳国际信托投资公司(简称"港澳国际(集团)内地公司")。

(3)在我国境内(不包括港澳台)拥有资产并负有纳税义务的港澳国际(集团)有限公司集团本部及其中国香港8家子公司(简称"港澳国际(集团)香港公司")。港澳国际(集团)有限公司在中国香港的8家子公司名单为:新港澳有限公司、煌天投资有限公司、海佳发展有限公司、港澳国际置业有限公司、金富运发展有限公司、港澳国际财务有限公司、恒琪发展有限公司、集富置业有限公司。

(二)相关印花税优惠政策

对东方资产管理公司在接收和处置港澳国际(集团)有限公司资产过程中签订的产权转移书据,免征东方资产管理公司应缴纳的印花税。

对港澳国际(集团)内地公司在催收债权、清偿债务过程中签订的产权转移书据,免征港澳国际(集团)内地公司应缴纳的印花税。

对港澳国际(集团)香港公司在中国境内催收债权、清偿债务过程中签订的产权转移书据,免征港澳国际(集团)香港公司应承担的印花税。

港澳国际(集团)内地公司、港澳国际(集团)香港公司在清算期间发生未规定免税的应税行为以及东方资产管理公司除接收、处置不良资产业务外从事其他经营业务,应一律依法纳税。

上述规定自港澳国际(集团)内地公司、港澳国际(集团)香港公司开始清算之日起执行,规定发布前,属免征事项的应纳税款不再追缴,已征税款不予退还。

《财政部 国家税务总局关于中国东方资产管理公司处置港澳国际(集团)有限公司有关资产税收政策问题的通知》(财税〔2003〕212号)

11.5.2.19 社保基金相关政策

对全国社会保障基金理事会(简称"社保基金会")委托社保基金投资管理人运用全国社会保障基金(简称"社保基金")买卖证券应缴纳的印花税实行先

征后返。社保基金会定期向财政部提出返还印花税的申请。具体退税程序比
照《财政部 国家税务总局 中国人民银行关于税制改革后对某些企业实行"先
征后退"有关预算管理问题的暂行规定的通知》(财预字〔1994〕55 号)的有关规
定办理。

《财政部 国家税务总局关于全国社会保障基金有关印花税政策的通知》(财税
〔2003〕134 号)

对社保基金会、社保基金投资管理人管理的社保基金转让非上市公司股
权,免征社保基金会、社保基金投资管理人应缴纳的印花税。

《财政部 税务总局关于全国社会保障基金有关投资业务税收政策的通知》(财税
〔2018〕94 号)

经国务院批准,对有关国有股东按照《境内证券市场转持部分国有股充实
全国社会保障基金实施办法》(财企〔2009〕94 号)向全国社会保障基金理事会
转持国有股,免征证券(股票)交易印花税。

《财政部 国家税务总局关于境内证券市场转持部分国有股充实全国社会保障基
金有关证券(股票)交易印花税政策的通知》(财税〔2009〕103 号)

根据《国务院关于印发划转部分国有资本充实社保基金实施方案的通知》
(国发〔2017〕49 号)的规定,在国有股权划转和接收过程中,划转非上市公司股
份的,对划出方与划入方签订的产权转移书据免征印花税;划转上市公司股份
和全国中小企业股份转让系统挂牌公司股份的,免征证券交易印花税;对划入
方因承接划转股权而增加的实收资本和资本公积,免征印花税;涉及境内上市
公司、全国中小企业股份转让系统挂牌的公司和境外上市公司非境外上市股份
的,免收过户费。《关于划转部分国有资本充实社保基金有关事项的操作办法》
印发前,划转双方已缴纳的上述税费由征收单位予以退还。

《关于划转部分国有资本充实社保基金有关事项的操作办法》(财资〔2019〕49 号附
件)

11.5.2.20 基本养老保险基金

社保基金会受托投资的基本养老保险基金(简称"养老基金")有关投资业
务税收政策:

对社保基金会及养老基金投资管理机构运用养老基金买卖证券应缴纳的
印花税实行先征后返;养老基金持有的证券,在养老基金证券账户之间的划拨
过户,不属于印花税的征收范围,不征收印花税。对社保基金会及养老基金投

资管理机构管理的养老基金转让非上市公司股权,免征社保基金会及养老基金投资管理机构应缴纳的印花税。

《财政部 税务总局关于基本养老保险基金有关投资业务税收政策的通知》(财税〔2018〕95号)

11.5.2.21 股权分置改革

股权分置改革过程中因非流通股股东向流通股股东支付对价而发生的股权转让,暂免征收印花税。

《财政部 国家税务总局关于股权分置试点改革有关税收政策问题的通知》(财税〔2005〕103号)

11.5.2.22 信贷资产证券化

信贷资产证券化的发起机构、受托机构在信贷资产证券化过程中,与资金保管机构、证券登记托管机构以及其他为证券化交易提供服务的机构签订的其他应税合同,暂免征收发起机构、受托机构应缴纳的印花税。

受托机构发售信贷资产支持证券以及投资者买卖信贷资产支持证券暂免征收印花税。

发起机构、受托机构因开展信贷资产证券化业务而专门设立的资金账簿暂免征收印花税。

信贷资产证券化的发起机构,指通过设立特定目的信托项目转让信贷资产的金融机构。

受托机构,指因承诺信托而负责管理信托项目财产并发售资产支持证券的机构。

资金保管机构,指接受受托机构委托,负责保管信托项目财产账户资金的机构。

证券登记托管机构,指中央国债登记结算有限责任公司。

《财政部 国家税务总局关于信贷资产证券化有关税收政策问题的通知》(财税〔2006〕5号)

11.5.2.23 证券投资者保护基金

(1)对保护基金公司新设立的资金账簿免征印花税。

对保护基金公司与中国人民银行签订的再贷款合同、与证券公司行政清算机构签订的借款合同,免征印花税。

（2）对保护基金公司接收被处置证券公司财产签订的产权转移书据，免征印花税。

（3）对保护基金公司以保护基金自有财产和接收的受偿资产与保险公司签订的财产保险合同，免征印花税。

（4）对与保护基金公司签订上述应税合同或产权转移书据的其他当事人照章征收印花税。

《财政部 国家税务总局关于证券投资者保护基金有关印花税政策的通知》（财税〔2006〕104 号）

11.5.2.24　中国香港投资者参与股票担保卖空交易

关于中国香港市场投资者通过沪股通和深股通参与股票担保卖空的证券（股票）交易印花税问题。

对中国香港市场投资者通过沪股通和深股通参与股票担保卖空涉及的股票借入、归还，暂免征收证券（股票）交易印花税。

《财政部 国家税务总局 证监会关于深港股票市场交易互联互通机制试点有关税收政策的通知》（财税〔2016〕127 号）

11.5.2.25　上市公司国有股权无偿转让

对经国务院和省级人民政府决定或批准进行的国有（含国有控股）企业改组改制而发生的上市公司国有股权无偿转让行为，暂不征收证券（股票）交易印花税。对不属于上述情况的上市公司国有股权无偿转让行为，仍应征收证券（股票）交易印花税。

凡符合暂不征收证券（股票）交易印花税条件的上市公司国有股权无偿转让行为，由转让方或受让方按《关于上市公司国有股权无偿转让暂不征收证券（股票）交易印花税申报文件的规定》的要求，报中国证券登记结算有限责任公司备案。

《关于上市公司国有股权无偿转让暂不征收证券（股票）交易印花税申报文件的规定》

对上市公司国有股权无偿转让符合暂不征税规定范围，需要明确暂不征收证券（股票）交易印花税的，须由转让方或受让方按下列要求向中国证券登记结算有限责任公司备案，具体内容包括：

（1）转让方名称、地址、隶属关系、经济性质。

（2）受让方名称、地址、隶属关系、经济性质。

（3）转让股权的股数和金额、转让形式、批准部门，以及申请暂不征收证券（股票）交易印花税的理由。

（4）备案时应附下列证明文件和材料：①国务院及其授权部门或者省级人民政府关于上市公司国有股权无偿转让的批准文件；②上市公司国有股权无偿转让的可行性研究报告；③受让方的章程；④受让方《企业法人营业执照》副本复印件；⑤向社会公布的上市公司国有股权无偿转让事宜的预案公告复印件。

《国家税务总局关于办理上市公司国有股权无偿转让暂不征收证券（股票）交易印花税有关审批事项的通知》（国税函〔2004〕941号）、《国家税务总局关于修改部分税收规范性文件的公告》（国家税务总局公告2018年第31号）

根据《国家税务总局关于公布已取消的22项税务非行政许可审批事项的公告》（国家税务总局公告2015年第58号）规定，上市公司国有股权无偿转让免征证券（股票）交易印花税非行政许可审批取消后有关管理问题：

（1）证券市场所在地主管税务机关（北京、上海、深圳市税务局）在证券登记结算公司营业部柜台建立《上市公司国有股权无偿转让免征证券（股票）交易印花税股权过户情况登记簿》（表11-3，简称《登记簿2》）。

表 11-3　上市公司国有股权无偿转让免征证券（股票）交易
印花税股权过户情况登记簿

序号	申请人名称	申请人税务登记证号码	申请人所在地	批准文号	划转股票名称	划转股数	划出方名称	划入方名称	申请人的经办人签字	申办日期	过户日期	登记结算公司经办人签字	备注
	1	2	3	4	5	6	7	8	9	10	11	12	13
1													
2													
3													
……	……	……	……	……	……	……	……	……	……	……	……	……	……
10													

注：①申请人须填写1～10栏，要求全面、准确、清楚。证券登记结算公司验证，填写11～12栏。
②具体操作规程：第一步，由申请人（转让方）负责填写；第二步，由证券登记结算公司逐笔验证；第三步，主管税务机关定期（按月）核对；第四步，年度终了后，登记公司将登记簿交付主管税务机关备查。

（2）具体操作规程如下：①申请人（转让方）负责填写股权变更的相关事项内容；②证券市场所在地主管税务机关委托当地证券登记结算公司对申请人登记填写内容逐笔验证后再办理相关手续；③证券市场所在地主管税务机关定期核对《登记簿》填写的内容；④年度终了后，证券登记结算公司将《登记簿》交由所在地主管税务机关备查。

（3）自 2015 年起，证券市场所在地主管税务机关应当在年度终了后 1 个月内，按照上述要求对《登记簿 2》登记的内容进行汇总和分析，并将主要情况书面上报国家税务总局。

《国家税务总局关于两项证券（股票）交易印花税非行政许可审批取消后有关管理问题的公告》（国家税务总局公告 2015 年第 63 号）

11.5.2.26 保险保障基金

自 2018 年 1 月 1 日起至 2023 年 12 月 31 日止，对中国保险保障基金有限责任公司（简称"保险保障基金公司"）下列应税凭证，免征印花税：

（1）新设立的资金账簿。

（2）在对保险公司进行风险处置和破产救助过程中签订的产权转移书据。

（3）在对保险公司进行风险处置过程中与中国人民银行签订的再贷款合同。

（4）以保险保障基金自有财产和接收的受偿资产与保险公司签订的财产保险合同。

对与保险保障基金公司签订上述产权转移书据或应税合同的其他当事人照章征收印花税。

《财政部 税务总局关于保险保障基金有关税收政策问题的通知》（财税〔2018〕41 号）、《财政部 税务总局关于延长部分税收优惠政策执行期限的公告》（财政部 税务总局公告 2021 年第 6 号）

11.5.2.27 支持小微企业"六税两费"减征

详见"1.7.2.27 支持小微企业'六税两费'减征"。

11.5.2.28 军火武器合同

国防科工委管辖的军工企业和科研单位，与军队、武警总队、公安、国家安全部门，为研制和供应军火武器（包括指挥、侦察、通信装备，下同）所签订的合同免征印花税。

国防科工委管辖的军工系统内各单位之间，为研制军火武器所签订的合同免征印花税。

《国家税务总局关于军火武器合同免征印花税问题的通知》（国税发〔1990〕200号）

11.5.3 税收优惠办理方式

《印花税法》实施后，纳税人享受印花税优惠政策，继续实行"自行判别、申报享受、有关资料留存备查"的办理方式。纳税人对留存备查资料的真实性、完整性和合法性承担法律责任。

《国家税务总局关于实施〈中华人民共和国印花税法〉等有关事项的公告》（国家税务总局公告2022年第14号）

11.6 纳税地点

纳税人为单位的，应当向其机构所在地的主管税务机关申报缴纳印花税；纳税人为个人的，应当向应税凭证书立地或者纳税人居住地的主管税务机关申报缴纳印花税。

不动产产权发生转移的，纳税人应当向不动产所在地的主管税务机关申报缴纳印花税。

《中华人民共和国印花税法》第十三条

11.6.1 境外单位和个人纳税地点

纳税人为境外单位或者个人，在境内有代理人的，以其境内代理人为扣缴义务人。境外单位或者个人的境内代理人应当按规定扣缴印花税，向境内代理人机构所在地（居住地）主管税务机关申报解缴税款。

纳税人为境外单位或者个人，在境内没有代理人的，纳税人应当自行申报缴纳印花税。境外单位或者个人可以向资产交付地、境内服务提供方或者接受方所在地（居住地）、书立应税凭证境内书立人所在地（居住地）主管税务机关申报缴纳；涉及不动产产权转移的，应当向不动产所在地主管税务机关申报缴纳。

《国家税务总局关于实施〈中华人民共和国印花税法〉等有关事项的公告》(国家税务总局公告 2022 年第 14 号)

11.6.2　中国铁路总公司所属单位纳税地点

路局、分局所属跨地区的直属单位,其印花税应由直属单位在机构所在地就地缴纳。

《财政部　国家税务总局关于铁道部所属单位恢复征收印花税问题的补充通知》(财税字〔1997〕182 号)

11.7　纳税义务发生时间

印花税的纳税义务发生时间为纳税人书立应税凭证或者完成证券交易的当日。

证券交易印花税扣缴义务发生时间为证券交易完成的当日。

《中华人民共和国印花税法》第十五条

热点问题　财产租赁一次性签订 3 年的合同,合同中注明了 3 年的租金,但租金是一年一付,财产租赁印花税是按每次付款后出租方开具的发票金额来缴纳,还是按签订合同的 3 年租金一次性缴纳?

答:根据《印花税法》第十五条的规定,印花税的纳税义务发生时间为纳税人书立应税凭证或者完成证券交易的当日。根据《印花税法》第五条的规定,应税合同的计税依据,为合同所列的金额,不包括列明的增值税税款。因此,3 年租金签一次合同,应按 3 年的租金在签订合同时缴纳印花税;若每年签一次合同,应在每年签合同时缴纳印花税。

11.8　征收管理与法律责任

印花税由税务机关依照《印花税法》和《税收征收管理法》的规定征收管理。

纳税人、扣缴义务人和税务机关及其工作人员违反本法规定的,依照《税收征收管理法》和有关法律、行政法规的规定追究法律责任。

《中华人民共和国印花税法》第十八条、第十九条

11.8.1　委托代征

关于加强对技术合同征税的管理问题。为加强对技术合同缴纳印花税的征收管理,保证税款及时足额入库,各级税务部门要积极取得科委和技术合同登记、管理机构的支持配合,共同研究解决印花税源泉控制的管理办法,因地制宜建立监督纳税、代征税款、代售印花等管理制度。

《国家税务局关于对技术合同征收印花税问题的通知》(国税地字〔1989〕34 号)

11.8.2　代扣汇总缴纳

11.8.2.1　汇总缴纳管理

同一种类应纳税凭证,需频繁贴花的,纳税人可以根据实际情况自行决定是否采用按期汇总缴纳印花税的方式。汇总缴纳的期限为一个月。采用按期汇总缴纳方式的纳税人应事先告知主管税务机关。缴纳方式一经选定,一年内不得改变。

主管税务机关应重点加强以下工作:

(1)主管税务机关接到纳税人要求按期汇总缴纳印花税的告知后,应及时登记,制定相应的管理办法,防止出现管理漏洞。

(2)对采用按期汇总缴纳方式缴纳印花税的纳税人,应加强日常监督、检查,重点核查纳税人汇总缴纳的应税凭证是否完整,贴花金额是否准确。

《财政部　国家税务总局关于改变印花税按期汇总缴纳管理办法的通知》(财税〔2004〕170 号)

11.8.2.2　代扣汇总单位及结算凭证

(1)运费结算付方应缴纳的印花税,应由运费结算收方或其代理方实行代扣汇总缴纳。

(2)运费结算凭证由交通运输管理机关或其指定的单位填开或审核的,当地税务机关应委托凭证填开或审核单位,对运费结算双方应缴纳的印花税,实行代扣汇总缴纳。

（3）在运费结算凭证费别栏目中应增列一项"印花税"，将应缴纳的印花税款填入"印花税"项目中。

为了方便代扣汇总缴纳，每份运费结算凭证应纳税额不足 0.10 元的免税，超过 0.10 元的按实计缴，计算到分。

《国家税务总局关于货运凭证征收印花税几个具体问题的通知》（国税发〔1990〕173 号）

11.8.2.3 铁路运输企业代征税款及缴纳

铁路运输企业在收取货物运杂费的同时必须代征托运方应纳的印花税，并记入运费结算凭证的"印花税"项目内，运费结算凭证不再加盖"印花税代扣专用章"。

铁路运输企业代征的托运方应纳的印花税与铁路运输企业应纳的印花税统一由各铁路运输企业汇总后按下列方式缴入国库。

（1）铁路局（含广铁集团、青藏铁路公司）应纳印花税，依照铁路体制改革前所属原汇总缴纳印花税单位 2004 年印花税款占铁路局印花税的比例计算（略），按季向原汇总缴纳单位所在地的税务机关缴纳。对采用异地汇款方式缴纳税款的，原汇总缴纳单位所在地的税务机关应通知铁路局将税款直接汇入税务机关在国库开设的"待缴库税款"专户。

（2）集装箱和特货公司货运业务应纳的印花税向总机构所在地税务机关缴纳。

（3）合资铁路公司、地方铁路货运业务应纳的印花税向机构所在地税务机关缴纳。

税务机关根据国家有关规定，按代征印花税税款金额的 5％付给铁路部门代征手续费。手续费由税务机关按规定及时给付，铁路部门不得从代征税款中直接扣除。

《国家税务总局 铁道部关于铁路货运凭证印花税若干问题的通知》（国税发〔2006〕101 号）

11.8.2.4 国家开发银行各分行汇总缴纳税款

国家开发银行（简称"开行"）各分行签订的贷款合同实行按年汇总缴纳印花税的办法。即年度终了后 1 个月内，开行各分行向当地税务局申报缴纳印花税。同时向税务机关提供财政部《关于核定×××× 年度基本建设政策性财政贴息预算拨款的通知》和全年贷款合同明细表,经税务局对照核实后,对财政贴息的项目贷款合同免征印花税,其余非贴息贷款合同按法规缴纳印花税。

《国家税务总局关于明确国家开发银行分行营业账簿和贷款合同印花税缴纳方式的通知》(国税函〔2000〕1060号,国家税务总局公告2018年第31号修改)

11.8.3 纳税期限

印花税按季、按年或者按次计征。实行按季、按年计征的,纳税人应当自季度、年度终了之日起15日内申报缴纳税款;实行按次计征的,纳税人应当自纳税义务发生之日起15日内申报缴纳税款。

证券交易印花税按周解缴。证券交易印花税扣缴义务人应当自每周终了之日起五日内申报解缴税款以及银行结算的利息。

《中华人民共和国印花税法》第十六条

印花税按季、按年或者按次计征。应税合同、产权转移书据印花税可以按季或者按次申报缴纳,应税营业账簿印花税可以按年或者按次申报缴纳,具体纳税期限由各省、自治区、直辖市、计划单列市税务局结合征管实际确定。

境外单位或者个人的应税凭证印花税可以按季、按年或者按次申报缴纳,具体纳税期限由各省、自治区、直辖市、计划单列市税务局结合征管实际确定。

《国家税务总局关于实施〈中华人民共和国印花税法〉等有关事项的公告》(国家税务总局公告2022年第14号)

11.8.4 纳税申报

纳税人应当根据书立印花税应税合同、产权转移书据和营业账簿情况,填写《印花税税源明细表》(详见"11.8.4.1 申报表"),进行财产行为税综合申报。

《国家税务总局关于实施〈中华人民共和国印花税法〉等有关事项的公告》(国家税务总局公告2022年第14号)

11.8.4.1 申报表

自2021年6月1日起,纳税人申报缴纳城镇土地使用税、房产税、车船税、印花税、耕地占用税、资源税、土地增值税、契税、环境保护税、烟叶税中一个或多个税种时,使用《财产和行为税纳税申报表》(详见"1.8.2 纳税申报")。纳税人新增税源或税源变化时,需先填报《财产和行为税税源明细表》(表11-4)。

表 11-4 财产和行为税税源明细表

印花税税源明细表

纳税人识别号(统一社会信用代码):□□□□□□□□□□□□□□□□□□□□□

纳税人(缴费人)名称: 金额单位:人民币元(列至角分)

序号	应税凭证税务编号	应税凭证编号	*应税凭证名称	*申报期限类型	应税凭证数量	*税目	子目	*税款所属期起	*税款所属期止	*应税凭证书立日期	*计税金额	实际结算日期	实际结算金额	*税率	减免性质代码和项目名称	对方书立人信息		
																对方书立人名称	对方书立人纳税人识别号(统一社会信用代码)	对方书立人涉及金额
1																		
2																		
3																		

填表说明:

1. 应税凭证税务编号:纳税人不需填写。

2. 应税凭证编号:选填。填写纳税人书立的应税合同、产权转移书据或者营业账簿的编号,无编号不填写。

3. 应税凭证名称:必填。填写应税凭证的具体名称。

4. 申报期限类型:必填。填写应税凭证申报期限类型,填写按期申报或者按次申报。

5. 应税凭证数量:逐份填写应税凭证时填1,合并汇总填写应税凭证时填写合并汇总应税凭证的数量。合并汇总填写应税凭证时,只能合并适用同一税目且内容高度相似的应税凭证。合并汇总填写应税凭证时,对方书立人信息[对方书立人名称、对方书立人纳税人识别号(统一社会信用代码)、对方书立人涉及金额]不需填写。

6. 税目:必填。可填写项目包括:借款合同、融资租赁合同、买卖合同、承揽合同、建设工程合同、运输合同、技术合同、租赁合同、保管合同、仓储合同、财产保险合同、产权转移书据、营业账簿。

7. 子目:填写对应税目的征收子目,产权转移书据税目对应的子目必填,其他应税合同税目对应子目选填,其中融资租赁合同、买卖合同、保管合同、仓储合同、财产保险合同、营业账簿不需要填写子目。税目与子目对应关系如下:

借款合同:银行业金融机构借款合同、其他金融机构借款合同。

承揽合同:加工合同、定作合同、修理合同、复制合同、测试合同、检验合同;建设工程合同:工程勘察合同、工程设计合同、工程施工合同。

运输合同:公路货物运输合同、水路货物运输合同、航空货物运输合同、铁路货物运输合同、多式联运合同;技术合同:技术开发合同、技术许可合同、技术咨询合同、技术服务合同。

租赁合同:房屋租赁合同、其他租赁合同。

产权转移书据:土地使用权出让书据、土地使用权转让书据、房屋等建筑物和构筑物所有权转让书据(不包括土地承包经营权和土地经营权转移)、股权转让书据(不包括应缴纳证券交易印花税的)、商标专用权转让书据、著作权转让书据、专利权转让书据、专有技术使用权转让书据。

8. 税款所属期起:必填。按期申报的,填写所属期的起始时间,应填写具体的年、月、日。按次申报的,为应税凭证书立日期。

9. 税款所属期止:必填。按期申报的,填写所属期的终止时间,应填写具体的年、月、日。按次申报的,为应税凭证书立日期。

10. 应税凭证书立日期:必填。申报借款合同、融资租赁合同、买卖合同、承揽合同、建设工程合同、运输合同、技术合同、租赁合同、保管合同、仓储合同、财产保险合同、产权转移书据、营业账簿等税目的,填写应税凭证书立日期。合并汇总填报应税凭证时,应税凭证书立日期为税款所属期止。

11. 计税金额:必填。填写应税合同、产权转移书据列明的金额(不包括列明的增值税税款);填写应税营业账簿中实收资本(股本)和资本公积合计金额。

12. 实际结算日期:未确定计税金额的应税合同、产权转移书据实际结算时,填写此列(同时填写实际结算金额列)。填写应税合同、产权转移书据实际结算日期。若未确定计税金额的应税合同、产权转移书据多次结算的,可增列(与实际结算金额同时增列)。合并汇总填报时,实际结算日期为税款所属期止。

13. 实际结算金额:未确定计税金额的应税合同、产权转移书据实际结算时,填写此列(同时填写实际结算日期列)。填写应税合同、产权转移书据实际结算金额。若未确定计税金额的应税合同、产权转移书据多次结算的,可增列(与实际结算日期同时增列)。合并汇总填报时,实际结算金额为本税款所属期内所有应税合同、产权转移书据实际结算金额的合计。

14. 税率:必填。按照《中华人民共和国印花税法》规定,填写税目对应的适用税率。

15. 减免性质代码和项目名称:有减免税情况的,必填。按照税务机关最新制发的减免税政策代码表中最细项减免性质代码填写。

16. 对方书立人名称:选填。填写应税合同、产权转移书据所有其他方书立人名称。对方书立人超过 2 人的,可增列[与对方书立人纳税人识别号(统一社会信用代码)、对方书立人涉及金额同时增列]。

17. 对方书立人纳税人识别号(统一社会信用代码):选填。填写应税合同、产权转移书据所有其他方书立人纳税人识别号(统一社会信用代码),自然人填写身份证照号码。对方书立人超过 2 人的,可增列(与对方书立人名称、对方书立人涉及金额同时增列)。

18. 对方书立人涉及金额:选填。填写应税合同、产权转移书据其他方书立人涉及的价款或者报酬。对方书立人超过 2 人的,可增列[与对方书立人名称、对方书立人纳税人识别号(统一社会信用代码)同时增列]。

《国家税务总局关于简并税费申报有关事项的公告》(国家税务总局公告 2021 年第 9 号)、《国家税务总局关于实施〈中华人民共和国印花税法〉等有关事项的公告》(国家税务总局公告 2022 年第 14 号)

11.8.4.2　税款解缴方式

印花税可以采用粘贴印花税票或者由税务机关依法开具其他完税凭证的方式缴纳。

印花税票粘贴在应税凭证上的,由纳税人在每枚税票的骑缝处盖戳注销或者画销。

印花税票由国务院税务主管部门监制。

《中华人民共和国印花税法》第十七条

纳税人多贴的印花税票,不予退税及抵缴税款。

《财政部　税务总局关于印花税若干事项政策执行口径的公告》(财政部　税务总局公告 2022 年第 22 号)

11.8.5　纳税服务

税务机关要优化印花税纳税服务。加强培训辅导,重点抓好基层税务管理人员、一线窗口人员和 12366 话务人员的学习和培训,分类做好纳税人宣传辅导,促进纳税人规范印花税应税凭证管理。坚持问题导向,聚焦纳税人和基层税务人员在税法实施过程中反馈的意见建议,及时完善征管系统和办税流程,不断提升纳税人获得感。

《国家税务总局关于实施〈中华人民共和国印花税法〉等有关事项的公告》（国家税务总局公告 2022 年第 14 号）

11.8.6　证券交易印花税管理

11.8.6.1　严格入库期限

加强对欠税清理，不准占压拖欠税款证券登记公司代扣的证券交易印花税是股票交易双方已经缴纳的税款，代扣代缴单位必须严格按照法规的期限及时解缴入库，不得以任何理由拖欠，更不准挪作他用。主管税务机关要加强管理，不得允许代缴代扣单位延期解缴税款，严禁发生拖欠。

对于代扣代缴单位已经发生的拖欠，主管税务机关要采取措施，限期追缴入库，并按照《税收征收管理法》的有关法规加收滞纳金。主管税务机关要将清理欠税的情况每月向国家税务总局报告。

《国家税务总局关于加强证券交易印花税征收管理工作的通知》（国税发〔1997〕129 号）

11.8.6.2　定期收入分析

建立定期收入分析制度证券市场行情的变化和波动，直接影响到证券交易印花税的收入。因此，应建立季度和年度收入分析制度。为做好收入分析工作，税务部门要与证券交易所、证券登记公司建立日常信息联系，掌握市场的交易情况，定期分析市场变化对证券交易印花税收入的影响。除每季定期向国家税务总局报告外，对于对收入产生重大影响的市场变化情况可随时专报。

《国家税务总局关于加强证券交易印花税征收管理工作的通知》（国税发〔1997〕129 号）

11.8.6.3　中央与地方分成比例

为妥善处理中央与地方的财政分配关系，国务院决定，从 2016 年 1 月 1 日起，将证券交易印花税由现行按中央 97%、地方 3% 比例分享全部调整为中央收入。

有关地区和部门要从全局出发，继续做好证券交易印花税的征收管理工作，进一步促进我国证券市场长期稳定健康发展。

《国务院关于调整证券交易印花税中央与地方分享比例的通知》（国发明电〔2015〕3 号）

练 习 自 测 题

【单项选择题】

1. 下列有关印花税的表述,正确的是( )。

A. 应税合同的计税依据不包括增值税税款

B. 运输合同包括管道运输合同

C. 财产保险合同的计税依据为支付的保险费,以及所保财产的金额

D. 营业账簿的税率是5‰

【参考答案】 A

【答案解析】《印花税法》第五条规定,应税合同的计税依据,为合同所列的金额,不包括列明的增值税税款。《印花税税目税率表》明确,运输合同指货运合同和多式联运合同(不包括管道运输合同);营业账簿的税率是2.5‰;财产保险合同是按保险费的1‰。因此,只有A正确。

【多项选择题】

2. 下列凭证属于法定免征印花税的有( )。

A. 应税凭证的副本或者抄本

B. 购买农业生产资料或者销售农产品书立的买卖合同

C. 国际金融组织向中国提供优惠贷款书立的借款合同

D. 非营利性医疗卫生机构采购药品或者卫生材料书立的买卖合同

E. 个人与电子商务经营者订立的电子订单

【参考答案】 ACDE

【答案解析】《印花税法》第十二条规定,应税凭证的副本或者抄本;农民、家庭农场、农民专业合作社、农村集体经济组织、村民委员会购买农业生产资料或者销售农产品书立的买卖合同和农业保险合同;无息或者贴息借款合同、国际金融组织向中国提供优惠贷款书立的借款合同;非营利性医疗卫生机构采购药品或者卫生材料书立的买卖合同;个人与电子商务经营者订立的电子订单属于免征印花税凭证,选项B没有限定订立合同的主体,不符合规定。

【判断题】

3. 证券交易印花税按月解缴。证券交易印花税扣缴义务人应当自每月终了之日起 15 日内申报解缴税款以及银行结算的利息。　　　　　　（　　）

【参考答案】 ╳

【答案解析】 《印花税法》第十六条规定,证券交易印花税按周解缴。证券交易印花税扣缴义务人应当自每周终了之日起 5 日内申报解缴税款以及银行结算的利息。